明太祖与经筵

朱鸿林 明史研究系列

朱鸿林 著

生活·讀書·新知 三联书店

Copyright © 2021 by SDX Joint Publishing Company.
All Rights Reserved.

本作品版权由生活·读书·新知三联书店所有。
未经许可，不得翻印。

图书在版编目（CIP）数据

明太祖与经筵／朱鸿林著．—北京：生活·读书·新知三联书店，
2021.4
（朱鸿林明史研究系列）
ISBN 978-7-108-07050-0

Ⅰ.①明… Ⅱ.①朱… Ⅲ.①朱元璋（1328—1398）—人物研究
②帝王－教育制度－政治制度－研究－中国－明代 Ⅳ.① K827=48 ② D691.21

中国版本图书馆 CIP 数据核字（2021）第 004603 号

责任编辑	曾　诚
装帧设计	蔡立国
责任校对	龚黔兰
责任印制	宋　家

出版发行　生活·讀書·新知 三联书店
　　　　　（北京市东城区美术馆东街 22 号 100010）
网　　址　www.sdxjpc.com
经　　销　新华书店
印　　刷　河北鹏润印刷有限公司
版　　次　2021 年 4 月北京第 1 版
　　　　　2021 年 4 月北京第 1 次印刷
开　　本　880 毫米 × 1230 毫米　1/32　印张 13.25
字　　数　319 千字
印　　数　0,001-3,000 册
定　　价　68.00 元
（印装查询：01064002715；邮购查询：01084010542）

初到香港理工大学创建中国文化学系

2009 年 8 月

一农兄亲鉴：宽堂兄转来新撰武金辩等零邮天主教徒之大作，读运娴熟不已，此文所盖幅员有限而涉及渊综则甚大，探史事之真相一也，订史学之方法又一也，为正误考实备点功甚荷叹，盖唯持境精研，故斩言有理据，全体功深力到，即附注亦不苟，而有旁通之用，文子虚作此即佳例，可不喜乎。小有管见，附奉裁正。

（一）页29、30 等处引皇良陛境等言，然询无专有意为金辩洗刷奉敌之事，马阶方立说，故见因已有推论，无我马时方可以认定难代有为金辩说刷之必要，似见解释，当错为补克否？

（二）页28 次致注词处引文似当错加两头，或机俊文错俊说，始足为此语绝不似出自一结奉天主敌的人士之句之据。

（三）页列注87 引冯锦荣文据该文已经刊于集名不是，先脱者当作"香港中文大学"，今行2为一九九三，页次为一七一—一三五。

承远暑微作钞约之遗，唐与喜安七月起出国择亲旅遊，家人无八月底始回茅纳期所限，七月底完单，临俊再连络，人托山内送云处随奉论钱故备见着蓄刊一辑，食近到三校，均寄运觉，俟見知答零为好者。

不一，顺颂

暑安

弟 汪德毅敬段 6.24

总　序

　　三联书店出版的"朱鸿林明史研究系列"专题论文集五种，收录了我1984年至2013年三十年间出版的论文、讲稿、书评、序记、纪念性文字约八十篇，一百六十多万字，写的主要是明代人物、著作、学术、政治、社会之事，原刊多数载于境外刊物，其中约有二成原是英文。各集文章整体上新题多于老题，至少在原初发表时是这样；对于近世的君主与儒者、思想与制度、著作与版本的研究，多用未经人用的文献材料展开，或对众所利用的文献重新做出解读，以个案论析为基础，而以观察和提示个别事物的特色或同类事物的长期发展趋势为旨归。

　　我对明史研究情有独钟，与个人求学和工作经历有密切关系。在香港珠海书院念书时，罗香林先生（1905—1978）和王韶生先生（1904—1998）讲授的南明史事和明清广东学术，已经引起了我对明朝历史和岭南历史的兴趣，专心研究明史则是从20世纪70年代末留学美国普林斯顿大学东亚学系时开始。当时的普大东亚系是北美中国近世历史文化的教研重镇，师资优良，环境理想，有著名汉学家和元明史专家牟复礼（Frederick W Mote, 1922—2005）、宋史专家刘子健（James T C Liu, 1919—1993）、唐史专家杜希德（Denis C Twitchett, 1925—2006）、学术思想史专家裴德生（Willard J Peterson, 1938—　）等先生组成的历史文化专业的教师队伍，有众多资优的学生在学，各地著名的中国历史学者经常到访，《剑桥中国史·明史卷》正在那里编纂，还有葛斯德图书馆（Gest Library）的丰富藏书可供阅读参考。葛馆所藏，宋元明清原刻本书籍都有，而以明刻本种类居多，还有七百多种影印自日本内阁文库收藏的明人文集，其中不乏人间少见之书，都是研究明史的宝贵材料。

我有幸师从以上几位老师读书问学，并且在牟复礼先生主要指导下完成研究丘濬《大学衍义补》及15世纪经世思想的博士论文，随后又留校工作，阅读上述的日本内阁文库所藏明人文集，撰写提要。在普大读书和工作十年，早与明史结下不解之缘。之后我到台湾"中研院"历史语言研究所工作，接替黄彰健先生退休留下的职缺，做的仍是明史领域内的研究。在台多年，得以肆览史语所傅斯年图书馆以及台北市内"中央图书馆"的善本书藏，益感明史研究可以乐趣无穷，而且有很多资源和课题可以开发，所以在获选为美国威尔逊国际学者中心驻院学者的一年中，在美国国会图书馆阅读的书籍和收集的材料，也都与明史研究有关。到了新的千禧年开始时，我返回香港高校任教，明史研究便已是自己"无所逃于天地之间"之事，而讲授的课程多与明史有关，指导研究生选的主要是明史课题，自己继续研撰发表的论著也多在明史领域之内。年深岁久的累积，便是这个"系列"所收录的文字。

"系列"中各书的内容撮要如下：

（一）《明太祖与经筵》。收录论文11篇，主要研究明太祖的政治理想、治国理念及实践、文化素养，以及明代洪武、嘉靖、隆庆、万历等朝的帝王经筵讲学情形，由此显示帝王与士大夫在政治认识和文化传承上的同异情况，以及士大夫对于劝导君主接受儒家政治理念的思想上和制度上的努力。

（二）《孔庙从祀与乡约》。收录论文13篇，主要研究明朝孔庙从祀的情况，特别是元、明两代儒者的从祀情况，以及明代南北各地方的乡约内容与实施状况。孔庙从祀诸篇论析此典礼所牵涉的学术与政治问题，及其所反映的文化价值取向。乡约研究各篇论析士大夫官员构思及展现其经世化俗、维持地方治安理想的情况。

（三）《儒者思想与出处》。收录论文19篇，主要通过对多种重要的传统论著及其不同版本的深入探讨，并结合细致的人物研究，论析南宋至清初尤其是明代重要儒者的思想、学术、交游等所反映出来的个人或时代特色，重要论著的著述背景、缘起、影响及其思想文化史意义。这些论文也直接或间接地反映出思想文化史的研究取向和方法问题。

（四）《文献与书刻》。收录论文19篇与专书中两章，主要从明清文献，尤其是明人文集的研究，包括书籍的刊行历史以及文本所呈现的情形，研究被忽略或被误解的历史人物、事件、著作等，以及解读文献的态度和方法问题；同时从书籍历史的角度，介绍宋元明清版刻书籍源流中明代书刻的特别情状，尤其是能够反映文化品位和价值取向的情状。

（五）《〈明儒学案〉研究及论学杂著》。收录研究《明儒学案》性质、该书所载人物的深入个案、该书的文本差异及其所带来的理解困难等问题的论文7篇、讲稿2篇；解释该书近代刊本在点校上的错误之处的"释误"专题数十条。此外收录评论近人所撰明代思想史、地方史、社会史、政治史的中英文专书之书评5篇。附录为反映作者为学历程的文字。

以上各书的具体内容，多少体现了我从事历史研究所关心的问题以及所守的原则和所取的途径。本着野人献曝的心意，以下不揣谫陋，依次略作说明，以志这些论集能与读者相见的因缘，并且聊当酬谢读者惠赐阅览的雅意。

我在阅读历史记载时，多数不会先存疑心，但过程中却会产生不少疑问。我的疑问往往又和我关心的现代问题有关,久而久之,便形成了一些主导性的研究课题,虽然以后的具体研究和结论并不针对缘起的问题而发。主导性课题的开展,往往又会延伸到其他的相关课题,研究于是逐渐形成范围和层次。例如,我想知道我作为读书人除了修身之外,应该做些什么事才能对国家和社会有益,因而就去研究古代读书人对此事怎样想和怎样做。我对近世经世之学的理论层面和应用层面的研究,便是这样开始的。对于旨在诱导帝王的经筵制度和旨在化民成俗的乡约制度的研究,也于是产生。而如上这些探究,辗转又引导我到深入研究明太祖治国理念及其实践、明代两广地方的民族问题和地方治安上去。

又如,我想知道儒学的实质究竟是什么?被历史肯定的儒者和他们的学术主张是怎样的?他们的学问是怎样做成和展现的?我想这得研究古代士大夫和读书人是怎样看待和讨论这些问题,他们的价值观和行为规范又是怎样的。这引起了我对朝廷承认真儒并且给予最高表彰的孔庙从祀制度、儒者对出处问题的论述和处理、理学对家庭礼仪及社区规范的作用等的一连串研究。再如,学者容易因为书籍的版本和文本的问题而被误导,产生偏颇。所以,我对重要而有影响的著作的文本及其现代刊本的句读,相当重视,见到其中的错误之处,都希望能够加以纠正,给予读者方便,并且有需要和可能时,还会略为解释致误的缘故所在,使读者增益新知。我研究传世经典《明儒学案》,纠正其坊本的错误句读,进而对此书的文本作全部整理,便是源于这个想法。

此外,还有一些课题是源于读书和研究中"方以类聚,物以群分"的习惯。在读了一定数量的同类书籍之后,或在通读某个人物的全部著作之后,往往会发现某人或某些人有一些经常性的议题或论述，这些议题和论述有的个性很强，有的共性很强，这便形成深入的个人传记研究以及同时或异代的比较研究。我从发展的角度看到个人的变化，从比较的角度看到同类的特色，本"系列"中很多思想文化史范围内的论文，其研究缘起便是这样的。

我的基本守则是：不在热闹场所争取表现，不论述他人已作研究而理据基本可取的事物，只求自己有所创新，或者能够订正前人之误，补充历来之阙，但不隐讳自己的错误，不作无根之谈，不作哗众夸张之言，不作条件尚未成熟的概论。历史论述本质上不同于媒体文章和作家的作品，不以迅速报道一时所见或披露惊世异闻为主，不以鼓动一时人心和争取读者为尚。论述着重的是根据充分可靠的资料和证据，重构情景，展示真相，客观地解释事情和现象的意义，以供读者参考。我本着这样的认识，要求自己谨慎从事。

在研究的工序上，我一般先从理解文献和文物资料下手，读通基本材料，旁及与问题相关的时地人情材料，再将这些材料依其形成或出现的先后，稍加编列，再度通读，然后形成基本的论析架构，开始撰写。在撰写过程中遇到所用材料本身出现问题，如文字形成的时间、文本的可靠性、前人的理解等，随即给予应有的考证辨明，决定作者之或真或伪、议论之可信可疑，然后据以理解古人所描写叙述的意义及其立言的原委和旨意，建立自己的观点，进行推理，阐释古人所寄寓的情思义理，导出结论，尽量做到真正的同情理解。在处理较长时段的事情和现象时，我认为没有足够的坚实个案研究，很难提出客观而周延的解释，所以我的研究都以个案为先，要在掌握一定数量的代表性个案之后，看到相同或不同的时空人情所呈现的各种状况，才做概括性的综论或定论。

总之，我的研究课题多数出于对现实的关注、对成说的质疑、对基础工作的重视。我着重基础和具有奠基意义的研究，尤其重视以文献研析为本的个案探索，而不急于成一家之言。我又因为参与教学之故，特别关心学生对专题研究是否能够看得明白，所以越是近期的文字越是相对比较浅易。知识要能普及才会有用，这个"系列"的出版，最终也是基于这个意义而来。

我出版过的文字，从前很少结集成书，直到2005年才由北京大学出版社出版《中国近世儒学实质的思辨与习学》一书，由广西师范大学出版社出版《明人著作与生平发微》一书，各收录论文13篇。不出文集的主要考虑是因为这些文字基本上是属于所谓"专家之学"，专家自会寻看，不必灾及枣梨，何况其中所考或欠周详，所论未必精当，贸然面世，于己于人都属无益。此外，我希望成书行世者是完整的研究专著。我规划过的专著课题，关于社会秩序更生的，有地方乡约制度、两广瑶族和朝廷及地方政府的关系、明太祖的治国理念及其实践情况等；关于思想文化的，有孔庙从祀制度、帝王经筵讲学制度、岭南儒学、明代前期儒学发展等；关于经典著作和文献的，有对真德秀《大学衍义》、丘濬《大学衍义补》、湛若水《圣学格物通》及黄宗羲《明儒学案》的研究，对稀见明人文集的叙录。很惭愧，因为才疏事冗，不能达到"用志不分，乃凝于神"的境界，原拟近世整体处理的课题，只能集中处理明代的，而且也还在累积个案，等待总结。求全备美的结果，极可能便是"头白可期而汗青无日"。这对个人而言其实并不重要，虽然对促进学术而言，或可另当别论。

三联书店出版的这一"系列"，出版的原动力其实来自我的研究生们。他们有的认为我的论著曾经启发过他们，而且因为很多论文只有英文原本或只刊登于境外刊物，国内同行学者和研究生多数未曾经见，如果能够在国内出版，说不定我提过的议题、做过的个案，也会引起他人注意，相关研究因而增加，学术因而有所推进云云。我虽然主张读书贵有心得，不随他人起舞，但想到能够方便学者参考，也是应有之义，所以也就同意他们的建议，由他们分工校读，编成专题论集。在英文原稿的中译上，从前我自己做的，由我重新再看；曾经2006年下半年在香港中文大学历史系开设的"中国古代及近世史专题研究：中国近世思想与制度"课程班上的同学初译和讨论过的，由陈健成君核对，然后由我详细订正甚至改写。当年参与初译的同学，有香港中文大学的何伟杰、马增荣、郭锦洲、杨吟、刘勇、谢茂松，香港科技大学的陈士诚，香港城市大学的陈学然诸君。"系列"中《文献与书刻》取自《书法与古籍》一书第四、第五两章的文字，出自中国美术学院毕斐教授的译笔。"系列"初稿的校读，由新旧门人中山大学的洪国强、邓霆、龙伟明，香港理工大学的谭卫华、何威萱、陈冠华，香港中文大学的卢志虹、陈健成、吴兆丰、朱冶、杨吟、邓国亮、刘勇和解扬诸君分工完成。其中刘勇和解扬辛劳尤多；刘勇主导编辑，解扬联系出版，在我通读"系列"全部三校稿之前，二人又共同通读全稿，提出应予改善之处。我对他们充满感谢，希望他们的辛劳也给他们带来新的体会和领悟。

"系列"承蒙三联书店给予出版，我尤其要表示感谢。我希望这一系列的论著确能为研究中国近世尤其明代历史和文化的学者提供参考，能使我不辜负三联书店的错爱和我的学生们的热情，并借以纪念栽培和勉励我的先师们，致敬于关心和爱护我的长辈们、同情和帮助我的同学朋友们。

朱鸿林序于香港理工大学孔子学院
二〇一三年农历除夕

目录

总序　　1

明太祖的经史讲论情形　　1
明太祖对《书经》的征引及其政治理想和治国理念　　51
明太祖的孔子崇拜　　101
洪武朝的东宫官制与教育　　159
明太祖的教化性敕撰书　　209
《明太祖的治国理念及其实践》导言　　244

嘉靖皇帝与其讲官之间的互动　　264
高拱与明穆宗的经筵讲读初探　　306
高拱经筵内外的经说异同　　333
明神宗经筵进讲书考　　353
申时行的经筵讲章　　376

文章出处　　410

明太祖的经史讲论情形

一、引 言

明太祖出身寒微，没有受过正式学校教育和文字训练，却最终成为能够谙熟古典、随意征引经史名言，并以文字表达己意的作者，这其中的重要原因，便是他长期对于经史的阅读和讲论。太祖的经史知识，与明代的政治制度和他在明初的施政作风关系密切，其详细情形尚待深入研究。本文拟探索太祖从事经史讲论的知识背景及其参与讲论的大概情形，作为进一步探讨儒家经史如何影响太祖的政治思想及其施政作为的基础。

二、明太祖经史讲论的知识背景

明太祖没有受过正式教育，吴晗《朱元璋传》说，太祖"小时候虽曾跟蒙馆老师上过几个月私塾"云云，[1]文献并不足征。

---

[1] 吴晗，《朱元璋传》（北京：生活·读书·新知三联书店，1965），页7。吴晗接着说："一来自己贪玩，二来农忙就得下地，那曾好好念过一天书。纵然靠着记性好，认得几百个字，却又做不来文墨勾当，写不得书信文契。"这样更是想当然的文学性推论。万明认为，太祖"小时候他对国家政治大事的启蒙，

但元朝曾命令乡村设立社学，而太祖建立明朝之后，于洪武八年（1375）亦曾下令天下设立社学以显示他对于蒙学的重视。所以虽然没有数据能够证实他曾念过社学，他儿童时曾经有过一些读书识字的启蒙教育，看来也并非全无可能。

在太祖记录其早年生活的《御制皇陵碑》中，他也没有说到自己早年的教育情况。只在叙述他二十五岁从军的事情时，反映出他此时已具有阅读和书写的能力。据碑文说，凤阳城被起义军所据，"友人寄书，云及趋降，既忧且惧，无可筹详。傍有觉者，将欲声扬。当此之际，逼迫无已"，[1]乃祷告卜问于神，以定去留。既然能够看懂友人来信，自然已经略通文墨。

太祖早年的文字知识和对儒家道理的认识，主要是在出家为僧和投军之间（十七至二十五岁）的八年中自学得来的。洪武八年的御制《资世通训·序》说："朕于幼时，家贫亲老，无资求师以学业，故兄弟力于畎亩之间，更入缁流，遂致圣人贤人之道，一概无知，几丧其身焉。然虽不知圣人之道何如，其当时善人之

（接上页）是来自他的外公"。见万明，《论传统政治文化与明初政治》，载张中正（编），《明史论文集》（合肥：黄山书社，1993），页189。此说也需要商榷。按：《明史》（北京：中华书局，1974）卷三〇〇《外戚传·陈公》载，陈公逸其名，生二女，太祖母亲为其次女，"帝自制《扬王行实》，谕翰林学士宋濂文其碑"（页7660—7662），而宋濂所作碑文中，丝毫没有提及太祖年幼时与外祖父相处之事。《扬王行实》今未之见，太祖《文集》有洪武二年五月《追封皇外祖考妣为扬王扬王夫人诰》及《祭扬王扬王夫人祝词》（载钱伯城、魏同贤、马樟根主编，《全明文》第一册，上海：上海古籍出版社，1992，页347—348），又有洪武四年五月丙辰《祭告扬王文》（页386）、洪武八年四月《祭外族扬王文》（页273），均没有透露类似的消息。相反，未书年月的《祭外高祖考妣文》说："为其育母之深恩，旷如昊天后土，虽欲报劳，焉能及之？"（页273）似乎太祖母亲还是由其外祖父母抚养成长的。

[1] 《全明文》，第一册，页171；明沈节甫辑，《纪录汇编》（上海：上海商务印书馆涵芬楼影印明万历刻本，1938），卷一。

言，彼虽不教我，我安得不听信之？"[1]太祖此时所"听信"的，大概离不开传统伦理道德的说教。《天潢玉牒》载，太祖"居寺甫两月，未谙释典"；《皇朝本纪》载，太祖"托身皇觉寺，入寺方五十日"，以岁饥遣出，"乃西游庐、六、光、固、汝、颍诸州，如此三载，复入皇觉寺，始知立志勤学"。[2]重回皇觉寺时，太祖年二十岁，到投军时二十五岁，他的自学时间约有五年。他"勤学"的，除了佛教典籍之外，还有些什么，记载没有透露。

在这时期内，太祖对于儒者还应该别有好感，这和他出家之后的遭遇有关。《明太祖实录》有这样一段记载：太祖在至正四年（1344）四月年十七岁时，连丧父亲、长兄和母亲之后入皇觉寺，五十日后被遣散出外游方：

> 行至六安，逢一老儒，负书箧，力甚困。上闵其老，谓曰："我代翁负。"老儒亦不让，偕行至朱砂镇，共息槐树下。老儒谓曰："我观贵相非凡，我善星历，试言汝生年月日，为推之。"上具以告。老儒默然，良久曰："吾推命多矣，无如贵命，愿慎之，今此行利往西北，不宜东南。"因历告以未然事甚悉。上辞谢之，老儒别去，问其邑里姓字，皆不答。[3]

太祖从这老儒的推命之言渐次应验反思，至少不敢对耆儒轻视，对于带有术数成分的儒学也有所向往。这段文字即使是虚构以示天命所在，也同样能反映太祖重视儒学，认为是实际而有用

---

[1]《全明文》，第一册，页189。
[2]《纪录汇编》卷一二、一一。
[3]《明太祖实录》（台北："中研院"历史语言研究所，1962）卷一，至正甲申年下，页3—4。

的学问。

太祖从军之后，对于文字和文学的兴趣日趋浓厚。虽然明代中叶以后一些记载中所见的所谓太祖作品并不可靠，[1] 不能据之以见太祖的造诣，但他日后对于经史的爱好以及从事经史讲论的能力，无疑已在此期间建立。就此事而言，他的重要助力便是他率众后所统领的属下文人。从经史讲读而吸收的政治道理，则应该是二十八岁渡江之后才开始的。上引的《资世通训·序》接着说："忽遇群雄并起，于吾之命，如履薄冰，不数年间，获众保身。又数年，众广而大兴，以统天下。时乃寻儒问道，微知其理。"此时他所问的"道"，已是高级学术，不是初阶的文字知识了。

(一) 渡江之前的文人侍从

从太祖渡江之前随从者的文化素质看，太祖从军后对于儒家的主张，肯定已有所倾倚。随同渡江而对太祖这方面有影响的文人，至少包括以下数人：

冯国用，定远人，与其弟冯国胜俱喜读书，通兵法，兵乱后聚众保卫乡里。至正十二年（1352）四月，太祖到濠州投军于是年二月起兵的定远人郭子兴。十三年十二月，起义军彭早住、赵

---

[1] 其中如王文禄嘉靖三十年辛亥所作《龙兴慈记》（《纪录汇编》卷一三）所载的诗歌两首，尤其可疑。其一说，大概在皇觉寺时间，"睿知天纵，主僧禁缚之阶下，〔太祖〕口占一诗曰：'天为罗帐地为毯，日月星辰伴我眠。夜间不敢长伸脚，恐踏山河社稷穿。'"王文禄的评语是："系曰：天眷中华，笃生大圣，凤禀涵一寰宇志矣。"另一说："圣祖渡江，至太平府，不惹庵僧问诘不已，题诗壁上曰：'腰间宝剑血星星，杀尽南蛮百万兵。老僧不识英雄汉，只管刀刀问姓名。'僧洗之去，题诗旁曰：'壁上新诗不可留，欲留在此鬼神愁。慢将法水轻轻洗，洗出毫光射斗牛。'后差人密访，录诗进呈，遂不问。系曰：神武英发，玉音朗宣，铲削不平，义之决；宥释细故，仁之宽。"这是不可能的。太祖渡江，至太平府，是正规的军事行动。"杀尽南蛮"也不成话。

均用称王,所部横暴,郭子兴弱,太祖"度无足与共事",与徐达、汤和等二十四人离开濠州城,南略定远。[1]十四年上半年,太祖略地至妙山,冯氏兄弟率众来归,成为最早归附太祖的地方自卫武装。冯国用当时独以儒服谒见太祖,太祖问以天下大计,冯国用回答:"建康龙蟠虎踞,帝王都会,自古记之,幸而近我,其帅懦弱不任兵,宜急击,下其城,踞以号召四方。事仿仁义,勿贪子女玉帛若群竖子者,天下不难定也。"[2]冯国用这番话,太祖深以为然,冯氏也成了太祖的心腹,参赞兵政,地位亚于李善长。

李善长,也是定远人,太祖在收用冯国用兄弟后不久便遇上了他。李善长"少有志计,读书粗持文墨,而以策事称,里中推为祭酒"。他和冯国用一样,也"被书生服道谒。上闻其为里中长者,礼之,与语取天下大计,合,遂收以为掌书记"。[3]李善长虽然"习法家言",[4]但也以汉高祖事业及"不嗜杀人"期望太祖,并且力赞太祖渡江。他终于成为明朝的重要开国功臣,渡江之前,在为太祖维持幕府和整肃军纪等事情上,已有很大功劳。

范常,滁州人,太祖早闻其名,谒见太祖后,彼此意见相合,成了太祖幕下的忠实参谋。诸将克和州,军纪不良,太祖从范常言,切责诸将,搜索并归还军中所掠妇女,获得不少民心。"太祖以四方割据,战争无虚日,命常为文,祷于上帝。其辞曰:'今天下纷纭,生民涂炭,不有所属,物类尽矣。倘元祚

---

[1] 孙正容,《朱元璋系年要录》(杭州:浙江人民出版社,1983),页33。
[2] 王世贞,《宋国公冯胜传》,载焦竑辑《国朝献征录》(台北:台湾学生书局影印万历四十四年[1616]刊本,1965)卷六,页1。
[3] 王世贞,《中书省左丞相太师韩国公李公善长传》,载焦竑辑《国朝献征录》卷一一,页1。
[4] 《明史》卷一二七《李善长传》,页3769。

未终,则群雄当早伏其辜,某亦在群雄中,请自某始。若已厌元德,有天命者宜归之,无使斯民久贴危苦。存亡之机,验于三月.'太祖嘉其能达己意。命典文牍,授元帅府都事"。渡江取太平后,命为知府。[1]

随从渡江的文人,还有濠人郭景祥与凤阳人李梦庚。郭、李二人典文书,佐谋议,分别任中书省左右司郎中。郭景祥"性谅直,博涉书史,遇事敢言,太祖亲信之",仕终浙江行省参政。李梦庚为叛将谢再兴所拘,挟从降于张士诚,不屈而死。又有滁人杨元杲、阮弘道,家世皆儒者。渡江后同为行省左右司员外郎,与陶安等更番掌行机宜文字。杨、阮"二人皆于太祖最故,又皆儒雅嗜文学,练达政体,而元杲知虑尤周密"。后来杨元杲官至应天府尹,阮弘道官至江西参政,皆卒于任上。还有曾经师事元臣余阙的舒城人汪河,以文章名。渡江后,为行中书省掾,敷陈时务。太祖高其才,命出使元将察罕帖木儿,议论称旨。再命出使扩廓帖木儿,被拘留六年才能回朝,后来以晋王左相卒于官。[2]

这些早期的文人侍从,他们的经史学识固然及不上渡江以后所收罗的名儒学士,但从他们的言论以及从他们获得太祖信任来看,他们的儒家思想意识,必然对于太祖的思想言行有所影响。

太祖渡江之前对文人的重视,以及略地招降之后,安抚而不杀的作风,对于他渡江之后的事业,起了招徕和稳定的作用。在江南的读书人看来,太祖至少比在江北混战的群雄要好。仁义的口号、严格的军纪,故老耆儒在耳闻目睹之下,纷纷向太祖靠拢,太祖也因而能够巩固战果,扩充班底。

---

[1] 《明史》卷一三五《范常传》,页3917。
[2] 《明史》卷一三五,各人本传。

（二）渡江之后、开国之前的儒者侍从

至正十五年（1355，龙凤元年）六月，太祖渡江，首取太平，在该地获得的人才，对于他日后接近儒者和锐志经史讲论之事，关系重大。太祖兵下太平，"耆儒李习、陶安等率父老出城迎"。陶安见太祖，谓同仁曰："我辈今有主矣。"富民陈迪亦献金帛分给将士。次日，太祖召陶安、李习与语时事，陶安告诉太祖，要使"人心悦服，以此顺天应人，而行吊伐，天下不足平也"。又同意太祖取金陵之见。《明太祖实录》称，太祖"由是礼遇安甚厚，事多与议焉"。[1] 这些儒者随侍太祖，是因为他们发现年方二十八岁的太祖实怀好意，有理想，有志气。太祖既得到他们的称许和期待，又获得受他们影响的富民的欢迎，对耆儒不能没有好感，对于他们的管治理念也不能不予以重视。太祖首次与耆儒会晤，产生了长期的双向影响，这有重大的历史意义。

太祖取太平所得的文人儒者，除了李习和陶安之外，还有汪广洋和梁贞、潘庭坚等人。《国榷》载："改太平路曰太平府，李习知府事。置太平兴国翼元帅府。公子〔太祖〕为大元帅，李善长为帅府都事，潘庭坚帅府教授，汪广洋帅府令史，陶安参幕府事。"[2]

这班人物之中，李习专治《尚书》，旁通诸经及性理之学，负经济之才。元延祐初，李习在京师尚书元明善家住了四年，后来领京师乡荐，进士试下第后，任书院山长，文章学行与其弟曾中江浙乡试的李翼齐名，同为名人吴莱所称赏。李习及门受业者

---

[1]《明太祖实录》卷三，至正十五年六月乙卯，页31—33；丙辰，页33—34。
[2] 谈迁，《国榷》（北京：古籍出版社，1958）卷一，页270。

百余人，贡士陶安便是其中之一。[1]李习后来卒于官，年八十余。

陶安，当涂人。"博涉经史，尤长于《易》，元至正初，举江浙乡试，授明道书院山长，避乱家居。"[2]出仕太祖后，从克集庆，任官内外，均有治绩。吴元年（1364）之后，为明朝制定礼制、律令，贡献很大，是太祖欣赏和信任的文学之士。

汪广洋，高邮人。少从余阙学，通《诗》《书》，游寓太平。太祖渡江后，汪广洋入见，"与语，大悦，留幕下，为元帅府令史。至正十九年（1359）置正军都谏司，擢都谏官"。太祖曾命他讲解过《诗经·宾之初筵》篇，[3]信任有加。洪武十年（1377）官拜中书省右丞相，因不职，知道胡惟庸不法而不言，被敕责而自缢。[4]

梁贞，绍兴新昌人。至正中为国子监生，授太平路儒学教授。太祖克太平，梁贞与诸儒迎见，所言辄援《诗》《书》，有根据，为太祖所喜，命为江南行省都事，曾编辑古诗进呈阅览。[5]历官至国子祭酒、太子宾客，日侍太子读书大本堂。[6]

潘庭坚，当涂人。元末曾为富阳教谕。太祖驻太平，以陶安荐，征为帅府教授。为人"慎密谦约，为太祖所称。下集庆，擢中书省博士。婺州下，改为金华府，以庭坚同知府事"。"太祖为吴王，设翰林院，与〔陶〕安同召为学士，而庭坚已老，遂告

---

[1] 《国朝献征录》卷八三《郡志·太平府知府李习传》，页1。传文说李习中"浙江"乡试。按：元朝只有江浙行省，作"浙江"，应是手民之误。
[2] 《明史》卷一三六《陶安传》，页3925。
[3] 汪广洋，《奉旨讲宾之初筵》，《凤池吟稿》（上海：上海古籍出版社影印文渊阁《四库全书》本，1987）卷一，页6上。
[4] 《国朝献征录》卷一一《国史实录·中书省右丞相忠勤伯汪公广洋传》，页12上。
[5] 汪广洋，《奉旨讲宾之初筵》，《凤池吟稿》卷一，页6上。
[6] 《明太祖实录》卷五六，洪武三年九月癸卯，页1093。

归。"他是明朝开国之前最早的文人顾问之一。[1]

太祖何时开始认识到经史知识对于建国和治国的重要性，何时开始学文和讲论经史，都不容易断定。但从他渡江以后的行事看，每下一地，便会公开祭拜孔子，并且征访当地名儒，加以延揽。这在至正十六年（1356）三月兵下集庆，改集庆路为应天府后，[2] 更加明显。太祖建立应天府之后谒见孔庙，[3] 半年之后克复镇江（江淮府），也同样地谒庙。[4]

此时太祖崇儒和重视经典的心态，也表现于设置教授、博士等职官上。克复集庆后所获的人才愈来愈盛，当时录用的著名儒士，便有夏煜、孙炎、杨宪等十余人。[5] 这些人物其实更多的是文士。

夏煜，江宁人。有俊才，工诗，太祖辟为中书省博士。曾经两使方国珍，均称旨。太祖征陈友谅，儒臣唯刘基与煜侍从。鄱阳战胜，太祖所与草檄赋诗者，他是其中一人。洪武元年（1368）使总制浙东诸府，与高见贤、杨宪、凌说四人以伺察搏击为事，后俱以不良死。[6]

孙炎，句容人。与夏煜以诗歌交游，自负经济，常轻视章句之儒。太祖召见时，他力劝太祖延揽贤士，以成大业。太祖辟为江南行中书省掾，后擢为都事，总制处州。至正二十二年（1362）二月，为处州苗军叛兵所杀。他的最大贡献，是说服刘

---

[1]　《明史》卷一三五，页3918。
[2]　《明太祖实录》卷四至正十六年三月庚寅载太祖兵入集庆路城，页42。
[3]　唐桂芳，《重修兴安府孔子庙记》，《白云集》（文渊阁《四库全书》本）卷六，页1上—2下。
[4]　《明太祖实录》卷四，至正十六年九月戊寅，页48。
[5]　《国榷》卷一，页273。
[6]　《明史》卷一三五《夏煜传》，页3919。

基到应天府觐见太祖。[1]

杨宪,太原阳曲人。少从父宦寓江南,"美姿容,通经史,有才辩,尝使苏州张士诚,还,称旨,除博士咨议"。洪武二年(1369)官拜中书省右丞,后因专恣不法被诛。[2]

太祖下集庆后所得的人才,更重要的是两名乐于献策而不爱官职的长辈人物。他们是前元江南行台侍御史洛阳秦从龙,以及秦从龙所推荐的建康处士陈遇。[3]秦从龙因兵乱避居镇江,太祖识其名。徐达兵下镇江,访得之,太祖命从子朱文正、甥李文忠奉金绮造其庐聘请。从龙与妻陈氏偕来,太祖亲迎之于龙江。以后"事无大小悉与之谋。尝以笔书漆简,问答甚密,左右皆不能知"。太祖与世子每年都到秦家贺寿饮宴。至正二十五年(1365)病卒,年七十,太祖亲自从镇江军门往其家哭之。[4]

陈遇"天资沉粹,笃学博览,精象数之学。元末为温州教授,已而弃官归隐,学者称为静诚先生"。太祖"发书聘之,引伊、吕、诸葛为喻。遇至,与语大悦,遂留参密议,日见亲信"。之后一切授官,皆辞。太祖欲官其三子,亦辞,太祖皆不勉强。太祖"数幸其第,语必称先生,或呼为君子"。陈遇在职而不受官,至洪武十七年(1384)卒,赐葬钟山。作为太祖的亲信,他有过这样的贡献:"帝尝问保国安民至计,遇对以不嗜杀人,薄敛任贤,复先王礼乐为首务。"[5]

秦从龙和陈遇这两名前朝官员学者,他们不爱也不受太祖官职,却真心诚意地向太祖献计,而太祖也对他们礼敬有加,他

---

[1] 方孝孺,《孙伯融炎传》,见焦竑辑,《国朝献征录》卷一〇,页85上。
[2] 《国朝献征录》卷一一一《国史实录·资善大夫中书左丞阳曲杨宪传》,页15上。
[3] 《国榷》卷一,至正十六年三月己亥,页274。
[4] 《明史》卷一三五《秦从龙传》,页3914。
[5] 《明史》卷一三五《陈遇传》,页3914。

们与太祖彼此心意一致，同以救时安民、平定天下为怀。他们知道亦相信太祖为当时唯一能够成就此事者，即使太祖有短处，也尽力给他帮助。他们没有野心，只有真心，故而太祖绝对礼重他们，让他们成为最获信任的绝密顾问。

至正十六年（1356）七月初一，太祖由大元帅进为吴国公，置江南行中书省，扩大了文职班底，以李善长、宋思颜为参议，李梦庚、郭景祥为左右司郎中，侯原善、杨元杲、陶安、阮弘道为员外郎，孔克仁、陈养吾、王恺为都事，王璆为照磨，栾凤为管勾，夏煜、韩子鲁、孙炎为博士。[1] 这班文臣中，曾经参与经史讲论的，以孔克仁次数最多。

孔克仁，句容人。"由行省都事进郎中。尝偕宋濂侍太祖，太祖数与论天下形势及前代兴亡事。"《明史》孔克仁本传记载了他五次这样的论对。洪武二年四月被命参与向太祖诸子讲授经典，功臣子弟亦令入学。之后出知江州，入为参议，坐事死。[2] 他不是能干的行政人才，却是久侍帷幄的讲官儒臣。

太祖求贤的下一次大收获，是在至正十七年（1357）夏天召见休宁名儒朱升。是年七月，太祖命邓愈、胡大海率兵取徽州，"以邓愈荐，太祖微服从连岭出石门，召朱升问时务，朱升陈'高筑墙，广积粮，缓称王'三策，太祖大喜，遂命预帷幄密议，召赴金陵"。[3] 朱升是著名的理学之儒，师事名儒陈栎和黄

---

〔1〕《国榷》卷一，页274。
〔2〕《明史》卷一三五，页3922。
〔3〕朱升见太祖事情，《明太祖实录》没有记载。《明史》卷一三六《朱升传》但作"太祖下徽州，以邓愈荐，召问时务。对曰：'高筑墙，广积粮，缓称王。'太祖善之"（页3929）。没有注明时间。《国朝献征录》卷二〇朱礼侍（朱升子礼部侍郎朱同）《朱侍讲学士升传》，作"丁酉（至正十七年），大兵下徽，被旨召见，上潜邸，冬辞归。明年，梅花初月楼成，宸翰四字赐。嗣后连岁被征，受命即就道不辞"（页47），没有记载朱升所进的著名三策。《国榷》

楚望，曾举乡荐，任池州路学正。讲授有法，经书注释很多，对《孙子》也有研究，尤其善于《易经》及占卜。以后多次随从太祖征伐，成为太祖的重要顾问之一。

至正十八年（1358）十二月，是太祖崇儒和重视经史讲论的决定性时候。是月太祖从宁国到徽州，途中接见耆儒唐仲实（唐桂芳）和姚琏。太祖向二人访问民事，二人反映了徽州守将邓愈筑城催求迫促，引起民怨。太祖顺从他们的请求，停止筑城之役。太祖又问他们汉高祖、光武、唐太宗、宋太祖、元世祖平一天下之道是怎样的。唐仲实对曰："此数君者，皆以不嗜杀人，故能定天下于一。主公英明神武，兼数君之长，驱除祸乱，未尝妄杀，出民膏火，措之衽席之上，开创之功，超于前代。然以今日观之，民虽得所归，而未遂生息。"太祖同意唐仲实之说，并请他们对于时政有不便者，尽量言之。[1]

这次对话很能说明太祖对于儒者之言的态度。唐仲实和姚琏都是没有明显学派背景的传统老读书人，他们对于贤明君主开创事业之道的看法，最足以代表一般儒者之见。这次对话不只反映了太祖的历史意识，反映了他此时已有统一天下的愿望，也反映

（接上页）卷一系会见之事于至正十八年十二月"吴国公自宁国趋徽州，道间问故老耆儒，赐布帛"下（页282），载于儒士唐仲实、姚琏来谒见太祖之前。其他明代《徽州府志》、廖道南《殿阁词林记》所载朱升传记，以及《朱枫林集》（朱升撰、刘尚恒校注；合肥：黄山书社，1992）中的朱升从政纪年的《翼运纪略》，都将事情系于至正十七年夏天。《朱枫林集》附录刘尚恒《朱升事迹编年》，亦系事情于是年七月。本文引之，但以"太祖"易原文之"朱元璋"。按：《明太祖实录》卷六载，至正十八年二月，以元帅康茂才为营田使，专意水利民农事，为利民供军的理财之道（页63）。这可以视为"广积粮"策的一种落实，也可旁证朱升见太祖不会晚于此时。又，朱同撰《朱升传》，没有提及著名的三策，是自谦之道的表现。是时太祖在位，不宜自矜功伐；同时也是朱升"有所拟议，随即废毁"做法的继续。

[1] 《明太祖实录》卷六，至正十八年十二月庚辰，页70—71。

了他和耆儒有着相同的心意。"平一天下"靠什么手段？为的又是什么？靠的是不嗜杀人，为的也是不嗜杀人，手段和目的是统一的。这里可见，太祖固然为身谋，但也为人谋、为万民谋。太祖这次与耆儒的会谈，表现出自己的政治见解和主张，而他的表现也受到耆儒所肯定。这些都反映了他的儒学倾向和曾受经史教训的影响。他既吸收了儒家的智慧，也崇尚儒者理想。

离开徽州，太祖继续求才用儒。师至兰溪，"先令和州人王宗显往婺州侦探。宗显少攻儒业，博涉经史。避乱寓居严州，胡大海荐之"。王宗显的侦探，果然有功。太祖攻取婺州，改名宁越府（不久改称金华府），以王宗显为知府。[1]同时就地置中书分省，以中书省博士夏煜为分省博士，又以当地有名儒士王祎、韩留、杨遵、赵明可、萧尧章、史炳、宋冕为椽史。[2]

就太祖与儒学的关系而言，此时最有意义的事情，便是他与金华儒士范祖干、叶仪的会晤。《实录》记载，二人既至，

> 祖干持《大学》以进。上问："治道何先？"对曰："不出乎此书。"上命祖干剖析其义。祖干以为："帝王之道，自修身齐家以至于治国平天下，必上下四旁均齐方正，使万物各得其所，而后可以言治。"上曰："圣人之道，所以为万世法。吾自起兵以来，号令赏罚一有不平，何以服众？夫武定祸乱，文致太平，悉此道也。"甚加礼貌。命二人为咨议。[3]

范祖干、叶仪二人虽然以亲老辞去，但范祖干所说以及太祖所

---

[1] 谷应泰，《明史纪事本末》卷二《平定东南》，《历代纪事本末》本（北京：中华书局，1997），页2126。
[2] 《明太祖实录》卷六，至正十八年十二月丙申，页73。
[3] 《明太祖实录》卷六，至正十八年十二月，页74。

答，已经充分反映出双方的政治思想在最重要之处基本上是吻合的。太祖肯定了《大学》作为治国平天下的最高指导思想，而其关键便是"均齐方正，使万物各得其所"。

这次会晤也反映了，太祖此时对于儒家的基本义理，不只有知，而且相信。不管他是否先受了儒者之说的影响，他的行为实有与经训暗合之处。自此之后，他与经史知识以及儒家之道的关系也更加接近。他向大儒问治道，向一般儒士问时务，屡见记载。

此时的太祖，广有土地和人民，已经有了成为"王者"的格局，而近乎制度化的经史讲论，也接着发生。随着在宁越府设置中书分省后，《实录》记载："是月又召儒士许元、叶瓒玉、胡翰、吴沉、汪仲山、李公常、金信、徐孳、童冀、戴良、吴履、张起敬、孙履，皆会食省中，日令二人进讲经史，敷陈治道。"这是太祖有系统地让儒士进讲经史的开始。而且讲论之余，太祖还会"咨以时事"，[1] 增加了这种学问讲论的实用意义。这班儒士，后来也陆续到应天供职。

太祖从经史讲论所获得的政治智慧，自然也是传统儒家的政治智慧。这班儒士主要都是金华地区的人物，所以金华学说，亦即从宋朝吕祖谦以及朱熹高第弟子黄榦所传，经过何基、王柏、金履祥、许谦而传递下来的理学学术，对太祖也开始发生影响。这些新的讲官之中，许元是许谦的儿子，而胡翰、吴沉、戴良等人，都极有学问。其中吴沉随侍讲论最久。吴沉，金华兰溪人，是元朝博学儒者、礼部郎中吴师道的儿子，学行"克世其家"，"富蓄远览，志负经济"。太祖又喜爱其为人诚实，之后他在仕宦上虽有"三进三黜"的遭遇，仍多番让他随侍进讲；《明太祖实

---

[1]《明太祖实录》卷六，至正十八年十二月，页75；卷一二，至正二十三年五月癸酉，页153。

录》有洪武十二年（1379）他三次与太祖论对的记载，洪武十六年（1383）也有一次。[1]

太祖此后征召任用的名儒，还有至正十九年一月来见的王冕，以及开金华郡学的儒士教官多人。王冕，绍兴人，"慷慨有大志，通术数之学"。"尝仿《周礼》著书一编，曰：'吾未即死，持此以献明主，可致太平。'"太祖任为咨议参军，"自以为得行其志。未几发病卒"。金华知府王宗显开郡学所延的儒士，有叶仪、宋濂为《五经》师，戴良为学正，吴沉、徐原等为训导。"时丧乱之余，学校久废，至是始闻弦诵之声，无不忻悦。"[2]

此后所获的儒士，最重要的自然莫过于至正二十年（1360）三月太祖三十三岁时，应聘到应天的刘基和宋濂等人。《实录》记载："征青田刘基、龙泉章溢、丽水叶琛、金华宋濂至建康。……上甚喜，赐坐，从容问曰：'四海纷争，何时可定？'溢起对曰：'天道无常，惟德是辅，惟不嗜杀人者能一之。'上善其言，甚礼貌之。"[3]刘基等是太祖极为重视的人物，所以太祖会见他们时便说："我为天下屈四先生。"[4]这句话或易引起误会。太祖的意思是，他们原本德学崇高，不是召见便可会面的，只是为了天下，才委屈四人出山。这是尊崇之意，不是说自己为争天下而下屈于四人。

这些名儒和高级文人的会聚，更增加了太祖的经史学问，也增强了经义对于治道的启发，以及经术和治术的关系。至正二十二年八月，太祖召宋濂和孔克仁讲《春秋左氏传》。讲毕，

---

[1]《国朝献征录》卷一二，黄佐《东阁大学士吴公沉传》，页1。
[2]《明太祖实录》卷七，至正十九年一月庚申，页79、80。
[3]《明太祖实录》卷八，至正二十年三月戊子，页93。
[4] 宋濂，《章公神道碑铭》，载罗月霞主编《宋濂全集》（杭州：浙江古籍出版社，1999），第一册《銮坡前集》卷二，页363。

宋濂起曰："《春秋》乃孔子褒善贬恶之书，苟能遵行，则赏罚适中，天下可定也。"[1]太祖对于《春秋》的注意，由此开始。刘基则记太祖之言道："节次随朕征行，每于闲暇，数以孔子之言开导我心，故颇知古意。"[2]由此也可见，即使在军中，也有进讲经史之事。

太祖对于名儒的礼重，在至正二十三年（1363）五月设置礼贤馆事上到达高峰。《实录》记载：

> 置礼贤馆。先是，上聘诸名儒，集建康，与论经史，及咨以时事，甚见尊宠。复命有司即所居之西，创礼贤馆处之。陶安、夏煜、刘基、章溢、宋濂、苏伯衡等，皆在馆中。时朱文忠守金华，复荐诸儒之有声望者王祎、许元、王天锡至，上皆收用之。[3]

是时已经进入鄱阳湖会战的第一阶段，陈友谅正在攻打南昌。到了陈友谅败亡之后，太祖心理上便正式以"平定天下"自期了。礼贤馆的设置，正标志着太祖建立国家，在文治上依靠儒者的决心。

太祖开始日令儒臣进讲经史时，行年三十一岁，此后他的学问和经史知识与时俱增。到了四十一岁明朝开国时，他和儒者的对答，已经达到征引经史得心应手的程度，比起一般饱读诗书的儒者，识见更为丰富。洪武元年三月，他又稽考唐制，设立弘文

---

[1] 郑楷，《潜溪先生宋公行状》，《宋濂全集》第四册《潜溪录》卷二，页2352—2355。
[2] 林家骊点校，《刘基集》（杭州：浙江古籍出版社，1999），附录五《洪武元年三月与弘文馆学士诰》，页659。
[3] 《明太祖实录》卷一二，至正二十三年五月癸酉，页153。

馆，以"报勋旧而崇文学"。[1]虽然弘文馆学士这个高级顾问的职位不久便取消了，[2]但经史讲论并没有受到影响。

综合起来看，太祖在渡江之前，已有听取儒生之说的氛围，也有倾向儒者之学的表现。渡江之后，在所接耆儒的肯定之下，随着事业的进展，日益与儒者接近。经史讲论之事，从至正十九年起，更见经常。进讲的儒臣都是学有渊源的人物，而太祖的经史知识也日益增进。太祖和侍臣的经史讲论，几乎伴随洪武一朝始终。最后一次见载于《实录》的进讲在洪武二十八年（1395）十一月，太祖听《书经·无逸》讲说，认为"深惬朕心，闻之愈益警惕"。最后一次看史书而和侍臣谈及看法之事在洪武二十九年（1396）六月，此时太祖已经六十九岁，谈的是人君对待宦官之道。[3]

三、经史讲论的组织和进行情形

宋、元、明君主聆听臣下讲说经史，并且参与讨论的机制，是所谓经筵制度。明代的经筵制度，到了正统元年才固定下来。讲读的组织，进讲的日期、时间、场所，讲官人数和听讲者的资格，讲读本身和讲章的形式等，都有规定。太祖时代这一制度还没有确立，经史讲论的时间和形式都较有弹性，但实际的讲论是持续且认真的。

太祖固定的讲读经史，唯一的记录是（上文已提到的）至正

---

[1]《刘基集》，附录五《洪武元年三月日弘文馆学士诰》，页659。
[2]《明史》，卷七三《职官志二》。史称弘文馆洪武三年置，以刘基等为学士，未几罢。按：据前注所引明太祖给刘基弘文馆学士诰文，史文错误。
[3]《明太祖实录》卷二四三，洪武二十八年十一月癸亥，页3527；卷二四六，洪武二十九年六月丙寅，页3574。

十八年十二月在金华开中书分省后，召儒士许元等十三人"皆会食省中，日令二人进讲经史，敷陈治道"。[1]这个每日例行进讲并且"咨以时事"的做法维持了多久，不得而知；可以肯定的是，太祖听讲和读书，是终身的事情。

太祖的经史讲论，在洪武中期看来也有近乎正式经筵化的情形。洪武十五年（1382）九月，晋府长史致仕桂彦良上《太平治要》凡十二条。第六条"开经筵"说：

> 自昔圣主贤臣治天下之大经大法，具载六经，垂训万世，不可以不讲也。讲之则理明而心正，措诸政事而无不当。今当大兴文教之日，宜择老成名儒，于朔望视朝之际，进讲经书一篇，敷陈大义，使上下耸听，人人警省，兴起善心，深有补于治化也。

太祖的回应是："彦良所陈，通达事体，有裨于治道。世谓儒者泥古而不通，今若彦良，可谓通儒矣。"[2]儒臣要求"开经筵"而形于奏疏的，这是首次。桂彦良要求的，是给满朝君臣的公开讲说，形式上确似经筵。从这一要求可以推知，太祖此前的讲论，其形式和性质应该较似"日讲"。

《实录》没有记载太祖实时依从桂彦良之言，此后也没有正式召开经筵，但桂彦良的建议在很大程度上其实是被接纳了的。洪武十五年十一月太祖"仿宋制，置殿阁学士，以礼部尚书邵质为华盖殿大学士，翰林学士宋讷为文渊阁大学士，检讨吴伯宗为

---

[1]《明太祖实录》卷六，至正十八年十二月，页75。
[2]《明太祖实录》卷一四八，洪武十五年九月癸亥，页2332。

武英殿大学士,典籍吴沉为东阁大学士"。[1]这其实便是对开经筵请求的一种正面回应。这些大学士,便是高级的讲官。他们不只如一般论者所说的,为太祖看奏疏和拟批答,从以后他们与太祖的论对可见,他们还侍从太祖讲论经史。

太祖与儒臣讲论的典籍,也反映了此时的经史讲论有渐渐接近传统经筵的现象。据《实录》记载,洪武十六年二月太祖首次阅读唐太宗《帝范》,洪武十七年四月则细看真德秀《大学衍义》。[2]这两本名著在元朝经筵都是必读之书(另外两本为《贞观政要》和《资治通鉴》),[3]太祖此时特别读此二书,显得事情并非偶然。

传统形式的经筵讲论,此后也似乎进行得比较定期和经常。洪武十六年八月,东阁大学士吴沉,便以进讲后期为考功监所劾而降为翰林侍书。[4]进讲后期而为考功监所劾,可见经筵讲论的制度化程度。

不过,固定的经筵进讲还是没有的。这从洪武二十一年(1388)四月,年轻进士解缙奉太祖命发表的个人对时政的看法可见。解缙提出多种批评,其中说太祖宜"日御经筵,访求审乐之儒,大修百王之典,作乐书一经,以惠万世"。[5]不过,从其他记载可见,太祖的经史讲论其实一直未停,而形式不拘一格,对于好学的太祖来说,这样好处更多。

---

[1] 《明太祖实录》卷一五〇,洪武十五年十一月戊午,页2359。
[2] 《明太祖实录》卷一五二,洪武十六年二月乙亥,页2383;卷一六一,洪武十七年四月庚午,页2489。
[3] 《元史》(北京:中华书局,1976)卷二九《泰定帝纪一》,页644。
[4] 《明太祖实录》卷一五六,洪武十六年八月戊午,页2425。
[5] 解缙,《大庖西封事》,载陈子龙等编辑《明经世文编》(北京:中华书局,1962)卷一〇《解学士文集》,页73。按:此事见《国榷》卷九(页684),《明太祖实录》未载。

太祖与儒臣的经史讲论，乃至因自己阅读经史而发的议论，或因思虑政事而联想到的经史教训，《明太祖实录》多有所记载。但《实录》以记载皇帝的命令言行为主，所以只有太祖发言的场合才予载录，加上编修时的数据或阙和后来重修时的改动，记载并不完整。尽管这样，《实录》所载已相当可观。

　　从《实录》所载，我们可以知道太祖经史讲论的时地和书籍等情形（参看本文"附录一"）。除了至正十八年十二月"日令二人进讲经史"一次之外，以后正式的"进讲"出现过六次，"召讲"出现过两次，日期都有清楚记载。进行的时间看来以早朝之后为主。出现过的地点，则东阁一次、谨身殿一次、华盖殿三次，没有记载的有三次。进讲的书籍，除了至正十八年十二月泛称"经史"之外，有《诗经·宾之初筵》、《春秋左传》、《尚书·洪范》、《大学》传之十章、《尚书·周书》、范浚《心箴》、《周易·家人卦》、《尚书·无逸》、历史一次、没有明记的一次。太祖讲论的儒家经典中，《尚书》最获重视。洪武十五年五月太祖幸学国子监，听讲完毕，"复命取《尚书》《大禹（谟）》《皋陶谟》《洪范》，亲为（监官）讲说，反复开谕"，[1]也是明显的旁证。

　　这种进讲有时是即兴的，有时则是特召的。现知最早的一次即兴式讲说，是至正十九年汪广洋奉旨讲《诗经·宾之初筵》篇的那次。是时因"博士臣梁贞，用古诗三百十一篇辑成巨帙，进供睿览，原之秦先生（秦从龙）、良卿周先生侍坐，上躬亲检阅，（乃）以《宾之初筵》一诗，命臣广洋直言讲解"。[2]这次的特点是，太祖在已定的经典范围内，选择讲论的篇章（因而可以有特别的

---

[1]《明太祖实录》卷一四五，洪武十五年五月乙丑，页2278。
[2]《凤池吟稿》卷一《奉旨讲宾之初筵》，页6上。

含义)。最早的一次特召近侍之外的讲官进讲,则是至正二十六年(1366)八月命博士许存仁进讲《尚书·洪范》篇的那次。[1]

太祖与侍臣的讲论,很多时候是因阅读史书和子书而引起的。《实录》记载了因这种"读史""观书"而起的讲论共有十二次。所见第一次记载的发生时间是"退朝",其余的进行时间都没有记。地点也是除第一次的白虎殿和第二次的左阁之外,都没有记载。所读的史书,则《汉书》六次(包括没有写明出处的《叔孙通传》和《汉武帝纪》)、《宋史》一次、《唐书》一次、没有明记的史书两次;子书则真德秀《大学衍义》、唐太宗《帝范》《列子》各一次。整体上看,太祖读史以读汉、唐、宋三代历史为主,而于《汉书》尤熟。但据其他数据所示,他读的还有《资治通鉴》和其他子书数种。

此外,因与侍臣"问对"、"论及"或"顾谓"侍臣而涉及的经史讲论,见于《实录》等记载的有三十六次,其中"问对"五次、"论及"或与论二十一次、"顾谓"或告对十次。这些问答和讲说,在退朝后进行的有四次,其他的时间没有记载。其地点,在便殿一次、端门一次、东阁三次、华盖殿一次、武英殿两次、右顺门一次、奉天门一次。[2]这些讲论因史事或历史反省而起的次数最多,也有因讲说制度或特别事情而论及经典和子书的,但次数较少。

儒臣的讲解,从汪广洋至正十九年被命讲解《诗经·宾之初筵》可见,用的是标准的说经方式:"据经引注,敬为演绎。"用白话来就经文和注释做解释和演绎。演绎(等于《大学衍义》的

---

[1]《明太祖实录》卷二一,至正二十六年八月壬子,页298。
[2]《明太祖实录》卷一五,至正二十四年九月戊寅,页202;郑楷,《潜溪先生朱公行状》,《宋濂全集》第四册《潜溪录》卷二,页2352—2355;《明太祖实录》卷六六,洪武四年六月庚戌,页1249。

"衍义")是重要的,有了演绎,"敷陈治道"和"咨以时事"所及的内容,都会具体起来,太祖的议论也会被诱发出来,因而增强了进讲的现实意义。

讲论进行时,太祖对于讲官和侍从听讲者都能表示应有的礼貌,至少初期是这样的。从汪广洋的记载可见,太祖初年在请教遗老时,都让他们坐着从容讨论,虽然并不清楚讲官汪广洋本人是否也是坐着讲说。太祖朝讲官立讲和跪讲的做法看来都有,[1]但侍臣坐着参与讲论,至少在洪武十二年还能见到。[2]

总括而言,太祖早期的经史讲论,场所、时间、形式上都较具弹性,讲员也没有固定数目。中期之后,随着桂彦良奏疏的生效,情况看来比较固定。在大廷的讲论场合中,能够听到讲论的"侍班"官员,照洪武二十四年的定制,包括了"东班(文官)十二道掌印御史……翰林院学士、侍读、侍讲、修撰、编修,春坊学士……。西班(武官)……给事中、中书舍人"。[3]这些官员都是侍班中的"近侍",是必定能够听到讲论的。在此之前的近侍职官,数目应该稍多。特别之处在于,太祖看书和阅读史书时,多数有文学侍臣随从在侧,所以不时有告谓、问对之言可见。[4]

四、太祖吸收经史知识的其他做法

太祖吸收经史知识,其实并不限于正式场合的讲论,而是随

---

[1] 《明史》卷一三九《钱唐传》载:"唐为人强直。尝诏讲《虞书》,唐陛立而讲。或纠唐草野不知君臣礼,唐正色曰:'以古圣帝之道陈于陛下,不跪不为倨。'"(页3982)可供参考。
[2] 《明太祖实录》卷一二三,洪武十二年三月乙未,页1986—1988。
[3] 《明太祖实录》卷二〇八,洪武二十四年四月辛未,页3100。
[4] 《明太祖实录》卷一七,至正二十五年八月辛卯,页238;卷四三,洪武二年六月庚午,页845。

时随地在实务之中进行的。如他自己所言，刘基的贡献之一，便是在征战途中，以儒家之言给他开导。[1]更普遍的情况是，他在召见儒者时，便会听其讲说，并与之讲论。至正十八年十二月范祖干之持《大学》进说，便是最早的例子。明朝开国后，儒士应征至京或儒学教官任满来朝时，太祖也会予以召见，聆听他们讲说经史，甚至和他们论难，来判断他们的学问才识。

这样的事例不少。洪武四年（1371）闰三月，永丰刘于应荐至京，"上召见于外朝，俾讲说经书，亲与之论辩。先生敷绎详明，上悦"，因而以后还有两次召见。[2]洪武十七年（1384）八月，徽州婺源儒者汪仲鲁（汪叡）等，以明经征召至京，"上召诸儒讲论，仲鲁讲《书》之《西伯戡黎》篇，辞旨明畅，上甚嘉之"，遂授左春坊司直郎。以礼部尚书卒于官的巩昌秦州人门克新，始为本州儒学训导，洪武二十六年（1393）秩满来朝，"时天下学官入觐者，咸命侍朝，或试文辞，询问经史及民间政事得失，在列者多应对不称旨，独克新敷奏亮直，上甚重之。时绍兴府儒学教授王俊华，亦以善文辞称旨，遂擢俊华为右春坊右赞善，克新为左春坊左赞善"。[3]

可见，终太祖率众御宇一生，亲自向征召来朝的儒士和考绩来朝的儒学教官询问听讲经史的做法，一直不断。这使他能够听到不同的解释和阐发，不会囿于一家之说，并且在考验别人的同时，也增加了自己的识见。

太祖熟习经典的一个方法，是将重要的篇章贴于墙上或当眼之处，以便时常观览。最著名的故事是，至正二十五年一月，宋

---

[1]《刘基集》附录五《洪武元年三月日弘文馆学士诰》，页659。
[2] 宋濂，《送刘永泰还江西序》，《宋濂全集》第一册《銮坡前集》卷七，页477。
[3]《明太祖实录》卷一六四，洪武十七年八月乙未，页2538；卷二四六，洪武二十九年六月己酉，页3579。

濂向他推荐《大学衍义》为帝王之学应读之书，他便将此书的重要篇章"揭之两庑之壁，使睨观之"。[1] 此后洪武年间，后来官任晋王府左长史的桂彦良，曾从太祖登城楼，太祖从容问彦良："朕比来好善恶恶，如何？"彦良回答："唯人君至公无私，则好恶自得其当，故孔子曰：'唯仁者能好人，能恶人。'"太祖称善："即书其语揭于便殿楹间。"[2] 这是将臣下的格言，也书写揭于触目之处，以收警省之效的例子。

太祖又"尝命儒臣书《洪范》，揭于御座之右，朝夕观览，因自为注"，并于洪武二十年（1387）二月成书。[3] 他对于《尚书·无逸》篇，也有这样的做法。洪武二十八年十一月，六十九岁的太祖命侍臣进讲该篇后，告诉侍臣说："自昔有国家者，未有不以勤而兴，以逸而废。……朕每观是篇，必反复详味，求古人之用心，尝令儒臣书于殿壁，朝夕省阅，以为鉴戒。今日讲此，深惬朕心，闻之愈益警惕。"[4] 这样频繁地接触重要文字，并且时加温习，从太祖和侍臣问答时随意征引经史无难的情形看，这对于吸收经史知识是有效的。

五、太祖对经史之重视、对讲论之认真

太祖对于经史的重视，是全面性的。如前所说，浙东底定后，他不只让儒臣每日向他进讲经史，还在金华开设郡学，延请名儒叶仪、宋濂、戴良、吴沉四人为学子师。后来宋濂和刘基、

---

[1] 郑楷，《潜溪先生宋公行状》，《宋濂全集》第四册《潜溪录》卷二，页2352—2355。
[2] 《明太祖实录》卷一八七，洪武二十年十二月甲寅，页2803。
[3] 《明太祖实录》卷一八〇，洪武二十年二月甲辰，页2727。
[4] 《明太祖实录》卷二四三，洪武二十八年十一月癸亥，页3527。

章溢、叶琛四人被征聘到南京后,太祖又设置儒学提举司。以宋濂为提举,并遣世子朱标从宋濂受经学。[1]这时世子才六岁,太祖期望他学的,也是标准的士人之学。此外,太祖也鼓励他的重要武将读书和吸取经典教训。徐达便因好学,亲近儒生,后来被太祖提起做模范。[2]李文忠"颇好学问,常师事金华范祖干、胡翰,通晓经义,为诗歌雄骏可观。……其释兵家居,恂恂若儒者",[3]还被命令过提督国子监,以管理在学的公侯子弟。这都反映了太祖确信经史知识是所有参与治理国家者都应该掌握的重要知识。

马皇后也具有同样的信念(不管是否受到太祖影响)。马皇后和太祖一样,喜爱听讲经典故事。《实录》记载:

> (后)尤好《诗》《书》。……劝上亲贤务学,随事几谏,讲求古训。……命女史录其(宋朝)家法贤行,每令诵而听之。……令诵《小学》,注意听之。既而奏曰:"《小学》书言易晓,事易行,于人道无所不备,真圣人之教法,盍表章之?"上曰:"然,吾已令亲王、驸马、太学生咸讲读之矣。"[4]

太祖和马皇后夫妇有同好,令他们在施行教化事情上见解相同。在表章《小学》一事上,他们都认为,"言易晓,事易行",内容和人伦有关的,便是有用的好书,便应推广。"人道"所以为人人所当知道和学习;皇子和臣民子弟学习同一经典,更是"一道

---

[1]《明太祖实录》卷八,至正二十五年五月,页106。
[2]《明太祖实录》卷一五〇,洪武十五年十一月壬戌,页2360。
[3]《明史》卷一二六《李文忠传》,页3745。
[4]《明太祖实录》卷一四七,洪武十五年八月丙戌,页2303。

同风"思想的体现。

太祖对于古代经典能给读者带来智慧的信念，终身强调。早在至正二十六年五月，他已命有司访求古今书籍，藏之秘府，以资览阅。他因此事而告诉侍臣詹同等说：

> 三皇五帝之书，不尽传于世，故后世鲜知其行事。汉武帝购求遗书，而六经始出，唐虞三代之治，始可得而见。武帝雄才大略，后世罕及，至表章六经，开阐圣贤之学，又有功于后世。吾每于宫中无事，辄取孔子之言观之，如"节用而爱人""使民以时"，真治国之良规。孔子之言，诚万世之师也。[1]

太祖所言，除了表明他尊信孔子，肯定孔子之言对于治理国家的价值外，也反映出他好学好书。在洪武二年七月他和宋濂的一次对话中，太祖问："三代以上所读何书？"宋濂对曰："上古载籍未立，不专读诵而尚躬行，人君兼治教之责，躬行以率之，天下有不从教化者乎？"[2] 太祖此处所问，不是故意的浮夸之词，而是表现出相信古籍所载知识的重要。

对于阅读古书的意义，太祖在洪武十五年十一月命礼部修治国子监旧藏书板的上谕中表露无遗："古先圣贤立言以教后世，所存者书而已。朕每观书，自觉有益，尝以论徐达。达亦好学，亲儒生，囊书自随。盖读书穷理，于日用事务之间，自然见得道理分明，所行不至差谬，书之所以有益于人也如此。"[3] 这可以说是宋太宗"开卷有益"之说的上好注脚。书本知识的重要性，他

---

[1]《明太祖实录》卷二〇，至正二十六年五月庚寅，页287。
[2] 郑楷，《潜溪先生宋公行状》，《宋濂全集》第四册《潜溪录》卷二，页2352—2355。
[3]《明太祖实录》卷一五〇，洪武十五年十一月壬戌，页2360。

毫不怀疑。

太祖对于历史给予现实的参考意义，也一生深信不疑。至正二十五年（1365）六月，他以儒士滕毅、杨训文为起居注，不久便命令二人"集古无道之君，若夏桀、商纣、秦皇、隋炀帝所行之事以进"。原因是："往古人君所为善恶，皆可以为龟鉴。吾所以观此者，正欲知其丧乱之由，以为之戒耳。"[1]太祖这里以身作则，以史为鉴，后来还通过敕撰书籍，将史书上的传记编成正面和反面教材，颁赐王子公侯和文武群臣阅读。[2]洪武二十四年（1391）六月，"命礼部印《通鉴》《史记》《元史》以赐诸王"，[3]也为的是这些史籍所能提供的资治和劝诫作用。这三种史著，分别是历代编年史、古代通史、近代史中最能帮助统治者认识治乱兴衰之故的作品。

太祖对于经史研讨之认真，从其对讲论本身的积极参与亦可见。《实录》所记，往往有"讲……至"某一事情或问题时，太祖加入说话的情形，可见讲说的过程，会因太祖的质问和意见而暂停。太祖这些话，多数是训告性的，情形好像在真正的讨论之外，还有意顺便发挥给在场的其他侍臣听似的。

太祖的认真态度，也见于他采纳侍臣的建议上，像宋濂向他说帝王之学应读《大学衍义》，他便认真地去读《大学衍义》。认真的态度，还表现于讲论经史时，要求讲官提供证据上。洪武二年（1369）二月，太祖与侍臣论待大臣之礼。《实录》记载：

> 刘基言于上曰："古者公卿有罪，盘水加剑，诣请室自

---

[1]《明太祖实录》卷一七，至正二十五年六月乙卯，页232。
[2] 详见朱鸿林《明太祖的教化性敕撰书》。
[3]《明太祖实录》卷二〇九，洪武二十四年六月甲戌，页3122。

裁,未尝鄙辱之,存待大臣之礼也。"时侍读学士詹同侍坐,因取《大戴礼》及贾谊疏以进,且曰:"古者,刑不上大夫,所以励廉耻,而君臣之恩义两尽也。"上深然之。[1]

这里可见,相信书本的文字证据,相信有来历的古人之说,是太祖创制行事时的一个鲜明特征。

太祖要求有讲必论,有问必答,因而对于缄默不言或敷衍了事的侍臣,极端厌恶。洪武十二年三月的一次讲论最为明显。《实录》记载:

> 上听政之暇,延诸儒臣赐坐便殿,讲论治道。时国子学官李思迪、马懿缄默不语。上恶之,敕谕国子师生曰:"……若怀诈自私,上无助于君,下无益于世,朕何赖焉?如李思迪、马懿者,朕以其学者,日召同游,期在嘉言善行,启朕未明而辅朕不足。乃终日缄默,略无一言。旁有讲说经史者,因而问及,不过就他人之辞以对,未尝独出一言,补所未知。岂朕昏昧不足与闻耶?抑朕之礼未至耶?何访之以道,而不相告也。及遣侍东宫,欲其发明古先帝王之道,匡弼辅赞,以成其德器,而缄默无异事联之时,其怀诈甚矣。昔者,孔孟怀圣贤之道,恨不得用,为生民福,故历聘列国,至老不倦。今思迪等发身草野,一旦与人君同游殿庭之上,人君躬就问之,此正行孔孟之志之日,而缄默如此,学孔孟者果如是乎?孔子入周庙,见金人三缄其口,曰:'此古慎言人也。'盖谓非法之言耳。若理道之辞,果宜

---

[1]《明太祖实录》卷三九,洪武二年二月辛卯,页799。

禁乎？"〔1〕

这事件所反映的，应该包括了侍臣厌恶太祖"威势"的心态，但反过来看，太祖给予这种讲论极为崇高的地位，视参与者为与君"同游"，才会对态度冷淡的参与者甚表愤怒。

六、经史讲论的现实意义与成就

太祖和侍臣讲论经史，所讲的内容和宋元经筵虽然大同小异，原则上大多不会和时政直接相关，但君臣双方都会借此以表达自己对政治道理和现实的见解与主张。这是经筵讲学的现实意义所在，彼此都心领神会。至正十九年汪广洋进讲《诗经·宾之初筵》篇，"据经引注，敬为演绎"后：

> 上亦为之兴感，乃曰："魏武公一诸侯也。九十耄耋，尚能令人作诗自儆，复令人朝夕讽咏，期于不忘。矧今以可为之年，当有为之日，何不激昂黾勉耶？"仍命臣广洋缮写数十本，颁赐文武大臣，俾揭于高堂，欲常接乎目，应乎心，以古贤侯为自期，视武公初意，尤昭著而浃洽矣。〔2〕

太祖这样的反应，或者发自内心，或者志在示众，汪广洋很欣赏太祖对于经义的上乘利用，太祖既表现了自己的谦虚自励，也鼓励了群臣与他同心同德。

宋濂也有类似的经验。至正二十五年一月，太祖御端门，与

---

〔1〕《明太祖实录》卷一二三，洪武十二年三月乙未，页1986。
〔2〕《凤池吟稿》卷一《奉旨讲宾之初筵》，页6上。

宋濂论及黄石公《三略》。大概兵书是太祖的专长，或许也有向研究过此书的宋濂讨教之意，太祖对于《三略》"且口释之"。宋濂却说："《尚书》二《典》三《谟》，帝王大经大法，靡不毕具，愿陛下留意讲明之。"太祖回应："朕非不知《典》《谟》为治之道，但《三略》乃用兵攻取，时务所先耳。"太祖于是再问帝王之学何书为要，宋濂请读真德秀《大学衍义》。太祖"览而悦之，令左右大书揭之两庑之壁，时睎观之"。[3]儒者宋濂强调的，是追求理想的帝王之学的大经大法；太祖的顺应追问，则表达了他向帝王之道迈进的志向。

借讲论而致呼吁，也见于博士许存仁进讲经史的场合。至正二十六年八月，许存仁讲《尚书·洪范》篇，至"休征""咎征"之应。太祖说：

> 天道微妙难知，人事感通易见，天人一理，必以类应。稽之往昔，君能修德，则七政顺度，雨旸应期，灾害不生；不能修德，则三辰失行，旱潦不时，乖异迭见，其应如响。箕子以是告武王，以为人君者之儆戒。今宜体此，下修人事，上合天道。然岂特为人上者当勉？为人臣者亦当修省以辅其君，上下交修，斯为格天之本。[4]

这里和汪广洋进讲《宾之初筵》时一样，太祖不忘呼吁群臣共同努力做好本分的工作。

明朝建立之后，这种表达方式仍然时有所见。洪武六年

---

[3] 郑楷，《潜溪先生宋公行状》，《宋濂全集》第四册《潜溪录》卷二，页2352—2355。
[4] 《明太祖实录》卷二一，至正二十六年八月壬子，页298。

（1373）二月，太祖御西庑，大臣皆侍坐，太祖指《大学衍义》中言司马迁论黄老事，令宋濂讲析，令在座者聆听。宋濂讲毕，和太祖有如下的一段对话：

> （宋濂曰：）"汉武嗜神仙之学，好四夷之功，民力既竭，重刑罚以震服之。臣以为人主能以义理养性，则邪说不能侵；兴学校教民，则祸乱无从而作矣。刑罚非所先也。"上谓先生（宋濂）曰："朕之为君，上畏天地，下畏兆民，兢兢业业，不敢自逸。"先生对曰："陛下此心，古先哲王之心也。《书》曰：'予临兆民，凛乎若朽索之御六马。为人上者，奈何不敬？'正谓此尔。愿陛下慎终如始，天下幸甚。"[1]

此处可见，宋濂借助讲论的机会表达他所认识的为君之道，太祖也认识到宋濂旨在进谏，因而在响应时也表达了自己的立场。

这些讲论场合，不只给了进讲的儒臣表达客观意见的机会，有时还如太祖所期望的，给了他们对政事直接表达意见的机会。进讲可以言事，是讲论兼"咨以时事"的自然现象，对此太祖是欢迎和鼓励的。洪武十七年，汪叡被命"续《熏风自南来》诗及他应制，皆称旨。……叡敦实闲静，不妄言笑，及进讲，遇事辄言。帝尝以'善人'呼之"，[2]便是一例。太祖的经史讲论原不限于理论和教训性质之辞，他也追求实用和应用知识，所以他对讲论之认真也是必然的。

---

[1] 郑楷，《潜溪先生宋公行状》，《宋濂全集》第四册《潜溪录》卷二，页2352—2355。

[2] 《明史》卷一三七《汪叡传》，页3943。

太祖从早年起长期与儒臣讲论经史以及自己阅读子史书籍，这除了对于他的治国理念和政策制定有影响之外，对于他的个人文化素质乃至儒家文化在社会上的普及，也有影响。最明显不过的，便是他的"文学"表现。太祖御制文集所载的各种体式文字，以及宋濂、刘基、陶安、王祎等开国文臣文集中所见的御赐诗文乃至各人的应制文字，都是太祖才华的表现或反映。御制文集中的诗文，有些看来是经过文臣润饰的，但明显是太祖原来手笔的也为数不少。

太祖个人在经典之学上的成就，可以见于他对经典的注释和讲说。注释方面，现存的有洪武七年（1374）十二月成书的御注《道德经》；失传或未见的有洪武二十年二月的御注《书经·洪范》和不知年份的《金刚经集注》。[1]讲说方面，莫过于洪武十五年（1382）五月幸新落成的国子监时，在祭酒、司业、博士、助教四人向他进讲完毕，他训话之后，向全体学官讲演《尚书》三篇之事。《实录》记载："复命取《尚书》《大禹（谟）》《皋陶谟》《洪范》，亲为讲说，反复开谕。群臣闻者莫不悚悦，遂赐宴，竟日而还。"[2]这次亲讲，是治术的表现，也是学问的表现，是继洪武八年二月御制《资世通训》成书后的又一次"君师合一"表现。

太祖在经史之学上的另一成就，便是将经典解释简易化和普及化。这表现在对一些经典的新注释上。洪武六年编撰《群经类要》是一个早期的重要事例。此事《实录》阙载，但宋濂有明白的记载。据宋濂《恭题御制论语解二章后》说：

---

[1] 李晋华，《明代勅撰书考》（台北：成文出版社影印 *Harvard-Yenching Institute Sinological Index Series*, Supplement No.3, 1966），页22。

[2] 《明太祖实录》卷一四五，洪武十五年五月乙丑，页2278。

右解《论语》二章，乃皇上所亲制，以赐翰林修撰孔克表者也。初，上留心经籍，以为经之不明，传注害之；传注之害，在乎辞繁而旨深。洪武六年，乃诏克表及御史中丞臣刘基、秦府纪善臣林温，取诸经要言，析为若干类，使人以恒言释之，使人皆得通其说，而尽圣贤之旨意。又虑一二儒臣未达注释之凡，乃手释二章以赐克表，俾取则而为之。克表等承诏，释《四书》《五经》以上。诏赐名曰《群经类要》，复装褫所赐为卷。以臣濂尝与闻斯事，请识其左方。[1]

宋濂提及的太祖《论语》解说二章，见于太祖御制文集之中。万历年间焦竑曾将这二章以及另外一章不见于御制文集中的《论语》讲义，辑录在其《焦氏四书讲录》书前。[2]从这三篇文字（原文见本文"附录二"）可以推想，《群经类要》的经说可能很多都是别出新意而不守唐宋传统注疏的。太祖表现了说经要文字浅易而解释直接、易看易懂的主张。这种不以传统权威尤其宋儒权威为然，而以个人理解为根据的学术态度和说经主张，对于明代以后的经学发展影响很大，对于研究明代学术思想史来说尤其不能忽视。

七、结　语

　　明太祖出身寒微，没有受过学校教育，却最终表现出一种君师合一的作风和实事，在创制立法和文治武功上，成为近世中国

---

〔1〕　宋濂，《恭题御制论语解二章后》，《宋濂全集》第三册《朝京稿》卷五，页1730。

〔2〕　焦竑，《焦氏四书讲录》，《续修四库全书》本（上海：上海古籍出版社影印万历二十一年[1593]书林郑望云刻本，1995）。

最有影响力的开国君主之一。明太祖的政治思想来源和政策的制定基础,从《明太祖实录》《明太祖文集》等看来,和他所接近的儒臣顾问的学术关系密切。

本文首先从太祖起事之后、明朝开国之前,他与众多文人及儒者的接触和讨论情形考察,探讨了他乐于从事经史讲论的知识背景;接着论述太祖经史讲论的形式和内容,他对讲论的接受和反应情形,以及他吸取经史知识的一些做法;然后从太祖的实际行事观察他对经史之重视以及对讲论之认真情形;最后论析这些经史讲论的现实意义以及太祖从讲论中所获得的文化上之成就。

通过如上论析,本文认为,太祖从早年已经认识到儒家道理的重要。太祖率众初期从属的文士,对于他的儒家意识倾向以及思想言行有所影响。至正十五年渡江之后,他与有学问的耆儒日相接近,从而获得的经史知识也日有增长。他获取重要地方之后,都会公开祭拜孔子和征访当地名儒,可以看出,他真心相信儒家之道是有益于治国的。

太祖下集庆后,所得人才日众。除了当即延聘的秦从龙、陈遇这两名像朋友般的亲密顾问之外,以后请教过的范祖干、叶仪,以礼获致的朱升、刘基、宋濂,以及其他为数可观的徽州和浙东地区人物,都是学问深湛的儒者。从他们之间的对话可见,太祖的政治见解和主张,一直受到这班儒者的肯定。太祖的儒学倾向,受经史教训的影响,吸收儒家的智慧,崇尚儒者理想等情形,也在这些对话中有所表现。

至正十九年是太祖有系统地经常让儒士进讲经史的开始,而且讲论之余,还会"咨以时事",增加了这种学问活动的实用意义。这些讲论使太祖的经史知识日益增加,到了明朝开国时,他和儒者对答已经能够从心所欲地征引经史以作说证。以后的经史讲论,尽洪武一朝不断,而经义对于治道和政制的构思不断产生影响。

太祖确信经史是所有参与治国者应有的重要知识。因此，世子受的是儒学教育，讲说的也不离儒家经史；大将和公侯子弟也都被鼓励或要求学习经史。他终身强调古代经典能给读者带来智慧，并且深信书籍是知识的来源、意见的根据，而历史则能为现实提供参考，历史故事有正面的教化作用。

　　太祖的经史讲论，早期在场所、时间、形式上都较有弹性，讲员也没有固定数目。中期之后，随着桂彦良奏疏的生效，有正式经筵化的现象出现。他看书和读史时，每每也有文学侍臣随从在侧，所以告谓和问对之言时时可见。太祖又能在正式讲论之外的其他场合，随时吸收经史知识。其中最常见的，便是在召见应征至京的儒士和任满来朝的儒学教官时，命他们讲说经史，甚至和他们论难，听取不同的解说和阐释。

　　经史讲论虽然大多不会与时政直接相关，但太祖和进讲的儒臣双方都会借此表达自己的政治见解和主张。儒臣有时还会对政事直接表达意见，太祖有时也能接纳他们所提出的意见。但太祖会认真要求讲官提供经史证据以支持自己的说法，而对于有问不答或者敷衍了事的侍臣极端厌恶。

　　太祖对于经史知识的重视、阅读古书的兴趣，以及在实务中获得的经史学问，不只提高了他和侍臣讲论经史的能力，也增加了他对经史讲论的信心和兴趣，提高了他个人的文化素质。这些长期讲论使得儒家思想对于明朝的政治体制、明初的施政作风产生了实际影响，也推进了经典解释的简易化，使儒家文化在社会上更易普及。

　　明太祖的政治成就，正如《明史》本纪末所载异代史官的赞词所说："武定祸乱，文致太平，太祖实身兼之。"[1]这样的事业

---

〔1〕《明史》卷三《太祖本纪》，页56。

自然需要坚强的意志和毅力,也需要一种习惯性的持勤。太祖凡事躬亲,专制独裁,读明史者尽人皆知。这种态度和作风,也体现于他对经史知识和智慧的追求上。《明太祖实录》的史臣这样称赞过他:

> 昧爽临朝,日晏忘餐,虚心清问,从善如流,神谋睿断,昭见万里。退朝之暇,即延接儒生,讲论经典,取古帝王嘉言善行,书置殿庑,出入省观。斥侈靡,绝游幸,却异味,罢膳药,泊然无所好。敦行俭朴,以身为天下先。凡诏诰命令,词皆自制,淳厚简古,洞达物情。当宁戒谕臣下,动引经史,谆切恳至,听者感动。训敕子孙臣庶,具有成书,贻法万世。[1]

这段赞词除了难免的溢美之外,所及太祖对于经史讲论之认真和造诣,从本文的述析来看,是可以相信的。

这种态度和成就,与他一贯的勤劳作风是一致的。洪武十八年(1385)五月,他告诉侍臣说:

> 朕夙兴视朝,日高始退,至午复出,迨暮乃罢。日间所决事务,恒默坐审思。有未当者,虽中夜不寐;筹虑得当,然后就寝。(原因是)顾自古国家,未有不以勤而兴,以怠而衰者。天命去留,人心向背,皆决于是,甚可畏也,安敢暇逸?[2]

---

[1]《明太祖实录》卷二五七,洪武三十一年闰五月乙酉,页3717。
[2]《明太祖实录》卷一七三,洪武十八年五月戊寅,页2636。

附录一：明太祖经史讲论情形简表

日期（《明太祖实录》及他处所见）	时间	地点	形式	书籍	讲者/侍者/与讨论者	内容	备注
至正十八年十二月		婺州	进说	《大学》	儒士范祖干	治天下不出乎《大学》是书，太祖同意	儒者以经典进说，首见记载
至正十九年（汪广洋《凤池吟稿》卷一）	侍坐		讲解	《诗经·宾之初筵》	谏官汪广洋	梁贞进《诗经》帙，秦从龙等侍坐，太祖命汪广洋直言讲解，汪据经引注演绎	讲后命汪广洋缮写数十本，颁赐文武大臣
至正二十二年八月（《宋濂全集·潜溪录》卷二）			召讲	《春秋左氏传》	侍臣宋濂、孔克仁		
至正二十三年五月癸酉		应天府	设置礼贤馆		名儒九人：陶安、夏煜、章溢、宋濂、苏伯衡、王祎、许元、王天锡	与论经史，咨以时事	

明太祖的经史讲论情形 | 37

续表

日期（《明太祖实录》及他处所见）	时间	地点	形式	书籍	讲者/侍者/对者/与讨论者	内容	备注
至正二十四年四月甲午	退朝		与论		孔克仁等	论前代成败	
至正二十四年四月壬戌	退朝		与论		詹同等	论三国时事，谓君臣之间当以敬为主	
至正二十四年五月丙子	退朝	白虎殿	阅读	《汉书》	侍臣宋濂、孔克仁	论汉高祖汉之治道	看法与臣下异
至正二十四年九月戊寅		便殿	问对		詹同	石勒、苻坚孰优	看法与臣下异
至正二十五年一月（《宋濂全集·潜溪录》卷二）		端门	与论		宋濂	太祖问《黄石公三略》，宋濂请读《大学衍义》	太祖果读《大学衍义》，且命大书揭之两庑之壁
至正二十五年一月壬申			问对		詹同	论孙武杀吴王二宠姬	看法与臣下异
至正二十五年四月庚子			问对		孔克仁等	论汉高祖成功之故	看法与臣下异

续表

日期（《明太祖实录》及他处所见）	时间	地点	形式	书籍	讲者/侍者/对者/与讨论者	内容	备注
至正二十五年八月辛卯		左阁	阅读	《宋史》	起居注詹同	宋太祖收兵权意义与赵普贡献	
至正二十六年三月戊戌			论说		国子博士许存仁、起居注詹同	论用人之道	熟读《汉书》，看法全同程朱
至正二十六年四月乙卯			同对	经史、《尚书·洪范》	詹同、参政张昶	阅古车制，至《周礼》五辂，因问	非系统阅读，因参考典章制度而及经史文字
至正二十六年八月壬子			进讲		博士许存仁	论修征徭征	首次"进讲"见于记载
至正二十六年八月乙巳			进讲	历史	侍臣王祎等	汉高祖与唐太宗孰优	起居注魏观有对，见进讲时有侍班。太祖看法与臣下异
吴元年十一月戊寅			阅读	《汉书》	侍臣	评论汉高祖言论	

续表

日期（《明太祖实录》及他处所见）	时间	地点	形式	书籍	讲者/侍者/对者/与讨论者	内容	备注
洪武元年一月丁亥		东阁	与论		御史中丞章溢、学士陶安等	前代兴亡之事	
洪武元年一月癸巳		东阁	与论		诸儒臣陶安等	论学术	太祖引贾谊《过秦论》
洪武元年二月乙卯	退朝		问对		侍讲学士朱升、待制詹同	论去秋所发梦	因证观《周礼》见六梦之说而发问
洪武二年二月辛卯			与论		侍臣刘基、詹同等	论待大臣之礼。詹同因论贾谊《大戴礼》疏为证据	因论说所及而进书为证据
洪武二年三月乙未			与论		儒臣	论《易经》，主职在养民	
洪武二年六月庚午			阅读	《叔孙通传》《汉书》	侍臣	论制礼应因事制宜，不必久待	太祖引孔子之言

续表

日期（《明太祖实录》及他处所见）	时间	地点	形式	书籍	讲者/侍者/对者/与讨论者	内容	备注
洪武三年二月辛酉		东阁	进讲	《大学》传之十章	翰林学士宋濂、待制王祎等	论有土有人为生财之大道	
洪武四年六月庚戌		奉天门	与论		吏部尚书詹同	总论治道，尚三代本心之治	
洪武四年九月甲寅			与论	《孙子》	侍臣		
洪武四年九月丙辰			观书	《大学衍义》	侍臣	真德秀释兕错之言	看法与臣下异
洪武五年十二月己卯			告谕、对答		礼部侍郎曾鲁	论尧舜之心，及《大学》于为治之要义	
洪武六年一月辛酉			告谕、对答		儒臣詹同	不好声色	
洪武六年二月（《宋濂全集·潜溪录》卷二）		西苑	讲论	《大学衍义》	宋濂	命宋濂讲析《大学衍义》中言司马迁论黄老事	大臣侍坐听

续表

日期（《明太祖实录》及他处所见）	时间	地点	形式	书籍	讲者/侍者/对者/与讨论者	内容	备注
洪武十年三月丁未			与论	《书经蔡传》《书集传》	群臣	质疑日月五星运行之蔡传左旋说	
洪武十二年三月乙未	听政之暇	便殿	讲论		儒臣	赐坐讲论治道。责国子学官李思迪与马懿缄默不语，强调君臣同游	可见讲官同时参与东宫讲读
洪武十二年十一月甲午			观书、顾谓	《汉武帝纪》《汉书》	翰林待制吴沉	论理财之道当家国不分而摸上益下	
洪武十二年十一月丁酉			与论		翰林待制吴沉	论持身保业之道	吴沉有对话
洪武十五年五月己亥	视朝毕	奉天门	顾谓		翰林待制吴沉	论人主进贤纳谏之要	吴沉有对话

续表

日期（《明太祖实录》及他处所见）	时间	地点	形式	书籍	讲者/侍者/对者/与讨论者	内容	备注
洪武十五年九月乙丑		国子监	听讲、讲说			听监官讲毕，为诸生讲说《尚书》之《大禹谟》《皋陶谟》《洪范》	君师合一的表现
洪武十五年九月癸亥						晋府长史致仕桂彦良上疏请开经筵	太祖称桂彦良为通儒，此后经史讲论有经筵化趋势
洪武十五年十一月戊午						仿宋制，置殿阁大学士。置殿阁大学士。武英三殿及东阁。命礼部尚书邵质、翰林学士宋讷、检讨吴伯宗、典籍吴沉为大学士	殿阁大学士参与经史讲论

明太祖的经史讲论情形 | 43

续表

日期(《明太祖实录》及他处所见)	时间	地点	形式	书籍	讲者/侍者/对者/与讨论者	内容	备注
洪武十六年二月乙亥			观书、告谕	唐太宗《帝范》	侍臣	谓由《帝范》可见有国家者当守祖宗家法	《帝范》为元朝经筵制定读本
洪武十六年三月庚戌			与论		侍臣	论国祚修短之故,谏议大夫唐择比较太祖与汉高祖	太祖引《书经》
洪武十六年六月戊戌		谨身殿	进讲	《书经·周书》	东阁大学士吴沉等	论为政之邪为首要	有对答
洪武十七年一月庚戌			与论		侍讲学士李翀等	论任将之道	有对答
洪武十七年四月庚午			告谕	《大学衍义》	侍臣	赞《大学衍义》为有益之书	命儒臣与太子诸王讲说此书
洪武十七年八月乙未						儒士汪仲鲁应征至京,召与讲论经史。汪仲鲁讲《书经·西伯戡黎》篇	此为太祖增进经史知识之一途

44 | 明太祖与经筵

续表

日期（《明太祖实录》及他处所见）	时间	地点	形式	书籍	讲者/侍者/对者/与讨论者	内容	备注
洪武十七年十一月乙丑			告谕		侍臣	论君臣听言罢言之道	右赞善董伦有对
洪武十八年五月辛酉		华盖殿	进讲	《心箴》	文渊阁大学士朱善	论范浚《心箴》及君心与心学关系	所讲为正宗朱儒之学
洪武十八年六月庚戌			阅读、告谕	《汉书》	侍臣	论汉文帝未尽用人之道	
洪武十八年八月丙辰		华盖殿	与论		群臣	论治天下之道，逮及任人之道	
洪武十八年九月庚午		华盖殿	进讲	《周易·家人》	文渊阁大学士朱善	论及治内之道	大学士朱善有对
洪武十九年一月己巳			与论		侍臣	治道	
洪武十九年二月己丑		东阁	与论		侍臣	论仁智，天人相与之际，俭	

续表

日期（《明太祖实录》及他处所见）		地点	形式	书籍	讲者/侍者/对者/与讨论者	内容	备注
时间							
洪武十九年八月乙酉			顾谓	《宋史》	侍臣	览《宋史》而论宋之内藏库有公私之别为不善	引《书经》
洪武二十年五月丁卯		华盖殿	进讲		侍臣	因论善恶感召	
洪武二十一年三月乙卯			与观	史书	侍臣	论不可骄人	观史书时与侍臣一起看
洪武二十一年三月辛巳			观书	《列子》		因谕考试官疑信问题，又令诸儒撰《疑信论》	
洪武二十一年三月丙申			告谕	史书	侍臣	论听言辨别之要	昨日观史，今日发问
洪武二十三年七月壬辰		谨身殿	观书、告谕	《大学》	侍臣	论《大学》之道修身为要	

续表

日期(《明太祖实录》及他处所见)	时间	地点	形式	书籍	讲者/侍者/对者/与讨论者	内容	备注
洪武二十四年二月丙寅			阅读、告谕	《汉书》	侍臣	论汉高祖赐民爵之谋不善	引《礼记》
洪武二十四年七月丙寅			与论		群臣	论用人授官之道	
洪武二十四年八月己卯			与论		侍臣	论汉高祖之善听臣言	
洪武二十四年十二月辛巳		武英殿	顾谓、对答	《书经》	学士刘三吾	论洛由自取之道	
洪武二十五年七月庚辰		右顺门	与论		侍臣	论治道及为治之缓急	引老子烹鲜之喻
洪武二十七年三月辛丑			告谕		侍臣	论人君通耳目之要	引唐玄宗之教训
洪武二十七年四月癸未			应对		太子太保唐铎	论治道之体要及顺人心之要	

续表

日期(《明太祖实录》及他处所见)	时间	地点	形式	书籍	讲者/侍者/对者/与讨论者	内容	备注
洪武二十七年六月癸酉		燕闲	与论	古事	侍臣	论楚庄王能迹志以纳谏,伏予魏武侯,因说君臣各应尽之道	引王通及孔子
洪武二十八年六月辛卯			告谕、对答	《尚书·无逸》	侍臣	论制礼作乐及检讨自己成就	最后一次"进讲"见于记载
洪武二十八年十一月癸亥			进讲		侍臣	惕厉不怠之意	
洪武二十九年六月丙寅			观书、告谕	《唐书》	侍臣	论对待臣之道	最后一次"观书"见于记载
洪武二十九年十一月乙卯		武英殿	告谕		侍臣	论好憎得中之要	
洪武三十年二月壬辰	罢朝	奉天门	与论		群臣	论民间事,讲裕民之道	

他的勤劳，朝中之臣见到，地方上的小臣也知道。洪武二十四年十月，江西建昌府南丰县典史冯坚上言九事，第一事便要太祖"颐养圣躬以为民社之福"。冯坚说："今陛下春秋高矣，未见日而朝百官，似非顺时调护之道。愿陛下清心省事，勿预细务，颐养圣躬，永为民社之福。"在这样的情形下来看太祖视朝后的经史讲论，其目的虽然不离祈天永命，其投入情况却自难能可贵。

附录二：明太祖《论语》说三章

一、《解夷狄有君章说》

> 夷狄，禽兽也，故孔子贱之，以为彼国虽有君长，然不知君臣之礼、上下之分，争斗纷然。中国纵亡君长，必不如此。是其有君，曾不如诸夏之亡也。宋儒乃谓中国之人不如夷狄，岂不谬哉。(《全明文》，第一册《朱元璋》，页218)

按：焦竑《焦氏四书讲录》此条文字稍异。并录如下：

> 夷狄，禽兽也，无仁义礼智之道。孔子盖谓中国虽无君长，人亦知有礼义，胜于夷狄之有君长者。宋儒以为中国之人不如夷狄，是反尊夷狄而卑中国矣，岂不谬哉。

又按：此章经文出《论语·八佾》，朱熹《论语集注》卷二引"程子曰：'夷狄且有君长，不如诸夏之僭乱，反无上下之分也'"。太祖所指宋儒即是程子。

二、《解攻乎异端章说》

> 攻，如攻城之攻。已，止也。孔子之意，盖谓攻去异端，则邪说之害自止，而正道可行。宋儒乃以攻为治，而欲精之，为害也甚，岂不谬哉。(《全明文》，第一册《朱元璋》，页218）

按：此章经文出《论语·为政》，朱熹《论语集注》卷一引"范氏曰：'攻，专治也，故治木石金玉之工曰攻。异端，非圣人知道，而别为一端，如杨墨是也。其率天下至于无父无君，专治而欲精之，为害甚矣'"。太祖所指宋儒即范祖禹。

三、《子曰听讼吾犹人也必也使无讼乎（章说）》

> 自古圣君莫如尧舜，天下向化莫如唐虞之世，而有皋陶为士师，明五伦。若当时无讼，何用设此官？且天下之广，居民相参，安得无讼？孔子盖谓听人之讼，我无异于人，但要得人是非曲直之情，不致枉道，使其既断之后，更无冤而讼者，是为无讼也。宋儒以为正其本，清其源，则无讼矣，岂不谬哉！（焦竑《焦氏四书讲录》书前）

按：此章经文出《论语·颜渊》。朱熹《论语集注》卷六引"范氏曰：'听讼者，治其末，塞其流也。正其本，清其源，则无讼矣'"。太祖所指宋儒即范祖禹。

明太祖对《书经》的征引及其政治理想和治国理念

一、引　言

明太祖所读儒家经典及儒者所著史书和相关的讲论，对于太祖文化素养的提升及其政治思想的影响，近年来渐多学者已注意研究。[1]这些研究显示了，太祖对于《五经》，汉、唐、宋、元几个重要朝代的正史都很熟悉和有自得的见解。从他对讲读过的儒家经典的引用情形看，传统上帝王之学的首要经典《书经》应该对他影响最大。尽管太祖从很早开始便服膺孔子的为政理念，又认为《大学》所说的是治理天下之本，晚年更要求准备出仕的国子监生必须阅读能够帮助明辨是非善恶的《春秋》，实际上他却认为《书经》这本以记言为主并也记事的古史，不只是"帝王之学"之书，而应是君臣都要精熟的经典。他从《书经》获得启发而建立的制度也是显而易见的。

---

[1] 相关的专文或专书中的专章论述，见张德信、毛佩琦主编，《洪武御制全书》（合肥：黄山书社，1995），张德信《序》，页16—44；黄冕堂、刘锋，《朱元璋评传》（南京：南京大学出版社，1998），页83—91，第三章部分，页389—453，第八章，页388—434；朱鸿林，《明太祖的经史讲论情形》，《中国文化研究所学报》第45期，2005年，页141—172。

本文从儒家经史之学与明太祖的治国理念及政策关系的研究之中,根据明太祖自己的文字和说话记录,集中考察他对《书经》的讲论所得和利用情形,并从他对《书经》的众多征引,观察《书经》古训在政治理想和治国理念方面对他的影响。研究主要利用的文献包括《明太祖文集》《皇明制书》所载的四篇《大诰》,以及《资世通训》《御注〈道德经〉》《明太祖御笔》《明太祖皇帝钦录》,官方纂修的《明太祖实录》《明太祖宝训》,以及明人纂辑的《皇明诏令》《金陵梵刹志》等书。

二、对《书经》之熟悉

明太祖和臣下谈话或讲论时涉及经典文义和历史事例的记录,有文献可考的,始于至正十八年(1358)十二月,终于洪武三十年(1397)一月,数量在七十次以上;专门讲论《五经》的至少有十六次,其中关于《书经》的有八次,[1]对于经典文句的引用最晚见于洪武三十一年闰五月,而且数量更大。据上述文献考察,经典(包括子书、古人之言)文句被征引和经典文义被综述,至少有二百四十多次。[2]其中属于《书经》的约有八十次。

从其所引文句的出处看,明太祖讲读的《书经》文本是古文《尚书》,所用的注疏包括朱子高第门人蔡沈的《书经集传》和汉

---

[1] 朱鸿林,《明太祖的经史讲论情形》附录一,页165—170。
[2] 初步的计算显示:《书经》被引了至少78次、《论语》25次、《诗经》12次、《周易》19次、《春秋》(主要是《左传》和胡安国《春秋传》)26次、《大学》9次、《中庸》7次、《孟子》12次、《礼经》(包括《周礼》《仪礼》《礼记》《大戴礼记》)28次、《家语》1次、《孔子集语》1次、《大学衍义》5次、《道德经》9次、《司马法》1次、《孙子》2次、《六韬》1次、《黄石公三略》1次、《鬻子》1次、《兵书》(不明)1次、《中说》1次、《贞观政要》1次、《帝范》1次、《戒子孙》(邵雍)1次。

唐注疏。古文的《书经》一共有五十八篇，其中文句被太祖直接引用过的有二十二篇（或二十四篇，因为有一句见于两篇）；文义被采用过的更多。同一处引用的文句，由一句到四句不等；如果每处都作一句计算，至少便有五十二句。它们至少被引用过六十八次。被征引过文句的篇名甚少见到提及。这些篇名及其被引用的文句和次数，见本文附录：《书经》文句征引表。

太祖很早便认识到《书经》的重要性，这可见于至正二十五年（龙凤十一年、1365）正月他和宋濂在讨论兵书《黄石公三略》时的对话。宋濂说："《尚书》二典三谟，帝王经世人法靡不毕具，愿陛下留意讲明之。"太祖回答说："朕非不知典谟为治之要，但《三略》乃用兵攻取，时务所先耳。"[1] 次年八月壬子更有首次见于记录的讲论《书经》事情。太祖听博士许存仁进讲《洪范》篇，并在讲至休征咎征之应时，发言大论感应之道。[2]

至洪武中，太祖对于《书经》已是烂熟于胸，而且每看都能有所反思反省。洪武十五年正月乙亥，他曾和翰林学士宋讷说："朕每观《尚书》，至'敬授人时'，尝叹敬天下之事，后世中主犹能知之；敬民之事，则鲜有知之者。"同时不注明地征引《大禹谟》篇"可爱非君？可畏非民？众非元后何戴？后非众罔与守邦"之言，表明君民相资和君须重民的道理。[3]

洪武十五年九月癸亥，晋府长史致仕桂彦良上《太平治要》策，其中有请开经筵专条。[4] 太祖优诏答之。儒臣也确有进讲经史之事，而《书经》正是当中重要的一部。洪武十六年六月戊

---

〔1〕 郑楷，《潜溪先生宋公行状》，载宋濂，《宋濂全集》（杭州：浙江古籍出版社，1999）第四册《潜溪录》卷二，页2352—2355。
〔2〕 《明太祖宝训》（台北："中研院"历史语言研究所，1967）卷四，页259。
〔3〕 《明太祖宝训》卷三，页217。
〔4〕 《明太祖实录》（台北："中研院"历史语言研究所，1962）卷一四八。

戌,太祖御谨身殿,东阁大学士吴沉等进讲《周书》"国则罔有,立政用憸人"一节。君臣对答,论及用人和听言之事,描述小人情状,而太祖的结论认为,"自古以知人为难,而知言亦不易也"。[1] 这种因经义而引起的互相启发和互相印证,从而增长识见智慧的情形,颇似宋代的经筵讲论。它反映了君臣于经典的基本知识均早有所知。

洪武后期,太祖明白地征引《书经》文句的情形比较少见,但听讲《书经》却是直到晚年未辍。洪武二十四年十二月辛巳,仍有御武英殿观《书》的记录,并且看至"惠迪吉,从逆凶"句时,与学士刘三吾论及听天由命和咎由自取两者道理不同。[2] 记录中太祖最后一次的经典讲论,讲的也是《书经》。洪武二十八年十一月癸亥日,侍臣进讲《书经·无逸》篇。太祖于讲后对侍臣说:"朕每观是篇,必反覆详味,以为鉴戒。今日讲此,深惬朕心,闻之愈益警惕。"[3] 洪武三十一年闰五月临终前的《祝天词》里,还用了见于《论语》而源于《书经·汤诰》的"简在帝心"句。[4] "惠迪吉,从逆凶"出自《大禹谟》篇,这是被太祖引用文句最多的一篇。说帝王勤惰与兴废关系之理的《无逸》篇,也是他尤其重视的篇章之一。经典的故事和教训,常在太祖之心,而《书经》更是他的治国思想和政治智慧的主要源泉。

太祖留心儒学、常在文告上引用《书经》,洪武中期时已被他的儒者侍臣所推崇肯定。洪武十六年三月庚戌,太祖与侍臣论历代创业及国祚修短。谏议大夫唐铎便发言,认为"三代以后,

---

[1] 《明太祖宝训》卷三,页202。
[2] 《明太祖宝训》卷四,页277。
[3] 《明太祖宝训》卷四,页279。
[4] 钱伯城等主编,《全明文》(上海:上海古籍出版社,1992)第一册,页585,引《明太祖实录》卷二五七。

起布衣而有天下者"唯有太祖和汉高祖,但汉高祖成就不及太祖。唐铎说:

> 汉高除秦苛法,杂伯道而不纯;陛下去胡元弊政,一复中国先王之旧,所谓拨乱世反之正。汉高不事诗书;陛下留心圣学,告谕万方,自为制命,卓然与典谟诰训相表里。汉高初欲都洛阳,闻娄敬之言,始都关中;陛下一渡江,即以金陵为定鼎之地,万世之基固肇于此。故非汉高所及。[1]

唐铎认为太祖在功绩、学术、眼光三方面都不是汉高祖所能比拟的。太祖的回答同样有意义,他说:

> 周家自公刘、后稷世积忠厚,至文王三分有二,武王始有天下。若使其后君非成康,臣非周召,益修厥德,则文武之业何能至八百岁之久乎?《书》曰:"皇天无亲,惟德是辅。"使吾后世子孙皆如成康,辅弼之臣皆如周召,则可以祈天永命,国祚绵昌。

太祖这样自然而然地引经据典回答,显示了一种高级的文化素养,难怪此话说毕,"侍臣顿首曰:陛下之言,宗社万年之福也"。类似的征引《书经》文句或意思的对答,此前此后也出现过多次。

三、征引场合和方式

唐铎此处所言三点,与本文问题尤有关系的是第二点。太祖

---

[1]《明太祖宝训》卷四,页299—300。

对于以自己名义颁布的文告是"自为制命"的。文告的形成虽然实际上更多的是先由太祖口授，再由侍臣具稿，因而免不了侍臣的文饰，但引用的经典意思都是太祖的。经典原文他可能记忆不完全正确，博学的儒臣的职责便是给予校正和润饰。（重要文件必定是这样，太祖也引用过《论语》中春秋贤臣草创、讨论、润饰法令的典故。[1]）太祖的亲笔文字中，也有引用经典文句的情形。[2] 从他的谈话、答问、论辩中大量征引经史故实的情形看，他引用过的经典文句，出于代笔的应该很少。[3]

太祖在与侍臣对话时、与侍臣讲论经史时、口头或文字告诫臣下时、在公开的文告中、在外交文件上，都曾引用过《书经》的文句或意思。对家人、臣下，对民人、僧道，对敌人、敌国、外国，都曾借事引经给予训示警诫，以增加说话分量。见到《书经》被征引的文献，包括（1）太祖自己的著作，如《资世通训》《大诰》以及《御注〈道德经〉》；（2）御制文章，如碑记、论说辩文字、祭文祝词；（3）檄文；（4）考试策问；（5）敕谕；（6）书问；（7）诰命；（8）诏书；（9）讲论对话记录；（10）口谕记录。

以下列举几个有说明意义的例证。

（1）给外国的文书中，《书经》屡被引用。洪武三十年正月丁丑：谕别失八里王黑的儿火者敕，饶有意味。敕文如下：

> 朕即位三十年，西方诸国商人入我中国互市，边吏未

---

[1] 《明太祖实录》卷二七，吴元年十一月乙未，页 415—416。
[2] 如《石渠宝笈》《秘殿珠林、石渠宝笈三编》（台北：台北故宫博物院，1969），页 4615，《明太祖御笔》下册所见。
[3] 张德信也认为，《明太祖实录》等官书所载"这些谈话录尽管也可能有史臣的整理润色，但基本内容是不敢更动的"。见《洪武御制全书·序》，页 43。

尝阻绝。朕复敕吾吏民,不得持强欺谩番商,由是汝诸国商获厚利,疆场无扰,是我中国有大惠与汝诸国也。向者撒马儿罕商人有在漠北者,吾将征北边,执归京师,朕令居中国互市。后知为撒马儿罕人,遂俱遣还本国。其君长知朝廷恩意,遣使入贡。吾朝廷亦以其知事上之礼,故遣使宽彻等使尔诸国,通好往来,抚以恩信。岂意拘吾使者不遣。吾于诸国未尝拘留使者一人,而尔拘留吾使,岂礼也哉?是以近年回回入边地者,且留中国互市,待宽彻归,然后遣还。及回回久不得还,称有父母妻子。朕以人思父母妻子,乃其至情,逆人至情,仁者不为,遂不待宽彻归而遣之。是用复遣使赍书往谕,使知朝廷恩意,无使道路闭塞而启兵端也。《书》云:"怨不在大,亦不在小。惠不惠,懋不懋。"尔其惠且茂哉。〔1〕

这篇敕文的主旨是要别失八里王归还被拘留的明朝使者,和平解决问题。敕文结尾引的是《书经·康诰》,意思是尽力做合乎道理的事情。太祖对于不知《诗》《书》的外国君主也引用经典,除了熟处难忘之外,也是一种文化心态的表现。他似乎认为,经典之言便是真理,具有普遍意义,超越了人种、地域、时代。

(2)在不公开的家信中,也引《书经》为训。见于《明太祖·钦录》洪武十二年四月初一日给靖江王朱守谦的敕谕,兼有了解朱守谦之父朱文正恶行和太祖家规的一手资料意义。详录如下:

《书》不云乎:"作善降之百祥,作不善降之百殃。"尔

---

〔1〕《全明文》第一册,页568,引《明太祖实录》卷二四九。

从孙守谦之父文正者,不听朕教,累恶不知改。务在寅昏出入,同游者皆无籍小人。所游处,不过强淫人妻女,强取人财物。即目见在尔本宫中金银之类,多系非礼之财,所以令收入宫,使尔常见之。尔祖母必有所谕尔。今郡主系尔之妹也。其郡主之母,尔岂不问尔祖母,此妹之母安在?何姓人家女子?此郡主母,系他人妻,尔父慕色,而杀其夫夺之。既生郡主之后,事发,非理取用妇人女子,尽皆杀之。所以作不善也,其百殃非身、必子孙当之。即已身当,余殃尚多,惟子孙能改过作善,务存公正,则可以渐消。今尔复行尔父之为,非冤家之所使者谁?当初朕造完宫室,百事具备,尔乃生淫乐之谋,不知军民之苦,假以盖书房为由,实淫逸之舍。高墙以围之,穿地以深井,朝暮会小人于是。此岂王者所为?今特命人拆毁,尔过知改乎?〔1〕

此谕开头引的《书经》文句,出于《伊训》篇,是太祖经常引用的文句之一。

(3)给握有兵权的藩王的敕谕,也习惯地引经。洪武三十一年五月乙亥给燕王朱棣的敕文说:

> 朕观成周之时,天下治矣,周公犹告成王曰:"诘尔戎兵。"安不忘危之道也。今虽海内无事,然天象示戒,夷狄之患,岂可不防?朕之诸子,汝独才智可堪其任,秦、晋已

---

〔1〕《明太祖皇帝钦录》,《故宫图书季刊》,第1卷第4期(1970年9月),第74页。参看陈学霖,《关于〈明太祖皇帝钦录〉的史料》,载纪宗安、汤开建主编,《暨南史学》,第二辑(广州:暨南大学出版社,2003),页217—229。

蕟，汝实为长，攘外安内，非汝而谁？已命杨文总北平都司、行都司等军，郭英总辽东都司并辽府护卫，悉听尔节制。尔其总率诸王，相机度势，用防边患，乂安黎民，以答上天之心，以副朕托付之意。其敬慎之，勿怠。[1]

这条载于《明太祖实录》的敕谕，有学者认为内容不实，是后来成祖重修《实录》时篡改的结果。[2]如果确是这样，则结尾表示有意传位的数句，殆为后来润色之过。但篇首所引《立政》篇"诘尔戎兵"句，却无疑应是太祖之言。有讽刺意味的是，太祖引用《书经》周公辅助成王的故事，竟成为成祖以后发动靖难之变的口实。

太祖引用《书经》的方式，也反映了他对经典的异常熟悉和良好的记忆力。无论是直接引用标明出于《书经》的文句，还是引用成句或数句而未说及出处，抑或征用《书经》所载事情及其所表达的义理，他经常能够出口成文，不见征引痕迹，而且往往能在同一段话中引用一种以上的经典。以下的一些例子，能反映这些情形。

（1）在同一篇中，既用史书资料，也用经典资料。如洪武十一年六月谕元丞相驴儿的诏书说：

> 天道恶盈而好谦，其德好生而恶死。……每当遣人通问，未得回报。……惟卿以智量之，勿为愚者所迷。《书》云：

---

[1]《全明文》第一册，页585，引《明太祖实录》卷二五七。
[2] 黄彰健，《读明刊〈毓庆勋懿集〉所载明太祖与武定侯郭英敕书》，载《明清史研究丛稿》(台北：台湾商务印书馆，1977)，页144；昌彼得，《明太祖皇帝钦录·叙录》，页72。

明太祖对《书经》的征引及其政治理想和治国理念 | 59

"作善降之百祥,作不善降之百殃。"惟顺理则吉。[1]

这里引的《书经》是《伊训》篇。"天道恶盈而好谦"句本于《易·谦卦》象传"人道恶盈而好谦"文,其句则出《后汉纪》,为《大学衍义》所引。(《大学衍义》是太祖常看之书。)

(2) 在同一篇中,密集征引经子之言,以证己说。于洪武十一年作的《辩答禄异名洛上翁及谬赞》,此文驳斥蒙古人的降臣答禄与权。太祖认为:"云从龙,风从虎,圣人作而万物睹,信有之。是故一代之兴,一代之人皆荡荡君子,未尝异其名者也。如周臣吕望,自能钓归朝,至今曰望。"因而不满答禄与权"忽又著书数篇,乃曰洛上翁之作",而不著自己的姓名,指其行径与"昔首注《道德经》者,名河上翁"者相同,都是"好奇谲诈之徒"。又指责答禄与权在给元世祖的赞文之中用了"天性有常"四字,是"故特侮元君也"。理由是:

> 世有飞走、走飞诸禽兽者,偏于一永不变者,以其禀天性一气之常者也,此所以禽兽也。古云:世间万物,惟人最灵。此概称人之能者。凡君之所异,首出庶物,以其睿智之通,无所不变,无所不常,是其君也。故《书》云:"上帝不常。"伊尹言:"天命靡常","鬼神无常享"。老聃曰:"圣人无常心。"所以"皇天无亲,惟德是辅"。斯言皆前代圣贤钦天畏地警戒之词,特以此而导人君以行仁。今胡儒与权者,倒其词而赞元君之德,朕不知其何如耳。[2]

---

[1]《全明文》第一册,页 16。
[2]《全明文》第一册,页 221—222。

这里引用的"上帝不常"句出《伊训》篇,"天命无(靡)常"句出《康诰》篇(或据"谌命靡常"句,则出《咸有一德》篇),"鬼神无常享"句出《太甲下》篇,"皇天无亲,惟德是辅"句出《蔡仲之命》篇。"世间万物,惟人最灵"句则从《泰誓上》篇的"惟人万物之灵"而来。其他"云从龙、风从虎,圣人作而万物睹"句出《周易·乾·文言》,"首出庶物"句出《周易·乾·象辞》,"老聃曰"句则出《道德经》第四十九章。我们难以揣测太祖这里凭的是记忆,还是文献的检索。无疑的是,他此处虽有牵强之词,对经典文意却是纯熟的。

(3)他有时引用同一出处的经文,而所引句子倒次,但文意仍能自然顺畅。如洪武十三年六月召儒士刘仲海的敕谕说:

> 朕以菲薄之才,是履至尊之位,深惧寡昧,无以下烛幽隐,绥养元元,故凤夜孜孜,思与海内贤哲之士共底隆平。虽求之日切,而至者恒寡。《书》曰:"知人则哲,惟帝其难之。"朕以是屡敕百司各举所知,而翰林典籍戴安荐尔博学多能。特命有司礼送至京,尔其毋辞。[1]

这里的《书经》所言,出于《皋陶谟》篇,但《皋陶谟》的原文是:"禹拜昌言曰:俞。皋陶曰:都,在知人,在安民。禹曰:吁,咸若时,惟帝其难之。知人则哲,能官人安民则惠,黎民怀之"云云。

(4)每当说话触及其理想时,太祖引用经典文句更加自然,犹如口授。如洪武六年(?)给御史左右大夫的诰文:

---

〔1〕《全明文》第一册,页446,引《明太祖实录》卷一三二。

> 君居九重,上古之君无,中古之君置之。然上古之君无九重之隔,故有易于耳聪目明,而乃天下治。……於戏,当斯世之时,元首之明,股肱之良,亦由民淳风厚而若然。其中古之君,起居否上古君制,威仪险要,亦事理而天下康宁,因何务而然也?盖爵人以官,寄之以耳目,如天之执法也。所以施行者何在?绳愆纠谬,申纲理目,使彝伦攸叙,井井绳绳,所以天下康宁,为斯道之立。[1]

这里在解释何以上古之君不需要"九重"的护卫时所征引的经典包括《书经·益稷》篇的元首股肱,《冏命》篇的"绳愆纠谬"和《洪范》篇的"彝伦攸叙"。

以上例子足见,利用《书经》的经义立说,太祖绝无困难。难怪唐铎会说他"自为制命,卓然与典谟诰训相表里"。这同时也反映了太祖的政治理想和政教施设是受到《书经》经训所影响的。

四、为民造福理想

对于《书经》作为帝王之学的看法,太祖与宋儒的主流论述基本相同。汉儒认为"疏通致远"是《书》之教也,宋儒则认为《书经》不只传古代圣王治平天下的治法,还传其治平天下的心法。朱子门人蔡沈的《书经集传序》将这个看法表达得最为完整,并且获得太祖认同。《书经集传序》有这样一段重要文字:

---

[1] 《全明文》第一册,页 42—43。

二帝三王治天下之大经大法，皆载此书。……然二帝三王之治本于道，二帝三王之道本于心，得其心则道与治固可得而言矣。何者？精一执中，尧舜禹相授之心法也；建中建极，商汤周武相传之心法也。曰德、曰仁、曰敬、曰诚，言虽殊而理则一，无非所以明此心之妙也。至于言天，则严其心之所自出；言民，则谨其心之所由施。礼乐教化，心之发也；典章文物，心之著也；家齐国治而天下平，心之推也。心之德，其盛矣乎？二帝三王存此心者也，夏桀商受，亡此心者也，太甲成王，困而存此心者也。存则治，亡则乱，治乱之分，顾其心之存不存如何耳。后世人主，有志于二帝三王之治，不可不求其道；有志于二帝三王之道，不可不求其心；求心之要，舍是书何以哉？[1]

　　太祖在洪武四年六月庚戌与吏部尚书詹同对话时也说："三代而上，治本于心，三代而下，治由于法。本于心者，道德仁义，其用为无穷。由乎法者，权谋术数，其用盖有时而穷。"[2]洪武五年十二月己卯与礼部侍郎曾鲁对话时又说："朕求古帝王之治，莫盛于尧舜。然视其授受，其要在于允执厥中。……人君一心，治化之本，存于中者无尧舜之心，而欲施之于政者有尧舜之治，决不可得也。"[3]这些帝王为政应"本于心"和"存心"中正的表述，和理学家无异，最终则仍是孔孟的"己所不欲，勿施于

---

[1] 蔡沈，《书经集传》（上海：世界书局，1936，影印清代武英殿刊本），卷首。黄冕堂、刘锋，《朱元璋评传》，页392—393，引包含"允执厥中"句在内的朱子《中庸章句序》，认为是太祖心学思想的渊源，对于蔡沈《书经集传序》却无所称引，其故未易理解。
[2] 《明太祖宝训》卷一，页9。
[3] 《明太祖宝训》卷二，页88—89。

人"和推己及人思想。太祖有强烈的以己心推之事为的思想，御注《道德经》中也能见到。[1]尧舜之心"允执厥中"，不偏不倚；以此心而措诸治化之本，便是"为民造福"。

历代帝王之中，明太祖可能是最早说了"为民造福"这句话。从多处出现的情形看，"为民造福"不只是口号，也是一种意志的浓缩。这是国家和治道的意义、目的所在。比起"为人民谋幸福"的现代说法，它显示了更多讲求行动后果的积极性。文献显示，太祖一生都以"为民造福"自期。洪武三十一年闰五月临终的《祝天词》说："寿年久近，国祚短长，子孙贤否，惟简在帝心，为生民福。"[2]这短短的二十一个字，说出了个人、国家、子孙，都决定于以福荫生民为心的天帝。不一定完全转述他原话的《遗诏》，也用"以福吾民"句作结。[3]

"为民造福"思想的文献根源是《书经·洪范》篇。太祖在洪武十二年十二月命中书礼部求卜士时，说过之所以要求卜士，就是要"特设无上之诚，幽通鬼神，决兴息以福民"。并且引《书》不云乎，七稽疑，择建立"[4]，作为经典的依据。这里引的《书经》，正是以"五福""六极"终篇的《洪范》篇文句。

---

[1] 《道德经》（第四十七章）说："不出户知天下，不窥牖见天道，其出弥远，其知弥少。是以圣人不行而知，不见而明，不为而成。"第一句张湛注说："圣人不出户以知天下者，以己身知人身，以己家知人家，所以见天下也。"第二句张湛注说："天道与人道同，天人相通，精气相贯，人君清净，天气自正，人君多欲，天气烦浊，吉凶利害，皆由于己。"宋儒心同理同的意思与之相同。太祖的《御注》说："又云圣人不行而至、不见而名、不为而成者，谓道虑备，恩及万物，即至不见其物，能知其名。所以哲，所以能成者，恩既施而物自化也。《书》不云乎：'元首明哉，股肱良哉！'圣人之心，其为道也异乎？"太祖注文，见高专诚，《御注老子》（太原：山西古籍出版社，2003），页272。注文的含义是，圣人（元首）之心既明，自有臣下（股肱）为执行任务，完成事业。
[2] 《全明文》第一册，页751，引《明太祖实录》卷二五七。
[3] 《全明文》第一册，页751，引康熙刻本《明书》卷五一。
[4] 《全明文》第一册，页83。

"为民造福"的提法，在洪武十三年五月癸卯"命吏部铨次各处所举儒士及聪明正直之人，皆授以官"的敕谕已见出现。太祖说，前此"数敕有司举贤良之士，至者授以职任，使所至为民造福。迩年以来，或贪虐挠法，有伤吾民"，[1]故此再敕有司慎选新的一批。

洪武十八年更是太祖大声疾呼"为民造福"说的一年。是年六月和七月所颁布的两个诏书中，还揭示了"为民造福"和《书经·太甲下》所说的"天位艰哉"的关系。六月二十七日所颁禁诸司奸贪扰民的沉痛诏书这样说：

> 呜呼！朕为民设官，为民造福，既不胜任，而且罪盈，法古天讨，以除民害，因此愈加害民，必欲除奸复生奸，其扰害吾民，实朕不才之所致。今诏天下：凡我良民，怜朕不敏，以居君位。呜呼！《书》不云乎："天位艰哉。"寝食不安，以图民康，仰天俯察求治，奸贪愈增，如此人心，为之奈何。然自诏之后，凡扰吾民者，大赦不赦。[2]

七月（？日）颁的诏书这样说：

> 呜呼！天位艰哉然如是。朕自即位以来，十有八年，不遑暇食，以措生民，奈何内外之臣，数用弗当，罪实在予一人，以致上天垂戒，灾于万姓，所以水旱相仍。……於戏！上帝好生，使宰民者为民造福，朕统天下，代天理物，设诸

---

[1]《明太祖实录》卷一三一，页2088。
[2]《全明文》第一册，页749，引康熙刻本《明书》卷五一。

有司,分掌牧民,自诏之后,体朕至意,乐吾民生[1]。

天位之所以艰难,就是宰民者必须为民造福,而为民造福实在并不容易。是年十月颁行的《大诰》,其首篇篇名《君臣同游》,主旨就是呼吁人臣应该"竭忠成全其君……惟务为民造福,拾君之过,撙君之失,补君之缺"。[2]

(一) 重民之故

太祖为何一再强调人君和官员要"为民造福"?《书经》至少为他提供了两个重要的思想依据。其一是,君主和人民是相互依存的。其二是,君主是民之父母而应尽父母的职责。

在君民相资的关系上,《大禹谟》说的"可爱非君?可畏非民?众非元后何戴?后非众罔与守邦",对他影响最大。此句见于洪武十五年正月乙亥他与翰林学士宋讷说的话之中。太祖说:

> 朕每观《尚书》,至"敬授人时",尝叹敬天之事,后世中主犹能知之;敬民之事,则鲜有知之者。盖彼自谓崇高,谓民事我者,分所当然,故威严日重,而恩礼寖薄。所以然者,只为视民轻也。视民轻,则与己不相干,而叛涣离散不难矣。惟能知民与己相资,则必无慢视之弊。故曰:"可爱非君?可畏非民?众非元后何戴?后非众罔与守邦。"古之帝王视民,何尝敢轻。故致天下长久者,以此而已。[3]

---

[1] 《全明文》第一册,页749,引康熙刻本《明书》卷五一。
[2] 朱元璋,《大诰·君臣同游第一》(《续修四库全书》影印万历七年[1579]张卤刻本,上海:上海古籍出版社,1995);又见《全明文》第一册,页587。
[3] 《明太祖宝训》卷三,页217。

这里引的"敬授人时",出于《尧典》,其"敬授民时"的异文,见于《洪范》和《大禹谟》注疏。《尧典》开篇,便是首命羲和之词曰"敬授人时"。《舜典》咨十二牧,亦首曰"食哉惟时"。太祖最早表现的阅读经典所得,便是盛赞《论语》中孔子所说"节用而爱人,使民以时"的为邦之道。太祖之着重"敬民之事",就是因为认识到"后非众罔与守邦"的道理。

太祖对于"众非元后何戴"的原因,以及"元后"在这关系中的应有作为,有其一贯看法。这种看法见于洪武八年的《资世通训·民用前章》、洪武十五年六月五日的《戒谕诸司修职敕》,以及之后洪武十八年的《大诰·民不知报》条(第三十一条)。洪武十五年诫谕说得最浅白明了,且又为《明太祖实录》所失载,值得详细引述:

> 皇帝敕谕诸有司:天生烝民有欲,无主乃乱。所以乱者,正谓人皆贪心不已,动辄互相吞并,以致强凌弱,众以暴寡。当此之时,纵他百姓有良计,善为生理,积聚家财,广有美女妻室、金银宝贝,若无皇帝与民为主,如何过得,被强的杀了弱的、多的杀了少的?古时节,因这般人民难过,以此天生伏羲、神农、黄帝、尧、舜、禹、汤,行大德,示要道,施教化,以制愚顽。然而天下之大,皇帝岂能独理庶务?所以天必又暗与忠贤者辅助之。为斯,皇帝设诸有司分治天下,持法令,宣布条章,专掌民力,使有力大的不敢杀了力小的,人多的不敢杀了人少的。纵有无眼的、聋哑的,他有好财宝妻妾,人也不敢动他的。若强将了,以强盗论。暗将了,以窃盗论。因这般,百姓方安。但是士农工商,人皆愿情当差,办纳税粮,都只是为皇帝设官分职,保守他性命。因此当差纳粮无怨。所以纳粮,专供文武百司官

吏俸给,军马月粮草料,使为官者不养蚕,不耕田,不冒寒暑,有衣穿,有饭吃,快活在公廨下坐着,与百姓分辨是非;军官军人尝(常)防着有歹人,便去拿了,为民除害。这等的,便是舍性命,冒寒暑,文官果然用心分辨是非,武官真个用心关防,天教长远做官,享富贵。军人肯出气力,也得安乐。若用了百姓钱粮,不与百姓分辨,是非颠倒;有多科重敛,遇着词讼,又将是的做了不是,不是的做了是;如此不公事,鬼神不肯饶他,必是犯了。军官若不用心关防,军人又不肯出气力,如何消受这等钱粮?食禄为官,百姓艰苦,我说与你诸有司,各存天理行事,福禄永昌。故兹敕谕。[1]

这道敕谕开头的"天生烝民有欲,无主乃乱"句,出于《书经·仲虺之诰》篇,是儒者论述君主制度存在的常用理据,太祖也数加引用。太祖在这道敕谕中,直截了当说出了人民需要君主(政府)的原因和君主(政府)应该为人民提供的最必要服务,便是保障生命和财产安全的治安事项。人民纳粮当差,为的就是获得一个能够保障安全和主持公道的公权力。太祖在现实意义上同时强调了人民应该纳粮当差,官员接受人民所给的赋役后,也应尽保障人民安全和为人民主持公道之责。

太祖认为保障人民安全生存是君职的全部,除了包括可使生命免于危险的禁暴止乱之事外,还有满足他们的衣食需要和更长久的教化之事。整体观点便如太祖也引用过的《书经·泰誓上》篇所说的:"元后作民父母。"洪武十九年四月丁亥,太祖命令朝

---

[1] 《皇明诏令》(《续修四库全书》影印嘉靖十八年[1539]傅凤翔刻本,上海:上海古籍出版社,1995)卷二《戒谕诸司修职敕》,页62—63。

官到河南赈济水灾时的诏令便着重地说:"君之养民,如保赤子,恒念其饥寒,为之衣食,故曰'元后作民父母'。尔等其体朕至怀。"[1]《泰誓》是武王伐纣时的誓师文告,上篇经文说:"惟天地万物父母,惟人万物之灵。亶聪明,作元后,元后作民父母。"意思是真正聪明的人,才是经注所说的"大君而为众民父母"。纣王"沉湎冒色,敢行暴虐",不是"元后",所以要加以讨伐。作为"元后",便对人民有养生和养德的责任。太祖这里因为场合之故,只提及养生之事,但他对于改变风俗的养德之事,其实丝毫没有轻视。

(二)君臣关系

"为民造福"能否成功,首先需要视乎君臣的关系。太祖的理想君臣关系,完全见于《书经》。《益稷》篇的元首股肱比喻是他时常引用的。早在洪武六年七月任命胡惟庸为丞相、陈宁为御史大夫的诏令中便说:"朕闻古帝王之治天下,君为元首,臣为股肱,上下相资,同心一德。于斯之时,民安物阜,万邦来庭,皆由德政所致,非昏君邪臣所能及也。"[2]因而斥责前丞相汪广洋之怯惰不职,并承认自己因缺乏经验而错误用人的过失。

君臣"同心一德"是元首股肱能够互相呼应的动力,这和孟子强调的君臣关系不同。在《孟子·离娄下》中,孟子告诉齐宣王:"君之视臣如手足,则臣视君如腹心;君之视臣如犬马,则臣视君如国人;君之视臣如土芥,则臣视君如寇雠。"太祖强调的则是君臣共同的使命和目标。

在这样的理想之下,太祖自己勤于政事,也要求臣下同样尽

---

[1]《明太祖宝训》卷三,页224。
[2]《全明文》第一册,页20。

心政事。洪武十年九月戊寅，他说：

> 前代庸君暗主，莫不以垂拱无为藉口，纵恣荒宁，不亲政事。孰不知天下者，无逸然后可逸。若以荒宁怠政为垂拱无为，帝舜何为曰"耄期倦于勤"？大禹何以惜寸阴？文王何以日昃不食？且人君日理万机，怠心一生，则庶务壅滞，贻患不可胜言。朕即位有年，常以勤励自勉，未旦即临朝，晡时而后还宫。夜卧不能安席，被衣而起，或仰观天象，见一星失次，即为忧惕。或量度民事，有当速行者，即次第笔记，待旦发遣。朕非不欲暂安，但只畏天命，不敢故尔。朕言及此者，但恐群臣以天下无事，便欲逸乐，股肱既惰，元首丛脞，民何所赖？《书》云："功崇惟志，业广惟勤。"尔群臣皆顿首受命。[1]

君臣共同"立志"和"勤力"才是保有天下之道，但太祖说"股肱既惰，元首丛脞"时，却将《书经》的句子次序倒转了。《益稷》篇的皋陶说："元首丛脞哉，股肱惰哉，万事堕哉。"太祖倒转句文，无形中将主导的责任给了臣下，说懒惰不振的臣下会导致君主的混乱无能，虽然在实际行事上，他是遵经文所训以身作则的。

有效的元首股肱一体表现，便是"朝无倖位，野无遗贤"的理想。在位者必为贤者，凡贤者便要尽量罗致，这一期望更多地见于洪武十二年所颁的几道求贤诏令之中。[2] 到了《大禹谟》所

---

[1] 《明太祖宝训》卷四，页 273—274。
[2] 例如《全明文》第一册《召儒士王本等敕》(引《明太祖实录》卷一三一)，页 444；《召儒士杨良卿》(引《明太祖实录》卷一三二)，页 445。

说的"野无遗贤"时,便也就到了《尧典》和《舜典》所说的"庶绩咸熙"境界了。[1]

五、感应与名实相副

太祖有浓厚的天人感应和善恶报应思想。这种思想可能最初来自民间信仰和佛道说教,在熟习经典之后,对施政理念也产生了重大影响。

(一) 感应与报应思想

太祖关于感应和报应的言语,一生不断。早在龙凤九年(1363),宋政权封太祖三代并为吴国公,太祖作《朱氏世德碑记》,便有"《书》曰:'作善降之百祥'。积善之家,必有余庆。先祖父积功累善,天之报施,茂于厥后"的话。[2]

龙凤十二年八月壬子,博士许存仁进讲《尚书·洪范》篇,至休征咎征之应,太祖说了一段显示了他相信天人一理必有感应的话:

> 天道微妙难知,人事感通易见,天人一理,必以类应。稽之往昔,君能修德,则七政顺度,雨旸应期,灾害不生;不能修德,则三辰失行,旱涝不时,灾异迭见;其应如响。箕子以是告武王,以为人君者之徵诫。今宜体此,下修人事,上合天道。然岂特为人上者当勉,为人臣者亦当修省,

---

[1]《明太祖宝训》卷三,页171—172。
[2]《全明文》第一册,页820—821。

以辅其君。上下交修，斯为格天之本。[1]

太祖这天人感应思想固然受董仲舒《春秋》灾异说的影响，但《洪范》才是这一思想的源头。《洪范》开篇即说"惟天阴骘下民"，使其"彝伦攸叙"。何以阴骘之？首先就是"殛死"治水乱法的鲧而给治水有功的禹"洪范九畴"，使他让下民"彝伦攸叙"。中心思想是积极的人君作为。九畴居中的是"皇极"。政府施政的最高准则和最大目标，就是"皇建其有极，敛时五福，用敷锡厥民"。太祖经常冀求朝廷君臣要"为民造福"，其思想正源于此。

感应的思想，在此后的很多场合和公开文件中都屡次出现。[2]《汤诰》的"天道福善祸淫"句和《蔡仲之命》的"皇天无亲，唯德是辅"句都是他常引用的。[3]《伊训》说的"作善降之百祥，作不善降之百殃"句也常见引用，对功臣、对敌将、对家人子侄都引用过。[4]

在不引用《书经》文句时，也常见鬼神和天灾人祸的报应之说。如在洪武十年十月给沐英的《西平侯沐英诰》中，太祖在追念他与沐英义父义子关系之后，便以鬼神报应之道重申说："尔当思幸逢之初会，休忘释难之恩，梦寐神交，则鬼神知报矣。"[5]

---

[1] 《明太祖宝训》卷四，页259。
[2] 黄冕堂、刘锋，《朱元璋评传》，页391—394，认为太祖这思想只受董仲舒影响。
[3] 如洪武六年十月辛巳赐高丽国王王颛书，见《明太祖实录》卷八五，页1519。御注《道德经》也有意思相同和文字接近的话，见《御注老子》，页441。洪武十六年三月庚戌，与侍臣论历代创业及国祚修短时所说更为明畅，见《明太祖宝训》卷四，页299—300。
[4] 如洪武七年《祭淮安侯华云龙文》，见《全明文》第一册，页269，洪武十一年六月《论元丞相驴儿诏》，见《全明文》第一册，页16。也见于上文征引过的《明太祖皇帝钦录》洪武十二年四月一日给靖江王朱守谦敕文。
[5] 《全明文》第一册，页28—29。

上引洪武十五年六月五日的戒谕诸司修职诏令，也警告官员"若用了百姓钱粮，不与百姓分辨，是非颠倒；有多科重敛，遇着词讼，又将是的做了不是，不是的做了是；如此不公事，鬼神不肯饶他，必是犯了"。[1]洪武二十年十二月的《大诰武臣序》，更用白话儆诫虐害士兵的军官说，其所为的后果必定是"不有天灾，必有人祸。似这等灾祸呵应，则有迟有疾"。[2]

太祖深信天人感应和鬼神报应的思想，最明显地影响到他对祭祀的态度。他毫不妥协地要求祭祀必须诚敬。洪武元年正月乙亥，太祖追尊四代祖妣，和李善长有这样的对话，太祖说自己"尊崇先代，斋肃一心，对越神灵，所谓禋蒿凄怆，若或见之"。李善长答话："陛下诚孝感通，达于幽显。"太祖说："奉先思孝，祭神如在，诚敬无间，神灵其依。苟或有间，非奉先思孝之道也。"[3]此处引的"禋蒿凄怆"，出于《礼记·祭义》；"禋蒿凄怆，若或见之"句，则是苏轼《潮州韩文公碑记》的文句，和"祭神如[神]在"的《论语·八佾》文句，意思是对应的。"奉先思孝"出于《书经·太甲下》篇。祭神必须诚敬，正是因为神人自有感应。因为相信祭祀时候的神人感通，太祖也特别重视祭祀时所见的自然现象——上天示意的征兆。正是这种征兆，启动了洪武十二年正月创始的合祀天地礼制。[4]

太祖读《书经》多了，也受到《春秋》《易》等经典所见古代先民信仰的影响，绝对相信天、神、人统一于"心"，可以互

---

[1]《皇明诏令》卷二《戒谕诸司修职敕》，页62。
[2]《大诰武臣·序》，《全明文》第一册，页730。
[3]《明太祖宝训》卷一，页28。
[4] 太祖大祀天地的祀文，当以见于《太常续考》(《文渊阁四库全书》本)卷一《郊祀》所载者为确。《全明文》第一册，页825，所载《大祀文》，引自《古今图书集成·经济汇编·礼仪典》，对原文有所删节。

相感通。天下如此之乱，强元如此之败亡，太祖以如此之出身而能由保全性命以至于平定天下、建立朝廷，最终唯有"天""神"眷顾佑助才能解释，这也让太祖相信善恶感应都是起于实事的。所以他虽然相信感应，却在大方向上不迷信表面的征兆。他屡次征引《书经》推却朝臣请贺祥瑞，便是事例。如洪武十八年四月乙未，五色云再现，礼部请率百官表贺。太祖便对群臣说："天下康宁，人无灾害，祥瑞之应，固和气所召。昔舜有卿云之歌，在当时有元恺岳牧之贤，相与共治。庸熙之治，朕德不逮，治化未臻，岂可遽以是受贺？"[1]同样，洪武二十一年五月乙酉，五色云现，翰林学士刘三吾进说，认为"此实圣德所致，国家之美庆也"。太祖却告诉他："古人（《书经·咸有一德》篇）有言：天降灾祥在德。……国家之庆，不专于此也。"[2]可见，太祖能清晰地认识到祥瑞的政治和社会条件。

（二）名实相副精神

实有感应的思想对于太祖的施政很有影响，特别影响到他所坚持的名实相副和实事求是的施政精神。这一精神尤其要求行政部门谨慎政令，官员谨慎言行。洪武二年二月谕中书省臣的敕文，便有引用《书经》说："《书》云：'股肱惟人，良臣惟圣。'自今事有未当，卿等即以来言，求归至当，无徒苟顺而已。"[3]更明显的态度见于洪武四年闰三月壬午日：

（太祖）阅翰林词臣所撰武臣诰文，有"佐朕武功，遂

---

[1]《明太祖宝训》卷一，页45。
[2]《明太祖宝训》卷一，页46。
[3]《全明文》第一册，页341，引《明太祖实录》卷三九。

宁天下"之语,即改作"辅朕戎行,克奋忠勇"。因诏词臣,谕之曰:"卿此言太过,尧舜犹病博施,大禹不自满假,朕何敢自侈大之言乎?自今措词,务在平实,无事夸张。"[1]

尧舜犹病博施的经训,出于《论语·雍也》篇;大禹不自满假的经训,出于《书经·大禹谟》篇。太祖用三代圣王的标准要求自己谦逊,不许词臣夸张,强调公告须措辞平实。这个要求和他在别处引用《舜典》"敷奏以言,明试以功,车服以庸"的话,[2]精神上是贯通的。洪武十一年正月,征天下布政使司官及各知府来朝。太祖对廷臣说:"朕今令之来朝,使识朝廷治体,以警其玩愒之心,且以询察言行,考其治绩,以观其能否。苟治效行成,即为贤材,天下何忧不治。"[3]这里说的便是《舜典》"询事考言"这句话的精练之处。

"询事考言"的经训令太祖重视接见地方官以至粮长、老人之类的基层行政人员,也使他重视官员来朝考绩的制度。洪武十七年七月吏部奏,考满官二员绩最当迁。太祖做出"任官之法,考课为重,唐虞成周之时,所以野无遗贤,庶绩咸熙者……分别臧否,必循名实"的指示。[4]

名实相副的要求,同样见于太祖对教育未来官员的太学教师的要求。洪武十五年五月乙丑(十七日)太祖诣国子监谒先师,释菜礼成后,便告谕学官们说:"中正之道,无逾于儒,上古圣人不以儒名,而德行实儒,后世儒之名立,虽有儒名,或无其

---

[1]《明太祖宝训》卷一,页43。
[2]《全明文》第一册,页460,引《明太祖实录》卷一四二,洪武十五年二月丁巳赐六部尚书侍郎敕文。
[3]《明太祖宝训》卷三,页166—167。
[4]《明太祖宝训》卷三,页171—172。

实。孔子生于周末,身儒服,行儒道,立儒教,率天下后世,皆欲归于中正。"[1]并勉励他们要以真正的孔子之道为教。

六、治国理念举例

(一) 刑法原则

名实相副的要求反映在太祖的法律思想上更加明显。洪武十九年三月颁行的《大诰续编》中的《民擅官称》(第六十九条),有明白的凡例。这条诰文要求臣民奉公守法,无官而拥官衔自称,便是作威作福的表现,而"作威作福,凶焉"[2]。这里根据的是《书经·洪范》篇的经训。这个经训早已清楚见于洪武十年谕山东布政使吴印的敕谕之中:"《易》云:'开国承家,小人勿用。'用则必乱邦也。……《洪范》亦云,臣下无有作威作福者,其无知之徒,擅敢大作威福,以致灭亡。"[3]这里引《周易·师卦》的"小人勿用",便是《洪范》所言作威作福的人。洪武十一年正月给《信国公汤和诰》也说:"人臣无将,可谓忠矣;威福不专,可谓智矣。尔其慎守斯道,以训后世。"[4]

太祖的刑法思想及其实践中的一个重要原则,是《舜典》所说的"眚灾肆赦,怙终贼刑"。这和未见太祖引过的《皋陶谟》"宥过无大,刑故无小"原则是一样的。关键问题是犯刑者的无意和故意之别,亦即过失与犯罪之别。这一原则施行于执法者尤

---

[1] 《明太祖宝训》卷三,页82—83。按:《明太祖宝训》此处文句有脱字讹文,本文从湛若水《格物通》(《四库全书》本,上海:上海古籍出版社,1987)卷二九所引文句。
[2] 《全明文》第一册,页664。
[3] 《全明文》第一册,页71。
[4] 《全明文》第一册,页28。

其认真，或可解释为何官吏会动辄违法犯法（定罪下狱后释放、复职者也很多）。

根据这个原则，太祖不主张大赦，而是对于故犯者彻底严惩。洪武七年十一月所颁布的《赦宥诏》对此有清晰的论述：

> 诏曰：释罪宥愆，昔者未尝轻发，发则精详至甚，岂有罪重而脱侥幸以自欢，致冤深而含忍无诉者？故有"眚灾肆赦，怙终贼刑"，载之于《书》，至今明焉。……特命中书条陈，若果真犯，虽笞罪以上，俱各还原。其余诖误，因人致罪过失者，尽在赦下。……於戏，肆赦于眚灾，为善良者图；贼刑于怙终，实王纲而治恶。凡我臣庶，律己修仁，勿干刑宪。[1]

太祖不轻易大赦，理由是如果不给予有罪者应有的惩罚，对于无辜受害者不公平。所以有过、有罪都应受罚。但导致犯法的行为是出于无意或是出于有意，却要绝对分明，量刑便是以此为据。

太祖不主张大赦的思想，也来自老子，但终究和《书经》的思想关系密切。颁布《赦宥诏》的同年同月（七年十一月），太祖的《御注道德经》成书，同样的说法见于《道德经》第七十九章的注文。《道德经》第七十九章说：

> 和大怨，必有余怨；报怨以德，安可以为善？是以圣人执左契，而不责于人。有德司契，无德司彻。天道无亲，常与善人。

---

[1]《全明文》第一册，页19。

这章的意思根据早期注家张湛之说是，被杀被伤者与杀人伤人者存在"大怨"，如果执行刑法的人以"和解"了事，必定有失人情之常，良善而受害者的心里必有怨恨。这样便不是善法。所以圣人（人君）只能以符契（后来的法律明文）为信，要求人人都以这符契为准则，而自己也根据这符契对犯者做出判断。这样的人君（和执法的人臣）便是"善人"，会得天道嘉许。太祖对此章的御注说："皇天无亲，常佑善人。君当畏，而臣民当善，福乃殷。"[1]此处注文第一句的"皇天无亲"，引自《书经·蔡仲之命》篇。"君当畏"指君当畏天道。人君要的是持法，如"执左契"，人但能依法、合法，便是天"常与"的"善人"。意思便是，人君对于不合法者，要果断处置而不予妥协。

"眚灾肆赦，怙终贼刑"这个原则，可以解释后来《大诰》中所见的残忍刑罚。之所以这样，是因为太祖不认为犯法者所为是出于"失误"，而是屡经训示甚至警告之后仍然触犯的。基于对"致冤深而含忍无诉者"公平，以及杜绝后犯，故而绝不容忍犯法者侥幸脱罪。

就在《大诰》颁行之前数月，太祖也一再重申"故意"必罚的立场，在户部侍郎郭桓涉嫌大规模贪污案件的处理过程中，涉案的各部官员都有诿罪于地方人民的做法。朝廷也因一时失察而致无辜者受刑。太祖知道情形之后，重申了上文已经引过的洪武十八年六月二十七日自责诏书中"自诏之后，凡扰吾民者，大赦不赦"的警告。[2]

太祖对于刑法之认真，从《大明律》的制定历史可见。他的刑法哲学是以《书经》经训为基础的，洪武三十年六月辛巳的

---

[1] 高专诚，《御注老子》，页441。
[2] 《全明文》第一册，页748—749，引康熙刻本《明书》卷五一。

《奉天殿试下第举人策》,可以当作他一生对于刑法原理的总结:

> 天生烝民有欲,必命君以主之。君奉天命,必明教化以导民。然生齿之繁,人情不一,于是古先哲王设五刑以弼五教,善者旌之,恶者绳之,善恶有所劝惩,治道由斯而兴,历代相因,未尝改也。朕承天命,君主生民,宵衣旰食,三十余年,储思积虑,惟欲妥安生民。其不循教者亦有,由是不得已施之五刑。今欲民自不犯,抑别有其术与?尔诸文士陈其所以,朕将览焉。[1]

我们不知道当时有哪些文士的对策是太祖所欣赏的,于次年颁行的《教民榜文》则不妨视为刑以弼教原则中的"别有"一术。按照《书经》的明刑弼教和刑期于无刑的古训,刑罚本身没有永恒存在的价值,其主要作用是防范会导致罪恶的民之"欲",长远的作用则是辅助维持风俗教化,以使民之欲合乎人之情。太祖一生治国,都在寻求能使刑法发挥效用的最佳方法,以维持长治久安的局面。

因为刑法本身只是工具,能否正确利用以展现其预期功用,首先决定于利用工具之人,所以太祖特别重视刑官。洪武十三年五月,迁工部侍郎刘敏为刑部侍郎,诰文对刑法的意义和执法者的重要性有所阐明:

> 於戏,昔圣人以德化天下,故民乐于从善,而天下治。然圣人之心,必欲天下之人皆善而无恶,有不率者,然后有刑以齐之。故赏当其功,罚当其罪,而民不从善者,无有

---

[1] 《全明文》第一册,页575,引《明太祖实录》卷二五三。

也。故上曰君圣,中曰臣贤,下曰民良,而天地致和,品物咸亨矣。后世之君臣,乏诚意正心之学,蔑成己及物之善,是以刑罚弗当,仁义倒施,法愈烦而犯愈众,此为世之大病也久矣。求君之圣,臣之贤,民之良者,几希。故善治国者,必择仁人以治刑,否则,法由此而烦,期于无刑之地,乌可得哉?[1]

太祖这里的"赏当其功,罚当其罪"之说,是宋太宗所说的。[2]"期于无刑之地"的愿望,则出于《大禹谟》篇以下这一段经典对话:

> 帝[舜]曰:"皋陶,惟兹臣庶,罔或干予正。汝作士,明于五刑,以弼五教,期于予治。刑期于无刑,民协于中,时乃功,懋哉。"皋陶曰:"帝德罔愆,临下以简,御众以宽;罚弗及嗣,赏延于世。宥过无大,刑故无小;罪疑惟轻,功疑惟重;与其杀不辜,宁失不经;好生之德,洽于民心,兹用不犯于有司。"

太祖无疑以帝舜所期自期,虽然皋陶所说的,他实际上并未完全做到,但对于"宥过无大,刑故无小"的经训,却颇能始终坚持。

太祖对于刑官的重视,最清楚的表达见于洪武十六年二月给刑部尚书开济的诰文:

---

[1] 《全明文》第一册,页442—443,引《明太祖实录》卷一三一。
[2] 脱脱等,《宋史》(北京:中华书局,1977)卷二六四《宋琪传》,页9122。

> 仁恻于仁人,至圣之道行焉。朕尝命官职古司寇之任,必欲仁有施而法中罪,何小人无知,倒持仁义,法加善良,病国殃民,愈治愈乱,已多年矣。朕观尔开济至智之士,特授以司寇之职,资善大夫,刑部尚书。但愿明理条章,仁法并施而允。《书》不云乎:"钦哉钦哉,惟刑之恤哉。"朕不简辞,特意不二,以诰谕之。[1]

这里引的《书经》文句,出于《舜典》篇,公允地指出"仁法并施"是对刑官外在表现的要求;刑官自身钦敬从事,忧心所施行的刑法是否适中,才是他们应有的职业精神所在。我们要注意的是,此诰所引的《舜典》文句之前,正是"眚灾肆赦,怙终贼刑"两句;恤刑自然不会滥刑,但也并不等于滥赦。

(二) 用人原则

《书经》也给了太祖一些重要的用人理念。可用的人臣,除了要看其是否具备敬爱君主和忠诚于朝廷的基本条件,还要看其是否"尚志"。"尚志"是孟子的观念。《孟子·尽心上》篇答"何谓尚志"之问说:"仁义而已矣。杀一无罪,非仁也;非其有而取之,非义也。居恶在?仁是也。路恶在?义是也。居仁由义,大人之事备矣。"太祖在洪武十二年谕群臣务公去私的敕谕中,便对孟子之说做了发挥说:

> 朕观孟子对尚志,所谓志者,谓人处世同民,随群逐队,斯常民也,故超出之。所以超出者,去诸不善而行众所善。然而尚为寻常之善。若于志所由来,必为无上之善,斯

---

[1] 《全明文》第一册,页40。

乃志之尽矣。……古人之尚志，在务功名，匡君之政，济人利物。……道之说日行月纪，终身不忘兼善之德，务欲超出，建崇功，累广业。行斯数事，身名世，家厚禄，其德似薄，其达似迟，斯小人之见若是也。昔圣人以为无上之道，故行之。是以孟子专尚志，小人难之。〔1〕

孟子说的士"尚志"，就是要求士要高尚其志而笃行仁义，穷则修身，还则兼善。其思想抑或源于《书经·周官》篇"功崇惟志，业广惟勤"之训，太祖之求于"尚志"者，也是为官者当"功崇惟志，业广惟勤"，以此成己，以此出众。基于此，他要求群臣务公而尽职。

《书经》和《孟子》还给了太祖只问德能不问出身的用人原则。洪武十三年六月甲戌召儒士杨良卿、王成季的敕文说："朕闻野无遗贤，虞所由兴，立贤无方，商所以治。不信仁贤，则国空虚，朕于是不能无虑。"〔2〕"野无遗贤"是《大禹谟》篇的文句，"立贤无方"是《孟子·离娄下》篇的文句，太祖以《书经》所说为理想，故也采用孟子之说。〔3〕

另一个原则是对于奸臣要"去邪勿疑"，要严打非法。这其实也是洪武中期太祖与高级儒者侍臣们的共识。洪武十六年六月

---

〔1〕《全明文》第一册，页93。
〔2〕《全明文》第一册，页445，引《明太祖实录》卷一三二。
〔3〕太祖更倾向求取平民出身，了解民间疾苦的人充当地方官员。这旨意在洪武十三年五月癸卯一道给各处所举儒士及聪明正直之人十一人授以官职时的敕谕中，表达得很清楚。太祖说："天生烝民，必命人主以治之。……今尔等至京，初皆庶民，岁受官役，朝廷得失、有司利病，必尽知之。今授以官，当尽力所事，鉴前人之非，为朕福民，朕之望也。"见《明太祖实录》卷一三一，页2088。用背景相同者为治，也见于洪武十三年九月戒守令谕的敕谕："今尔等皆出编氓，深知稼穑艰难，民生疾苦，是用授以职任，相与图治。"见《全明文》第一册，页448，引《明太祖实录》卷一三三。

戊戌，太祖御谨身殿，东阁大学生吴沉等进讲《周书》"国则罔有，立政用憸人"章，二人有如下对话：

> 太祖曰："甚矣，国家不可有小人，有小人必败君子。故唐虞任禹稷，必去四凶；鲁用仲尼，必去少正卯。"沉进曰："《书》言去邪勿疑，所以深致其戒。"太祖曰："国家不幸有小人，如人蓄毒，不急去之，必为身患。小人巧于悦上，忍于贼下，人君若但喜其能顺适己意，任其所为而不问，以为怨将在彼，譬如犬马伤人，人不怨畜犬马者乎？"沉曰："小人中怀奸邪，而其所言甚似忠信，不可不察。"太祖曰："然，小人善于逢迎，彼知人主所乐为者，不顾非义，乃牵合传会曰：是不可不为。知人主不乐为者，不顾有益于天下国家，亦牵合传会曰：是不必为。此诚国之贼也。自古以知人为难，而知言亦不易也。"[1]

这里的"国则罔有，立政用憸人"句出于《立政》篇，"去邪勿疑"句出于《大禹谟》篇，《大禹谟》篇该处原文如下：

> 禹曰：惠迪吉，从逆凶，惟影响。益曰：吁，戒哉，儆戒无虞，罔失法度。罔游于逸，罔淫于乐。任贤勿贰，去邪勿疑。疑谋勿成，百志惟熙。罔违道以干百姓之誉，罔咈百姓以从己之欲。无怠无荒，四夷来王。

太祖在"任贤勿贰，去邪勿疑"二事上的表现，后者易见，前者难知。正因为他曾经用人"勿贰"而不能奏效，故对于官员

---

[1]《明太祖宝训》卷三，页202。

屡有"不才"之叹。《大禹谟》此处"罔违道以干百姓之誉,罔咈百姓以从己之欲"二句,前者也是太祖求于官员的,后者则是他尤其求于自己的。

还有一个原则是,用人应该注意用老成之人,年龄大的一样可以任官。这从洪武十九年七月癸未太祖与吏部官员的对话可见。吏部官员请六十以上的地方人物不用礼送京师授官。太祖不同意,并说:"政为比来有司不体朕意,士有耆年者,便置不问。岂知老成古人所重,如文王用吕尚而兴,穆公不听蹇叔而败,伏生虽老,犹足传经,岂可概以老而弃之也。若年六十以上,七十以下者,当置翰林,以备顾问。四十以上,六十以下者,则于六部及布政司、按察司用之。"[1]太祖喜欢用"老人",看来都与见于《书经》及《春秋左传》的经义有关。

(三) 慎始图终

做事有头有尾,有长远计划,有终极意义,是太祖一贯所强调的。洪武七年末御注《道德经》时,对此已有所见。《道德经·守微》(第六十四章)说:"民之从事,常于几成而败之。慎终如始,则无败事。"太祖注曰:"凡世人之为事,多有中途而罢其事而不为者,往往有之。又戒慎终如始,则无败矣。"[2]按:《守微》篇说的是,事物有一个发展的过程,人能够审察几微,事先预防,自然做去,坏事便不能发生,不断做着,坏事便能够防止。太祖注释所强调的,没有误解。

太祖踏入晚年,慎始图终的思想和完成事业的渴求愈来愈强。洪武十九年八月乙酉,他读《宋史》,见宋太宗改封桩库为

---

[1] 《明太祖宝训》卷四,页349。
[2] 高专诚,《御注老子》,页369—370。

内藏库,他不赞同作此公私之别。引《书》曰:慎厥终,惟其始",认为太宗"首开私财之端"不好。[1] 此处征引经典,其实并无必要,但反映了太祖的信念:凡事需要考虑到结果,所以尤其慎其所始。

图终的思想在上引洪武二十八年十一月讲读《无逸》篇后的话中更加明显:

> 自昔有国家者,未有不以勤而兴,以逸而废。勤与逸,理乱盛衰所系也。人君当常存惕厉,不可少息,以图其终。……周公之爱君,先事而虑,其意深矣。朕每观是篇,必反覆详味,以为鉴戒。今日讲此,深惬朕心,闻之愈益警惕。[2]

帝王勤惰关系国家兴废,故此唯有"无逸"才是正道。太祖视治国、君天下为一个事业,一个有目的、有理想的事业,所以力图其终。周公爱其君,故先事而虑;太祖爱其后,为之创制立法,也是先事而虑。

慎终始的思想令太祖能够生活俭朴而忧勤国事,太祖生活俭朴和他的人生阅历有关,也和《书经》的教训有关。可以说,他天生俭朴,而经典也给了他理据。下列二例可以说明这点。丙午(至正二十六年,龙凤十二年,1366)年十二月己巳,典营缮者以宫室图来进,太祖见到雕琢绮丽的部分,即命去除,并对中书省臣说:

---

[1]《明太祖宝训》卷四,页302—303。
[2]《明太祖宝训》卷四,页279。

宫室但取其完固而已，何必过为雕斫。昔尧之时，茅茨土阶，采椽不斫，可为极陋矣。然千古之上，称盛德者，必以尧为首。后世竟为奢侈，极宫室苑囿之娱，穷舆马珠玉之玩，欲心一纵，卒不可遏，乱由是起矣。夫上崇节俭，则下无奢靡。吾尝谓珠玉非宝，节俭是宝。有所缔构，一以朴素，何必极雕巧以殚天下之力也。[1]

他崇尚俭朴，圣王帝尧给了他榜样。

洪武七年末御注《道德经》，也引用《书经》所言作发明。《道德经》第十二章说："五色令人目盲，五音令人耳聋，五味令人口爽，驰骋畋猎，令人心发狂，难得之货，令人行妨。是以圣人为腹，不为目，故去彼取此。"太祖注曰："此专戒好贪欲、绝游玩、美声色、贵货财者。此文非深，即是外作禽荒，内作色荒，酗酒嗜音，峻宇雕墙是也。"[2] 这里的"内作色荒，外作禽荒"，出自《五子之歌》篇所说。《道德经·检欲》章有养生的意味，太祖将它提升至治国之道。

太祖之忧勤，与他的危机感和事业心有关，也和《书经》多处所见三代圣王与昏君的成败故事的教训有关。尤其当他的事业大了，守成的难度增加了，他的忧虑也就增加了，洪武元年正月丁丑，明朝开国不久，这种感受便已见于以下对话。

太祖御奉天殿，大宴群臣。宴罢，因召群臣，谕之曰："……（今虽）尊居天位，念天下之广，生民之众，万几方殷，朕中夜寝不安枕，忧悬于心。"御史中丞刘基对曰："往

---

[1]　《明太祖宝训》卷三，页234。
[2]　高专诚，《御注老子》，页68—69。

者四方未定,劳烦圣虑,今四海一家,宜少纾其忧。"太祖曰:"尧舜圣人,处无为之世,尚且忧之。矧德匪唐虞,治非雍熙,天下之民,方脱创残,其得无忧乎?夫处天下者,当以天下为忧;处一国者,当以一国为忧;处一家者,当以一家为忧。且以一身与天下国家言之,一身小也。所行不谨,或致颠蹶;所养不谨,或生疢疾。况天下国家之重,岂可顷刻而忘警畏耶?"[1]

这里可见,他和臣下的处境不同,自然看法和感受也不同。作为帝王,君临天下,常人不能和他相比,他也不能仿效常人,而只能和同类人物相比。历史要衡量他时,三代之君如尧如舜也是终极的比较对象。太祖忧虑是否称职,他勤政就是为了称职——安定天下而保有之的人君之职。

元朝的灭亡、《书经》的经训,加强了他的忧勤意识。洪武五年九月丁巳,辽东守将送亡元中央高官至京,太祖谓群臣元之所以覆亡,引《书》云:与治同道,罔不兴;与乱同事,罔不亡"。同时要求群臣无如"元末君臣之荒怠,纪纲废坠",而须知"天命可畏,兢兢业业,夙夜罔懈",以免造乱之徒得以起事。[2]这里引的是《太甲下》篇文句。《太甲下》篇也多次为太祖所引用,其全文如下:

> 伊尹申诰于王曰:呜呼,惟天无亲,克敬惟亲。民罔常怀,怀于有仁。鬼神无常享,享于克诚。天位艰哉!德惟治,否德乱。与治同道,罔不兴;与乱同事,罔不亡。终始

---

[1]《明太祖宝训》卷一,页4。
[2]《明太祖宝训》卷四,页267—268。

慎厥与，惟明明后。先王惟时，懋敬厥德，克配上帝。今王嗣有令绪，尚监兹哉。若升高必自下，若陟遐必自迩。无轻民事，惟难。无安厥位，惟危。慎终于始。有言逆于汝心，必求诸道。有言逊于汝志，必求诸非道。呜呼，弗虑胡获，弗为胡成，一人元良，万邦以贞。君罔以辩言乱旧政，臣罔以宠利居成功，邦其永孚于休。

《书经》本身所载的故事，更令太祖不能同意人君"垂拱无为"之说。洪武十年九月戊寅，太祖向侍臣说：

前代庸君暗主，莫不以垂拱无为藉口，纵恣荒宁，不亲政事。孰不知天下者，无逸然后可逸。若以荒宁怠政为垂拱无为，帝舜何为曰"耄期倦于勤"？大禹何以惜寸阴？文王何以日昃不食？且人君日理万机，怠心一生，则庶务壅滞，贻患不可胜言。……《书》云："功崇惟志，业广惟勤。"[1]

在他看来，此处所引的《周官》篇所说的立志和勤力，才是成功的两大支柱，他并以此勉励群臣努力立功。

慎终始的另一要项，便是"安不忘危"。上文已引的洪武三十一年五月乙亥的《谕燕王敕》，便说"朕观成周之时，天下治矣，周公告成王曰：'诘尔戎兵。'安不忘危之道也"。并以此敕促燕王用心防边。[2]"诘尔戎兵"句出于《立政》篇，其意涵和后来孟子说的"生于忧患，死于安乐"的教训是一样的。

---

[1]《明太祖宝训》卷四，页273—274。
[2]《明太祖实录》卷二五七，页3717。

七、制度上的影响

太祖朝的制度，有沿袭和改变自前代的，也有根据经典而带有复古色彩的。殓葬死亡军士、乡饮酒礼、春秋社祭、社学、邻里互助之类，都是取资于经典的，虽然并不直接源于《书经》，也不是完全照经典文字而作。

《书经》在太祖朝制度上最大的影响是官制，最重要的是重建《周官》篇所载的"六官"分职制，亦即废除中书省的丞相执政，改由皇帝直接统领六部的制度。论者多说这是太祖个人的专制集权的表现，引经据典只是文饰权力欲望之说。但事实上，太祖这个改制念头，却非洪武十三年诛杀谋反的丞相胡惟庸之后才突然产生的。早在大明开国之始，太祖便已有这样的想法，并且见诸言论，只是当时天下初定，一时难以彻底更改历史悠久的制度而已。洪武元年正月戊寅，太祖谕中书省臣说：

> 成周之时，治掌于冢宰，教掌于司徒，礼掌于宗伯，政掌于司马，刑掌于司寇，工掌于司空。故天子总六官，六官总百执事，大小相维，各有攸属，是以事简而政不紊。秦用商鞅，变更古制，法如牛毛，暴其民甚，而民不从，故乱。卿等任居宰辅，当振举大纲，以率百僚，赞朕为治。[1]

这里引的是《周官》篇中所说的周代中央政权建制。太祖说的"天子总六官，六官总百执事，大小相维，各有攸属"，从《周官》篇看，确是原则之说。《周官》的系统是三公和三孤共同"寅亮天地，弼予一人"的天子，而"六卿分职，各率其属，以

---

[1]《明太祖宝训》卷一，页5。

倡九牧，阜成兆民"。六卿之长是冢宰，冢宰之职是"掌邦治，统百官，均四海"。根据经文，冢宰（后世的丞相）虽是行政官的领袖，却是直隶于天子的，其"掌邦治"的权力也只是来自天子。在太祖看来，天子应该积极投入行政而不止于创制立法，因为这样才能保证创立的法制能够畅通生效。

这段的重点其实是政府行政效率和人民对于政府法令的承受能力问题。太祖认为《周官》的中央政府制度胜于商鞅变法以后的中央政府制度。二者虽然都是中央集权，但《周官》的优点是政权不会出于二门，天子和冢宰不会形成两个系统，因而行政秩序易于严整，行政效率从而提高。同时因施政系统单一，政府可以法少而严，使人民能够认真遵从。商鞅变制之为不善，是因为最终法繁致乱，"乱"则是太祖治平天下务必禁止之事。由此可见，太祖将来之废相，至少在思想层面上，是在久察现行制度的隐忧之后，借胡惟庸罪案将之彻底改变。天子总六官的制度会导致一人独裁，但从太祖的思维看，天子代天理物，其独裁不会害于物之生成。

废相后"四辅官"的设立，也和《周官》的经义有关。"三公"之名见于《周官》，"四辅"之名见于《礼记·文王世子》。但照太祖立四辅官的说辞看，其实正是取法于《周官》所说的"三公""论道经邦，燮理阴阳"之职的。洪武十三年九月戊申，敕谕四辅官王本等时，用的也还是《书经》的故训：

> 朕常思之，人主以一身统御天下，不可无辅臣，而辅臣必择乎正士。若尧舜匪咨四岳，政事不免于壅蔽；商辛能任三仁，沃启岂亡于禆益？故尧舜以得人而昌，商辛以弃贤而亡，此古今之龟鉴也。朕惟鉴兹，乃惟贤是求。[1]

---

[1]《明太祖实录》卷一三三，页2115—2116。

其他的法制，如官员考课之法，是据《舜典》"三载考绩，三考黜陟幽明；庶绩咸熙，分北三苗"的理解而来的。[1]官员按时入京述职的制度，是《舜典》"敷奏以言，明试以功，车服以庸"的经训展现。[2]制定天下人人可以进言的奏式，让民情可以通达朝廷的做法，是启发于《酒诰》"人无于水鉴，当于民鉴"之言的。[3]洪武十二年十二月谕礼部求卜士以决疑的做法，则是源于《洪范》所见的古制。[4]

通政使司的设置，则是受《尧典》《舜典》所载"虞之纳言，唐之问下"的故事启发的，同时也是《舜典》"询事考言"经训的具体表现。洪武十七年七月甲申，太祖"置通政使司，掌出纳诸司文书，敷奏封驳之事"。又敕谕新任通政使曾秉正和左通政刘仁说："壅蔽于言者，祸乱之萌；专恣于事者，权奸之渐，故必有喉舌之司，以通上下之情，以达天下之政。昔者，虞之纳言，唐之问下者，皆其职也。今以是职命卿，其审命令以正百司，达幽隐以通庶务，当执奏者勿忌避，当驳正者勿阿随，当敷陈者无隐蔽，当引见者无留难。无巧言以取容，无苛察以邀功，无谗间以欺罔。"[5]此时所立的通政使司，担当了唐代"门下省"

---

[1] 参看《明太祖宝训》卷三，页171—172，洪武十七年七月壬子，吏部奏考满官二员当迁时太祖的回答。
[2] 参看《明太祖宝训》卷三，页166—167，洪武十一年正月征天下布政使司官及各知府来朝时，太祖对廷臣所说。
[3] 《明太祖宝训》卷一，页9。
[4] 《全明文》第一册，页83。按：黄冕堂、刘锋，《朱元璋评传》，页416—428，认为这是太祖晚年迷信、专制的表现。说法需商榷，这其实是原教旨主义般的复古思想表现，以及公开遵从传统的、民间信仰的做法。卜筮在太祖来说是无疑的，而且认为在人的理智所不能决定时，诚心的诉求是会生效的。太祖自从起事行军，便已这样卜筮。开国十多年后，还要将卜筮制度化，可见他面对的事情太过复杂，为了慎重，诉诸卜筮。洪武十二年也不能说是晚年。
[5] 《明太祖宝训》卷一，页165—166。

的一些职责。在太祖看来是：报告可见言论，言论就是知识，有了知识才能应对事情。

此外，大封功臣，给予爵号，并让其子孙世袭；分封自己诸子，也都是古制。封赏功臣的原则，则是据《仲虺之诰》篇所说的"德懋懋官，功懋懋赏"。洪武三年十一月丙申大封功臣的敕谕，便曾引此二句，并且申明："今日所定，如爵不称德，赏不酬劳，卿等宜廷谕之，无有后言。"[1]此处"宜廷谕之，无有后言"，还是从《益稷》篇"汝无面从，退有后言"句变化而来的。

八、临朝作风

从太祖引用《书经》文句的场合，我们还可以看到他的临朝作风，同时也能据此知道他在施政上的一些困难，以及推测导致这些困难的原因。

太祖时常面对的一个问题是，政务机关的臣下不肯说话和建议，即使皇帝求言，他们也不愿多言。这其实和太祖接见臣下时的态度有关，他看起来过于严厉，缺乏宽容气象。洪武元年二月己未，太祖因台臣久无所言，和侍臣就此事有过交谈。太祖和侍臣表示，人主谁无过失，唯有改过为善，而臣下则需直言辅君。侍御史文原吉回答："陛下此心，即大禹好闻善言，成汤不吝改过之心也。"这其实也委婉道出此前太祖必有不易纳谏从善的事情。太祖的善意回答，却反映了他为臣下所畏惧的作风，他说：

> 朕每思一介之士，于万乘之尊，其势悬绝，平居能言，奏对之际，或畏避不能尽其词，或仓促不能达其意，故当霁

---

[1]《明太祖实录》卷五八，页1127—1128。

色以纳之，惟恐其不尽言也。至于言无实者，亦略而不究。[1]

看来太祖坐朝临下，经常辞色一派威严，对于高级的侍臣也许尚能和蔼，对于其他众臣则少有宽豫之色。对于说话无实者，也必常加追究。难怪求言而言不易至。

在循名责实的作风之下，太祖为政要求既高，臣下便自觉说话为难。洪武二年二月乙酉，敕谕中书省臣说：

中书法度之本，百司之所秉承，凡朝廷命令政教，皆由斯出。事有不然，当直言改正，苟阿意曲从，言既出矣，追悔何及。《书》云："股肱惟人，良臣惟圣。"自今事有未当，卿等即以来言，求归至当，无徒苟顺而已。[2]

这里可见太祖要求政府慎重颁布政令文字，要求政令务实可从。他所引的参照是《说命下》篇中殷朝贤王高宗的话，这是极高标准的责成，说者理想固然高尚，听者却未必易于接受。

太祖自己的学识以及他对经典的精熟，也是令臣下不易和不敢说话的原因之一。情形可从洪武九年六月壬寅他和侍臣的如下对话想象：

太祖谕侍臣："舍己从人，改过不吝，帝王之美事。故大禹以五声听治，为铭于筍虡，曰：'教我以道者，击鼓；教我以义者，击钟；以事者，振铎；以忧者，击磬；以狱者，挥鼗。'禹，圣人也，虚己求言，如此之切，故闻善言

---

[1]《明太祖宝训》卷三，页183—184。
[2]《全明文》第一册，页341，引《明太祖实录》卷三九。

则拜。朕乐闻嘉谟,屡敕廷臣直言无讳,至今少有启沃朕心者。"侍臣对曰:"陛下聪明天纵,孜孜为治,事无缺失,群臣非不欲言,但无可言者。"太祖曰:"朕日总万机,安能事事尽善?所望者,左右之臣尽忠补过耳。如卿所言,非朕所望也。"侍臣顿首谢。[1]

太祖这里说的"舍己从人"句出于《大禹谟》篇。"改过不吝"句出于《仲虺之诰》篇。"启沃朕心"句出于《说命上》篇的"启乃心,沃朕心"。这应该是多数侍臣所熟悉的经典文句。但他同时引大禹所说的文句,并不见于《书经》而见于《鬻子》,不一定是多数侍臣所熟悉的。像太祖这样的人君,熟于《书经》之教,说话动以圣王为范,识见过人,其言行已自具威慑,能让臣下不敢随便说话,不敢随便给他"启沃"。所以侍臣回答"非不欲言,但无可言者",也不尽是搪塞之言。

太祖虽然也有在纳约自牖的情况下,能够及时反省臣下之言,并且付诸施行,但他不容易即时接受冲撞,所以遇到骨鲠之臣直言时,也会表现出暴君的行径,过后又追悔。这是意气激荡的表现。孟森说:"帝之纳谏奇,拒谏亦奇,其臣之敢谏死谏尤奇。"[2]真是旨哉言也。

太祖最不受臣下欢迎之处,便是有时自以为是,对说错话或解经出错的人辱骂和责罚。洪武十年他著《七曜天体循环论》驳斥宋儒《书经集传》作者蔡沈对于日月运行方向的解释,便是明显的例子。这篇论说的重要文字如下:

---

[1] 《明太祖宝训》卷三,页185—186。
[2] 孟森,《明代史》(台北:华世出版社,1975),页78。

洪武十年春，既暇，与翰林诸儒游于殿庭，暮论乾旋之理，日月五星运行之道。内翰林应奉傅藻、典籍黄邻、考功监丞郭传，人皆以蔡氏言未必然，乃曰：天体左旋，日月亦左旋。复云：天健疾日，日不及天一度，月迟于日，不及天十三度，谓不及天，为天所弃也。有若是之云。朕失读《诗》《书》，不知蔡氏若此，诸儒忽然论斯，吾将谓至罕矣。及至诸儒将《尚书》之注，一一细为分解，吾方知蔡氏之谬也。朕特谓诸儒曰：非也，斯说甚谬。吾观蔡氏之为人也，不过惟能文而已。……吾听诸儒言蔡氏之论，甚以为不然。虽百余年已往之儒，朕犹因事而骂之。时令取蔡氏所注《尚书》试目之。见其序，文理条畅，于内之说，皆诸书古先哲人之见话，于蔡氏自新之言颇少，然非聪明不能若此而类成，独蔡氏能之，可谓当时过庸愚者，故作聪明以注《书》。及观《书》注语，缠矣。所言乾旋之道，但知肤，不究其肌，不格其物以论天象，是以以己意之顺乱乾道之顺，以己意之逆乱乾道之逆。……吾以蔡氏此说审虑之，知其不当。其蔡氏平昔所著之书，莫不多差矣。……吾为斯而着意，因蔡氏不穷稽之理。以郭传、黄邻等务本蔡氏之谬言，意在刑其人以诫后人。特敕三番入禁而又权释之，使习知天象而毕来告，故遣行焉，因为之论。[1]

这里可见太祖得理不饶人的作风。这连他原有的优点也掩盖了，太祖能够驳正蔡沈《书经集传》对天体运行的错误解释，本来说明他讲读经典的方法正确。他听读《书经》，讲者多本宋儒注解，他有疑而先求详细讲论旧有注疏，又能以自己的实地观察对

---

[1]《全明文》第一册，页147—149。

书本知识做深入省思，得出自己的结论。"学而不思则罔，思而不学则殆"，他的格物致知，事实上有胜过蔡沈之处。这次驳论，可能也导致洪武十七年科举定制时，蔡沈的《书经集传》没有定于一尊，《书经》考试需兼取古注疏。

但太祖此处的态度实无可取。事情本由讲论经典而起，理应辨明是非，获致胜义而止。他却要辱骂前贤，并且推论蔡沈所传《书经》错谬，又认为文理通畅的《书经集传序》也没有新意，在著论纠正之余，还要责罚信从蔡沈之说的儒臣，最后竟又耍弄权谋，让人感到不测，这确是他令人畏惧之处。他固然可以强调是在要求学者认真对待传统解说，对误从者予以警告，即使有所稽考，有所根据，也需要凭自己的经验判断才能接受。但他的言论，极失人君应有的风度。

《书经》里面所见的理想君臣关系，本是太祖所渴望的，但理想过高，结果却令自己和臣下常处于紧张状态。洪武十七年十一月乙丑，他曾经对侍臣说："责难之词，人所难受，明君受之为无难。谄谀之语，人所易从，昏主信之为易入。朕观唐虞君臣赓歌责难之际，气象雍容。后世以谄谀相劝，如陈后主、江总辈，污秽简策，贻讥千古，此诚可为戒。"[1]他期望臣下诚实而勇于直言。次年洪武十八年四月乙未，他拒绝百官请求庆贺五色云再现，更说："昔舜有卿云之歌，当时有元恺岳牧之贤，相与共治。雍熙之治，朕德不逮，治化未臻，岂可遽以是受贺？"[2]这可以是他个人的谦逊，但也是对百官整体还不满意的表现。他永远要求警诫，长期令群臣恐惧能力不逮。在这样的状态之下，雍容的"君臣同游"气象是不可能的。

---

[1]《明太祖宝训》卷一，页15。
[2]《明太祖宝训》卷一，页45。

九、结　语

　　通过太祖对《书经》的讲论和引用情形可以看出，太祖对于《书经》非常熟悉也非常重视。他亲自为国子监学官讲说过《书经》中《大禹谟》《皋陶谟》《洪范》三篇的要义，也曾给《洪范》篇做过注释。他的政治思想和很多的为政理念及施政原则，也都出于《书经》。他相信《书经》所载的圣帝贤臣行事为事实，因而也认为其言行所承载的道理是可信的。《书经》的经训令他高悬理想，也令他对臣下有高度期望，甚至力责臣下同心协力。他作为"天子"，是"天生烝民"之主，有责任"为民造福"。群臣是奉天命与天子共理天下的，所以也应以"为民造福"为职责。他自己尽责，自然也站在道德的制高点上要求臣下同样竭忠于所事。

　　从太祖所列举见于《书经》的圣王言行及其所作评论看，太祖想要的历史地位正是《书经》所载的圣王地位，被称颂千古。至正二十六年丙午（龙凤十二年、1366）十二月己巳他便说过："昔尧之时，茅茨土阶，采椽不斫，可为极陋矣。然千古之上，称盛德者，必以尧为首。"[1] 洪武元年闰七月丁卯说得更为具体："君清心寡欲，勤于政事，不作无益，以害有益（按：这两句出于《书经·旅獒》），使民安田里，足衣食，熙熙皞皞而不自知，此即神仙也；功名垂于简册，声名流于后世，此即长生不死也。"[2] 对他来说，见贤思齐甚至见圣齐圣的思想，都有为其个人历史地位而奋斗的现实意义。可以说，尧舜是他的仿效对象，唐虞之治的尧舜事业，是他的理想所在。职是之故，雍熙太和，

---

〔1〕《明太祖宝训》卷三，页234。
〔2〕《明太祖宝训》卷一，页32。

"黎民于变时雍"的政治和社会愿景，也便成了他的梦想。这梦想要求国家安定太平，社会风俗淳朴。不难看到，太祖为政正是朝向这个理想目标。

《书经》的经训也使太祖钟情于天人感应的信念和名实相副的施政原则，这些信念和原则也是多数儒者出身的官员所信奉的。臣下的自我道德认同使他们不能置身于太祖的理想之外，但太祖对于由其信念和原则而产生的政教施设的要求和责实，却令他们在他严厉、时而自是的作风之中，产生恐惧，让《书经·益稷》篇所记的"臣哉邻哉，邻哉臣哉"和元首股肱都俞赓歌的气象和情景甚少出现。

但太祖有得于《书经》古训是无疑的，他"为民造福"的志事也是认真的。谈迁（1594—1657）在总结太祖的政绩时说："重典刑乱，至移之功臣大吏，市血陈殷，殆同秦隋，而天下宁谧，奸盗惕息，则爱民之心，天地百神深为谅之，国祚灵长，职此故也。"[1]这个议论看似迷信，其实深具卓识。

附录：《书经》文句征引表

篇名	被引句数	被引文句	被引次数
尧典（舜典）	2	敬授人时	1
		庶绩咸熙	1
舜典	5	眚灾肆赦，怙终贼刑	1
		明试以功，车服以庸	1
		钦哉钦哉，惟刑之恤哉	1
		食哉惟时	1
		询事考言	1

---

[1] 谈迁，《国榷》（北京：古籍出版社，1958）卷一〇，页785。

续表

篇名	被引句数	被引文句	被引次数
大禹谟	11	不自满假	1
		允执厥中	1
		人心惟危,道心惟微	1
		野无遗贤	3
		政在养民	1
		可爱非君,可畏非民,众非元后何戴,后非众罔与守邦	1
		去邪勿疑	1
		惠迪吉,从逆凶	1
		舍己从人	1
		刑期于无刑	1
		耄期倦于勤	1
皋陶谟	2	惟帝其难之,知人则哲	1
		天命有德,五服五章哉。天讨有罪,五刑五用哉	1
益稷	2	元首……股肱	3
		退有后言	1
仲虺之诰	4	德懋懋官,功懋懋赏	2
		天生民有欲,无主乃乱	3
		慎厥终,惟其始	1
		改过不吝	1
汤诰	2	天道福善祸淫	1
		惟简在上帝之心	1
伊训	2	作善降之百祥,作不善降之百殃	4
		上帝不常	1
太甲中	1	奉先思孝	1
太甲下	3	与治同道,罔不兴;兴乱同事,罔不亡	1
		天位艰哉	2
		鬼神无常享,享于克诚	1

续表

篇名	被引句数	被引文句	被引次数
咸有一德	2	天降灾祥在德	1
		天难谌，命靡常	1
说命下	1	股肱惟人，良臣惟圣	1
泰誓上	2	元后作民父母	1
		（惟人万物之灵）	1
洪范	2	臣无有作威作福	2
		稽疑，择建立	1
大诰/君奭	1	天命不易	1
康诰	2	天命无常	1
		怨不在大，亦不在小；惠不惠，懋不懋	1
酒诰	1	人无于水监，当于民监	1
蔡仲之命	1	皇天无亲，惟德是辅	5
立政	2	国则罔有，立政用憸人	1
		诘尔戎兵	1
周官	1	功崇惟志，业广惟勤	1
囧命	1	绳愆纠谬	1
胤征	1	歼厥渠魁，胁从罔治	1
五子之歌	1	内作色荒，外作禽荒，甘酒嗜音，峻宇雕墙	1
总数	52		68

明太祖的孔子崇拜

一、引 言

贫苦出身、自少失怙失学的明太祖,其成就正如清朝官修的《明史》论赞所说:"崛起布衣,奄奠海宇,西汉以后所未有也。……武定祸乱,文致太平,太祖实身兼之。"[1]太祖致治的概括内容,也正如同一论赞所说"惩元政废弛,治尚严峻。而能礼致耆儒,考礼定乐,昭揭经义,尊崇正学,加恩胜国,澄清吏治,修人纪,崇风教"等等。太祖的作为及建树的总成绩,和他地位相当的清初帝王体会最深。清世祖曾命将《洪武宝训》译成满文,并以满汉文字刊本颁行中外,[2]且命翻译《洪武大诰》进览,[3]又称自汉高祖以下,"历代贤君,莫如洪武"。[4]清圣祖五谒南京明孝陵,[5]"入殿,行三跪九叩礼,既兴,从殿后入神路门……上亲酹酒三,仍拜如前。……

---

[1]《明史》(北京:中华书局,1974)卷三《太祖三》,页56。
[2]《大清世祖章皇帝实录》(台北:台湾华文书局,1964)卷二五,页1下,顺治三年三月辛亥日条。
[3] 同上书,卷八六,页16下,顺治十一年十月辛未日条。
[4] 同上书,卷七一,页24上—25上,顺治十年一月丙申日条。
[5] 清圣祖五谒明孝陵的时间为康熙二十三年十月、二十八年二月、三十八年四月、四十四年四月、四十六年三月。

越日，复降谕旨，追美太祖混一区宇之功，肇造基业之盛"。[1]此礼诚如大臣张玉书所说，"乃千古盛德之举，在昔帝王未有行者"。[2]清圣祖二十余年的历次尊礼，固然具备君临天下的自信，也有抚怀明代遗民的政治示意，但也是内心崇敬明太祖的表现。

明太祖致治的要领，是农桑和学校并重的长期国策，加上洪武年间所制定的各种礼制，因其为政尚严，令行责实，初则引起很多元朝成长的文人不满，[3]后又因数兴大狱，株连甚众，野史家因而演为太祖尚行残刻刑罚之说。太祖又深崇老子《道德经》，[4]曾一度罢停祭祀孟子，因而在表现出一种文化专制意象之余，也令人怀疑他能否或曾否确行尊孔崇儒之事。如上的认识和记载，造成近代论者对太祖崇儒重礼、大兴文教的事情多所忽视或曲解。

近年以来，中外学者对于明太祖所定的礼制，已有深入的关注，[5]但对明太祖尊崇孔子的各种表现，却还未及讨论。本文

---

[1] 此为清圣祖康熙二十三年十月癸亥日初谒明孝陵时之礼节，引文出张玉书，《张文贞集》（台北：台湾商务印书馆，1983，《景印文渊阁四库全书》本）卷一《圣驾诣明太祖陵颂有序》，页13上—14下。
[2] 同上。按：《大清圣祖仁皇帝实录》（台北：台湾华文书局，1969）卷一一七，页13上—17上，亦详记此事，但讳言向明太祖行三跪九叩之礼。
[3] 参看钱穆，《读明初开国诸臣诗文集》《读明初开国诸臣诗文集续篇》，《中国学术思想史论丛（六）》（台北：东大图书公司，1978），页172—200。
[4] 朱元璋，《道德经序》，《全明文》第一册（上海：上海古籍出版社，1992），页188—189。讨论明太祖对《道德经》的理解和利用的论著，可参看柳存仁，《道藏本三圣注道德经之得失》，《和风堂文集》（上海：上海古籍出版社，1991），页472—494；柳氏，《道藏本三圣注道德经会笺》，同上书，页223—471，所说尤详。余英时，《唐、宋、明三帝老子注中的治术发微》，《历史与思想》（台北：联经出版事业公司，1976），页77—86，亦可参考。
[5] 详论明代官方礼制之作，可看 The Cambridge History of China, Vol. 8, The Ming Dynasty, 1368-1644, Part 2 (Cambridge: Cambridge University Press, 1998), pp. 840-892, Chapter 13, "Official Religion in the Ming," by Romeyn Taylor. 专论明太祖朝的，可看罗仲辉，《论明初议礼》，王春瑜编，《明史论丛》（北京：中国社会科学出版社，1997），页74—92。

拟从制度面和思想面论证，太祖一生尊孔崇儒之诚心笃敬，实已度越前代，且对后世有所影响。太祖尊孔的情状，前此未见专论，[1]为了明白其事，本文将先厘清一些流传已久的误会太祖之说，并考述相关的元代史实，以做比较之用。

二、野史对明太祖的误会事例

在尊崇儒教方面，明太祖确有令人误会之处，洪武年间太祖对孟子的态度就是一个很好的例子。《明史·礼志四》载，洪武五年（1372）罢孟子配享。[2]此事《明太祖实录》未载。清人全祖望认为应该发生于洪武二年，今人容肇祖引明人李之藻《泮宫礼乐疏》（卷二），认为应该发生在洪武三年。[3]明遗民谈迁所撰《国榷》卷五，据南京太常寺、翰林院故牍写作，此事系于洪武五年末："命仍祀孟子。是年，国子监请释典，命罢孟子。至是，上曰：'孟子辨异端，辟邪说，发明先圣之道，其复之。'"此说最有根据，可见此事都在洪武五年之内发生。[4]释奠礼春秋仲月各行一次，所以此事不起于二月，便起于八月。罢祀孟子，最多延续了十个月。

谈迁同时也做了考证，论证明人关于此事起源的附会不足

---

[1] 黄进兴在《道统与治统之间：从明嘉靖九年（1530）孔庙改制论皇权与祭祀礼仪》一文（《优入圣域：权力、信仰与正当性》，台北：允晨文化有限公司，1994，页147—155）中，曾就与嘉靖改制的相关事项，做了背景性的论述，但该文并非对明太祖祀孔事情的专论或通论。
[2] 《明史》卷五〇《礼四》，页1296。
[3] 容肇祖，《明太祖的〈孟子节文〉》，《容肇祖集》（济南：齐鲁书社，1989），页170—183。
[4] 《国榷》（北京：古籍出版社，1958）卷五，页478。按：《明史》卷五〇《礼四》，页1296，言"逾年……配享如故"。据之，孟子罢祀时间超过一年。但《国榷》引据似较可信。

信。谈迁引《宁波新志》（按：当指嘉靖三十九年修四十二卷志[1]）说："洪武二十三年（1390），命儒臣修《孟子节文》。上览孟子'土芥寇仇'之说，谓非臣子所宜言，议欲去其配享；诏敢谏者罪以不敬，且命金吾射之。刑部尚书象山钱唐抗疏入谏，舆榇自随，袒胸当箭。"卒使孟子配享得以不废。[2]但此说并不可靠，主要是钱唐洪武四年已卒，罢配享事情发生于五年，而《孟子节文》则修于二十七年，时间显然矛盾。谈迁指出："《宁波旧志》（按：指天顺年间修十卷志或天顺、成化间修五卷简本）止载（钱唐）谏释奠一事，不及孟子；袒胸受箭之说，出自野史，岂好事者为之耶？"又引仁和姜南《大宾辱语》："洪武二年，诏止释奠曲阜、京师，不必天下"；后经刑部尚书钱唐和吏部侍郎程徐以报本之道力言，才得"上从之"。看来，《宁波新志》这则关于钱唐的晚出故事，是后人因为他曾有力谏释奠之举而牵连成文的。

明太祖罢祀孟子的原委，已经不能细考。所谓的理由，主要都是出于晚明的短书小说。容肇祖论刘三吾之辑《孟子节文》，是明太祖继胡惟庸、蓝玉大狱后，将疑忌转向孟子的表现。他引全祖望《鲒埼亭集》卷三十五《辨钱尚书争孟子事》文中所引的《典故辑遗》之说为证。该文说："上读《孟子》，怪其对君不逊，怒曰：'使此老在今日，宁得免耶？'时将丁祭，遂命罢配享。明日，司天奏文星暗。上曰：'殆孟子故耶？'命复之。"容氏认为"这是活画出一个统治者暴怒无常，疑鬼疑神的心理"。[3]但这些来源不明的后出小说，宗旨迷信，或者旨在突出太祖的迷信，

---

[1]《宁波府志》刊本各种，见中国科学院北京天文台主编，《中国地方志联合目录》（北京：中华书局，1985），页407—408。
[2]《国榷》卷五，页478。
[3] 容肇祖，《明太祖的〈孟子节文〉》。

和档案、旧说所载相去甚远。[1]《孟子节文》由八十二岁的老儒、翰林学士刘三吾奉命编纂，洪武二十七年的原刻至今尚存。[2]毫无疑问，它对孟子的言论做了一种法令式的取舍。容肇祖认为被删除的八十五条，揭示了明太祖的"愚民主义和过于操心计的无聊"。但刘三吾所作此书"题辞"所强调的，则明显是一种防患于未然的考虑；[3]而孟子所言，确有被认为不利于统一王朝的君主之处。如果说孟子曾因此而罢祀，虽然文献不足征，却也在人情道理上不无可能，但从时间的距离看，纂《孟子节文》之事，却和孟子罢祀复祀之事没有直接的关系。[4]总之，说孟子罢祀之缘故，出于明代后期，和当时丑化太祖的野史记载是臭味相投的。若说它能反映太祖的高度专制和猜忌，毋宁说它反映了晚明作者对开国祖先的想象和评价。[5]

后世对明太祖的苛评，很大程度上正是这些明人私说的长期

---

[1] 如全祖望所引的《典故辑遗》所说，孟子只罢配享一日，显然不值得采信。
[2] 此书洪武二十七年原刻本，现收入《北京图书馆古籍珍本丛刊》（北京：书目文献出版社，1989）；书前有刘三吾撰《孟子节文题辞》一首；刘三吾现代传记，见 Goodrich and Fang, eds., *Dictionary of Ming Biography, 1368–1644* (New York and London: Columbia University Press, 1976)，pp.956-958, Hok-lam Chan 撰传。
[3] 如说，孟子太甚之言，"在当时（战国）列国诸侯可也，若夫天下一君，四海一国，人人同一尊君亲上之心，学者或不得其扶名教之本意，于所不当言、不当施者，概以言焉、概以施焉，则学非所学、而用非所用矣"，便是最明显的表示。
[4] 《明史》卷一三九《钱唐传》，页3981—3982，说"帝鉴其诚恳，不之罪。孟子配享亦旋复。然卒命儒臣修《孟子节文》云"。这是连类推测之词，不足采信。
[5] 容肇祖之后，深入讨论《孟子节文》一书内容和意涵的，有朱荣贵《从刘三吾〈孟子节文〉论君权的限制与知识分子之自主性》，《"中研院"中国文哲研究集刊》6（1995年3月）：173—197，可以参考。该文未提及容氏之作，所引《孟子节文》篡作背景之说，亦多从旧说；文章看法与容氏接近，但以此书之出现而论及经典及礼制传统与君权抗衡的关系，则为容氏所未及。对于孟子罢祀以及太祖罢通祀孔子等事，朱氏近作"Rites and Rights in Ming China," W.T. de Bary and Tu weiming, eds., *Confucianism and Human Rights*（New York: Columbia Umiversity Press, 1998），pp.169-178，也有诠释性的议论，大旨则仍与上文相同。

明太祖的孔子崇拜 | 105

影响所致。像历来指责最多的太祖猜忌和酷刑二项,便是显例。猜忌说以儒臣触犯文字忌讳被诛的多个文字狱为证,酷刑说则以太祖用枭首示众、剥皮实草的刑罚来严惩贪官酷吏的做法为证。猜忌说始于明朝中期,酷刑说则始于明初而盛于明末,但二者都因清代赵翼《廿二史札记》的记述而更为盛传。《廿二史札记》卷三十二有"明初文字之祸"一条,卷三十三有"重惩贪吏"一条。[1]这两条所说,影响后人对明太祖的认识甚大。

但这两条所记,实多出于明代野史之言,晚近以史源学为主的研究,已经证明它们不可确信。陈学霖《徐一夔刑死辩诬兼论明初文字狱史料》一文,引用徐一夔自己的文字示证徐氏建文年间尚在世,光绪年间丁丙曾对徐氏以文字犯忌、被明太祖处斩之说表示怀疑,陈文证明其说合理可信;又考证出《廿二史札记》所采的明太祖借文字忌讳刑戮儒臣的史料来源以及失实之处。[2]陈氏《明太祖文字狱案考疑》一文,则详证了历来盛传明初文人所遭的表笺之祸为歪曲史实、厚诬古人之事。[3]与陈氏二文异曲同工的,是王世华的《朱元璋惩贪"剥皮实草"质疑》。此文考出,明太祖朝其实并没有这种酷刑。《廿二史札记》引明初《草木子》之说,太祖在"府州县卫之左,特立一庙,以祀土地,为剥皮之场,名曰皮场庙"。此文证其为附会臆说,而皮场庙实指杭州吴山的惠应庙。此庙俗称皮场庙,始建于北宋汴京,所祀主神为汉代汤阴人张森。张氏为该地皮场镇皮革场库吏,以能杀皮

---

[1] 赵翼,《廿二史札记》(台北:华世出版社,1977,杜维运校证补编本)卷三二《明初文字之祸》,页735—737;卷三三《重惩贪吏》,页760。
[2] 陈学霖,《徐一夔刑死辩诬兼论明初文字狱史料》,《东方文化》15.1(1977年1月):77—84。
[3] 陈学霖,《明太祖文字狱案考疑》,《明代人物与传说》(香港:香港中文大学出版社,1997),页1—33。按:近代史学有关明太祖文字狱的文献目录,该文已经罗列殆尽。

革场蝎子为民众所德而获祠祀。[1]按:《廿二史札记》同条又说:"按,元世祖籍阿合马家,有人皮一张,后诛阿合马子阿散,亦剥其皮,是元代已有此非法之刑。"[2]阿合马是元代著名的聚敛赃吏,这或许便是元末明初的《草木子》作者叶子奇附会明太祖剥赃吏皮的张本,但说明太祖立皮场庙作赃吏剥皮之用,却是无根之谈。立庙剥皮之说,晚明何乔远所撰史书《名山藏》已有载论,[3]可见其说之流行远在赵翼作书之前。野史迭相因袭,所以明太祖的酷烈形象,也就不得不与世长存了。

三、元朝的孔子崇拜情况

厘清上述这些流传已久的野史附会,对探讨本文的主题是必要的,至少我们因此可以肯定,明太祖能够尊孔崇儒,并非匪夷所思。如果和元朝的帝王比较起来,尤其与同是开国之君的元世祖相比,明太祖对孔子的崇拜程度,更明显地高出了很多。

尽管元武宗在大德十一年(1307)七月将孔子加封了空前绝后的"大成至圣文宣王"称号,元朝帝王其实并不真诚地尊孔。[4]尊孔的活动似乎也开始得很早,但多是意在利用的敷衍之事。元太宗窝阔台汗五年(1233,金亡之前一年)六月,诏

---

[1] 王世华,《朱元璋惩贪"剥皮实草"质疑》,《历史研究》1997年第2期:156—159。
[2] 赵翼,《廿二史札记》卷三三,页760。
[3] 见《国榷》卷八,页657—658,洪武十八年十月己丑朔日条。
[4] 元朝帝王和孔子崇拜的问题,并未引起 The Cambridge History of China, Volume 6, Alien Regimes and Border States, 907–1368 (Cambridge: Cambridge Univeraity Press,1994)的作者们注意。该书中只在页457提到世祖建(按:当作"修")孔庙于大都且只遣官代祀;页553提到文宗遣官释奠于曲阜孔庙。其他如本文以下所论的相关方面,都没有记述。

仍以金朝所封衍圣公、孔子五十一代孙孔元措袭封衍圣公；是年冬又敕修孔子庙。太宗九年，又命以官费给孔元措整修曲阜阙里的宣圣庙。[1]但据陈高华所考，这指历日银的官费，其实并未兑现。[2]此外，又诏给孔庙洒扫户一百户，如旧制。但最后这个行之已久的恩惠制度，却在元世祖至元二年（1265）被取消了。[3]据《元史·王磐传》，这是当时尚书省括户的结果，这些原来免服差役的人户，都被"尽收为民"了。王磐认为此举"于府库所益无多，其损国体甚大"。他所言虽获得"时论韪之"，却也于事无补。[4]直到成宗大德五年（1301），才复给洒扫户二十八户。[5]

元世祖对儒教的轻视，首先表现在他对孔庙有关的人事和典礼上。世祖至元四年（1267）曾经诏修曲阜宣圣庙，但据陈高华所考，规模其实有限；而实质意义和象征意义都更大的，则是终中统、至元两朝都长期不给空缺的衍圣公爵位补缺。正如陈高华所说，这固然是孔氏"圣裔"争夺爵位的"自侮"结果，但也"和世祖对儒生的轻视态度分不开"。孔子崇拜和龙虎山的道教崇拜比较起来，显然黯淡无光。江南平定后，天师张宗演被世祖召见，封为真人；以后多次召见，张宗演死后其子又立即袭领江南道教。作为儒教象征领袖的衍圣公，却成了元世祖对"三教九

---

[1]《续文献通考》（商务印书馆《十通》本）卷四八《学校二》，页3223。对元太宗窝阔台汗以孔元措袭封衍圣公的背景的深入研究，见萧启庆，《大蒙古国时代衍圣公复爵考》，《蒙元史新研》（台北：允晨文化有限公司，1994），页49—62。
[2] 陈高华，《金元二代衍圣公》，《元史研究论稿》（北京：中华书局，1991），页328—345，尤其页338。
[3]《续文献通考》卷四八《学校二》，页3223。
[4]《元史》（北京：中华书局，1976）卷一六〇，页3753。
[5]《续文献通考》卷四八《学校二》，页3223。

流,莫不尊奉"的例外,曲阜的孔府也遭到空前的冷落。[1]

元世祖之轻儒,或至少不特意地尊儒,本来便是蒙古君主的家法。元太宗窝阔台汗五年所立的国子学,由全真教道士主持掌控,教学所重视的,是汉语语文而非儒家经典。[2]元世祖为了统治中原的需要,在潜邸时代,便已放弃传统的蒙古治术,延揽汉地儒士,成立治国的顾问集团。[3]以后对近侍子弟的汉文教育,也能加强注意。但在中统改元(1260)后,对于国子学的注意反而不见积极。京师国子学仍用大蒙古国时代的国子学,其学舍即宣抚王楫就金朝枢密院遗址改建而成的燕京宣圣庙。[4]到"至元四年作都城,画地宫城之东,为庙学基"。[5]"至元六年七月立国子学",命侍臣子弟十一人从许衡、王恂,"又命生员八十人入学,为定式"。[6]当时许衡受命重建的国子学,仍在金朝中都的旧址,[7]后来许衡去任,校舍也没有建成。以后迭经王恽、不忽木、阿鲁浑、程钜夫等的要求,[8]到了"至元二十四年闰二月,

---

[1] 陈高华,《金元二代衍圣公》,页336—338。关于元朝政府与儒道佛三教的关系,可参考 Liu Ts'un-yan and Judith Berling, "The 'There Teachings' in the Mongol-Yuan Period", 收于 Hok-lam Chan and Wm. Thedore de Bary, eds., *Yuan Thought: Chinese Thought and Religion Under the Mongols*(New York: Columbia University Preas, 1982), pp.479-512。
[2] 萧启庆,《大蒙古国时的国子学——兼论蒙汉菁英涵化的滥觞与儒道势力的消长》,《蒙元史新研》,页63—94。
[3] 详见萧启庆,《忽必烈"潜邸旧侣"考》,《元代史新探》(台北:新文丰出版公司,1983),页263—301。
[4] 萧启庆,《大蒙古国时的国子学——兼论蒙汉菁英涵化的滥觞与儒道势力的消长》,《蒙元史新研》,页63—91,尤其页72—74。
[5] 《续文献通考》卷四七《学校一》,页3212。
[6] 同上书,卷四七《学校一》,页3212。
[7] 萧启庆,《大蒙古国时的国子学——兼论蒙汉菁英涵化的滥觞与儒道势力的消长》,《蒙元史新研》,页72,注21。
[8] 袁冀,《元代之国子学》,《元史研究论集》(台北:台湾商务印书馆,1974),页203—235,尤其页208—210。参看《续文献通考》卷四七《学校一》,页3212。按:不忽木二处所见,皆译作博果密。

设国子监",置监官自祭酒以下十一人,"生员百二十人,蒙古汉人各半,官给纸札饮食",但"仍隶集贤院",[1]还是有官署而没有独立的学舍。到了至元二十五年十一月,"时迁都北城,更立国子学于国城东",[2]大都新建国子学才算开始,但其实却还是命而未行。据程钜夫说,"元贞元年(1295)诏立先圣庙,(但)久未集;大德三年(1299)春,丞相臣哈剌哈孙答剌罕"才以身任之。实际奏建的时间是大德六年六月,建成的时间是十年(1306)八月。[3]孔庙建成,才"谋树国子学"。武宗至大元年(1308)五月,御史台为此事上请,到"至大元年冬学成"。[4]由此可见,终元世祖一朝,京师既没有具备独立校舍的国子学,也没有与学并存的新建文宣王庙。[5]

元世祖对俗教和孔子的轻视,更深刻但却隐微地反映在至元三十一年(1294)七月下诏全国通祀孔子这件大事上。是时成宗已继位超过半年。此事只有《元史·成宗本纪》所见"壬戌诏中外崇奉孔子"的简单一句,[6]《元史》其他地方都没有涉及的相关记载。明人丘濬(1421—1495)对这样的载笔有所怀疑,他在所著的史书《世史正纲》中质疑道:"夫孔子自唐宋以来,天下学校通祀之,已非一日,又何待今日始诏中外奉祀之哉?"他根据明太祖之子宁王朱权奉敕撰写、洪武二十九年成书的《通鉴博

---

[1] 《续文献通考》卷四七《学校一》,页3212—3213。
[2] 同上书,卷四七《学校一》,页3213。按:此处所说的时间,从"成宗大德十年正月营国子学于文宣王庙西偏";地点从"(至元)二十四年闰二月设国子监立国学"条。
[3] 程钜夫,《楚国文宪公雪楼程先生文集》(宣统二年[1910]景印洪武本)卷六《大元国学先圣庙碑》,页1上—2下;又见前引书,卷四八《学校二》,页3224,唯丞相名字译作"哈喇哈斯达尔罕"。
[4] 《续文献通考》卷四七《学校一》,页3213。
[5] 元代国子学的建置和制度情形,可参看袁冀《元代之国子学》。
[6] 《元史》卷一八《成宗一》,页386。

论》的记载，认为这可能是元世祖贬儒的结果。[1]按：《元史·世祖本纪》有记载，至元十八年（1281）十月诏谕天下焚毁《道德经》以外的道书。[2]《通鉴博论》同一年的记载则说："帝（世祖）信桑门之惑，尽焚中国道藏经书，辟儒道二教为外学，贬孔老为中贤，尊桑门为正道，自是《道藏》始绝。"[3]又论世祖说"听妖僧祥迈之诱，作妖书以毁昊天上帝，贬孔子为邪道，拟为中贤，不足称圣"。[4]丘濬据此考虑，尊孔大事要到成宗即位半年后才能发生，而《元史》记载简略无比的原因，在于"当时必有所施行如《博论》所云者，元史臣（按：当指撰《元史》者）为世祖讳，故略去之"。并且认为，如果"诚有此事，则世祖之罪浮于始皇矣"。丘濬此说是发前人之所未发的，尽管他还要谨慎地说，"疑以传疑，史家通例也，特因所疑而书之，以俟知者"[5]。丘氏的推测是否确当，姑且勿论，元世祖统一天下之后没有明诏通祀孔子，本身就不能说是尊崇的表现了。

事实上，元世祖时期的尊孔礼仪同时也就是尊君的礼仪。孔子虽见祀于学校，但学校却并非只尊孔子。《元典章》礼部卷四所见《宣圣庙告朔礼》如下条文，反映此点甚明：

---

[1]　丘濬，《世史正纲》（台北：丘文庄公丛书辑印委员会，1972，《丘文庄公丛书》本）卷三一，页18上—19上（463—464）。
[2]　《元史》卷一一《世祖八》，页234。
[3]　朱权，《通鉴博论》（台南：庄严文化事业有限公司，1996，《四库全书存目丛书》本）卷下，页66（281/179）。
[4]　《通鉴博论》论断元祖所在之处，今传本适属缺页（卷中，页92），此处引文系据《世史正纲》所录原书。
[5]　《世史正纲》卷三一，页18下—19上。关于《世史正纲》一书的体例特色以及丘濬所关心的史学问题，见李焯然，《丘濬之史学——读丘濬〈世史正纲〉札记》，《明史散论》（台北：允晨文化有限公司，1987），页1—58。但本文所引此事，则不在该文讨论之内。

明太祖的孔子崇拜

先放圣寿辇于宣圣右边曹孟位上香案具下，祝案置祝版于上。每朔旦，日未出，设立献位。阶下诸生列位于后。赞者在前，先两拜，官东阶升殿。唱"摆班"，又唱"班齐"；次唱"初献官以下皆拜，再拜"；两拜毕，平立。执事者引三献官升殿，自东阶；分献官（诸）〔诣〕从祀位，如殿上仪。初献立宣圣位前，亚终献分立颜孟十哲位前。赞者唱"再拜，兴，再拜"；毕，就跪，三祭酒，再拜，兴。亚终献（以）〔亦〕如之。礼毕，三献官诣圣寿位前，先再拜，跪上香，就跪祝香读祝，讫，三祭酒，毕，就拜，兴，再拜。礼毕，降自西阶，复位。赞者唱"初献官以下皆再拜"，两拜，礼毕。诸生与献官员揖，诣讲堂讲书。[1]

这条仪制编次在中统二年六月一道禁止骚扰大名等路孔庙圣旨之后，该旨已说，"宣圣庙国家岁时致祭，诸儒月朔释奠"，[2]可见仪制条文中所指的宣圣庙是当时北方各路的孔庙。仪节中所见的"圣寿位"和载抬它的"圣寿辇"，和明清二朝所见的"圣谕牌"和"龙亭"是同样的东西，都是皇帝的代身。孔庙的主人本来是孔子和位在配享、从祀的先贤、先儒，告朔礼是向他们报时请安的礼仪，但在此时，元代皇帝却变成了特殊的主人，和孔子至少享有同样的地位。这里所见到的象征意义，不是君师合一，而是君师并临接受学校师生的敬礼。由此可见，至少在1276年统一之前，元世祖的尊孔态度是现实的而不是诚敬的。

元朝这种在学校里并尊皇帝和孔子的制度，平宋之后在南方

---

[1]《景印元本大元圣政国朝典章》（《元典章》，台北：台北故宫博物院，1972）三一《礼部四卷之四·儒学》，页4上一下。
[2] 同上书，三一《礼部卷之四·儒学》，页4上，《禁治搔扰文庙》条。

的地方学校和书院里也都是生效的。《庙学典礼》里的《还复濂溪书院神像》条载,至元三十一年八月行御史台有下行文件说:"会验江南诸处书院供,依宣圣庙例,塑孔子神像,其濂溪书院既是学舍,又有万寿牌,合塑宣圣神像,诸儒朔望谒典,于礼为当。"[1] 这里的"万寿牌"和上引《元典章》所载的"圣寿位",是同样的东西。二者名称不同,只是时间先后或学校等级不同之故。全国通祀孔子的命令到达地方的时候,官员拟议要在濂溪书院塑立孔子神像,事情并不稀奇,但其时连书院也已有了"万寿牌",可见元朝(至少世祖一朝)的尊君要求,是超过尊师要求的。[2] 以上二则事例所显示的情况,都是宋明两代所没有的。

  元朝通祀孔子之后,庙学成了名副其实的制度,有孔庙必有学校,[3] 但很多地方的学校长时间只是苟简聊备,孔庙也得不到庄严的待遇。至正二十四年(1364),徐一夔为南方的嘉兴路儒学作记时,就有这样的记载:世祖中统、至元之际,虽然曾有许衡力言学校之要,"然当是时,国学肇建而州县尚多苟且"。延祐举行科举后,效果更盛,"由是学校之设,始若冠之有统,履之有绚,姑具人文而已"。而提调学校的守令,勉励学政的风宪官,"既不皆出于儒术,而钱谷词讼又从而夺之"。[4] 学校的情况如此,

---

[1] 《庙学典礼》(杭州:浙江古籍出版社,1992,《元朝史料丛刊》本)卷四,页86。
[2] 有关元代地方教育机构制度上和建置上的研究,陈高华《元代的地方官学》一文(《元史论丛》5:160-189)有极为详尽的论述。Yan-shuan Lao, "Southern Chinese Scholars and Educational Institutions in Early Yuan: Some Preliminary Re-marks," John D.Langlois, Jr.,ed., *China Under Mongol Rule* [Princeton: Princeton University Press, 1981], pp.107-133)一文,对宋遗民兴办书院的情况也有所探讨。但二文对于学校这样的尊君表现,都未触及。
[3] 参看胡务,《元代庙学的兴建与繁荣》,《元史论丛》6(1997年5月):118—131。
[4] 徐一夔,《嘉兴路新建儒学记》,《始丰稿》(台北:台湾商务印书馆,1983,《景印文渊阁四库全书》本)卷二,页17上—21上(1229/163)。

孔庙也不可能是认真的了。北方的情况也不见得更好，例如，上都路的宜兴州在至元二年（1265）建立孔子庙，"仅有正殿，而两庑未备"，直到八十三年后的至正八年（1348），才有官员因为"睹从祀之无所"而倡建完成，"绘孔门七十二子与夫汉唐以来诸儒于壁间，如今式"。这是元末有名的翰林文臣危素所记载的情形。[1]

元世祖时代的地方孔庙，其实经常是官员军马占用、役匠混杂的地方。元世祖初年的情况，《元典章》礼部卷之四"禁治搔扰文庙"条如下的记载可以清晰反映：

> 中统二年六月，钦奉圣旨：道与大名等路宣抚司并达鲁花赤管民官、人匠、打捕诸头目及军马使司等，宣圣庙国家岁时致祭，诸儒月朔释奠，宜常令洒扫修洁。今后禁约诸官员、使臣、军马，无得庙宇内安下，或聚集理问词讼，及亵渎饮宴；管工匠不得于其中营造，违者严行治罪。[2]

这道圣旨其实也不能禁绝其中所揭示的情况，从以后对这道圣旨迭有重申可以看得清楚。《庙学典礼》记载："至元二十三年，（奏事官员）钦奉圣旨差往江南等处寻访行艺高上人员，所至时有教官士人告称：诸官吏及诸管军官吏等，多于路、府、州、县学舍命妓张乐，喧嚣亵慢，习以为常，无敢谁何，甚失国家崇学重道之体。"二年之后，枢密院有报告说，当时新除的谭州、庆元、嘉兴各路教授，"亦皆称所在学舍多有似前不知礼法之人，

---

[1] 危素，《上都宜兴州孔子庙建两庑记》，《说学斋稿》（台北：台湾商务印书馆，1983，《景印文渊阁四库全书》本）卷二，页5下—6下（1226/673）。
[2] 《元典章》三一《礼部卷之四·学校》，页4上。

乞加禁戢"。尚书省于是重申上引中统圣旨,"遍行所属,出榜禁治施行"。[1] 这里提及的,虽然只是学校,但和学校同在一地的孔庙,自然也难幸免。上引资料的标题,便是最好的反映。《庙学典礼》又记载,至元二十九年,监察御史王龙泽给行御史台呈文说:

> 即目各道州县,有见设学校去处,或微有隳废,失时修营;或旧曾欹倾,遂至覆压;或初制浅陋,或旧无规矩,或为过客之馆舍,或为军伍之聚庐,借为设局,往来游宴。且如两淮来安、清流诸县,旧无学校,为日已久,其间颓废局促,十而八九。卑职乡郡之武义县学不修,废坏为甚:先圣庙宇,粪土堆积,明伦堂后,税务指占,至于斋舍,税官、铺军居止,上安下恬,官莫之禁。[2]

王龙泽请求"宜令各处旧有庙学,遇有损坏,即时修营,旧无庙宇,随力建创";并要求谒庙的官员人士等不得怠慢。但他却没有明白要求停止文庙被占用的事情。倒是御史台引据了"圣旨事意",要武义县"将所指务官、军人起移"。但御史台也就是只此而已,没有同时咨行江南诸道州县同样执行。这种占用学校、污渎文庙的情况,北方也不会没有,所以中统的圣旨在至元三十一年七月、成宗下诏中外崇奉儒教时,又引载重申了。[3]

世祖时代,学校文庙的祀典也很随便;表现在祭孔时的官员服色、祭器和音乐上的情形,都有文献记载可见。至元十年,

---

[1] 《庙学典礼》卷二《文庙禁约骚扰》,页41—42。
[2] 同上书,卷四《王御史言六事》,页71—72。
[3] 《元典章》三一《礼部卷之四·学校》,页4下—5上,《崇奉儒教事理》条。

大司农和御史丞向中书吏部上交的会议呈文便说:"窃见外路官员、提学、教授,每遇春秋二丁,不变常服,以供执事,于礼未宜";异于"汉唐以来,祭文庙,飨社稷,无非具公服,执手板,行诸祭享之礼"。并且建议释奠礼"自此以往,拟合令执事官员,各依品序穿着公服,外据配位诸儒,亦和衣襕带唐巾"。翰林院对此也表示同意,[1] 于是在三月行礼时,这个拟议才变为正式的释奠仪制。[2]

元朝孔庙典礼所用的乐曲,也要到大德六年决定兴建京师孔子庙时,才获得重视。正如大德十年春泉州路总管所说:"每岁春秋二丁,礼虽举矣,而大晟之乐未之闻也,非阙典欤?"是年泉州路学在江浙行中书省所委官员同意之下,才制备乐器,练习乐生,在仲春的丁祭中,用上大晟乐。据《闽中金石略》编者的考证,大晟乐是宋徽宗崇宁三年(1104)制成,大观元年(1107)颁布天下,政和三年(1113)再诏天下。大晟乐荐之郊庙外,并施于宴飨,而旧乐悉禁。编者按语说:《文献通考》云,元大德十年,命江浙行省制造宣圣庙乐器。以宋旧工施德仲审较应律,运至京师。八月,用于庙祀先圣。……又曰,郊天地,祭宗庙,祀先圣,大朝会,用雅乐,即宋徽宗大晟乐也。知元乐自大德以后,悉用宋旧,虽有世祖所定大晟乐,亦无复肄业及之矣。"[3] 这里所说的大晟乐,其乐章成套载于《元史》,称为"旧曲"。[4] 元世祖时所定的大晟乐,则大概是"至元十年三月定孔庙

---

[1]《庙学典礼》卷一《释奠服色》,页14—15。
[2]《元史》卷七六《祭祀五·宣圣》,页1892。
[3] 陈肇仁辑、林尔嘉考证,《闽中金石略》(台北:新文丰出版公司,1977,《石刻史料新编》本)卷十一《泉州路学大晟乐记》,页14下—17上(12883—12885),尤其页16下—17上。
[4]《元史》卷六九《礼乐三·宣圣乐章》,页1738—1743。

释奠仪制"时所立的。[1]正如《元史》所记,"元朝尝拟撰易,而未及用"。其乐章也附见于《元史》,但已非完帙。[2]

总的来说,元朝地方庙学之渐受重视,已经是成宗诏天下崇奉孔子之后的事情。正如清人钱泰吉指出海宁州学例子时所说的,海宁州官员"于大德初相继修学,盖亦承奉诏书也"。[3]至于南北祭礼的统一,也要到延祐三年(1316)元仁宗接受御史中丞赵世延的建议之后,才得以实现。[4]

四、明初的兴学与祭祀先师礼仪

在元代相对忽略孔祀的背景下,明太祖的尊孔情状便更见特出。太祖尊孔崇儒政策的实质内容,是洪武朝中所建立的学校和科举制度。科举的内容是儒学,学校则是科举的基础。学校普遍,崇儒尊孔也就普遍。明太祖兴学立教颇为著名,其学校和农桑并重的政策得到彻底执行,这是阅读明初公私文献所得的必然结论。

明太祖兴学的规模,到了洪武二年(1369)冬诏天下州县均立学校时,达到制度性的高峰,从此生员官给廪赡和贡举制度,实行到了县级学校和以后创建的卫所学校,[5]成为历史创举。但

---

[1] 《续文献通考》卷四八《学校二》,页3223。
[2] 《元史》卷六九《礼乐三·宣圣乐章》,页1743。
[3] 钱泰吉,《甘泉乡人稿》(同治十一年[1872]序刊本)卷一○《跋元加封孔子碑》,页12下—13上(559)。
[4] 危素,《说学斋稿》卷二《尼山大成殿四公配享记》,页36上—38上(1226/689)。
[5] 明代卫学之始设,《明史》卷七五《职官四》作洪武十七年。蔡嘉麟,《明代的卫学教育》(台北:中国文化大学史学研究所硕士论文,1998),页26—31,据方志记载,举出洪武十二年已有河州卫学之设事例,然卫学之盛则自宣德七年(1432)始;页122—124,又指出卫学至成化二年(1466)始得岁贡,卫学生员得参加科举则自宣德七年已然。

太祖之重视学校，早在明朝建立之前便已开始。杨讷的研究指出，从龙凤五年（1359）起，太祖本人在辖境内掀起了一股开办学校的热潮，这一热潮到龙凤十一年九月，太祖在应天府（南京）改前集庆路学为国子学时达到顶峰。这个前人较少注意到的史实，杨讷用作太祖建国过程中的重要文治政策和措施来举证，说它"既是吸收儒士的手段，又是吸收儒士的结果"；它的重要作用是，重建战争破坏后的社会秩序和为新的政权培养官吏。[1]

可以补充的是，明太祖公开尊孔，事实上比他的兴学活动来得更早。明初的唐桂芳说："龙凤元年，大丞相（朱元璋）统军下太平，克应天，首谒夫子庙，行舍采礼。二年，立三老堂以尊遗佚、博士院以蓄英才，凡讲明治道，悉资匡弼；郡县署知府、知县领庙学事，凛弗敢坠。"[2] 这条可靠的重要资料，除了以龙凤二年三月克应天事误属上一年之外，[3] 清楚地说明了太祖从得到根据地之初，便已有留心人才、重视学校和尊崇孔子的远见。

明太祖的尊孔活动，其后与时俱进，洪武十五年（1382）四月，"诏天下通祀孔子"；并令礼部尚书与儒臣"定释奠礼仪，颁之天下学校，令以每岁春秋仲月通祀孔子"。[4] 次月，京师"新建太学成，其制庙、学皆南向，庙在太学东"。[5] 太祖择日"幸国子监，谒先师孔子释菜"。[6] 又"颁释奠先师孔子仪注于天下府州县

---

[1] 杨讷，《龙凤年间的朱元璋》，《元史论丛》4（1992），页169—229，尤其页219—221。近期进一步讨论明太祖兴学目的的研究，可参看战继发，《朱元璋兴学立教的社会功能探析》，《北方论丛》1997年第3期，页7—16。

[2] 唐桂芳，《重修兴安府孔子庙记》，《白云集》（台北：台湾商务印书馆，1983，《景印文渊阁四库全书》本）卷六，页1上—2下。

[3] 《明太祖实录》（台北："中研院"历史语言研究所，1968）卷四，丙申年三月庚寅日条，页1上—下（41—42）。

[4] 同上书，卷一四四，洪武十五年四月丙戌日条，页2上—下。

[5] 同上书，卷一四五，洪武十五年五月己未日条，页1下—2上。

[6] 同上书，卷一四五，洪武十五年五月乙丑日条，页3下。

学"。[1]从此确立了政府在全国各级学校同一日内用同一套礼仪祭祀孔子的制度。《明太祖实录》在诏天下通祀孔子事上,只说前此释奠之礼只行于京师,今后应该全国如此,没有提及何以只在京师行礼之故,容易引起人们怀疑,认为其他学校没有祀孔之礼存在。其实在此之前,春秋释奠已行于曲阜阙里的礼庙,[2]而天下学校也行释菜礼以祀孔子。至于罢州县释奠礼的时间,从《国榷》所引的《大宾辱语》和《宁波府志》推测,大概应在洪武二年。[3]

这事看来和太祖对孔子尊崇有加无减的事实不协,因此值得推敲。太祖早在洪武三年五月诏正诸神祀典时,便已对孔子表达了无上的尊崇。当时下诏,历代相沿的岳镇海渎以及忠臣烈士的封号一律革去,岳镇海渎皆改以其神称之,如"某府州县城隍之神"之例,前代人臣则只以当时初封名爵称之。只有孔子例外,仍沿元代加封的"大成至圣文宣王"称号。理由是,"惟孔子善明先王之要道,为天下师,以济后世,非有功于一方一时者可比"。[4]以后洪武四年还有更定祭孔礼仪之事,[5]洪武六年又有定制释奠乐章和礼仪节度之事,[6]所以明初地方学校不通祀孔子,亦即不行释奠之礼,明显不是故意的轻视。太祖罢州县释奠的原因,《大明集礼》记载如下:

> 朕代前王统率庶民,目书检点,忽睹神之训言:"非其鬼

---

[1]《明太祖实录》,卷一四五(2282—2283),洪武十五年五月末,页5下—6上。
[2] 徐一夔,《余杭县重建庙学记》,《始丰稿》卷一〇,页8下—11上。
[3]《国榷》卷三,页385,洪武二年二月丁卯日条;卷五,洪武五年十二月末"命仍祀孟子"条,页478。
[4]《明太祖实录》卷五三,洪武三年六月癸亥日条,页1上—2下。
[5] 此事因议礼者魏观和宋濂的遭遇而知,《明太祖实录》卷六七,洪武四年八月己亥日条,页7上。
[6] 同上书,卷八四,洪武六年八月辛未日条,页1上—2上(1493—1495)。

而祭之,谄也";"敬鬼神而远之";"祭之以礼"。此非圣贤明言,他何能道?故不敢通祀,暴殄天物,以累神之圣德。[1]

太祖看来是"为了区区祭物,诏天下停祀孔子",[2]但深究一层,吝啬不见得是原因所在。按:参与纂修《大明集礼》的徐一夔曾说:当时"以州县春秋释奠为近于渎,罢之,有合于昔人学校之议。若夫释菜之礼,弟子以事其师者,自当修也"。[3]我们知道,释菜之礼,仪物轻而行礼频;释奠礼重,既要用牲,又要用乐。太祖不令地方通行释奠,徐一夔所说的怕"近于渎",亦即担心流于不敬,才是个中的重要原因。而祀神不渎,正是敬神的重要表现。这也是太祖一贯的思想,下文将会有所示证。

至于洪武十五年才下诏通祀孔子,一方面应是配合同年新建太学落成启用的大事;另一方面,也不能不与十三年丞相胡惟庸谋反被诛之事有关,此事之后,太祖多次征召儒士,[4]他显然需要儒士之助,也需要加强地方学校生员的思想意识,所以才把释奠之礼行于全国,重申尊师重道和忠君爱国之义。总的看来,太祖本身的尊孔,则是无可怀疑的。

明太祖尊孔,首先明显地表现在释奠先师的礼仪上。汉代以来,太学行释奠之礼以祀孔子,始于曹魏正始七年(246)。隋朝定制,国子学每岁四仲月上丁日释奠于先圣先师,州县学则以

---

[1] 徐一夔等,《明集礼》(台北:台湾商务印书馆,1983,《景印文渊阁四库全书》本)卷一六,页20上(649/346);洪武二年遣官曲阜致祭孔子御制中辞。
[2] 黄进兴,《道统与治统之间:从明嘉靖九年(1530)孔庙改制论皇权与祭祀礼仪》,《优入圣域:权力、信仰与正当性》,页150。
[3] 徐一夔,《临安县新建庙学记》,《始丰稿》卷五,页11下—14上(1229/203)。
[4] 据《明太祖实录》所载,洪武十三年正月诛胡惟庸、罢中书省后,二月及六至十一月,均有辟召儒士之事,且六月有四次,九月二次,又二月及五月均有铨次荐举儒士之事。九月又置四辅官司,亦以儒士为之。

春秋仲月上丁释奠。太学立庙以祀孔子，则始于唐高祖武德三年（620），但当时孔子庙与周公庙并立，周公称先圣、孔子称先师。直至太宗贞观二年（628），太学才只立孔庙，孔子才独称先圣。释奠行礼，国学由皇帝遣官执事，州县以守令主祭，则自贞观二十年开始。[1] 此礼以后历代行之，乱世固多苟且废坏之事，但以文献所见，则要到明太祖时才臻崇隆诚敬的境地。

明太祖所定行的释奠孔子之礼，虔恪之质，度越前代。洪武元年八月释奠于国学时，就孔子本神部分，已采如下定制：

> 降香遣官，祀于国学，以丞相初献，翰林学士亚献，国子祭酒终献。……正位，牲用牛、羊、豕各一；币一，白色；笾八，……豆八，……簠、簋各二，……登一，……铏二，……牺尊、象尊、山罍各一。……乐用大成登歌乐。
>
> 先期，皇帝斋戒；献官及陪祀、执事官俱散斋二日，致斋一日。前祀一日，清晨，有司立仗，百官具公服侍班，皇帝服皮弁服，御奉天门，降香。献官捧由中道出，至午门外，置龙亭内，仪仗鼓吹导引至庙学。是日，献官法服，并执事官集斋所，省馔省牲，告充告腯，视鼎镬，涤溉告洁。
>
> 至日，……迎神乐作，献官及在位者皆再拜。……诣大成至圣文宣王神位前，乐作，献官搢笏，上香，奠币，出笏，再拜。……进俎，乐作，献官至大成至圣文宣王神位前，搢笏，奠俎，出笏。……赞礼唱："行初献礼。"……献官诣

---

[1] 唐代及其新释奠先圣先师之礼，见马端临，《文献通考》（商务印书馆《十通》本）卷四三《学校四》，页403—409。近人论著，参看黄进兴，《学术与信仰：论孔庙从祀制与儒家道统意识》，《优入圣域：权力、信仰与正当性》，页218—241。

大成至圣文宣王神位前，跪，搢笏，上香，祭酒，奠币，出笏，乐止。读祝官司取祝跪读，讫，献官俯伏，兴，再拜。以次诣四配神位前，并如前仪。亚献终献仪，并同初献，但不用祝。……行分献礼（毕），……赞礼唱："饮福受胙。"初献官诣饮福位，再拜，跪，搢笏，奉爵者以爵进，献官受爵，饮福酒；奉胙者以胙进，献官受胙，以授执事者，出笏，俯伏，兴，再拜，亚献官以下皆再拜，复位。……送神乐作，献官司以下皆再拜。……礼毕。[1]

这套仪节和明代以前历代国学释奠礼比较起来，器物设用方面较少，但仪节整体比较隆重。唐朝如《开元礼》所定，释奠由国子学"司馆预申享日，本司散下其礼，所司随职供办。凡预享之官，散斋三日，致斋二日"。"前享一日，……谒者引祭酒、司业（并博士为三献官）诣厨视濯溉，赞引御史诣厨省馔具。"享日，"诸享官各服其祭服，诸陪祭之官皆公服，学生青衿服"行礼。[2]宋朝如《政和五礼新仪》所定，则由"太常寺具时日散告"，斋期如唐制。三献官未注明，但据《文献通考》，宋初尝以三公行事，至真宗天禧年间，改由太尉、太常卿、光禄卿充当，[3]其他省馔及服色，亦如唐制。[4]金朝如世宗大定十四年（1174）所定，三献官及斋期据唐《郊祀录》，同于《开元礼》，具期散礼及省馔、服色等事，则略同宋礼，惟"前释典三日，应

---

[1]《明太祖实录》卷三四，洪武元年八月丁丑日条，页4上—6上。
[2]《大唐开元礼》（东京：汲古书院，1981影印光绪十二年[1886]洪氏公善堂校勘本）卷五四《吉礼·国子释奠于文宣王》，页1上—4上。
[3]《文献通考》卷四三《学校四》，页410。
[4]《政和五礼新仪》（台北：台湾商务印书馆，1983，《景印文渊阁四库全书》本）卷一二一《吉礼·释奠文宣王仪》，页1下—5下。

行、执事官散斋二日，……致斋一日"较唐宋为少。[1]元朝由"中书省命春秋释奠，执事官各公服如其品，陪位者诸儒襕带唐巾行礼"。未规定预条官事前斋戒，献官省牲视馔则如前代。[2]

涉及直接代表皇帝的初献官对孔子的礼拜仪节方面，唐礼由初就位历经奠币、莫爵、饮福、受俎、赐胙，至望瘞毕礼，凡三跪、三俯伏、八再拜。[3]宋礼仪节中间唯有奠币、奠爵，饮福、受俎皆省，只有二跪、二俯伏、四再拜。[4]金礼同于宋礼，[5]元礼亦如宋礼。[6]

以上不一的仪节可见，明朝释奠礼较前代隆重虔诚。唐、宋、金、元四朝都由官司自行其是，明朝则皇帝斋戒并亲自降香遣官。三献官历代或由国学官充当，或以礼官为主，明朝则分别以百官之首、侍从顾问官之首及国学官之首担任。唐、宋斋期五日，明朝如金朝，减二日，元朝则全没有。历朝献官都不需事前一日便法服从事，明朝则要。仪式分节方面，明朝略如唐朝，宋、金、元三朝均省饮福、受俎，元朝更省赐胙。在象征性最高的跪叩拜礼数上，明朝初献官共要二跪、二俯伏（元朝礼作"就拜"，即叩头、兴、平身）、六再拜（六次鞠躬、拜、兴、拜、兴、平身），比宋、金、元三朝多再拜两次。明朝的跪叩，行于献爵及饮福受胙，所重在于贡献及谢赐；宋、金、元朝的跪叩，

---

[1]《大金集礼》（上海：商务印书馆，1936，《丛书集成初编》本）卷三六《宣圣庙·祀仪》，页298—299。

[2]《元史》卷七六《祭祀五·宣圣》，页1892；又《续文献通考》卷四八《学校二》，页3224。

[3]《大唐开元礼》卷五四《吉礼·国子释奠于文宣五》，页5上—7上。

[4]《政和五礼新仪》卷一二一《吉礼·释奠文宣王仪》，页5下—7下。

[5]《大金集礼》卷三六《宣圣庙·礼仪》，页300—301。

[6]《元史》卷七六《祭祀五·宣圣》，页1895—1899；又《续文献通考》卷四八《学校二》，页3225，但此处原文有误，不如《元史》。

明太祖的孔子崇拜 | 123

行于奠币及献爵，所重偏于贡献。明初此次所定比宋、金、元多二再拜的拜数，以后成了定制。洪武六年八月重定礼仪，加入乐章；拜次和拜数有所调整，变成迎神、送神各四拜，但拜数总数保持不变。[1]此制后来写入《诸司职掌》，又再收入《大明会典》，[2]成为有明一代之制。

整体看来，明朝释奠礼之严敬，实为历代之冠。比起元朝，尤其显得物轻而礼重。元朝从事官员不守斋戒，尤见轻易其事；元朝以乐工担当乐舞，也不及明朝以学生中的乐舞生担当为端庄。元朝比明朝多的，只有祭奠时总数的币爵和笾豆各多二事。

但礼器方面，太祖很快便有所增加；设置方面也更见用心。《大学衍义补》载：

> 国朝洪武三年十一月，礼部更定释奠孔子祭器礼物。正位，犊一，羊一，豕一，笾、豆各十，登一，铏一，簠、簋各二，酒尊三，爵三。[3]

此事《明太祖实录》未见，但《储司职掌》则有所记载。[4]《大学衍义补》同条又载：

> 初，孔子之祀，像设高座而器物陈于座下，弗称其仪，其来已久。至是，定拟各为高案，共豆笾簠簋，悉代以瓷器。

---

[1] 《明太祖实录》卷八四，洪武六年八月辛未日条，页1上—2上。
[2] 正德《大明会典》（东京：汲古书院，1989，影印原刊本）卷八四《祭先师孔子》，页10下—12下。
[3] 丘濬，《大学衍义补》（台北：丘文庄公丛书辑印委员会，1972，《丘文庄公丛书》本）卷六六《释奠先师之礼下》，页6上—下（252）。
[4] 正德《大明会典》卷八四《祭先师孔子》，页9上—下。

这点《大明会典》也有记载,系于洪武四年,并说"牲用熟,乐舞生择监生及文职大臣子弟在学校者,预教习之"。[1]丘濬对于太祖设案之事,大加赞赏。他认为古人席地而坐,故笾豆为有意义之祭器,后来既设塑像,则列器于地,鬼神难飨。他称太祖此举能够准今酌古,以义起礼,"合乎人情,宜乎时俗",并进而请求北京国子监的孔子塑像当如南雍旧制一样的改为木主,以及改变"子先父食"的祭祀习惯。[2]

太祖本人亲祀孔子时的礼数,也是超越前代的。洪武十五年五月新建太学落成,太祖亲行释菜礼。当时议者认为,"孔子虽圣,人臣也,礼宜一奠而再拜"。太祖"以为孔子明道德以教后世。岂可以职位论哉"!结果决定具皮弁服,当百官之前,在献爵礼前后均行再拜礼,[3]成为历史上空前之举,超过了后周太祖再拜孔子的纪录。洪武定制中的皇帝祭祀先师之礼,除了春秋二丁遣官行事的释奠礼之外,还有每月朔望遣内官降香之礼。[4]

在学官方面,继洪武十五年诏通祀孔子于府州县学和同年所下的天下学校释奠仪式之后,洪武十七年又敕,每月朔望,祭酒以下行释菜礼于国子监,府州县长官以下则诣学校行香。[5]全国性的整套祭祀礼仪,到了洪武十七年六月命礼部制大成乐器颁天下儒学时,开始趋于完备;[6]二十六年(1393)颁大成乐于天下府学,令州县如式制造;[7]到此时,明代各级学校祭孔的成套仪式,在太祖一朝之内次第完成。

---

〔1〕 正德《大明会典》卷八四《祭先师孔子》,页14上。
〔2〕 《大学衍义补》卷六六《释奠先师之礼下》,页6下—8下。
〔3〕 《明太祖实录》卷一四五,洪武十五年五月壬戌日条,页2下—3上。
〔4〕 正德《大明会典》卷八四《祭先师孔子》,页8下—9上。
〔5〕 《大学衍义补》卷六六《释奠先师之礼下》,页8下—9上。
〔6〕 《明太祖实录》卷一六二,洪武十七年六月辛巳条,页4下—5上。
〔7〕 同上书,卷二二四,页3上,洪武二十六正月戊辰日条。

明太祖对于祭祀孔子之事，是要求从事者绝对恭敬虔诚的，大的原则，正是孔子事死如事生、祭神如神在的遗教。这种精神，从他亲撰的《国子祭酒诰》文中可见一斑：

> 斯官之首者，不独教生徒而已，其职亦首在祀事也。吾说似非而有理焉。且仲尼昔人，于世务德仁人，无强暴而不谷，凡出弟入孝，谨以事君，流今皆经而书，历代崇其德而先师焉。然王者亲祭必寡，故设官以代祭之，其名曰祭酒。所以祭酒之职，洁牲牢，净厨灶，精笾豆，祭不失时，则礼焉。或云：为饮之长而先奠之，曰祭酒。吾甚愧而不通斯说，未然。今必以奠先师而名，吾方诺，不然则非也。[1]

太祖所给的这个祭酒定义，被丘濬认为"虽与古人命名之意不同，然圣君发言则为经，自我作古可也"，[2] 定义本身也含有皇帝本人独对奠孔的意义。对于祀事惟诚的要求，太祖向来是人我一致的，从以下事例可以略见。《明太祖实录》载，洪武元年十一月，中书及礼部奏定应载于祀典的神祇时，太祖谕群臣：

> 凡祭享之礼，载牲致帛，交于神明，费出己帑，神必歆之。如庶人陌钱办瓣香，皆可格神，不以菲薄而不享者，何也？所得之物，皆己力所致也。若国家仓廪府库所积，乃生民脂膏，以此为尊罍俎馔，充实神庭，徼求福禄，以私于身，神可欺乎？惟为国为民祷祈，如水旱、疾疫、师旅之

---

〔1〕《全明文》第一册，卷四《朱元璋四》，页47—48。
〔2〕《大学衍义补》卷六六《释奠先师之礼下》，页2上—下（651）。

类,可也。[1]

这个费出己帑、量力而为、真诚为本的原则,是"祭神如神在"教义的延伸,也是祭孔礼物器数(尤其府州县级学校的)减少的原因。至于祭器改用瓷器,则是"事死如事生"教义的体现。从改用瓷器前的洪武二年六月命造太庙金器事情,已经清楚可见。《实录》载太祖谕礼官之言如下:

> 礼缘人情,因时宜,不必泥于古。近世祭祀,皆用古笾豆之属。宋太祖曰:"吾先人亦不识此。"孔子曰:"事死如事生,事亡如事存。"其言可法。今制宗庙祭器,只依常时所用者。于是造酒壶盂盏之属,皆拟平时之所用。又置梓椸枕簟箧笥帷幔之属,皆象其平生焉。[2]

太祖家世贫穷,此次因为事关帝王宗庙,祭器用金,但制造得如常用款式,则其简单可知。太祖重的是"象其平生",为的是存亡所敬一理,这就是第二年(或第三年)孔庙祭器用瓷而同时加设供案的张本。

这种现实感,令太祖对于祀事诚恪的要求有增无减。如前所述,洪武元年八月太学释奠时,已有先期皇帝和礼官司斋戒之制。到了洪武五年五月,更加命置斋戒牌。太祖为此谕中书省臣说:

> 斋戒,古人所以致洁于鬼神也。朕于祭祀,每斋戒必尽其诚,不敢稍有怠忽。尚虑有司不能体此,致斋之日,亵慢

---

[1]《明太祖实录》卷一六二,洪武元年十一月丙年日条,页5下—6上。
[2] 同上书,卷四三,洪武二年六月丁亥日条,页3下—4上。

弗谨。虽幽有鬼神司察其罪，不若预为戒饬，使知所警。[1]

次年十一月，"复命定祭祀斋戒礼仪"。其中与祭孔子有关的是，"凡传旨降香，遣官代祀历代帝王并孔子等庙，先一日沐浴更衣，处外室，次日遣"。[2]这是皇帝以身作则的表现，礼仪本身可能是取则于《天元礼》中的皇太子释奠仪，[3]但正如上文所说，这也是前代帝王所没有的。太祖求诸己，故也敢求诸人，对于失礼的臣子加以责罚。《实录》洪武六年八月有如下一条：

> 丁丑，遣御史大夫陈宁释奠于先师孔子。时丞相胡惟庸、诚意伯刘基、参政冯冕等，不陪祭而受胙。上闻之，曰："基等学圣人之道而不陪祀，使（勿）〔弗〕学者何以劝；既不预祭而享其胙，于礼可乎？其武人不知理道者，皆不足责。"命停基、冕俸各一月。宁坐不举，亦停俸半月。自是不预祭不颁胙。[4]

《大诰·教官妄言第七十一》则有这样的记载：

> 洪武十八年冬十月，宁国府教授方伯循实封（告发）宁国府知府韩居一。其辞曰："于斋戒未祭，先食牲牢肉脏，又且饮酒，"及其勾问，其官府并无二项非为，余罪不律者有之。询其所以，府官严督学校，以致教授方伯循、生员张

---

[1] 《明太祖实录》卷七三，洪武五年五月庚戌日条，页7下。
[2] 同上书，卷八六，洪武六年十一月甲申日条，页6上。
[3] 《大唐开元礼》卷五三《皇太子释奠于孔宣父》，页1上—2上；《文献通考》卷四四《学校五》，页415—418。
[4] 《明太祖实录》卷八四，页3下（1498），洪武六年八月丁丑日条。

恒等五名憸是督责，遂于祭祀之际，窥伺府官饮茶。教授方伯循自行饮酒，径率诸徒诣斋所，将府官祭服四面揪捽，若奉上司明文擒拿有罪者。如此非为，人神共怒。且府州县教官，礼义风俗忠孝出焉，凡遇祭祀，则当训诲生徒，明以持心守戒之道，至期率赴坛所陪祀群神，非独本礼诚敬，将后生徒为政，不劳祀神熟矣。其宁国府教授方伯循，不独不本礼以奉神，于坛所大辱掌祭之官，可谓罪不容诛。……所在学校，想宜知悉。[1]

以上这两件发生在中央和地方学校文庙的非礼事件，以及犯者所受惩处所反映的意涵，连同前面所引述的各事而论，正是太祖真诚尊孔、以君为臣则、文臣为武臣则、大臣为小臣则、教官为生徒则思想的一贯表现。明朝尊孔礼制隆重，都定于太祖一朝，所以能够这样，实源于太祖个人的反身推行。以上所述的各事都经太祖亲定，所以影响甚大，值得述论。

五、明太祖对衍圣公和孔裔的礼遇

明太祖对孔子的尊崇，具体还见于他对孔子后裔的待遇。[2] 衍圣公以及其他孔子后裔在洪武朝所得到的优待和他们在元朝所遭到的冷遇比起来，不啻有天渊之别。如前所述，衍圣公之遗缺

---

[1]《全明文》第一册，页619—620。按：同书页611，《大诰·祭祀不敬第五十七》，亦载县官犯此不敬获罪者三人之事。
[2] Thomas A.Wilson, "The Ritual Formation of Confucian Orthodoxy and the Descendants of the Sage," *The Journal of Asian Studies* 55.3 (1996.8) pp.559-584. 该文述及南宋以后孔裔南北宗的递衍情况以及明代二宗争取朝廷恩典之事，但明太祖对以衍圣公为主的孔裔的态度和恩礼，完全没有论及。

在元世祖在位时，便一直不获实补。终元一代，宣召衍圣公赴阙朝见之事也只有一次，即至元十九年召见在南宋袭封的孔洙。[1] 明太祖除了曾亲笔致书元封的衍圣之外，洪武一朝接见包括祖父孙三代的衍圣公至少六七次，《明太祖实录》都有记载。从太祖文集以及孔府档案所见的相关文字和说话看来，太祖尊孔的思想和情感都是诚挚和亲切的。

曲阜孔府和明朝的关系，开始于吴元年（1367）十月明军北伐之后。据《明太祖实录》所记，是年十二月初五日，主帅大将军徐达所遣将领都督张兴祖兵至东平，元朝的最后一位衍圣公、孔子的五十六代孙孔希学与其从兄曲阜县尹孔希章，以及邹县主簿孟子后裔孟思谅等迎谒于军门，获得礼待。[2] 明年洪武元年，二月上丁（丁未、初六日），太祖诏以太牢祀孔子于京师（南京）国学，同时遣使诣曲阜孔庙致祭。[3] 次月十六日，大将军徐达至济宁，孔希学复来谒见，徐达遣人将他送往京师。[4]

这时理应同往的是孔希学的父亲孔克坚。孔克坚是元朝的国子祭酒，也是前任的衍圣公，长期备受元朝君相的重视和礼待。他和八个儿子都曾是元代的国子生，孔克坚通《春秋左氏传》，继承父亲孔思晦的衍圣公爵位后，位阶从正三品升到从二品，印章由铜制易为银制。由于获得宰相的赏识，召为同知太常礼仪院使的朝官，故以儿子承袭原来封爵。后来再获二拜升官，但都辞归。山东乱起后，率家众入燕京，途中获荐为集贤直学士，其子希学也获任秘书监丞。后因言事有功，数升官至国子祭酒，元顺

---

[1] 《续文献通考》卷四八《学校二》，页3224。陈高华，《金元二代衍圣公》，页335。
[2] 《明太祖实录》卷二八上，吴元年十二月丁未日条，页2下。
[3] 同上书，卷三〇，页5下—6上（516—517），洪武元年二月丁未日条。
[4] 同上书，卷三一，页3上（539），洪武元年三月丙戌日条。

帝曾赐以上尊，皇太子也赐以手书大成殿额。最后以世乱归居阙里，一再拜官不起。[1]徐达到济宁时，孔克坚或以真病之故，或以病为借口，只遣孔希学先行入见，故此送往京师朝见明太祖的只有孔希学。太祖大概认为高贵的前任衍圣公看他不起，特别给他写了亲笔信（详下文）。孔克坚后来入见，太祖在谨身殿予以召见，不久下令孔希学仍然袭封衍圣公。

这一连串的史实，大部分孔府档案都有记载，但有一些在时间上和《明太祖实录》所记载的却有出入。《实录》所见的太祖文字，经过史臣润色，已经失却档案文字所能透露的现场气息。但这两种资料，仍然可以互证，我们先来考察有关明太祖对衍圣公态度的大事。

关于此事，孔府档案的次序是这样的：洪武元年三月初四日，太祖"亲笔谕"孔克坚。八月十一日钦奉诏赦，其中一款载，"孔子曲阜庙庭，已尝遣使致祭；其袭封衍圣公并世袭知县，并如历代旧制；仍免孔氏差发"。十一月十四日，"上对百官，谕孔子五十五代孙祭酒孔克坚"。同月二十日，孔克坚"于谨身殿西头廊房下奏上位"。"元年十二月，仍封孔子五十六代孙孔希学为袭封衍圣公，元年十二月十九日，钦奉圣旨：孔氏子孙皆免差发，税粮有司依例科征。"[2]《明太祖实录》则把赐书至谨身殿召见事都系于四月戊申（初八）日，《实录》此条文字，起首作"元国子祭酒孔克坚来朝"。然后追述孔克坚不先来朝和太祖赐敕谕之事，敕文经过修饰照录，没有说是御笔。然后书"会克坚

---

[1]《明太祖实录》，卷五〇，页5下—6下（984—986），洪武三年三月丁巳日条，孔克坚传。
[2] 中国社会科学院历史研究所编，《曲阜孔府档案史料选编》（济南：齐鲁书社，1980）第二编《成化修刊孔氏宗谱关于历朝崇奉孔子优礼后裔的记载》，页5—6。

亦自来朝，行至淮安，遇敕使，拜命惶恐，兼程而进，既至，召对谨身殿"。接着是太祖和孔氏的对话。然后又加入"又明日，复召见，谕之曰"和其后"因顾谓群臣曰"等内容。[1]同一件事情的发生时间，两处记载相差了七个月。此外，《实录》系孔希学袭封衍圣公于元年十一月甲辰（初七日），[2]也比孔府档案所记的早了几乎一个月。两种资料时间上是没有歧义的，只有八月十一日（己卯）"大赦天下诏"一件。

和《明太祖实录》所载比较起来，还是孔府档案比较可靠，尽管它也有足以令人起疑之处。档案可疑之处，莫过于记太祖亲笔谕为三月初四日所书一事。该谕明白地说"吾闻尔有风疾在身，未知实否"。[3]太祖这一消息的来源，最合理的推测是孔希学。《实录》正也有这样的记载："希学赴京。希学奏言，臣父久病不能行，令臣先入见。上乃以敕往谕之曰。"[4]徐达送希学往京师之事，《实录》系日而书，又见于希学本传，[5]可以判定不误。但这样一来，太祖御札的日期便在时间上显得有冲突。徐达到济宁、送孔希学往南京该日为三月十六日，比太祖的御札晚了十二日，何况由济宁到南京还要一段时间。可见，太祖在见孔希学后才给孔克坚写信是不可能的。相反，如果从上一年十二月五日，孔希学和从兄孔希章已到东平谒见明将张兴祖一事看来，则太祖御札为三月初四日所写，其事便显得合理而没有矛盾，孔克坚称疾不往济宁，事情总要早于三月十六日徐达遣送孔希学时。事实

---

[1] 《明太祖实录》卷三一，页8上—下，洪武元年四月戊申日条。
[2] 同上书，卷三六，页4上—5下，洪武元年十一月甲辰日条。
[3] 《曲阜孔府档案史料选编》，前引文，页7。以下引录此文，不再注出。
[4] 《明太祖实录》卷三一，页8上，洪武元年四月戊申日条。
[5] 同上书，卷三一，洪武元年三月丙戌日条，页3上；卷一三九，洪武十四年九月辛丑日条，页3下—4上。

上，张兴祖在前一年十二月已克济宁；而先前克东平后，孔克坚也没有前往谒见。《实录》系日记录孔氏兄弟见张兴祖事，所据自然是军中报告。重要人物孔克坚未见来谒的事实及其缘故，看来也必在报告之中，所以太祖根本不必等到孔希学的奏言才知道所谓的原因。

与此相反而足以互证的是，《实录》所记四月初八日太祖召见孔克坚于谨身殿之事，在时间上却有不甚合理之处。此事如果真的在此时发生，则孔希学便不应晚到如《实录》所说的十一月初十日，[1]或如档案所说的十二月才能袭封，而八月十一日大赦天下的诏书中，也不应有衍圣公袭封如历代旧制的话。大赦诏书中的有关文字，正是衍圣公给封之前所应有的。这诏书是同月徐达克复元都，天下大统归一之后的重要文告，[2]相关的一款表明了当时还没有在位的衍圣公，但朝廷却会沿袭前朝的旧例给予封爵，等等。从档案和《实录》两处或白或文的记载看来，太祖和孔克坚的会面，都是情景融洽的。档案载："上曰：我看你是有福快活的人，不委付你勾当。"[3]《实录》则记，赐见"即日，赐宅一区、马一匹、月给米二十石。又明日，复召至，谕之曰：……因顾群臣曰：朕不授孔克坚以官者，以其先圣之后，特优礼之，故养之以禄而不任之事也"。[4]两处记载虽有详略之别，但同示太祖意在优礼圣裔则一。在这样的情形下，要不劳事孔克坚而又不封爵孔希学，要等半年或七个月后才给予袭封，是很不合乎常理之事。相反，如档案所记，召见孔克坚事在十一月十四日，至十二

---

[1]《明太祖实录》，卷三六上，洪武元年十一月甲辰日条，页4上。封爵诰文《授孔希学袭封衍圣公诰》，又见《全明文》第一册，页326。
[2]《明太祖实录》卷三四，洪武元年八月己卯日条，页8上—9下。
[3]《曲阜孔府档案史料选编》，前引文，页5。
[4]《明太祖实录》卷三一，页8上—下，洪武元年四月戊申日条。

月十九日之前便有仍封孔希学为衍圣公事和给予孔氏子孙免给差役的恩典,却正是情理中事。还有一点可以证明《实录》所记的召见时间是难凭信的。档案载太祖对孔克坚称孔希学"是成家的人",却要他给希学"常写书教训着,休怠惰了"。六日后,孔克坚上奏说:"曲阜进表的回去,臣将主上十四日(十一月十四日)诚谕的圣旨,详细写将去了。""上喜曰:道与他(希学),少吃酒,多读书。"[1]可见此时孔希学本人并不在南京。而如《实录》所载时日计算,则孔希学应是随父同在南京的。

《明太祖实录》今本出于永乐三修之后,记事有误并不稀奇。[2]洪武元年四月戊申(初八日)此条,事实上便是合前后数事而一的。当中所说"会克坚亦自来朝,行至淮安,遇敕使,拜命惶恐,兼程而进"一节,有可能指的是八月天下一统、颁大赦诏后的另一敕书,而纂辑者却随事混为一谈。整件事情看来是这样的:孔克坚称疾不见明将,太祖亲笔赐札示以不可轻视新朝之意;孔克坚亦诚有疾,故先遣子希学由徐达送往南京朝谒,本人则到十一月才亲自来朝。

如果上述论证不误,则明太祖对于孔裔的宽容和体谅,实可说是表现了真正的王者之度。孔府档案所载洪武元年三月初四日太祖给孔克坚的亲笔函内容如下:

> 吾闻尔有风疾在身,未知实否。然尔孔氏非常人也,彼祖宗垂教于世,经数十代,每每宾职王家,非胡君运去,独为今日之异也。吾率中土之士,奉天逐胡以安中夏,虽曰

---

[1] 《曲阜孔府档案史料选编》,前引文,页6。
[2] 参看谢贵安,《明实录研究》(台北:文津出版社,1995),页34—41、101—117、365—373。

庶民，古人由民而称帝者，汉之高（宗）〔祖〕也。尔无疾称疾，以慢吾国，不可也，谕至思之。

用陈高华的话说，"朱元璋一面表示对孔子的尊敬，对圣裔的优待，另一方面表示自己是正统所在，警告孔克坚必须端正态度"。[1]但同时也不难看出，太祖基本上仍是以理服人的。三月赐书而十一月始克来朝，克坚有病在身必然属实，而太祖受之，也表现了他明理优容的一面。

太祖对衍圣公的恩礼，事实上是非常隆重优渥的。首先是衍圣公的阶秩升为正二品，赐以银印。对于孔希学本人，更是"每正旦，上受四方朝贺，特命希学班亚丞相"；[2]其"袍带、诰命、朝班"都是"一品"的，并且成了以后的典故。太祖又给衍圣公置立官属，"曰掌书，曰典籍，曰司乐，曰知印，曰奏差，曰书写，各一人。立孔、颜、孟三氏教授司，教授、学录、学司各一人。立尼山、洙泗二书院，各设山长一人。……官员并从衍圣公选举，呈省擢用"。[3]曲阜的孔氏世职知县，也是由他推荐的。其他如"复孔氏子孙及颜、孟大宗子孙徭役"也是蒙此封爵而来的恩典。

明太祖时，不管元朝的前任衍圣公或是本朝袭封的衍圣公，在初次来朝时，均获御前召见。孔希学和孔讷父子并且均获敕诰。上文已经指出，孔克坚来朝召谕后，"即日赐宅一区、马一匹、月给米二十石"。洪武二年十一月克坚被遣回曲阜代祀宣圣，

---

[1] 陈高华，《金元二代衍圣公》，页341。
[2] 《明太祖实录》卷一三九，洪武十四年九月辛丑日条，页3下—4上，孔希学传。
[3] 《明史》卷七三《职官二》，页1791。《明太祖实录》卷三六上，页4上—下，洪武元年十一月甲辰日条。

回来后太祖还"御制诗以遗之"。[1]洪武三年三月克坚卒,卒前以疾告,太祖"遣中使存问;疾笃,给驿还家:赐白金百两,文绮八端"。[2]洪武六年八月,衍圣公孔希学服阕来朝时,太祖亲命"中书下礼部用心礼待,所有随行者皆要欢心,勿使有缺。故敕,速行无怠"。[3]又给敕劳孔希学本人,告知已敕中书下礼部接待事宜。[4]之后又在端门早朝时,给予召见训勉。[5]此后,孔希学在十一年十二月和十二年十二月再度来朝时,太祖也同样敕中书下礼部"给送廪饩","洁馆舍以安之"和给敕以劳希学本人。[6]洪武十四年九月希学卒,太祖诏礼部遣官致祭,并且亲作祭文。[7]洪武十七年一月,希学子孔讷袭封来朝,太祖也在华盖殿引见问语,并赐以御制诰文。[8]如上所述的礼数,都是前代所未见,后来所少有的。

比这些明示崇重的礼数更为可贵的,则是太祖对于孔子嫡裔的一份爱心和真情。以上所提及的敕诰训谕,许多还能见于太祖的御制文集和孔府档案,文字浅白,是未经史臣修饰的资料。有时虽因太祖的词采有限而显得不顺,需要推敲,却最能反映太祖

---

[1] 《曲阜孔府档案史料选编》,前引文,页6。按:该处原文作:"二年十二月十二日,遣五十四代孙国子祭酒孔克坚代祀宣圣回京,御制诗以遗之。"据文意,末句当作"御制诗以遗之"。
[2] 《明太祖实录》卷五〇,洪武三年三月丁巳日条,页6上。
[3] 《全明文》第一册《命中书劳袭封衍圣公孔希学》,页67。《明太祖实录》卷八四,洪武六年八月丙戌日条,页5上。
[4] 同上书,《命中书劳袭封衍圣公希学》,页77。《明太祖实录》,同前注。
[5] 《曲阜孔府档案史料选编》,前引文,页6—7。
[6] 《明太祖实录》卷一二一,洪武十一年十二月乙卯日条,页4上;卷一二八,洪武十二年十二月庚辰日条,页2上。
[7] 同上书,卷一三九,洪武十四年九月辛丑日条,页3下—4上。《全明文》第一册《祭孔希学文》,页277。
[8] 《明太祖实录》卷一五九,页1下,洪武十七年一月乙巳日条。《全明文》第一册《袭封衍圣公孔讷诰文》,页39。

对孔子的一种真诚敬意和他尊孔的意义所在。以下略作引析，以见圣人的形象在平民出身的君主心目中是怎样的。孔府档案记洪武元年太祖和孔克坚的两次对话如下：

> 元年十一月十四日，谨身殿内，上对百官，谕孔子五十五代孙祭酒孔克坚曰："老秀才近前来，你多少年纪也。"对曰："臣五十三岁。"上曰："我看你是有福快活的人，不委付你勾当，你常常写书与你孩儿。我看（他）资质也温厚，是成家的人。你祖宗留下三纲五常、垂宪万世的好法度，你家里不读书，是不守你祖宗法度，如何中？你老也常写书教训着，休怠惰了。于我朝代里，你家里再出一个好人呵不好。"
>
> 二十日，于谨身殿西头廊房下，奏上位："曲阜进表的回去，臣将主上十四日戒谕的圣旨，备细写将去了。"上喜曰："道与他，少吃酒，多读书。"[1]

太祖的这些话，可谓一片真诚深爱溢于言表。他期望的，是要孔家能出人才，为国家做事、为祖宗增光。孔希学年二十一袭爵于元朝，现在已三十三岁，自元末世乱以来，实未能在学业和事业上表现出爵封衍圣公者应有的光辉，大概多吃酒、少读书的情形还被人所知悉。太祖勉励孔克坚尽父责，正是君子爱人以德的表现。

太祖对于圣人嫡裔的期望委实极高。这可说是他名实相副思想的必然结果。他自己尊孔，命令全国崇儒尊孔，衍圣公正是儒教的精神象征，因此也要求他要做一个无忝尔祖、聿修厥德的模

---

[1]《曲阜孔府档案史料选编》，前引文，页5—6。

范圣裔。洪武六年八月二十九日太祖给孔希学的训话，最能反映这种思想和心情。孔府档案所记内容如下：

> 上召衍圣公孔希学问曰："尔年几何？"对曰："臣三十有九。"上曰："今去尔祖孔子历年几何？"对曰："近二千年。"上曰："年代虽远而人尊敬如一日，何也？为尔祖明纲常，兴礼乐，正彝伦，所以为帝者师，为常人教，传至万世，其道不可废也。
>
> "且尔祖无所不学，无所不通，故得为圣人。如问礼于老聃，学琴于师襄之类，此谓学无常师。非特如此，楚王渡江，得一物，其大如斗，其赤如日，其甜如蜜，众皆不知。遣使问于尔祖。曰，此萍实也。问何以知之。尔祖曰，昔闻诸童谣云。童子之言，尔祖尚记之不忘，况道德之奥者乎？
>
> "今尔为袭封，爵至上公，不为不荣矣，此非尔祖之遗荫与！朕以尔孔子之裔，不欲于流内诠注，以政事烦尔，正为保全尔也。尔若不读书，孤朕意矣。且人年自八岁至弱冠，多昏蒙未开，不肯向学。自冠至壮年有室，血气正盛，百为营营，亦无暇好学。尔年近四十，志虑渐凝定，见识渐老成，正好读圣人之书，亲近名师良友，蚤夜讲明道义，必期有成。学成之后，四方之人知尔知能，俱来执经问难，且曰，此无愧孔氏子孙者，岂不美欤！
>
> "然四体之勤，乃德之符，步履进退，亦必安详，不可欹斜飞舞，久久习熟，遂为端正人士。朕今婉曲教尔，尔其自择。还家亦以此教子孙可也。勉之哉，勉之哉。"[1]

---

[1]《曲阜孔府档案史料选编》，页6—7。

这段训话，真的不啻如家人父子之言，没有冠冕堂皇之词，没有夸大骄人之意，只有警勉圣人之裔为圣人之博学通方，为成德达才之用，凡关于求学做人之道的，无所不及，要的就是孔希学能够无愧于祖先圣人。孔希学看来没有辜负明太祖的叮咛，他年四十七而逝，在高深的学问上没有表现，但在修葺祖庙、收复祭田、备举礼器礼服和乐舞仪式各方面，也还有成绩可记。〔1〕他的儿子孔讷袭封朝见太祖时，"上问其宗族子姓多寡贤否，讷奏对详明，动合礼度"。〔2〕可见太祖至希学的训诲，也未尝无所奏效。

以上这两段太祖的话，反映的是他尊孔思想中的理性思维。从而可见，一方面他认定孔子是以纲常之道为万世帝王和常人的师范，另一方面他确信凡有大功德于世者必获无穷的厚报。〔3〕这些观念再加上一层宗教信仰的力量，使得太祖的孔子崇拜更加牢固。这在太祖给孔府人物的其他文字中也时有所见，并且更加详明。例如，《文集》载洪武六年劳衍圣公孔希学的敕文说：

> 卿家昭名，历代不朽，富贵永彰天地间，乃由阴骘之重，云何？以其明彝伦攸叙之精微，表万世纲常之不泯也，故若是。〔4〕

---

〔1〕《明太祖实录》卷一三九，页3下—4上，洪武十四年九月辛丑日条，孔希学传。
〔2〕同上书，卷一五九，页1下，洪武十七年一月乙巳日条。
〔3〕有关报功、报恩、报答等传统观念之探讨，可参看梁启超，《中国道德之大原》，《饮冰室文集》(台北；台湾中华书局，1960) 二八，页12—20。Lien-Sheng Yang, "The Concept of 'Pao' as a Basia for Social Relations in China," in John K.Fairbank, ed., *Chinese Thought and Institutions* (Chicago and London: The University of Chicago Press, 1957), pp. 291-309.
〔4〕《全明文》第一册《劳袭封衍圣公孔希学》，页77。

明太祖的孔子崇拜 | 139

洪武十四年九月御制祭衍圣公文说：

> 三纲五常之道，始上古，列圣相承，率修明以育生民。至于中古，将欲坠焉，非先师孔子，孰能修明之？今生民多福，惟三纲五常之道备耳。盖世之大德者，天地不沦没，人民无恶声，所以为帝者师，血食千万年不泯，子孙存焉。朕以尔孔希学继世焚修，永张斯教，以显尔祖，何期讣音一至，云及长往。[1]

此文末句所见"焚修"二字，在《明太祖实录》所载的同一祭文中，大概以其辞不雅驯，已被史臣削去。[2]但这其实正是太祖世俗宗教观的表现，与上引敕文所见的"阴骘"观念，是互为表里的。此外，洪武十五年三月命曲阜世职知县孔克醟的敕文则说：

> 朕闻古人有必报而不忘者，先师也。盖谓传德明道，终身不受祸患，固报之。朕与臣民同世于斯时，方知大成至圣文宣王当世之先师。时人去古既远，有失报礼。稽诸古典，报则有光，其光之显扬，师徒共之。若果诚能报之，则益而无损。……特命（尔）为曲阜知县，以报先师。尔当敬事以在公，而信以来庶民。俭使人效，勤问民艰，用力以时，以扬先师圣德。於戏，阴骘流芳，万世不泯，英灵常存，子孙承之，尔宜懋哉！[3]

---

[1]《全明文》第一册，《祭孔希学文》，页277。
[2]《明太祖实录》卷一三九，页3下—4上，洪武十四年九月辛丑日条。
[3]《全明文》第一册《曲阜知县孔克醟敕文》，页36。

此敕《实录》删节太甚，[1]湮没了太祖的精神所在，这里可见的，则是太祖确尊崇孔子为"先师"，也确信孔子之道对于世道实有效用，所以必极其报称之崇重。

明太祖对孔子的贡献了解至深，这在洪武十七年一月给袭封衍圣公孔讷的诰文中清楚可见。《文集》所载诰文部分说：

> 三皇五帝之道，明陈攸叙，大展彝伦，协天地阴骘定民居者为此也。至周，文繁于《三坟》，道迷于《五典》，兼《八索》《九丘》之泛，而诸家之说并生，是致道纵途横，虽欲驰之，莫知所向。独先师孔子明哲心，抠睿智，定真析伪，以成《诗》《书》。其修道之谓教，可谓至矣；率性之谓道，可谓坚矣。由是天鉴善德，血食之祀万世，子孙弘衍于今，耿光而弗磨者，因幽明之诚无间，感通上下，故若是也。[2]

此文畅论孔子在文化史上的贡献以及后世崇报孔子之故，除了引用《中庸》词句稍显不畅外，整体意思明白，精神跃如。《明实录》所载的同一诰文，也是删改殊甚，[3]失却准口语文字所能表达的意思，使人完全看不出太祖以孔子为实有继承古先圣王教世化民的王者一级成就。有了以上这些文字，我们才能了解何以在百神封号皆去之际，孔子独可以保存原封的王号。我们可以这样理解，在太祖的名实相副理念中，孔子确是正式的"素王"。

---

[1]《明太祖实录》卷一四三，页5下—6上，洪武十五年三月癸亥日条。
[2]《全明文》第一册《袭封衍圣公孔讷诰文》，页39。
[3]《明太祖实录》卷一五九，洪武十七年一月乙巳日条，页1下。

明乎太祖对孔子的笃信笃敬，我们便更能理解太祖诸多崇拜孔子的举动和措置。首先可以说的，是他所给予其他孔裔（和颜、孟后裔）的殊遇。早在洪武元年八月明军攻克元都后的大赦天下诏中，太祖便已确定曲阜一地的孔裔，仍然保持特殊的世家地位。在新任世职曲阜知县时，太祖都会特别给予敕文勉励，洪武元年十一月任孔希大、八年七月任孔克伸、十五年三月任孔克嶜、十七年十一月任孔希文、二十八年任孔希范时，都没有例外。[1]对于犯过的世职孔裔的处置，更见屡屡屈法从宽。像孔希大被曲阜民众诉讼，法当逮问，太祖却答以"希大先圣之后，若罪之，恐累其世德，非所以示优崇也"。[2]最后虽因希大"不依祖训，屡干国宪，自蹈罪戾，以失世官司"，[3]却也没有因而罢除世职。至于孔希文，虽然先见刑部以"境内水患不报，请逮问之"；[4]后见礼部以"曲阜县岁贡儒学生员考不中式，请以贡举非人坐（罪）"，太祖也都答以"先圣之后，勿问"。[5]太祖对圣人孔裔的礼待，还延及孟子等圣贤的后裔。洪武十八年十月，"翰林待诏孔希善言，孟氏子孙有以罪输作京师者二人。上曰，大贤之后，虽有罪，亦当屈法以宥之。即命遣还"。不久且谕工部，询问同类的圣贤后裔，依例释放。[6]

---

[1] 以上各人所获敕文，除孔希范的之外，均见《明太祖实录》，亦均见于明太祖《文集》，基本上都属御制。孔希范任期《实录》失载，其敕文见《全明文》第一册《以孔希范知曲阜县事敕》，页820，系据《古今图书集成·明伦汇编·官常典》卷一一一所载。
[2] 《明太祖实录》卷八七，洪武七年一月癸未日条，页4上。
[3] 同上书，卷一〇〇，洪武八年七月庚申日条，页4上。
[4] 同上书，卷二〇七，洪武二十四年一月辛亥日条，页3下。
[5] 同上书，卷二三二，洪武二十七年四月乙丑日条，页7下。
[6] 同上书，卷一七六，洪武十八年十月癸巳日条，页1下；卷一七六，洪武十八年十月甲辰日条，页2上一下。

六、明太祖朝孔庙祀事的议论

明太祖时，在儒家礼学脉络中所累积的孔庙祭祀问题，实在很多。太祖其实也不能全数解决，洪武四年，包括宋濂在内的国子学官，曾奉命考议祭孔礼仪。其中宋濂个人议论所及，便有神主坐向、栖神用具、迎神用物、庭火设备、从祀资格、从祀位次、应用音乐、饮福次数等等问题。再加上"庙制之非宜，冕服之无章，器用则杂乎雅俗，升降则昧乎左右，如此类甚多，虽更仆不可尽也"。[1] 要一一拟议厘正从古，未免旷日费时，当时议论难一，结果便是《实录》所载四年八月之事："降国子祭酒魏观为江西龙南县知县，司业宋濂为安远县知县，坐考祭孔子礼稽缓故也。"[2] 至同年十一月，才各召回为礼部主事。[3] 此事虽属故意惩戒，但正可见太祖重视其事，不肯苟且放过。故之后所实行的祭孔礼仪，对后世有很大的影响。以下数项，是当时议论尤其显著的。

（一）以木主易塑像

孔庙之有孔子塑像，不知始于何时，但唐代初年便已存在。唐玄宗开元八年（720），司业李元瓘便认为，孔子庙中的颜渊像做立侍状，不合礼意，应该定制改为坐像。[4] 其说历代相传，天下文庙也多有塑像。到了洪武十四年四月，南京兴建新太学；又诏天下学校春秋通祀孔子，赐学粮，增师生廪膳，太祖才令新庙

---

[1] 宋濂，《孔子庙堂议》，《宋学士全集》（台北：新文丰出版公司，1985，《丛书集成初编》本）卷二八，页 1019—1022，尤其页 1019—1020。
[2] 《明太祖实录》卷六七，洪武四年八月己亥日条，页 7 上。
[3] 同上书，卷六九，洪武四年十一月己未日条，页 1 下。
[4] 《文献通考》卷四三《学校四》，页 407。

以木主代替塑像。[1]据当时的祭酒宋讷所记："自经始以来,大驾临役者不一。夫子而下,像不土绘,祀以神主,数百年旧制乃革。"[2]以孔子木主栖神代替塑像,当时虽然不能做全国性的施行,但无疑已是一大改革。

这个改制的创意,有文献可考的,并非始于太祖。洪武四年八月的祭孔礼仪中,宋濂便已经论及,他说:

> 古者造木主以栖神,天子诸侯之庙,皆有主;卿大夫士虽无之,大夫束帛以依神,士结茅为蕝,无有像设之事。《开元礼》亦谓设先圣神座于堂上西楹间,设先师神座于先圣神座东北,席皆以莞,则尚扫地而祭也。今因开元八年之制,抟土而肖像焉,则失神而明之之义矣。[3]

太祖的新制,不可能不受像宋濂所提出的这类意见的影响。此制虽然一时不能通行各地,但以后明臣称道它的却不乏其人。成化间丘濬所说的,影响更大。丘氏在所著《大学衍义补》中做了两点相关的考虑,其中如下一点是宋濂之说的推论:

> (塑像)郡异悬殊,不一其状,长短丰瘠,老少美恶,惟其工之巧拙是随。就使尽善,亦岂其生盛德之容?甚非神而明之、无声无臭之道也。

---

[1] 南京新太学以孔子木主易塑像事,《明太祖实录》缺载,但《大学衍义补》等书均有记载。
[2] 宋讷,《大明敕建太学碑》,《西隐集》(台北:台湾商务印书馆,1983,《景印文渊阁四库全书》本)卷七,页8上—10下。
[3] 宋濂,《孔子庙堂议》,《宋学士全集》卷二八,页1020。

以下一点则是从君臣尊卑的现实表现来立论的:

> 夫国学庙貌,非但以为师生瞻仰之所,而天子视学,实于是乎致礼焉。夫以冕旒之尊,而临夫俎豆之地,圣人百世之师,坐而不起,犹之可也,若夫从祀诸儒,皆前代之缙绅,或当代之臣子,君拜于下而臣坐于上,可乎?臣知非独名分之乖舛,而观瞻之不雅,窃惟圣贤在天之灵,亦有所不安也。

此处重点不在孔子,而在孔门配祀的儒者。丘濬接着指出,毁塑像而用木主,并非不恭之事,因为塑像是"工人随意信手而为之者",根本不是像主的真貌,失却瞻仰生敬的意义,孔庙不用塑像,正是对孔子尊崇的表现。此说可谓深得太祖之心。丘氏又建议,"今天下郡邑恐于劳民,无俟改革",但北京国学现存元朝所立的塑像,却应该遵从太祖旧制,以木主代之。太祖之所为,有如当时祭酒宋讷所说,是革除百年夷教的大事。丘氏强调:"仰惟我圣祖有大功于世教十数,此其一也。发扬祖宗之功烈,亦圣子神孙继述之大者也。"[1] 这个呼吁,为当时的程敏政和后来的张璁等人所支持,所以到了嘉靖九年(1530)改定孔庙祀典时,终于下令全国孔庙均以木主代替塑像,成了永久的制度。[2]

---

[1] 以上引文,均见《大学衍义补》卷六五《秩祭祀·释奠先师之礼上》,页10上—11下。这一问题的新近讨论,见司马黛兰(Deborah A. Sommer),《丘濬与明代儒像废存之议》,祝瑞开主编,《宋明思想和中华文明》(上海:学林出版社,1995),页437—444;Thomas A. Wilson 前引文,页565—567 也有论及。
[2] 参看黄进兴,《道统与治统之间:从明嘉靖九年(1530)孔庙改制论皇权与祭祀礼仪》,《优入圣域:权力、信仰与正当性》,页126—163。

（二）从祀进退问题

洪武年间关于孔庙从祀问题的最后定案，是二十九年（1396）三月命罢去汉儒扬雄益以董仲舒一事。此事是太祖采纳行人司副杨砥上奏的结果，也开了明代孔庙进退前代从祀儒者的先例。《明太祖实录》载："杨砥言，孔子庙庭从祀诸贤，皆有功世教，若汉扬雄臣事贼莽，忝列从祀，以董仲舒之贤，反不与焉，事干名教，甚为乖错。"[1]杨砥的典疏全文现已不见，据杨氏传记，杨氏言及"扬雄仕莽为大夫，剧秦美新之论，取讥万世。董仲舒三策及正谊明道之言，足以扶翼世教"。[2]太祖径行杨氏所请，故此《实录》只记"上纳其言"，不及其他议论文字。这除了反映出朱子《通鉴纲目》所揭的"莽大夫"式忠君观念，在明初随着理学思想高涨之外，也反映了太祖的亲自参与，对尊孔事情的重视。按：杨砥，泽州人，洪武二十七年才中进士，是典型的太祖新朝成长起来的知识分子，强调忠君，强调天人感应，乃至反对功利思想，都与太祖自己的思想相合，所以其言能够出即获应。

明臣对于前朝从祀者的不满，也并不限于上述一项，而且出现颇早。洪武二年，江西崇仁县训导罗恢便曾奏请：

> 孔庙从祀当以道学论。有若优于宰我，《论语》记有若言行者四，皆有裨世教；记宰我言行者四，皆见责圣人，宜以有若居十哲，而宰我居两庑。公伯寮阻坏圣门，不宜从祀。蘧伯玉，孔子故人，行年六十而化，今在两庑六十位次

---

[1]《明太祖实录》卷二四五，页2上（3555），洪武二十九年三月壬申日条。
[2] 焦竑，《国朝献征录》（台北：台湾学生书局，1965，影印万历刊本）卷七二《太仆寺卿杨砥传》，页3上一下。

之下,未当,宜例升孔圣殿。[1]

这个请求未被太祖接纳,但同类的议论,却在以后继续出现。最重要的是,洪武四年太祖下令讨论祭孔,国子司业宋濂和翰林待制王祎都有意见。[2]在关于从祀者方面,宋濂认为,若依学校祭祀先师的古代礼意,则:

> 孔子集群圣之大成,颜回、曾参、孔伋、孟轲实传孔子之道,尊之以为先圣先师,而通祀于天下,固宜。其余当各及其邦之先贤,虽七十二子之祀,亦当罢去,而于国学设之,庶几弗悖礼意。今也杂置而妄列,甚至荀况之言性恶,扬雄之事王莽,王弼之宗庄老,贾逵之忽细行,杜预之建短丧,马融之党附势家,亦厕其中,吾不知其为何说也。[3]

宋濂此处所说,其实已牵涉整个孔庙从祀制度的问题,下文将续有说。他所点名批判的汉晋儒者,也是王祎的批判对象。王祎的议论只及从祀一事,故此所说尤其详尽。宋濂只从反面说,暗示不配从祀者应当罢去;王祎则从正面说,提及可以增祀的儒者。王祎对于"荀况、扬雄、何休、王弼之徒,有不当与从祀者,又

---

[1]《续文献通考》卷四八《学校二》,页3227。按:张萱《西园闻见录》(台北:华文书局,1968,影印1940年北平哈佛燕京学社排印本)卷四三,页20下,记同事,末句作"宜升启圣王庙",大误。
[2] 王祎明初典籍都写作王袆,然以黄溍《金华黄先生文集》内王氏祖父《南陵先生墓志铭》,以及方孝孺《逊志斋集》内王氏父亲《常山教谕王府君行状》所载王氏兄弟名字偏旁考之,"袆"当作"祎"无疑。这点蒙业师牟复礼(F.W. Mote)先生提醒,谨此志谢。本文以下凡引王氏处,包括王氏著作原题"王袆"的,都写作"王祎"。有关王祎名字辨正讨论,可看何冠彪,《王祎二题》,《明清人物与著述》(香港:香港教育图书公司,1996),页1—13。
[3] 宋濂,《孔子庙堂议》,《宋学士全集》卷二八,页1020—1021。

不敢以遽数也"。但既已点名,即属表态。他的重点,却在进贤。就当时已在从祀之列的孔子门人及后儒百有五人来说,他认为:

> 以今论之,汉儒之从祀者十四人,而犹阙者一人,董仲舒是也。唐之从祀者一人,而犹阙者一人,孔颖达是也。宋之从祀者九人,而犹阙者四人,范仲淹、欧阳修、真德秀、魏了翁是也。元之从祀者一人,而犹阙者一人,吴澄是也。[1]

王祎所提应予从祀者七人,除了孔颖达之外,以后在明清二代里都先后获得从祀。[2] 被他质疑和被宋濂批判的儒者,明代后来也都罢祀了。王祎的增祀议论,既属开先河,也有很大的代表性,是孔庙从祀理据的重要文字,以下故予尽量引录:

> 自夫孟轲既往,圣学不明,邪说盛行,异端并起。历秦至汉,诸儒继作,然宪经翼传,局于颛门之学,而于圣人之道,莫或有闻。惟董仲舒于其间号称醇儒,其学博通诸经,于《春秋》之义尤精,所以告其君者,如天人、性命,仁义、礼乐,以及勉强遵行、正谊明道之论,皆他儒之所不能道。至其告时君罢黜百家,表章六经,以隆孔子之教,使道术有统,异端息灭,民到于今赖之,则所以尊崇圣学者,其功殆不在孟子下。以荀况之言性恶,扬雄之事新莽,犹获从祀,而仲舒顾在所不取,何也?

---

[1] 王祎,《孔子庙庭从祀议》,《王忠文集》(台北:台湾商务印书馆,1983,《景印文渊阁四库全书》本)卷一五,页1上—6上。按:此文以下再引录,不复注出。

[2] 参看黄进兴,《道统与治统之间:从明嘉靖九年(1530)孔庙改制论皇权与祭祀礼仪》。

秦人之后，圣经阙逸，汉儒收拾散亡，各为笺传，而偏学异说，各自名家；晋宋以来，为说滋蔓，去圣既远，莫可考证，学者茫昧，不知所归；唐初孔颖达受诏撰定诸经之疏，号曰《正义》，自是以来，著为定论，凡不本于《正义》者，谓之异端，诚学者之宗师，百世之取信也，是其所以传注圣经者，较之马融、郑康成辈，功无所与逊，且何休注《公羊》而黜周王鲁，王弼注《易》而专尚清虚，害道已甚，然在祀列，胡独至于颖达而遗之也？

圣人之道，或著之事功，或载之文章，用虽不同，而实则一致。三代以下，人才莫盛于宋东都，其间慨然以圣人之道为己任而著之行事者，范仲淹而已。其言以为，士当先天下之忧而忧，后天下之乐而乐，虽伊尹之任，无以尚之。况当其时，天下学术未知所宗尚，而仲淹首以《中庸》授张载，以为道学之倡。盖其为学本乎六经，而其议论无不主于仁义。虽勋业之就，未究其志，而事功所及，光明正大，实与司马光相上下。自圣道不行，世儒徒知章句以为事，而孰知圣人经世之志，固不专在是也。欧阳修与仲淹同时，实倡明圣贤之学，而著之文章。其《易》《春秋》诸说，《诗本义》等书，发挥经学为精。至其欲删诸经正义、谶纬之说，一归于正，尤有功于圣道。其为言，根乎仁义而达之政理，所以羽翼六经而载之于万世。至于《本论》等篇，比之韩愈之《原道》，夫复何愧！而世之浅者，每目之为文人。夫文以载道，道因文而乃著，虽经天纬地者，亦谓之文，而顾可少之哉！然则如范仲淹之立功，欧阳修之立名，皆可谓有功于圣人之道者。韩愈、司马光既列从祀，则此二人固决在所当取者也。

自周敦颐接圣贤千载不传之绪，而程颐兄弟承之，道统于是有所传。迨朱熹有作，《五经》《四子》皆有传注论述，统宗会元，集圣贤大成，绍程氏之传。其中更学禁，其道不行，于是真德秀、魏了翁并作，力以尊崇朱学为己任，而圣贤之学乃复明。真氏所著，有《大学衍义》《读书记》；魏氏所著，有《九经要义》，大抵皆黜异端，崇正理，质诸圣人而不谬，其于圣人之道可谓有功，而足以缵朱氏所传之绪矣。是则此二人者，固又当继朱氏而列于从祀者也。

及元兴，许衡起于北方，尊用朱氏之学以教人，既有以任斯道之重。而其时吴澄起于南方，能有见于前儒之所未及，《孝经》《大学》《中庸》《易》《诗》《书》《春秋》《礼》皆有传注，概括古今诸儒之说而折衷之，其于《礼经》尤多所删正，凡以补朱氏之未备。而其真修实践，盖无非圣贤正大之学，则其人又可谓有功圣人之道，固宜与许衡同列于从已祀而不可以或遗也。

王袆的议论，是一种定义性和比较性双管齐下的说法。他的原则是祭报以功，亦即他所谓的"有功于圣道则祀之"。从祀孔庙者必须有功于孔子之教，无功而有过者自当不配，但功却可以是不同方面的建树和表现。董仲舒的功是以学说阐扬圣道，尊崇圣学；孔颖达的功，是疏传圣经，统一正义；范仲淹是倡明道学，儒术经世；欧阳修是以身倡道，以言翼经；真德秀和魏了翁是黜异崇正，尊崇朱学；吴澄则是纂说诸经，补备朱说。他们或以言立功，成以行立功，亦即有所谓明道之功或行道之功，表现或殊，但"有功于圣道"则一。既然与他们同类的已在从祀之列，他们理当可以依例并进，何况不及他们的尚且能预从祀，他们自当与进无疑。宋濂和王袆等人的议论，以后成了一种论述的典范，屡为言者重复使用。

从以上数家所说，我们还可以肯定二事。其一是，杨砥洪武末年请罢扬雄而进董仲舒,其说只能算是绍承前辈之绪,并非创见。其二是,元代曾从祀董仲舒但未予以落实。《元史·文宗本纪》所载,至顺元年(1330)十二月"己酉,以董仲舒从祀孔子庙,位列七十子之下"事情,[1]其实并未施行,否则王祎不会如此提议。这样看来,明太祖之从祀董仲舒,也是肯定元朝的决定。但要到洪武二十九年才因请而作,而且并不同时进退其他如宋濂、王祎等所说的儒者,他尊重和小心处理儒家本身祭报传统之处,也是显而易见的。

(三)从祀位次问题

从祀位次之辨,涉及儒教的基本价值问题,亦即伦理的问题。在这个问题上,宋濂、王祎二人的见解也是相同的。宋濂说:

> 古者立学,专以明人伦,子虽齐圣,不先父食,久矣。故禹不先鲧,汤不先契,文、武不先不窋。宋祖帝乙,郑祖厉王,犹上祖也。今一切置而不讲,颜回、曾参、孔伋,子也,配享堂;颜路、曾点、孔鲤,父也,列祀庑间;张载则二程之表叔也,乃坐其下。颠倒彝伦,莫此为甚,吾又不知其为何说也。[2]

这个有关伦序与功劳,或者说亲亲与贤贤,孰为重要或孰当优先之辨,南宋以来,关心者便已不乏其人。洪迈便已有子居父上,神灵难安之说,"子虽齐圣,不先父食"的古语,他也引过。[3]唐代以来,孔庙以颜子配享,曾子升堂,而二人之父已经居于两

---

[1]《元史》卷三四《文宗三》,页770。
[2] 宋濂,《孔子庙堂议》,《宋学士全集》卷二八,页1021。
[3] 见《大学衍义补》卷六六《秩祭祀·释奠先师之礼下》,页5上。

庑,至南宋以颜、曾、思、孟为四配,父屈子下的情况更为突出。元朝的姚燧曾加以批评:

> 弟子于师(颜子、曾子于孔子,孟子于子思),孙于祖(子思于孔子),坐而语道者有之,非可并南面。燧知四子已避让于冥冥中,不能一日自安其身一堂之上。况又祀(颜)无繇、(曾)点、(孔)鲤于庭,其失在于崇子而抑父。夫为是学官,将以明人伦于天下,而倒施错里千数筵之地如此,奚以为训。[1]

此说又多了一重不应只视孔子为一宗派之祖师,而应视他为具有王者地位的天下之师的意涵。

宋濂之说,已是一个传统的延续。王祎则更加以畅论,提出处置之法。他说:

> 借曰曾子、子思以传道为重,然子必当为父屈。昔鲁祀僖公,跻之闵公之上,传者谓"子虽齐圣,不先父食"以为逆祀。今孔氏、曾氏父子失序,非逆祀乎?是故曾参、孔伋,今当降居于曾晳、孔鲤之下,又,司马光于程颢、程颐为先进,张载于二程为表叔,而位次皆下,其先后次序,亦不可不明。咸淳之定从祀,徒依朱子六赞,以周、二程、邵(雍)、张、司马为序,而不知朱子之赞,特以形容六君子道德之盛,初未尝定其先后之次,胡可遂据以为准乎?是故司马光、张载,今当升居程颢、程颐之上。[2]

---

[1]《大学衍义补》卷六六《秩祭祀·释奠先师之礼下》,页5上—下。
[2] 王祎,《孔子庙庭从祀议》,《王忠文集》卷一五,页5下—6上。

王祎无疑是个坚决的伦理主义论者,但他认为程、张二氏位次不当之说,其实宋末元初的名儒熊禾早已说过。奇怪的是,他却没有采用熊禾解决矛盾的方法。熊禾认为,可在孔庙内别建一室,以孔子之父南面为主神,以配享从祀者的父亲侑食,春秋释奠时,以齿德之尊者为分献官,同时行礼于此室,这样便可"示有尊而教民孝矣"。[1] 这一庙两制的办法,虽然也有理论上的弱点,却在嘉靖九年以后成为定制,沿用至清朝不变。

明太祖对于这个伦理之辨的反应,没有明确的记录可稽。他没有考虑熊禾的一庙两制意见,可能是国初不欲劳民,正如他也没有命令全国孔庙改塑像为木主一样。丘濬如下一个折中的建议,很可能透露了太祖的心情。丘濬说:

> 然臣以为今天下州县皆有祭,处处皆设别室(如熊禾所说),恐至于烦渎。说者谓泗水侯(孔鲤)孔林自有庙;曲阜侯(颜无繇)宜祀于其子颜子之庙,而以颜子配;莱芜侯(曾点)无后,今嘉祥有曾子坟,当有祠,宜于此祀莱芜侯,而以曾子配。否则特立一庙于曲阜,特祀三子,而以颜子、曾子、子思配。熊禾谓有王者作,礼当损益,祀不可渎也,姑志于此。[2]

太祖显然没有像文中"说者"那样的考虑,却可能同样有"祀不可渎"的思想。他看起来像相对地轻视伦理而重视成就,但同时也似乎在尽量坚守着一个礼制传统。

---

[1] 有关熊禾相关议论的探讨,参看朱鸿林,《元儒熊禾的学术思想及其从祀孔庙议案》,《史薮》3,1998年:173—209。
[2]《大学衍义补》卷六六《秩祭祀·释奠先师之礼下》,页6下。

（四）学校祭祀的别制

宋濂议论中最后而又最大胆的一点，是建议采用熊禾的意见，使太学所祀的先师和地方学校所祀不同。熊禾认为，太学是天子之学，除了祭祀孔子外，还应祭祀"后世天子公卿所宜取法者"。他们开始于"道之祖"（宋濂所说的"道统之宗"）的伏羲，以次相列为神农、黄帝、尧、舜、禹、汤、文、武，配以皋陶、伊尹、太公望、周公，以及稷、契、夷、傅说、箕子。这是因为，"三代以上，大道未分"，君师合一，所谓先圣，实即先师。孔子情况特别，因为"孔子实兼祖述宪章之任，集众圣大成，其于天下万世通祀，则自天子下达夫乡学"。[1]宋濂认为，如从熊禾此说，"则道统益尊，三皇不汩于医师，太公不辱于武夫也"。他又据周朝立四代之学的制度认为，祀古帝王为先圣，取其当时辅佐王业的名臣为先师，正是"天子立学之法也"。[2]

宋濂这个议论，和熊禾似乎同中有异。太学祀先圣以及孔子，熊禾是没有主从的问题的，宋濂却有主先王而从孔子之嫌，尽管他认为太学不需要像地方学校一样从祀孔门七十二子。照宋氏意见，四配和七十二子之外的儒者，是不当从祀于任何孔庙的。这样的后果不难想象：孔庙和祭孔的阵仗都会大为减少，孔子的威严和光彩也将消褪失色不少。太祖没有接纳宋濂的议论，可能便是考虑到孔子地位会因此下降。洪武六年八月，太祖因监察御史答禄与权等言，建历代帝王庙于京师；二十一年一月，又

---

[1] 熊禾，《祀典议》，《熊勿轩先生文集》（上海：商务印书馆，1936，《丛书集成初编》本）卷四，页54—55。
[2] 宋濂，《孔子庙堂议》。

诏以历代名臣从祀帝王庙。[1]丘濬认为，此制"与（熊）禾此议合，但不领于学耳"。并拟"请于帝王庙设宫悬，备佾舞，一如文庙，每岁春秋传制遣官致祭，一如祀孔子，而太学则祀宣圣如故"。[2]从丘氏此说可见，帝王庙虽立，其礼数却是及不上文庙的。宋濂之意，是要增强道统的内容，加强孔子所代表的道统，却不免不经意地降低了孔子的独尊地位。太祖不采其说，而别建帝王庙，倒反是笃尊孔子的表现。

事实上，宋濂此议"既斥而不用矣"，当时的国子助教贝琼还曾著论辩驳。贝琼对于"祀三皇于学，以孔子配之可乎"的设问，直曰"不可。……（以）义各有所当也"。他引经史论证，首先认为"唐虞与周所主先圣先师，固无定名，未有及于三皇也。……唐宋所主先圣先师，已有定名，未有及于三皇也"。这个传统认知的问题之外，还有深一层的理据如下：

> 三皇继作而后人之为道始备，此众人疑其不祀三皇为缺典。夫三皇宜祀，而不得祀于学也。惟孔子当周之不振，忧道之失也，与诸子讲于洙泗之间，以述三皇之所传。……学之有庙，由孔子而建，则宜以孔子为先圣，颜子为先师，而三皇不预也。……今欲崇三皇为先圣，使居孔子之上，不足以褒其功；降孔子为先师，使混于高堂生之列，适所以贬其德。故吾的然以为不可也。[3]

---

[1]《明太祖实录》卷八四，洪武六年八月乙亥日条，页2下—3下；卷八八，洪武二十一年一月甲寅日条，页5上。
[2]《大学衍义补》卷六六《秩祭祀·释奠先师之礼下》，页13上。
[3] 贝琼，《释奠解》，《清江文集》（台北：台湾商务印书馆，1983，《景印文渊阁四库全书》本）卷一三，页6下—10上。

贝琼是认定宋濂要把孔子视作先圣之末、先师之首的。宋濂以及熊禾有无此意，姑且不论，但如其所说，孔子肯定就不是太学、文庙的主神。所以，明太祖不从其议，正是尊孔的表现。加上上一年去百神封号而独不去孔子王号，他的孔子崇拜，可谓无以上之了。

七、结　论

以上各节所考述的，反映了明太祖对于孔子的崇拜，实可谓不遗余力。洪武一朝的祀孔礼仪，在态度虔恪的要求和祭奠礼数的表现上，都是度越前代的。在对待衍圣公和其他孔裔方面，较之元朝，尤其显得礼重意诚。元世祖轻视儒教，尊孔之事少有可称，元代学校里皇帝和孔子并尊，学宫孔庙更时为吏匠军人所占用。孔子虽在元武宗时获得空前的尊崇封号，儒教实际上蹶而不振。明太祖反其道而行之，尊孔崇儒通过学校和科举制度，成为一代不变之制。

明太祖尊孔早在明朝建立之前已见，并且与时俱增。洪武年间的重要措施，先后如天下州县皆立学校，建置文庙；春秋释奠孔子，礼数和诚敬要求过于前代；革山川神人封号，而独不改孔子王号之称；亲奠孔子，拜数比前代帝王倍增；乃至天下学校通行春秋释奠孔子等，无一不尽其心力之诚。对于祭孔之礼，既以斋戒外室求之于己，也以恭虔谨事责诸臣下。祭神如神在和事亡如事存的训义，太祖力行、发挥之无余。同样难得的，则是对孔裔的曲全保护和对衍圣公的诚意礼待。这方面所表现的，也是历代之冠。洪武年间有关孔庙祀事的决定，诸如以木主代替塑像，罢扬雄从祀而进董仲舒等事，对后世都有影响。当时儒臣们的相关议论，如从祀儒者之当进当退，已从祀者的位次调整，以及别室祭祀已在配享从祀之列者的父辈等,太祖未加采纳,也反映了他尊重传统、慎重其事的思想。

太祖这样的诚笃尊孔,是崇德报功的传统思想的明白表现,更是他确信孔子之道确实对国家世道有益的表现。《明太祖宝训》载,丙申(龙凤二年、至正十六年、1356)五月庚寅,"太祖尝命有司访求古今书籍,藏之秘府,以资览阅,因谓侍臣詹同等曰:……吾每于宫中无事,辄取孔子之言观之,如'节用而爱人,使民以时',真治国之良规。孔子之言,诚万世之师也"。[1]这是在太祖才得应天府,亦即自起兵以来首次拥有自己的基地之后两个月间,可见他有得于孔子之遗教甚早,他的过人之处,则在于他此后笃信无疑。洪武十五年新建太学落成,太祖曾谕太学生说:"仲尼之道,上师天子,下教臣民,始汉至今,曾有逾期道而久于世者乎?……(建太学)期在育君子,必履仲尼之道,以助后嗣,共安天下苍生。……(学者)固守仲尼所云四非之笃,慎日经旬,以逾岁月,不变其所学,则贤人矣。"[2]此外引文出于太祖文集,文中"四非之笃",《实录》改为比较常见的"四勿之训",[3]指的是孔子非礼勿视、听、言、动四者之教。太祖的笃信和坚持,由此更加明白可见。太祖有著名的《三教论》一文,从宗教信仰立说,认为"于斯三教,除仲尼之道祖尧舜,率三王,删《诗》制典,万世永赖,其佛仙之幽灵,暗助王纲,益世无穷,惟常是吉"。[4]这三教虽然最终作用相同,但一明一暗,一主

---

[1] 《明太祖宝训》(台北:"中研院"历史语言研究所,1967)卷二,页5上—下。
[2] 《全明文》第一册《谕太学生》,页109。
[3] 《明太祖实录》卷一四五,页5上—下,洪武十五年五月丁丑日条。
[4] 《全明文》第一册《三教论》,页145—146,有关明太祖三教合一思想的讨论,可参考 John D. Langlois, Jr., and Sun K'o-k'uan, "Three Teachings Syncretism and the Thought of Ming T'ai-tsu," *Harvard Journal of Asiatic Studies* 43.1 (1983.6): 97-139。

一辅,儒为领袖,显而易见。凡此都是太祖信孔、崇孔的例证。

正如本文所指出的,太祖对于孔子的贡献认识殊深,故其形容孔子盛德之言,也极切当。太祖常引孔子之言作为自己议论的佐证和行事的根据,文集和《实录》所在多见,凡此都反映了太祖于孔子之教实有心得。本文从制度层面的探讨,又显示了太祖更能以所信者见诸行事的作风。由本文所揭示的各种事情观之,明太祖之真能修文重礼,殆无可疑;他的孔子崇拜却不简单地是出于政治考虑,而是他的思想和价值观的忠实反映。

(作者感谢两位匿名审查人的指正,以及定稿之前所获黄进兴、洪金富、何汉威、于志嘉、范毅军、卢建荣、朱荣贵诸先生的讨论之益。)

洪武朝的东宫官制与教育

一、引 言

储君是帝制时代的"国本",其教育与培养为帝王所重视。明朝懿文太子朱标(至正十五年、龙凤一年至洪武二十五年,1355—1392)见美史册,其子惠帝朱允炆(洪武十年至建文四年,1377—1402)亦有好评。史家认为惠帝颇承其父之秉性与爱好,[1] 而论者常以懿文太子之品行成就归功于宋濂的教导,但我们需要注意,任用宋濂的是明太祖本人。太祖对于东宫教育极其费心,其行事以及东宫所受教育仍有待较为全面的研究。本文考述洪武时代的东宫辅导制度,储君所受的教育与训练情况,以及所获之庭训等,以见太祖对于储君教育的理想与主张及懿文太子成才的人事因素,作为研究明代帝王学习治国道理、吸收政治智慧的初期事例。

---

[1] Frederick W. Mote, "The Youth Displayed Some of the Temperament of His Father-Bookishness, Gentleness, and Extreme Devotion to the Confucian Proprieties."F. W. Mote, "Chu Yün-wen," L. Carrington Goodrich and Chaoying Fang, eds., *Dictionary of Ming Biography, 1368–1644* (New York: Columbia University Press, 1976), p. 397.

二、洪武朝的东宫官制与属官

明朝的东宫官制,定于太祖一朝,有常设的专官和不常设的兼官。兼官属于荣誉职,主要是东宫的师傅,出任者多为勋旧大臣,也有少量新进的文儒才俊。专官负责辅导和讲读事情。洪武中期以后,东宫官制渐趋完整,宫官以专任为主。宫官职名在《明太祖实录》中都能见到,但记载颇为零散,职责的叙述也多不见。《大明会典》所载较为清晰,但过于简略,黄佐《翰林记》资料较为丰富。《明史·职官志》主要据《大明会典》(尤其是万历《会典》),也参考了《翰林记》,记述颇为简明,多提及明初情形,但对于各官的建置多数缺载年份,因而看不到整个东宫官制的形成过程。本文据《明太祖实录》及《翰林记》,重建这一形成过程如下。

明朝开国之前的制度,情况不大清楚。《翰林记》首载:

> 洪武初建大本堂,延名儒以教皇太子、亲王,此东宫辅导之始。后乃设东宫官属,有同知詹事院事,副詹事,左右詹事,詹事丞,左右率府使、副使,同知左右率府事,谕德,赞善,文学,中舍,正字,侍正,洗马,庶子等官,皆以勋旧大臣兼之,不别设府僚。又改赞善为赞善大夫,设赞读。[1]

这其实只是概述。大本堂建于何时,东宫官属始设于何时,都没有交代。

从《实录》可见,洪武改元之后,中书省和都督府曾"议仿

---

[1] 黄佐,《翰林记》卷一,页6上,收于《文渊阁四库全书》(上海:上海古籍出版社,1987),史部596册。

元旧制设中书令,欲奏以皇太子为之"。御史中丞刘基和学士陶安不同意,特别向太祖通报消息。太祖同意二人所见,并且表示:

> 元氏胡人,事不师古,设官不以任贤,惟其类是与,名不足以副实,行不足以服众,岂可取法?且吾子年未长,学未充,更事未多,所宜尊礼师傅,讲习经传,博通古今,识达机宜。他日军国重务,皆令启闻,何必效彼作中书令乎?[1]

元朝的东宫官员多由蒙古贵族充任,皇太子作为中书令,多数有名无实,为其利用,屡屡导致严重的高层政争。太祖从东宫辅导官员的实际才德以及皇太子本人的知识和能力的现实情况考虑,不取元制。

此后东宫官属的建置始末及其理据,《实录》都有详细记载,从中可见太祖的思虑和理想所在。太祖命詹同取历代东宫官制加以研究,其置官原则是"取廷臣勋德老成兼其职",而"新进之贤者,亦选择参用"。太祖的论据是"老成旧人动有典则",符合"崇德尚齿,尊贤之道",现实的考虑则更为重要,避免导致可能的政治危险。决定以李善长等兼东宫官而不再别设府僚,并将理由告诉他们:

> 盖军旅未息,朕若有事于外,必留皇太子监国,若设府僚,卿等在内,事当启闻皇太子,或有听断不明,而与卿等意见不合,卿等必谓府僚导之,嫌隙将由是而生。朕所以

---

[1]《明太祖实录》(台北:"中研院"历史语言研究所,1962)卷二九,洪武元年正月辛巳。

特置宾客、谕德等官，以辅成皇太子德性，且选名儒为之宾友。昔周公教成王，告以克诘戎兵；召公教康王，告以张惶六师。此居安虑危，不忘武备。盖继世之君，生长富贵，泥于安逸，军旅之事，多忽而不务，一有缓急，罔知所措，二公所言不可忘也。

东宫只用兼官无疑是太祖个人集权的做法，但无形中也消弭了年轻储君及其僚属与朝廷执政大臣权力冲突的潜在危机。这个决定既吸取了元末中书省与东宫争权乱政的历史教训，也体现了太祖对储君的期待，成为成王、康王那样的君主。

洪武元年正月太祖任命了二十三名文武大员为东宫兼官，获任者以武职居多，各人职衔如下：

> 太子少师：中书左丞相宣国公李善长
> 太子少傅：中书右丞相信国公徐达
> 太子少保：中书平章录军国重事鄂国公常遇春
> 右詹事：大都督府右都督冯宗异
> 同知詹事院事：中书平章政事胡廷瑞、廖永忠、李伯升
> 副詹事：中书左丞赵庸、右丞王溥
> 詹事丞：中书参政杨宪、傅瓛
> 左率府使：同知大都督府事康茂才
> 右率府使：同知大都督府事张兴祖
> 同知左率府事：大都督府副使顾时
> 同知右率府使：大都督府副使孙兴祖
> 左率府副使：佥大都督府事吴祯
> 右率府副使：佥大都督府事耿炳文
> 谕德：御史大夫邓愈、汤和

赞善大夫：御史中丞刘基、章溢

宾客：御史台治书侍御史文原吉、范显祖[1]

这些包括"率府"武官在内的职名，主要仿照唐代建制。[2]传统上的东宫官署如詹事府和春坊等虽然未见设置，但其属官如詹事、谕德、赞善、宾客等名目已具备。

东宫师傅级别的兼官，以后甚少再有任命，体现了太祖维持"古者不备其官，惟贤能是用"的任官原则。[3]洪武三年十一月大封功臣时，原来兼官中的武臣，只有九人获封和仍见官职。此时常遇春已经去世，新封的是韩国公李善长、魏国公徐达、宋国公冯胜（冯宗异）、卫国公邓愈、中山侯汤和、济宁侯顾时、南雄侯赵庸、德庆侯廖永忠、豫章侯胡美（胡廷瑞）。[4]同月稍后获封的两名文臣，中书右丞汪广洋封忠勤伯、御史中丞兼弘文馆学士刘基封诚意伯，没有给予东宫兼职。[5]刘基先在洪武元年八

---

[1] 《明太祖实录》卷二九，洪武元年正月辛巳。应该注意的是，这份名单上的官衔是史官纂修时据档案文书写出的，和任命当时的职衔或许稍有出入。这点可由对刘基的任命看到，刘基是洪武元年三月才诰授太子赞善大夫的，之前他是"太史令兼太子率更令"。这两个官衔，见刘基洪武元年三月《御史中丞诰》，《诚意伯文集》卷二十，页7上一下，收于《文渊阁四库全书》，集部第1225册。诰文说："前太史令兼太子率更令刘基……可资善大夫、御史中丞、兼太子赞善大夫。"

[2] 《旧唐书》卷四二、四四，参看马端临《文献通考》卷六十；王圻《续文献通考》卷九五。

[3] 《明太祖实录》卷五九，洪武三年十二月辛巳。

[4] 《明太祖实录》卷五八，洪武三年十一月丙申。其他原兼宫职的武臣，其兼官是否保存，待考。

[5] 《明太祖实录》卷五八，洪武三年十一月乙卯。《诚意伯文集》卷二十，页8下—9下，洪武三年十一月《诚意伯诰》只说"咨尔前资善大夫、御史中丞、兼太子赞善大夫刘基"云云。

月致仕,同年十一月召还后,便已没有东宫兼职。[1]东宫武官的"率府使"以后也未再任命。[2]懿文太子成年之后,师傅还是兼任官员,直到洪武二十五年朱允炆立为皇太孙后,才见例外。是年十二月,命冯胜与傅友德兼太子太师,李景隆与蓝玉兼太子太傅,常升与孙恪兼太子太保。[3]这是洪武朝唯一的"太子三师"任命,但都是荣誉职衔;冯胜、傅友德、蓝玉不久之后俱被诛杀。以后情况便如《明史》所说的:"东宫师傅止为兼官、加官及赠官。"[4]时代愈后,愈与辅导之事无关。

开国时代兼职的宫官职务繁多,武臣更多统兵在外,对于辅导皇太子看来有不便之处。洪武三年十二月,礼部尚书陶凯便"请选人专任东宫官属,罢兼领之职,庶于辅导有所责成"。太祖不允,并且重申旧意加以强调说:

> 尝虑廷臣与东宫官属有不相能,遂成嫌隙,或生奸谋,离间骨肉,其祸非细。若江充之事,可为明鉴。朕今立法,令省台都督府官兼东宫赞辅之职,父子一体,君臣一心,庶几无相构之患也。[5]

历史教训对太祖的思想影响实大,这次援引汉朝"巫蛊之祸"的

---

[1] 《明太祖实录》卷三四,洪武元年八月丁丑,致仕;卷三六上,十一月癸亥,召还。
[2] 原兼左率府使康茂才卒于洪武三年八月,见《明太祖实录》卷五五,洪武三年八月己未;原兼同知左率府事顾时卒于洪武十二年十一月,见同书卷一二七,洪武十二年十一月甲寅。
[3] 《明太祖实录》卷二二三,洪武二十五年十二月甲戌。
[4] 《职官一》,《明史》(北京:中华书局,1974)卷七二,页1732。《明史》接着说:"惟永乐间成祖幸北京,以姚广孝专为太子少师,留辅皇太子。自是以后,终明世,皆为虚衔,于太子辅导之职无与也。"
[5] 《明太祖实录》卷五九,洪武三年十二月辛巳。

故事，更将东宫自具独立行政机构的危险性，提升到父子冲突的灾难性层面。同样的请求以后不再有记载。

明初经常接触皇太子的宫僚是讲读经史的儒臣教师，洪武元年十月任命的太子宾客梁贞和王仪，太子谕德秦镛、卢德明、张易，是最早的一班。[6]还有一批精选的年轻伴读（后来改称赞读）侍从皇太子读书，他们都是才俊之士或太学生，但并不是官员。

之后《实录》中出现的宫僚职名还有太子正字。洪武六年，应荐儒士桂彦良便被擢授此职。[7]洪武十年五月，初置东宫通事司，属官有令一人，从八品；丞一人，正九品。当时以赞读荣铉为司令，郑肃为司丞。[8]东宫文学和东宫侍正的官名，也在十年七月出现，以前秦府说书赵晋为东宫文学，以各布政司所举教官之有学行的贺原为东宫侍正、李翀为赞读。[9]

东宫建制中负责辅导工作的官署是春坊。《翰林记》载："洪武初，置春坊，以为东宫辅导侍从之臣，官无定员。"[10]实际始建于何时并不明确。但《实录》洪武十四年三月有"置东宫左右春坊司直郎各一人"的记载；[11]是年十月的一项特殊任命中，也有"春坊正字、司直郎"这两个官名出现；[12]次年闰二月更定官员相遇与公参礼仪时，又见到属于五品官的"左右春坊庶子、谕德"两个官名。[13]洪武十五年是东宫建制上重要的一年，是年四

---

[6]《明太祖实录》卷三五，洪武元年十月乙未。
[7]《明太祖实录》卷一八七，洪武二十年十二月甲寅，桂彦良传。
[8]《明太祖实录》卷一一二，洪武十年五月己亥。
[9]《明太祖实录》卷一一三，洪武十年七月丙戌。
[10]《翰林记》卷一，页7上。
[11]《明太祖实录》卷一三六，洪武十四年三月丁未。《翰林记》卷一，页6下，亦载此事。按：《明太祖实录》卷六十，洪武四年正月甲辰条载，吏部奏定内外散官品秩，有从八品的司直郎，可见此官当时只是散官。
[12]《明太祖实录》卷一三九，洪武十四年十月癸丑。
[13]《明太祖实录》卷一四三，洪武十五年闰二月丁卯。

月更定春坊为左右春坊。置左春坊左庶子一人，正五品；左谕德一人，从五品；左中允二人，正六品；左赞善二人，左司直郎二人，俱从六品。右春坊官制并同左春坊。[1]东宫的辅导官制，至此基本确定。最晚到了洪武十八年二月，春坊还设立了大学士一职，当年以右春坊右赞善董伦为左春坊大学士。[2]

负责东宫图籍的官署是司经局。《翰林记》说司经局洪武十五年四月丙申置，设洗马二人、校书二人、正字二人。[3]但据《实录》记载，此日更置的只是春坊官制，是月也未见司经局置官的记录。《实录》记载命定东宫司经局官制是洪武二十三年六月的事。当时命礼部考唐制后，定官秩依唐制，司经局洗马从五品，校书正九品，正字从九品，而俸禄较唐朝增加。[4]《实录》所见第一位太子洗马，是同年十月以此职升为尚宝司丞的詹绂，詹绂是尚书詹徽之子。[5]《翰林记》又说："洪武二十四年七月丁未，定司经局官品秩，俱仍其旧。"[6]但今存《实录》未见同样记载。

东宫的正式行政机关是詹事府。詹事的官称虽在洪武元年便已出现，但詹事府则是洪武后期才渐次建立的。洪武二十二年四月，置詹事院，为正三品衙门，命兵部尚书唐铎兼詹事，[7]统领左右春坊和司经局，可以自行转行公文。[8]洪武二十五年四月皇太子薨，七月改詹事院为詹事府，设詹事、少詹事、府丞、主

---

[1]《明太祖实录》卷一四四，洪武十五年四月丙申。
[2]《明太祖实录》卷一七一，洪武十八年二月丁巳。
[3]《翰林记》卷一，页8上。
[4]《明太祖实录》卷二〇二，洪武二十三年六月丙戌。
[5]《明太祖实录》卷二〇五，洪武二十三年十月辛未。
[6]《翰林记》卷一，页8下。
[7]《明太祖实录》卷一九六，洪武二十二年四月丙寅。
[8]《翰林记》卷一，页7上。

簿、录事等官。[1]是年九月，册立皇太子第三子允炆为皇太孙。同年十一月复位百官品阶勋禄之制。詹事府官员的品阶如下：詹事、少詹事（正三品、正四品）、丞（正六）、主簿（从七）、录事（正九）；左右春坊大学士、庶子（正五）、谕德（从五）、中允（正六）、赞善、司直郎（从六）；司经局洗马（从五）、校书（正九）、正字（从九）。[2]太祖朝（甚至整个明朝）东宫官属至此大定。洪武二十九年十一月，詹事府增设属官左右春坊清纪郎各一人，从八品；司谏各二人，通事舍人各五人，皆从九品；改詹事府录事为从九品。[3]这是太祖朝最后一次的东宫官制改动。

洪武二十五年十二月，任命六名公侯为东宫三师（见前）的同时，又任命了一批给俸的专任文臣：詹徽为太子少保兼吏部尚书，茹瑺为太子少保兼兵部尚书，任亨泰为少詹事兼修撰，杜泽、楚樟为詹事府丞。[4]次年正月，又起兵部尚书致仕唐铎为太子宾客，命刑部尚书杨靖兼太子宾客，并领兼俸。[5]

东宫各官的职责，《实录》没有明确的记载。《明太祖文集》也只见东宫洗马和中舍的诰命说："今洗马乃先驱之职，中舍乃周旋之士，于职虽微，若非端正，岂可近乎？"[6]这说得很不具体。《明史·职官志》所载多是永乐以后的情形。《翰林记》所载比较像洪武时代的，录之如下：

---

[1]《明太祖实录》卷二一九，洪武二十五年七月丁未。
[2]《明太祖实录》卷二二二，洪武二十五年十一月，是月。
[3]《明太祖实录》卷二四八，洪武二十九年十一月壬戌。
[4]《明太祖实录》卷二二三，洪武二十五年十二月甲戌。
[5]《明太祖实录》卷二二四，洪武二十六年正月乙卯，唐铎任命；卷二二四，洪武二十六年正月辛未，杨靖任命。
[6]朱元璋，《东宫官敕洗马中舍》卷九，《明太祖文集》，收于《文渊阁四库全书》，集部第1223册。

（詹事府）其堂上官与本院（翰林院）官互兼职事，而凡讲读、纂修、考试等事，皆与本院同。……盖詹之为义省也、给也，谓省给太子之家也。詹事之职，于内外众务无所不掌，少詹事则贰之，丞则掌文书以赞之，通事舍人掌通谒宾赞禁令之事，主簿掌钩稽，录事掌传递云。[1]

（左右春坊）亦与本院（翰林院）互兼职事。盖二坊之设，犹馆阁。大学士综劝学辅德、文翰记注之事；庶子掌官中并诸王之适子及支庶版籍，行则负玺护驾，拜则左右扶掖之；谕德掌侍从赞谕；中允掌侍从礼仪，驳正启奏，并监药理刑；赞善掌侍从翊养；司直掌弹劾绳纠，皆汉唐以来旧制。清纪掌伺察，司谏掌谏诤过失。其设也，则自本朝始。[2]

（司经局洗马）掌图籍经史之事；校书掌雠校经籍，正字掌列正文字，与本院（翰林院）互兼职事，正字或中书科兼之。[3]

太祖时代的东宫僚属，有时还要参与朝廷给予的任务。如洪武十四年十月参与司法论断，[4] 是年十二月参与评驳进呈文字，[5] 洪武二十九年五月参与修订颁布天下的表笺文式，[6] 洪武三十年五月参与审录罪囚事情。[7] 这些任务增加了宫官对于实际政事、礼仪文字和法律应用的认识，提高了他们办理实政的能力，也让他们对于治理国家之事更为直接关心。洪武三十年正月，司谏袁

---

[1]《翰林记》卷一，页6下—7上。
[2]《翰林记》卷一，页7下—8上。
[3]《翰林记》卷一，页8下。
[4]《明太祖实录》卷一三九，洪武十四年十月癸丑。
[5]《明太祖实录》卷一四〇，洪武十四年十二月丁巳。
[6]《明太祖实录》卷二四六，洪武二十九年五月，是月。
[7]《明太祖实录》卷二五三，洪武三十年五月壬午。

实便有建言三事见于记载。[1]

太祖也始终留意东宫的活动。东宫官署本来位于禁中，洪武二十六年十月，詹事府和翰林院、太医院改建于皇城东南宗人府之后，与禁城稍有距离。建筑在二十七年十月落成。[2]二十九年五月，初命詹事府等近臣（翰林院、尚宝司、中书舍人、六科给事中、仪礼司官员）于午门出入者，各给牌为验。[3]据《翰林记》说，此命已而罢之，使近侍得日至便殿奏事。[4]上文所见洪武二十九年十一月设置的春坊清纪郎和司谏二职，其所掌伺察和谏诤过失的对象都是年轻的皇太孙。太祖让皇太孙参与拟定法制和政策的事情不少，但宫中府中常为一体的建制始终不变。皇帝为政权的主体，储君对于皇帝的政务始终居于分理和赞助的位置。

三、太祖的东宫教育理想与懿文太子的师友

（一）东宫教育的原则性主张

明太祖对于储君的教育之道，有其不变的理想与一贯主张，《实录》有不少记载。纵观太祖所言，可以知其强调者所在。洪武元年九月任命梁贞等为太子宾客时所说的尤有代表性，太祖说：

---

[1]《明太祖实录》卷二四九，洪武三十年正月辛未。按：谏院洪武十三年六月置，设官左右司谏和左右正言。见《明太祖实录》卷一三二，洪武十三年六月丁丑。谏院何时罢置，史未见载，但《明太祖实录》卷一六四记载，洪武十七年八月癸未日定考绩法时，还提到谏院官属于近侍，"不入常选，任满黜陟取自上裁"，可见是时仍然存在。其罢置当在洪武十七年之后。

[2]《明太祖实录》卷二三〇，洪武二十六年十月，是月改建；卷二三五，洪武二十七年十月辛巳，落成。

[3]《明太祖实录》卷二四六，洪武二十九年五月戊寅。

[4]《翰林记》卷六，页8上。

> 范金砻玉，所以成器，朕命卿等辅导太子，必先养其德性，使进于高明。于帝王之道，礼乐之教，及往古成败之迹，民间稼穑之事，朝夕与之论说，日闻谠言，自无非僻之干，积久以化，他日为政自然合道，卿等勉之。[1]

太祖相信人必经教导、琢磨，然后能够成器。皇太子需要德学并重，而德性尤需先养；学习内容从经史所载的治国道理，到实在的礼乐、农事。讲论需要说正面事物，并且要持久进行，以求能潜移默化。太祖以后二十多年所说的内容大抵不离这些，更为强调的则是要求辅导者以身作则。如洪武三年四月封建诸王时，召东宫官属及王府官属训话时说："辅导之臣，犹法度之器，必先正己而后正人。"[2]

太祖理想中称职的辅导之臣，是"端谨文学之臣"，对储君能"日与之居，讲说经史，（使之）蓄养德性，博通古今"；[3]是"端人正士"，于储君能"朝夕与居，使其熟闻善言，不迩诐行，自然渐渍以成其德"[4]；具体一些，便是"从出入，侍起居，能格非而不挠；承顾问，进讲说，在即物以为喻。小则以讽，大则以戒。若积篑土，期于成山；若导众流，期于会海"；[5]最适合的是"忠正贤良之士"，像洪武二十二年四月置詹事院时，任为詹事的兵部尚书唐铎。唐铎"为人谨厚，有德量，宜当兹任"。[6]

---

[1] 《明太祖实录》卷三五，洪武元年九月乙未。
[2] 《明太祖实录》卷五一，洪武三年四月丙寅。
[3] 《明太祖实录》卷六三，洪武四年闰三月己未，太祖与中书省及御史台臣所说。
[4] 《明太祖实录》卷八七，洪武七年正月乙亥，太祖与东宫僚属所说。
[5] 《明太祖实录》卷一六四，洪武十七年八月乙未，给新任左春坊左司直郎汪仲鲁诰文中所说。
[6] 《明太祖实录》卷一九六，洪武二十二年四月丙寅，置詹事院时告诉吏部侍郎侯庸所说。

在强调储君教育以"正身修德"为先的原则下,太祖深知与皇太子相处之人的品德行为会对储君产生影响。洪武四年闰三月,他曾对中书省和御史台的臣下说:"但人之相与,气习易移,与正人处,则日习于正,如行康衢,自不为偏歧所惑。若与邪人处,则日习于邪,如由曲径,往而不返,不觉入荆棘中矣。"同时在辨别邪正上,他指出"尊德乐义,斯为正也;便佞亵慢,斯为邪也"。[1]

总括来说,太祖强调的储君教育,是深具实际意义的修德省身为先之学,早在洪武三年四月他便对刘基等大臣说:"诚以富贵易至于骄奢,骄奢必至于荒纵,未有荒纵而不颠覆者。"[2]再概括起来,便是先器识后文艺,亲贤人远小人,有德性才有政事的传统智慧。太祖任命辅导、侍从东宫之臣,依据的便是这些理想和原则。

(二)懿文太子父子的师傅与讲官

懿文太子朱标生于至正十五年,很早便接受系统的教育。见于记载的东宫老师,都是学问广博的儒者,并且多以端人正士见称。他们任职的时间长短不一,短暂讲学的可能连东宫职名也没有,《翰林记》说:"皇太孙辅导讲读,在洪武时无可考者。"[3]其实也不尽然,懿文太子的老师之中最著名的是宋濂,其他名字乃至事迹可考的还有三十多人,惠帝的宫臣,名字可考的也有十多人。以下按照各人任命的先后,列举其履历及相关事迹。

宋濂

宋濂是金华名儒,至正二十年三月应召与刘基、章溢、叶琛

---

[1]《明太祖实录》卷六三,洪武四年闰三月己未。
[2]《明太祖实录》卷五一,洪武三年四月丙寅。
[3]《翰林记》卷十,页11上。

同至建康，开始侍从太祖。[1]是年五月，太祖置儒学提举司，以宋濂为提举，遣长子受经学。[2]是年宋濂五十一岁，朱标六岁。至正二十四年正月，太祖自立为吴王，宋濂成为世子师。是年三月置起居注，[3]十月宋濂改官起居注。[4]至正二十五年三月（龙凤十一年，1365），获准回金华老家养病及与家人团聚，直到洪武二年开始修《元史》时召回。[5]宋濂在明朝开国之前，做了约四年半朱标的老师，他回家时朱标十一岁，再回朝时朱标也只有十四岁。

太祖和朱标都对宋濂敬重有加。宋濂记述至正二十五年获准回家事情的始末说，三月二十五日辞朝，前一天太祖宣赐金帛，并且给予这样的特殊待遇：

> 时方严肩舆之禁，自相国以下至百执事，皆弗之许，特命中书造安车，给健丁六人以载，此尤异数也。二十八日，皇太子以旧学之故，复遣内臣存问，赉以缯币白金之属，恩意有加焉。

宋濂抵家后：

> 具谢表一通进上，并致书皇太子，以寓箴规之意。上览

---

[1]《明太祖实录》卷八，庚子（至正二十年）三月戊子，征至。按：《明太祖实录》卷一一一，洪武十年正月乙酉，附见宋濂传，系此事于至正二十一年辛丑，误。
[2]《明太祖实录》卷八，庚子（至正二十年）五月丁卯，置司任官。按：《宋濂全集》（杭州：浙江古籍出版社，1999），页2705，《宋文宪公年谱上》，引原谱作七月授江南等处儒学提举。
[3]《明太祖实录》卷十四，甲辰（至正二十四年）三月丁卯。
[4]《明太祖实录》卷一一一，洪武十年正月乙酉，宋濂传附。
[5] 同上注。

之再三，喜甚，谓皇太子曰："此书汝当日诵一遍。"复亲御翰墨，赐书褒答，其文则上所自制，字乃侍臣代书，其外封九字，内年月六字及花书，则上之亲笔也。复出官局文绮白缯各一，命皇太子署名缄封，遣使者即臣家以赐焉。时六月七日也。[1]

这是著名的故事。太祖的答书，反映出宋濂教世子之法，也显示了太祖对这教法的称许。太祖说：

> 余子性理未通，不能答。若令回书，恐为空文耳。予以谕代之，勿望回札。曩者教吾子，以严相训，是不吝；以圣人文法化俗言教之，是通；所守者稳，所用者节俭，是得体。昔者古人，今为我见。[2]

此书措辞欠顺，但意思明白：太祖正是喜欢宋濂的传统师儒教法。

宋濂于洪武二年回朝后，主要工作是修《元史》，同年六月除翰林院学士，以后又任职国子学、礼部，主要则在翰林院。但洪武五年十二月又被任命为太子赞善大夫，次年六月改为兼任，直到洪武九年底六十八岁致仕时不变。宋濂得太祖、马皇后

---

[1] 宋濂，《恭题御赐书后》，《文宪集》卷一二，页5上，收入《文渊阁四库全书》。
[2] 《赐书》，《潜溪录》卷一，《宋濂全集》，页2286。按：此文自"曩者教吾子"句起，郑楷据以收入其所撰宋濂《行状》。《明太祖实录》卷一一一，洪武十年正月乙酉，同处文字作："其略曰：先生之师吾子，训饬甚严，是不佞也。以时言讲解释圣贤之意，是不固也。以忠贞立心，以节俭制行，是得儒者之道也。昔闻古人，今亲见之。"《翰林记》（卷十，页2下）则作，"其略曰：曩昔先生教吾子，以严相训，是为不佞也。以圣人文法变俗言教之，是为疏通也。所守者忠贞，所用者节俭，是为得体也。昔闻古人，今则见之"。按：《宋濂全集》所录太祖赐书原文，通读不易，故史书秉笔者给予修饰，《实录》并给"稳"字做了阐释。

以及皇太子爱重,致仕之后,每岁一朝,获得两宫厚待。洪武十三年,因其孙宋璲属于胡惟庸党得罪连坐,终于获谪居四川茂州。[1]十四年五月,卒于夔州。郑楷撰宋濂《行状》这样描述宋濂辅导东宫的表现和效果:

> 皇太子一言一动,皆以礼法讽喻,使归于道。读书至切于政教及前代兴亡之故,必拱手扬言曰:"君国子民之道当如是,不当如彼。"且推人情物理以明其义。皇太子每敛容嘉纳,敬礼未尝少衰,言则必曰:"师父师父云",且书"旧学"二字以赐。[2]

从懿文太子一生的品行看,宋濂长期教导对他的影响是很大的。

许元

许元是金华儒宗许谦的儿子。据苏伯衡说,太祖驻兵金华时,召见许元,许元未至而太祖已回金陵,于是驿召前往,"一见与语,大悦,为立京学,命为教授,铸印使佩之。仍命入傅皇太子及诸王。已而改京学为国子学,拜博士。未几学升正四品,拜祭酒。出入两宫且垂十年,自稽古礼文之事,至于人材之进退,时政之弛张,无不预议"。许元于洪武元年夏因事谪韶州。[3]儒学提举司置于至正二十年五月,国子学建于二十五年九月。[4]他和宋濂是早年的讲席同事,而开始进讲较宋濂稍晚。

---

[1] 《明太祖实录》卷一一一,洪武十年正月乙酉,宋濂传附。《明史》及他书宋濂传均可参考。
[2] 《宋濂全集》,页2354,《潜溪录》卷二。
[3] 苏伯衡,《南华谪居图记》,《苏平仲文集》卷八,页36上,收入《文渊阁四库全书》,集部第1228册。
[4] 《明太祖实录》卷八,庚子(至正二十年)五月丁酉;卷一七,乙巳(至正二十五年)九月丙辰。

梁贞

梁贞是绍兴新昌人，元至正中为国子监生，由国子伴读授太平路儒学教授。梁贞为人端悫寡言，在元朝应举时，当时硕儒已多爱之。至正十五年太祖渡江，克太平，梁贞与诸儒迎见，"所言辄援诗书，有根据"，为太祖所喜爱，任为江南行省都事，历任行省其他职务。至正二十五年建国子学，拜为祭酒。洪武元年九月，获任太子宾客，日侍皇太子读书大本堂，直到洪武三年九月，坐事放归田里，后卒于家。[1]

王仪、秦镛、卢德明、张易

王仪与梁贞同时获任太子宾客。秦镛、卢德明、张易三人同时获任太子谕德。四人事迹不详。[2]

陶凯

陶凯是台州临安人，博学善属文，仕元为教官。入明，被荐修《元史》，之后选教皇太子书，授翰林应奉，洪武三年五月，被擢为礼部尚书。作为皇太子的书法老师，他可能有非正式的讲读经验。[3]

王祎

王祎是金华义乌人，宋濂的同门好友。据郑济撰王祎《行状》，王祎晋见太祖后，商略机务和讲论文字都获太祖称赏，太祖"因命采故实为四言诗，以授皇太子"。洪武三年二月，"奉诏预教大本堂，公经明理达，开导训谕，道光师儒。每召对殿庭，必赐坐，久则赐饮膳"。王祎在大本堂任教的时间有多久，不可

---

[1] 梁贞的任命及诰命，见《明太祖实录》卷三五，洪武元年九月乙未；罢官及简传，同书卷五六，洪武三年九月癸卯。
[2] 《明太祖实录》卷三五，洪武元年九月乙未。
[3] 《明太祖实录》卷五四，洪武三年七月甲寅。

考。洪武五年正月王祎出使云南,次年冬在云南遇害。[1]

熊鼎

熊鼎是江西临川人,《实录》《明史》都有传记,宋濂撰的熊氏《墓志铭》更为详细。据载,熊鼎,元至正七年为江西举人,至正二十二年太祖将兵入豫章(南昌),熊鼎作为邓愈的军事参赞获得召见。吴元年入为中书博士,与诸儒议礼。改太常博士,编集经史事类,拜起居注。太祖尝召翰林儒臣论乐,熊鼎从容敷对,称旨。洪武元年太祖即位后,熊鼎参与了所有郊祀礼乐、官制法律的制定以及赐外夷书诏的草拟。洪武三年,封建诸王,熊鼎获任晋王傅。后因不能消灭入侵的元兵,被降任外职。洪武八年,西戎朵儿只班率其部落内附,太祖以熊鼎老成历事,授岐宁卫经历,前往处理事情。西戎后来再叛,洪武九年六月,熊鼎在奉召回京途中为朵儿只班派人房劫,不屈而死,[2]时年五十五岁。宋濂说熊鼎"世以《尚书》教授于乡"。仕明之后,还曾"奉旨偕诸儒摭古昔嘉言善行,作《公子书》以训贵戚子弟。书成,赐袭衣白金"。洪武五年"六月除晋王相府参军,以《尚书》授王。复奉诏兼授秦王经。翰林学士承旨宋濂时兼太子赞善大夫,复荐君说《书》太子前。君于《书》最深,每以帝王心法之要陈之。太子二王雅加爱重"。按:是年皇太子十八岁。宋濂的记载,还可见太祖对于诸王中不肖者之不满,而熊鼎知道太祖的想法,却为了保全大局,宁可个人获罪。[3]熊鼎向皇太子说《尚书》大

---

[1] 郑济,《翰林待制华川王公祎行状》,收入焦竑,《国朝献征录》卷二十,页84。收于《四库全书存目丛书》(据中国史学丛书影印明万历四十四年〔1616〕徐象橒曼山馆刻本影印;台南:庄严文化事业有限公司,1996)。
[2] 《明太祖实录》卷一○六,洪武九年六月戊申。
[3] 宋濂,《故岐宁卫经历熊府君墓铭》,《文宪集》卷一九,页27下。宋濂说:"明年上御文华堂,召君问曰:'秦汉以来,诸侯王不肖者几何?'君谢未考,遂命之苏州覈粮长罪状。君至,择其尤虐民者杖,徙之凤阳。事毕,复入王府。七

概有半年多。

桂彦良

桂彦良是宁波慈溪人，元乡贡进士，为衢州的包山书院山长，转平江路儒学教授而罢归。洪武六年，以儒士被荐至京，奏对称旨，擢太子正字。是时新进士给事中蒋学等十七人，讲学文华堂，多恃宠不自修饬，太祖"欲择端重儒者以率厉之，乃命彦良及修撰孔克表为之师，各赐白金三十两，俾学等执弟子礼"。桂彦良以后成为太祖特别爱重的儒臣之一，曾多次侍从应对，太祖均以其所言为善。太祖问治道，彦良对曰："治道在心，心不正则好恶颇，好恶颇则赏罚失当，赏罚失当则无以致治功。故为治在乎正心，而正心之要，又在乎惩忿窒欲而已。"太祖问自己："比来好善恶恶如何？"彦良对曰："惟人君至公无私，则好恶自得其当。故孔子曰：惟仁者能好人，能恶人。"太祖称"善，即书其语，揭于便殿楹间"。洪武十一年，授晋王府右傅。十五年，朝京师，进"太平十二策"，言多剀切。太祖嘉纳之。十八年，以疾赐归乡里，二十年冬卒。[1]

赵晋

赵晋是陕西儒士，博学善谈论古今，洪武四年四月召见，所言深合上意，诏赐袭衣，授秦府说书。寻以年老疾作，命赐钱币及敕文遣还。敕文称赵晋"学乎孔孟之道，抱济世之术，而元不能用，隐居乡里"。[2]洪武十年七月，再召为东宫文学。[3]再度致仕时，太祖再赐诰文，诰文说"朕观周旋，未尝失仪，启沃之

（接上页）年三月，上御西苑，复以诸侯王事为问。君复谢未遑。改刑部主事，夺参军所受俸。八年正月，授岐宁卫经历。"

[1]《明太祖实录》卷一八七，洪武二十年十二月甲寅，《桂彦良传》。
[2]《明太祖实录》卷六四，洪武四年四月庚子。
[3]《明太祖实录》卷一一三，洪武十年七月庚辰。

道,谆谆皆二帝三王之制,若此以辅君,君非仁人,未之有也。朕自得卿,宵昼有不胜之喜。奈何年已七旬,迩来闻苦老疾,诚为可怜"云云。[1]

傅藻

傅藻是金华义乌人,也是宋濂的同学。《实录》记载,傅藻"博学通经史,善词章。国初为县学训导。九年,用荐授翰林应奉,改监察御史。十一年,擢为东宫文学,复改监察御史。十二年,出知武昌府,以事免还乡"。洪武十四年四月,复召为河南按察使。[2]洪武十二年七月傅藻出知武昌府时,宋濂为这位"同师,且同郡,识其为人"的同学作《恭题赐和文学傅藻纪行诗后》,特别提到傅藻前此为监察御史时,"使江淮间,纪行之诗多寓讽谏之意,故上喜而和之"一事。傅藻任东宫文学大概有一年多,他的贡献是负责编纂《春秋本末》,作为东宫讲读《春秋》的成绩。[3]

吴伯宗

吴伯宗是江西抚州金溪人,洪武四年进士第一。他是明朝科举历史上的首名状元,太祖获之甚喜,"赐袍笏冠服,擢礼部员外郎,命与学士宋濂等同修《日历》"。因为性刚直,不肯附和正在弄权的丞相胡惟庸,为胡惟庸中伤以事,谪居凤阳。后来"上书论时政,因言惟庸专恣不法,不宜独任以事,恐久为国患,辞甚剀切",获得召还。以后曾使安南,除国子助教。洪武十二年,"命进讲东官,首陈正心诚意之说,皇太子嘉纳之"。第二年,改

---

[1] 《赐文学赵晋致仕》,《明太祖文集》卷七。又见钱伯城等主编《全明文》(上海:上海古籍出版社,1992),1册,页72。按:文集题下注作于"洪武四年四月",误。是年赵晋只任秦府说书。敕文说:"特遣使召至,以辅储嗣。……若以此辅君,君非仁人,未之有也。"明为任太子正字而言。

[2] 《明太祖实录》卷一三七,洪武十四年四月癸酉。

[3] 宋濂,《恭题赐和文学傅藻纪行诗后》,《文宪集》卷十三,页7下—8下。

为翰林典籍，洪武十七年四月以翰林院检讨卒。伯宗为人温厚详雅，博学能文章。[1]他不是东宫属官，因此也是非专任的讲官。

王本、杜佑、龚敩、杜敩、赵民望、吴源

这几人是洪武十三年九月始置的四辅官。王本、杜佑、龚敩为春官，杜敩、赵民望、吴源为夏官，他们并"兼皇太子宾客，位列公侯都督之次"。[2]

魏德寿

魏德寿是吴人，洪武十四年以文学授太子正字，十五年四月以正字为司直郎，十五年八月升任江西布政使。[3]其他事迹未详。

关贤

洪武十五年十月，以耆儒为谏院右司谏兼右春坊右庶子。洪武十六年二月，奏请命天下学校岁贡生员，获准。十七年二月被任命为山西左布政使。[4]

刘靖、赵肃、何显周

这三人于洪武十五年十月与关贤同时以耆儒授任谏官兼东宫官。刘靖为谏院左司谏兼左春坊左庶子，赵肃为谏院左正言兼左春坊左谕德，何显周为右正言兼右春坊右谕德。《翰林记》谓他们与关贤"世拟诸四皓"。[5]

董伦

董伦是宛平儒士，洪武十五年十一月以侍臣张宁荐召至，授

---

[1]《明太祖实录》卷一六一，洪武十七年四月乙未。

[2]《明太祖实录》卷一三三，洪武十三年九月丙午。

[3]《明太祖实录》卷一四三，洪武十五年三月癸酉，已见魏德寿有正字官职；卷一四四，洪武十五年四月丙申，为司直郎；卷一四七，洪武十五年八月庚寅，升外任。

[4]《明太祖实录》卷一四九，洪武十五年十月己亥；卷一五二，洪武十六年二月丙申；卷一五九，洪武十七年二月癸未。

[5]《明太祖实录》卷一四九，洪武十五年十月己亥。《翰林记》卷三，页14上。

右春坊右赞善;洪武十八年二月,升任左春坊大学士;二十五年四月,出任河南布政司左参议。[1]

林文

林文籍贯未详。洪武十七年八月以通经儒士任命为左春坊司经局试正字。[2]

汪仲鲁

汪仲鲁原名汪壑,徽州婺源人。洪武十七年八月以明经儒士征至,太祖命讲《尚书·西伯戡黎》篇,辞旨明畅,太祖嘉许,遂授左春坊左司直郎,并赐诰敕,期望其"输忠效诚,陈善闭邪,无有所隐"。[3]洪武十九年三月,以肺疾请假还乡,太祖召见赐座,并且给予致仕。《实录》记载:"仲鲁为人敦实简靖,不妄言笑,进讲两宫,历三载,遇事辄言,明白简直。上尝以善人称之,故始终被礼遇云。"[4]程汝器作汪氏《行状》说,汪氏任此职时,"周旋于两宫之间,与朱善、刘三吾二学士趋朝则同班,赐坐则联席,人称三老。开陈善道,从容献纳,天颜每为霁威"。应该可信。汪氏回家后十六年卒,年七十九岁。[5]

冯睿

冯睿是东昌府儒学教授,洪武十七年九月以秩满考绩课最

---

[1] 《明太祖实录》卷一五〇,洪武十五年十一月甲子;卷一七一,洪武十八年二月丁巳;卷二一七,洪武二十五年四月乙亥。按:《实录》洪武十八年二月条载:"以右春坊右赞善董伦为左春坊大学士。"此与明朝后来官职升迁的做法有异。照后来习惯,左右春坊官员各自在所属坊内升迁,因而左春坊大学士应由左赞善升任。《实录》此处所记不知是否有误。

[2] 《明太祖实录》卷一六四,洪武十七年八月癸酉。

[3] 《明太祖实录》卷一六四,洪武十七年八月乙未。

[4] 《明太祖实录》卷一七七,洪武十九年三月壬午。

[5] 程汝器,《承务郎左春坊左司直郎贞一汪先生叡行状》,《国朝献征录》卷十九,页73。

故，超擢左春坊左赞善。[1]

赵瑁

赵瑁是前琼州知府，洪武十七年九月起为左春坊左谕德，次月升任礼部尚书。[2]

刘三吾

刘三吾是湖广茶陵人，其兄耕孙、焘孙皆仕元，耕孙《元史》有传。三吾少习举子业，元季避兵广西，曾任靖江路教授，迁儒学副提举。洪武十八年正月，通政使茹瑺以儒士荐之，授左春坊左赞善。《实录》载："三吾虽老，而应对详敏，博览善记，侍上承顾问，多称旨，上甚重之，寻升翰林院学士。"[3] 以后成为太祖晚年的重要顾问。

唐铎

唐铎是虹县人，太祖初起兵，即随侍左右，是太祖最信任和敬重的臣下之一。历官知府、殿中侍御史、刑部尚书、太常卿、兵部尚书。洪武十三年初置谏院，出任谏议大夫，所言多获太祖信从。洪武二十二年四月置詹事院，以谨厚有德量被命为詹事，食尚书俸如故，当年致仕，二十六年正月起为太子宾客，二十七年三月，升太子太保。《明史》称"铎为人长者，性慎密，不妄取予，帝以故旧遇之"。洪武三十年七月卒，年六十九。赙赠甚厚，命有司护其丧归葬。[4]

---

[1]《明太祖实录》卷一六五，洪武十七年九月戊戌。
[2]《明太祖实录》卷一六五，洪武十七年九月己亥；卷一六五，洪武十七年十月丙戌。
[3]《明太祖实录》卷一七〇，洪武十八年正月甲戌。
[4]《唐铎本传》，《明史》卷一三八，页3975—3976。按：谏院置于洪武十三年六月，见《明太祖实录》卷一三二，洪武十三年六月丁丑。《明史》作"十五年"，误。唐铎东宫任命，见《明太祖实录》卷一九六，洪武二十二年四月丙寅；再起，见卷二二四，洪武二十六年正月乙卯；升太子少保，见卷二三二，洪武二十七年三月癸卯。

洪武朝的东宫官制与教育

祝春、李文吉

洪武二十五年改詹事院为詹事府时，二人与唐铎一起被任命。祝春以左通政使，李文吉以右佥都御史，均命为少詹事。[1]

凌汉

凌汉是河南原武人，洪武十七年以秀才举至京，献《乌鹊论》，太祖喜之，擢司经局正字。未几出知会稽县，后官监察御史，巡按陕西，以奏陕西民病、言封疆大臣不可擅权以及不受私馈为太祖赏识，升右佥都御史。因与左都御史詹徽不和，为詹徽所恨，令失职，左迁刑部侍郎，改礼部侍郎。太祖以其年老，令致仕。凌汉惧詹徽陷害，求居京师。洪武二十五年九月，皇太孙已立，以左佥都御史为左春坊赞善。次年六月，复为都察院右佥都御史。《实录》说凌汉"颇有政事，然出言不检，时人亦以此少之"。在东宫职时间不长，或以此故。[2]

詹徽、茹瑺

在上述洪武二十五年十二月命冯胜等公侯六人为太子三师的同次任命中，詹徽、茹瑺分别获授太子少保兼吏部、兵部尚书，两俸并支，是实质任命。[3]

任亨泰、杜泽、楚樟

在上述洪武二十五年十二月同次任命中，任亨泰获授少詹事兼修撰，杜泽、楚樟获授詹事府丞。任亨泰也是两俸兼支，[4]并在洪武二十七年五月升任礼部尚书。

---

[1] 《明太祖实录》卷二一九，洪武二十五年七月丁未。
[2] 《凌汉传略》，《明太祖实录》卷二二八，洪武二十六年六月丙子；任东宫职，见同书卷二二一，洪武二十五年九月庚寅。
[3] 《明太祖实录》卷二二三，洪武二十五年十二月甲戌。
[4] 洪武二十五年十二月甲戌上述同次任命。任亨泰升任，见《明太祖实录》卷二三三，洪武二十七年五月癸亥。此次未见兼官。

杨靖

杨靖为刑部尚书，洪武二十六年正月获兼太子宾客，并令兼俸。[1]

郑济、王勤

郑济是金华浦江郑氏子弟，王勤是郑氏同里王氏子弟，同在洪武二十六年九月征至授官，郑济授左春坊左庶子，王勤为右春坊右庶子。因懿文太子逝世后，东宫官属久阙，太祖命廷臣举孝义笃行之士充任，廷臣以浦江郑氏对，太祖说："郑氏朕素知之，闻其里人王氏亦仿郑氏家法，皆可选用，以风厉天下。"于是征两家子弟年三十以上者至京，令自推举，郑氏举郑济，王氏举王勤，其余人皆给道里费遣还。[2]这是非常慎重的选择。

门克新、王俊华

门克新为秦州训导，王俊华为绍兴府学教授。洪武二十六年十一月，"天下学职入觐者，咸命侍朝，或试文辞，询问经史，及民间政事得失，在列者多应对不称旨"，独门克新敷奏亮直，王俊华善文辞。太祖擢门为左赞善，王为右赞善。太祖召见二人，告以"吾所以左克新而右俊华者，重直言故也"。《翰林记》称赞太祖此举以及黜退被顾问时默默无言的学官李思迪、马懿，为"诒谋远矣"之事。[3]门克新洪武二十九年正月升任礼部尚书，王俊华同年七月仍然在职。[4]

《翰林记》说的李思迪、马懿被黜事件，发生在洪武十二年三月，《实录》记载如下：

---

[1]《明太祖实录》卷二二四，洪武二十六年正月辛未。
[2]《明太祖实录》卷二二九，洪武二十六年九月甲子。
[3]《翰林记》卷三，页13上—14上。
[4]分别见《明太祖实录》卷二二四，洪武二十九年正月壬戌；卷二四六，洪武二十九年七月，是月。

> 上听朝之暇，延诸儒臣赐坐便殿，讲论治道。时国子学官李思迪、马懿缄默不语。上恶之。敕谕国子师生曰："……朕以其学者，日召同游，期在嘉言善行，启朕未明，而辅朕不足。乃终日缄默，略无一言，旁有讲说经史者，因而问及，不过就他人之辞以对，未尝独出一言，补所未知。岂朕昏昧不足与闻耶，抑朕之礼未至耶，何访之以道而不相告也？及遣侍东宫，欲其发明古先帝王之道，匡弼辅赞，以成其德器，而缄默无异事朕之时，其怀诈甚矣。"[1]

这个事例显示，东宫讲官同时也是皇帝的讲官。上文所见的宋濂、许元、汪仲鲁等，都有同时侍讲两宫的经验。[2] 大致情形看来是太祖先听讲说，再让他认为合格的官员到皇太子处讲说。通过此事可见，太祖理想中的儒者是要用世的，是要以言论争取君主信任的。"儒者"讲官应该做的，便是积极响应君主，提出自己的意见。李思迪、马懿缄默不语，自然获罪。[3]

(三) 东宫伴读

太祖时代东宫讲读的情形，史书记载极少。《明史·礼志》

---

[1]《明太祖实录》卷一二三，洪武十二年三月乙未。
[2] 如至正二十二年八月，宋濂进讲经筵，奉召与孔克仁讲《春秋左氏传》。见《宋濂全集》，《年谱》，页2707。
[3] 按：这件事情看来相当复杂。这两个讲官，恐怕是恐惧责罚而不敢和不欲说话。太祖在此时前后，有斥责蔡沈误解《书经》的话，并且还威胁要惩罚采用蔡沈经说的侍臣，因此一般小臣不敢说话，也是情理中事。参看朱鸿林，《明太祖对〈书经〉的征引及其政治理想和治国理念》，朱鸿林编，《明太祖的治国理念及其实践》（香港：中文大学出版社，2010）。

说，明代经筵"初无定日，亦无定所，正统初，始著为常仪"。[1]《明史》也记载"东宫出阁讲学仪"和"诸王读书仪"，[2]但说的制度和事例，都是天顺以后的。明初情况，只有"太祖命学士宋濂授皇太子、诸王经于大本堂，后于文华后殿"一句。[3]我们只能推想当时官员的职任比较名副其实而已。

东宫讲读的最大特点，是太祖为皇太子选择了年龄相若的才俊之士作为实际上的同学。这一做法，对于增进储君的德学、为国储才备用，都有很大意义。《实录》洪武元年有两条记载，足以反映太祖对于东宫同学的重视以及对于皇太子教育的投入。二月的一条载：

> 命选国子生国琦、王璞、张杰等十余人，侍太子读书禁中。琦等入对谨身殿，皆姿状明秀，应对详雅。上为之喜，因谓殿中侍御史安庆、儒士郭友渊等曰："吾观诸生于文艺素习矣，然与太子处，当端其心术，养其德性，庶不流于浮靡，太子之德亦当有助也。"因厚赐之。[4]

十一月的一条载：

> 宴东宫官及儒士，各赐冠服。先是，上建大本堂，取古今图书充其中，延四方名儒教太子、诸王，分番夜直。选才俊之士充伴读。上时时赐宴赋诗，商榷古今，评论文字，无虚日。是日，上命诸儒作《钟山龙幡赋》，置酒欢甚，乃自

---

[1]　《明史》卷五五，页1405。
[2]　同上书，页1407—1409。
[3]　同上书，页1408。
[4]　《明太祖实录》卷三十，洪武元年二月庚午。

作《时雪赋》，故有是赐。[1]

从这两条可见，大本堂位于禁中，有丰富的图书，有名儒做教师，有青年才俊做伴读；教师要值夜，可见皇太子和诸王有温习功课的要求，太祖也能与师生们有更多的机会晤谈讲论。太祖自己积极参与大本堂的艺文活动，对于诸子的教育和文化追求起了鼓励作用。他所要求的伴读，是心术端正、德才兼备之人。

明初大本堂是皇太子公开活动的主要场所，皇太子和诸王都在这里读书会客。大本堂建于何时，史无明文。洪武元年二月选国子生国琦等十余人侍太子读书，只说是在禁中，但是年九月梁贞被任命为太子宾客，[2] 已说"日侍太子读书大本堂"，[3] 可见此堂在洪武元年秋天之前已经建成。大本堂到洪武七年冬天仍然存在。最晚到了洪武六年初时，禁中已另有文华堂和武英堂两处，分别作为皇太子和诸王的听讲场所（这两堂应该分别在文华殿和武英殿内）。此时皇太子的伴读已改称赞读，诸王的则仍称伴读。[4] 据宋濂记载，是年十一月时，大本堂的东宫赞读及诸王府伴读共有二十五人，皇太子因感他们"离父母，去坟墓者，三年于兹，冬气向深，草木摇落，宁不恻然动怀土之情乎"？请准了太祖给他们放假回家省亲，并赐路费，但要求他们"归即遄至，

---

[1]《明太祖实录》卷三六上，洪武元年十一月辛丑。宋濂也说："堂乃储君讲道之所，而诸亲王肄业于左右。"见宋濂，《恭题御书赐蕲春侯卷后》，《文宪集》卷十二，页8上。

[2]《明太祖实录》卷三五，洪武元年九月乙未。

[3]《明太祖实录》卷五六，洪武三年九月癸卯。

[4] 皇太子的伴读和赞读都有直接升授官职的机会。洪武三年四月伴读高晖获任为新设的磨勘司司令，洪武十年五月赞读荣铉获任为新设的东宫通事司司令，都是例子。分别见《明太祖实录》卷五一，洪武三年四月，是月；卷一一二，洪武十年五月己亥。

无以久淹为也"。[1]大本堂此时的伴读规范可见一斑。洪武十年十月，大内宫殿改造完成，《实录》明载，文华殿为"东宫视事之所"，武英殿则是皇帝"斋戒时所居也"，又说这二殿"制度皆如旧而稍加增益，规模益宏壮矣"。[2]此后大本堂可能不再作为东宫讲读之所。

懿文太子在大本堂受的教育很有特色。除了师从名儒讲求学问、练习艺文之外，还能每日与诸弟相处，和一班伴读交游。皇太子的伴读或赞读除了国子生和"才俊之士"之外，还有功臣之子。在这里，不同家庭背景的同辈同伴给予他的课外知识和行为镜鉴，其质其量之优越都是可以想象的。

懿文太子早期接触的才俊之士，除洪武元年进大本堂的国子生国琦、王璞、张杰等十余人外，更早的有广州（番禺）诗人黄哲。至正二十五年太祖为吴王时授黄哲翰林待制，"入书阁侍太子读书，寻兼典签，辅导尽职，太子爱重之，钞币之赐无虚日"。他在洪武初年出知山东东阿县，以后未再回朝。[3]

洪武六年正月，太祖又选了一批年轻举人加以栽培。《实录》记载：

> 以举人张唯、王辉、李端、张翀为翰林编修，萧韶为秘书监直长，继又以王琏、张凤、任敬、马亮、陈敏俱为编修。是时天下举人至京，上欲造就其才，择其年少俊异者，皆擢编修，赐冠带衣服，令入禁中文华堂肄业。诏太子赞善大夫宋濂等为之师。上听政之暇，辄幸堂中，取其文亲评优

---

[1] 宋濂，《送陈生子晟还连江序》，《文宪集》卷八，页36上。
[2] 《明太祖实录》卷一一五，洪武十年十月，是月。
[3] 黄佐，《翰林待制黄公哲传》，《国朝献征录》卷二十，页90。

劣。命光禄日给酒馔，每食，皇太子亲王迭为之主。冬夏赐衣，时赐白金弓矢鞍马，宠遇甚厚。[1]

这些得宠的"年少俊异"者，自然也是皇太子的从游者。后来太祖又"择国子生年少聪敏者，入文华、武英二堂说书，谓之小秀才，甚见宠遇"。洪武八年六月他们获授监察御史等清要之职。[2]这些俊异聪敏的年轻官员和太学生，同样对皇太子的教育、见识、文化修养起了正面作用。

太祖尤其喜欢找名儒的后人作为东宫的伴读和交游。宋濂的老师黄潜的从曾孙义乌人黄昶，也是宋濂的学生，便是例子。据宋濂记载，洪武六年八月，宋濂奉召与翰林学士承旨詹同编修《日历》。成稿后，"遴选俊秀有文者二人，通考义例，而缮书之"。黄昶便是获选者之一。宋濂记载，黄昶"时以《春秋》中浙江行省第十七名文解，肄业成均，因移文博士征之。十月二十六日昶至，臣引见上于西苑，慰劳良久，且曰：'尔何人之裔耶？'臣对曰：'文献公潜，昶之从曾祖也。'上悦。复见皇太子于大本堂，勉劳有加焉"。并有赏赐。宋濂认为太祖所为是"乐育菁莪"之事。[3]

随侍皇太子读书进学的，还有功臣之子。大本堂建立之前，已故花云的儿子花炜便是其中一人。花云为太祖守太平，至正二十年陈友谅舟师围攻太平，花云奋勇战死，其妻殉死，儿子三岁，由侍儿抱出逃难，次年送到太祖处。八岁时，即至正二十五年，太祖命花炜随侍后来的皇太子就学。至十三岁（洪武三年），

---

[1]《明太祖实录》卷七八，洪武六年正月甲寅。
[2]《明太祖实录》卷一〇〇，洪武八年六月丁酉。
[3] 宋濂，《恭题御和诗后》，《文宪集》卷十三，页4下—6上。

授虎贲右卫副千户。十九岁,拜水军左卫指挥司佥事。[1]花炜出幼之前,随皇太子进学至少五年,部分时间也在大本堂度过。

洪武二年四月,太祖命诸王子受经于博士孔克仁,令功臣子弟入学。[2]入学之处就是大本堂。据《实录》载,洪武三年,蕲春侯康茂才卒,子康铎袭封,年始十岁,入侍皇太子读书大本堂。[3]据宋濂载,洪武六年夏六月十三日,太祖幸大本堂时,便对康铎及其庶兄慰勉再三,还御书赐予两人。"康二子谨承先业,爰尔勤功。"康铎尝受经于宋濂,请宋濂记载其事。洪武九年七月宋濂作记,对于太祖"之遇勋旧,义虽君臣,情逾父子"之举,大加称赞。[4]康铎于洪武八年出幼任职,督无粮民开荒田于凤阳。此后统兵征辰州洞獠,平松叠诸州,巡沿海诸城,抚循兵民;又从大将军徐达北征,从征南将军傅友德征云南。洪武十五年七月,以疾卒于军中,年二十三岁。[5]据宋濂记载,是时以"勋旧之子亦听执经入侍"的,还有开平王常遇春之子郑国公常茂。[6]

太祖征召的浙东四儒中的章溢,其子章存厚也侍从过皇太子。据宋濂说,章溢既事太祖,获得信任,"浙东始设提刑按察司,即擢公佥其司事。寻命还处州,代总制胡君(胡大海)入朝,而为〔其子〕存厚娶胡君女,赐赉优渥,且俾存厚入侍皇太子,以示亲信"。[7]章存厚是否侍从皇太子读书,不能确定,这个

---

[1] 宋濂,《东丘郡侯花公墓碑》,《文宪集》卷一八,页45下—49下。
[2] 《明太祖实录》卷四一,洪武二年四月己巳。
[3] 《明太祖实录》卷一四六,洪武十五年七月,是月。
[4] 宋濂,《恭题御书赐蕲春侯卷后》,《文宪集》卷一二,页8下。
[5] 《明太祖实录》卷一四六,洪武十五年七月,是月。
[6] 宋濂,《恭题御书赐蕲春侯卷后》,《文宪集》卷一二,页8上。
[7] 宋濂,《明故资善大夫御史中丞兼皇太子赞善大夫章公神道碑铭》(龙泉章溢神道碑),《文宪集》卷十七,页56上。《明太祖实录》卷二二九,洪武二十六年七月戊申。

事例或者还可以视为一种羁留人质的做法。但太祖让功臣子弟以及出自民间的青年才俊陪伴太子,作为东宫教育的一部分,却是明显的。

懿文太子逝世后,太祖对于皇太孙的教育和他对懿文太子年轻时的教育没有两样。再次遴选同年龄层才俊来伴读的方法又被采用。《实录》记载,洪武二十六年七月,"选秀才张宗浚等,随詹事府、左右春坊官分班入直文华殿,侍讲毕,进说民间利害、田里稼穑等事,间陈古今孝悌忠信、文学材艺诸故事,日以为常"。[1] 太祖以民间出身的才俊侍从东宫,为储君讲说民间情况,强调为君治国当以百姓为重,这一思想至老不变。他的理想是让储君不至于脱离社会现实过多,他的做法也拉近了帝王与民众的距离。

四、懿文太子的教育情况

懿文太子的教育,包括了课堂上的书本讲读、各种与治国和政务有关的课外活动,还有太祖的庭训。

(一) 阅读的书籍

懿文太子上课的情况,连宋濂也没有留下记载。他阅读的书籍,并非全如《明史·职官志》所载的,《明史》说,宫僚"进讲《尚书》《春秋》《资治通鉴》《大学衍义》《贞观政要》诸书,前期纂辑成章进御,然后赴文华殿讲读"。[2] 这是永乐时代以后的情况。[3] 懿文太子时进讲过的书,和天下学者阅读的没有

---

[1] 《明太祖实录》卷二二九,洪武二十六年七月戊申。
[2] 《职官二》,《明史》卷七三,页1783。
[3] 王圻,《续文献通考》,收于《四库全书存目丛书》卷九六,下1页。

不同,都是以四书五经为主。宋濂在洪武十一年时便说过,皇太子"于六经之文,循环读之,而尤惓惓于《春秋》"。[1]如前所见,洪武五年至六年,熊鼎也曾说《书》于皇太子前。[2]从《实录》又可见,洪武十二年三月,皇太子和东宫请官习读《尚书》,太祖因与皇太子谈及为君之道。[3]诸经之进讲次序,史未见书,但太祖的偏好,也影响到他对皇太子的阅读要求。《实录》所载,太祖特别重视皇太子读的《元史》《春秋》《大学衍义》等。

太祖命皇太子看《元史》,早在洪武四年三月便见于记载,当时特别要他看元世祖的事迹,并告诉他说:"世祖虽能立国,而制度甚疏阔,礼乐无闻,故政事不及汉唐,况能复古乎?"[4]这反映了太祖要求储君重视制度和礼乐,也重视近代历史的比较意义。洪武二十四年,太祖还命礼部印刷《通鉴》《史记》和《元史》以赐诸王[5]。

太祖和皇太子对于《春秋》也别有兴趣,洪武十二年曾编成《春秋本末》一书刊行。此事《实录》和宋濂的记载稍有出入。《实录》载,洪武十一年四月,"命东宫文学傅藻等编纂《春秋本末》"。[6]洪武十二年间五月乙酉《实录》记载:

> 编《春秋本末》成。先是,上以《春秋》本诸鲁史,而列国之事错见间出,欲究其终始,则艰于考索。乃命东宫文

---

[1] 宋濂,《春秋本末序》,《文宪集》卷五,页22下。
[2] 宋濂,《故岐宁卫经历熊府君墓铭》,《文宪集》卷十九,页27上—下。
[3] 《明太祖实录》卷一二三,洪武四年三月庚子。
[4] 《明太祖实录》卷六二,洪武四年三月庚子。
[5] 《明太祖实录》卷二〇九,洪武二十四年六月甲戌。
[6] 《明太祖实录》卷一一八,洪武十一年四月癸酉。

学傅藻等纂录，分列国而类聚之，附以《左氏传》。首周王之世，以尊正统，次鲁公之年，以仍旧文。列国则先晋齐而后楚吴，所以内中国而外夷狄也。事之始终，秩然有叙。至是而成，赐名曰《春秋本末》。[1]

据宋濂洪武十二年五月五日作的《春秋本末序》所说，事情则是：

> 洪武十一年夏五月，皇太子御文华殿，命侍臣讲读《春秋左氏传》。既而曰："诸国之事，杂见于二百四十二年之中，共本末未易见，曷若取《春秋分记》而类入之。"《分记》，眉人程公说所述（以下说此书体例）……于是文学臣傅藻等受命纂辑。编年一主乎鲁，虽曰无事，一年各具四时。诸国依前序次，各系以事。其有一事再见及三见者，通系于主霸者之下。若重复者，则削之。训诂以杜预为之主。凡例所及，一一取旨而后定。缮写为三十卷，自春和门投进。皇上闻而嘉之，赐名曰《春秋本末》，敕内官刊梓禁中，以传示四方。[2]

看来事情的动议来自皇太子，太祖也积极参与，并且决定此书的凡例，在其完成之后赐予书名并予刊行，故《实录》以事情的缘起归诸太祖。负责编纂的东宫文学傅藻，如上文所见，是宋濂的同郡同门，他与宋濂、刘基一样精熟《春秋》。

太祖命皇太子和诸王讲读《大学衍义》一书，则是洪武十七年四月的事情。太祖自己很早便重视此书，时常阅读，此时又告

---

[1] 《明太祖实录》卷一二五，洪武十年闰五月乙酉。
[2] 宋濂，《春秋本末序》，《文宪集》卷五，页20下—21上。

诉侍臣说:"朕观《大学衍义》一书,有益于治道者多矣。每披阅,便有警省。故令儒臣日与皇太子诸王讲说,使鉴古验今,穷其得失。太抵其书先经后史,要领分明,使人观之容易而悟,真有国之龟鉴也。"[1]《大学衍义》最初是宋濂向太祖推荐的,其作者宋儒真德秀的治国理念也是明初君臣所共同接受的。

皇太子阅读兴趣之广泛,从东宫藏书的丰富可以想象。至少我们知道,皇太子对于经典故事的绘图有特别喜好,元朝赵孟頫所画的《豳风图》便是其中一种。宋濂曾奉命为之题跋,他在洪武九年冬十一月壬午的题跋中说:

> 臣闻之,《七月》一诗,序者谓周公陈王业以告成王,故备志稼穑之艰难,自于耜而举趾,自播谷而涤场,以至上入执宫功,莫不纤悉备具,而功女蚕绩之勤继焉。呜呼,国以民为本也,而民之至苦莫甚于农,有国家者宜思悯之安之。宋之儒臣真德秀有见于斯,当请于朝,欲绘农夫功女劳勚之状,揭之宫掖,布之戚里,使六宫嫔御外家近属,知衣食之所自来,盛矣其用心也。恭惟皇太子殿下,天赋懿德,仁孝温文,而尤留意于农事,每于禁中艺植麦禾,以观其成,则其悯小民勤劳,固不待周公之告而后知。[2]

宋濂期望此图能让太子追法周成王。这篇跋文,又一次可见宋儒真德秀影响到明初帝王的教育与学问,也从中可见懿文太子的品性和教养,并且他留意于农事。

---

[1] 《明太祖实录》卷一六一,洪武十七年四月庚午。太祖的经史议论经验,对于皇太子的教育应该也有所影响,相关研究,可参看朱鸿林,《明太祖的经史讲论情形》,《中国文化研究所学报》45期(2005),页141—172。

[2] 宋濂,《恭题豳风图后》,《文宪集》卷十三,页8下—9下。

（二）体育教育

皇太子的教育，还包括骑射。太祖的理想教育，是造就儒家经典中的文武全才。因此，他要求学生在用功于书本之外，都要学习骑射。洪武二年六月太祖召见国子生，问及他们对于骑射的熟习程度后，他在谈话中，还引用了《诗经》"文武吉埔，万邦为宪"，勉励他们要像古之学者一般，做到"文足以经邦，武足以戡乱，故能出入将相，安定社稷"。[1]

射箭后来成为必修科目。洪武三年五月诏行大射礼，便是彻底的体现。《实录》记载："初，上以先王射礼久废，弧矢之事，专习于武夫，而文士多未解。至是，诏太学生及郡县学生员，皆令习射。凡遇郊朝之祭，先期命文武执事，行大射之礼。"此令其实不只限于各级学生，当时命礼部考定的礼仪，遍及天子、皇太子、亲王、文武各阶品官、文武官子弟及士民俊秀者，并且"颁仪式于天下官府学校，使遇朔望则于公廨或闲地习之"。[2] 真可以说是自天子以至于庶人，一是皆以习射为尚了。据宋濂撰的熊鼎墓志铭可见，是时确实有命令官员习射的情况。[3]

（三）游历、考察

太祖给予皇太子以及诸王的教育，还包括游历、考察。吴元年十月，世子十三岁，太祖命他到临濠谒祖墓，并告诉他此行的目的：

---

[1] 《明太祖实录》卷四三，洪武二年六月庚午。
[2] 《明太祖实录》卷五二，洪武三年五月丁未。
[3] 宋濂说，熊鼎以博学名儒洪武三年五月拜晋王相府右傅，后太祖"有事于方丘，君受告导驾，既斋宿，习射苑中，百官司雁行人，上勅近臣以弓矢授君射，君文臣素不谙习（但熊鼎一发而中，明日再习），三发连三中，上嘉劳久之"。见宋濂，《故岐宁卫经历熊府君墓铭》，《文宪集》卷十九，页 26 上一下。

> 商高宗旧劳于外，周成王早闻无逸之训，皆知小民病苦，故在位勤俭，为守成令主。儿生长富贵，习于晏安，今出旁近郡县，游览山川，经历田野，因道途险易以知鞍马勤劳。观闾阎生业以知衣食艰难，察民情好恶以知风俗美恶，即祖宗所居访求父老，问吾起兵渡江时事，识之于心，以知吾创业不易。[1]

这是最早的一次寓教育于任务的差遣，既是谒墓，也是考察。

是年冬天，太祖出观郊坛，世子从行，太祖"因命左右导之遍历农家，观其居处饮食器用"。这次考察世子更为具体。事后太祖给予的训话，其教育意义同样重大。太祖说：

> 汝知农之劳乎？夫农勤四体，务五谷，身不离畎亩，手不释耒耜，终岁勤动，不得休息，其所居不过茅茨草榻，所服不过练裳布衣，所饮食不过菜羹粝饭，而国家经费皆其所出，故令汝知。凡一居处服用之间，必念农之劳，取之有制，用之有节，使之不至于饥寒，方尽为上之道。若复加之横敛，则民不胜其苦矣。故为民上者，不可不体下情。[2]

同一场合当中，太祖复指道旁荆楚谓之曰："古者用此为朴刑，盖以其能去风，虽伤不至过甚。苟用他物，恐致殒生。此古人用心之仁，亦宜知之。"这个随所见而给予的教导，对于皇太子的责任感和价值观的形成，不能没有影响。

洪武八年九月的另一次远程旅行，考察所得应该更多，《实

---

[1]《明太祖实录》卷二六，吴元年十月乙丑。
[2]《明太祖实录》卷二七，吴元年十一月甲午。

录》记载:

> 上命皇太子、秦王、晋王、楚王、靖江王出游中都,以讲武事,诏皇太子赞善大夫宋濂、秦府长史林温、晋府长史朱右、楚府长史朱廉、靖江王长史赵埙等从。既行,上阅舆地书,得《濠梁古迹》一卷,命内臣驰驿以赐东宫。且题其外,令濂询访,随处言之。皇太子至池河驿,得上所赐书,大喜,以示濂。濂因启曰:"临濠古迹,惟涂荆二山最著。涂山在昔钟离县西九十五里,荆山亦在县西八十三里。二山本相联属,而淮水绕荆山之阴,神禹凿之,水始流二山间,民获免阻修之艰,禹之功也。"十一月壬申,皇太子既过中都,乃往游焉。命濂撰文记之。其他古迹,濂历历举之,因事进说,甚有规益。[1]

皇太子和诸王在游历途中,有博学的师傅陪同解说,增广见闻所得,更加充实有益。在巡幸途中狩猎讲武,也是落实文武全才的学习方案。宋濂形容这次皇太子、诸王的游历,为太祖让"久处宫掖"的诸子得以"发舒精神"之事。[2] 更实在的是,事情至少增加了皇太子和亲王们的地理、历史知识。

---

[1] 《明太祖实录》卷一〇一,洪武八年十月壬子。在这次游历之后,又有十二月宋濂等东宫及王府侍臣获准游琅琊山的事情。据宋濂《游琅琊山记》记载,此次的同游者,有秦王府长史林伯恭(林温)、晋王府长史朱伯贤(朱右)、楚王府长史朱伯清(朱廉)、靖江王府长史赵伯友(赵埙)、皇太子赞善孟益、秦王伴读赵镔、吴王伴读王骥、楚王伴读陈子晟、成子正字桂彦良等人。此次游山,皇太子和诸王没有同往。事见宋濂《游琅琊山记》,《文宪集》卷二,页2下—7上。

[2] 宋濂《游琅琊山记》,《文宪集》卷二,页2下。

（四）政务练习

皇太子的教育，在其洪武四年四月大婚之后，还包括知晓并处理朝政的政务训练。洪武五年十二月，太祖初"命省府台臣，今后百司所奏之事，皆启皇太子知之"。[1]是年皇太子十八岁。次年九月，太祖开始给皇太子正式的政务训练，"命诸司今后常事启皇太子，重事乃许奏闻"。[2]

国之大事，在祀与戎，太祖此后也更多地以祭祀典礼委托皇太子，让他主持。洪武七年二月，诏皇太子率诸王诣阅武场祭旗纛之神。[3]洪武八年三月，命皇太子及诸王往凤阳祭皇陵。[4]洪武八年四月，享太庙，命皇太子摄行祀事。[5]将有事于方丘，又命皇太子摄告于仁祖庙，[6]摄祭皇地祇于方丘。[7]在祀事方面，此后还有洪武十一年正月命诣中都祭祀皇陵的事情。[8]

洪武十年六月，皇太子二十三岁，太祖进一步加强他的政务训练："命群臣，自今大小政事，皆先启皇太子处分，然后奏闻。"并且明白地告诉皇太子："守成之君，生长富贵，若非平昔练达，临政少有不谬者。故吾特命尔日临群臣，听断诸司启事，以练习国政。"还指示了听政原则："惟仁则不失于躁暴，惟明则不惑于邪佞，惟勤则不溺于安逸，惟断则不牵于文法。凡此皆以

---

[1]《明太祖实录》卷七七，洪武五年十二月辛巳。
[2]《明太祖实录》卷八五：洪武六年九月乙卯。
[3]《明太祖实录》卷八七，洪武七年二月丁未。
[4]《明太祖实录》卷九八，洪武八年三月丙寅。
[5]《明太祖实录》卷九九，洪武八年四月丁酉。
[6]《明太祖实录》卷九九，洪武八年四月辛丑。
[7]《明太祖实录》卷九九，洪武八年四月甲辰。
[8]《明太祖实录》卷一一七，洪武十一年正月癸亥。

一心为之权度，苟无权度，则未有不失其当。"[1]

皇太子听政时，获得了一定处置政事的权力。为了权力不致误用，处置不致失当，洪武十年十二月，太祖告诉太师韩国公李善长等说："自今诸司政事，启于东宫者，卿等二三大臣，更为参决可否，然后奏闻。"[2] 从这个口谕可见，皇太子虽然听政时有独立判决的权力，但其本质仍是训练而非独立决策。这种训练式的东宫听政工作，直到皇太子逝世为止。

懿文太子最后一次也是最大的一次任务，是洪武二十四年八月奉命巡抚陕西，"以省观风俗，慰劳秦民"。[3] 这已不是纯粹的训练，而是让皇太子执勤和为迁都关中做实地考察了。

（五）太祖的庭训

太祖给皇太子及诸子的教育，还有"庭训"式的教导。这些随时随地的训话，颇多经验之谈，包括太祖自己的经历和做事作风，也有不少属于历史教训。大概因为至正二十四年起便设置了起居注，太祖这方面的记载比起以后诸帝多而详备。《实录》所载太祖对诸子说的话，最早见于吴元年，皇太子是年十三岁；最晚见于洪武二十四年，皇太子是年三十七岁，第二年逝世。以下依次摘录太祖训话的概要，以见他对皇太子、诸王的期望和要求以及他作为帝王的理想、责任感、价值观等。

吴元年十一月太祖刻意给予世子重农之训，上节已经引录。洪武元年十二月，太祖告诫皇太子人君节俭以富国安民，《实录》载：

---

[1]《明太祖实录》卷一一三，洪武十年六月丙寅。
[2]《明太祖实录》卷一一六，洪武十年十二月丙午。
[3]《明太祖实录》卷二一一，洪武二十四年八月乙丑。

> 上退朝还宫，皇太子诸王侍。上指宫中隙地，谓之曰："此非不可起亭馆台榭，为游观之所，今但令内使种蔬，诚不忍伤民之财，劳民之力耳。昔商纣崇饰宫室，不恤人民，天下怨之，身死国亡。汉文帝欲作露台，而惜百金之费，当时民安国富。夫奢俭不同，治乱悬判，尔等当记吾言，常存儆戒。"[1]

这是典型的、以眼前事物与历史相结合的教训。

以后有洪武二年九月将人君之敬畏忧勤和国家之兴亡联系起来的训话，要求将作为守成继体之君的皇太子要常存敬畏之心，不可怠慢以招危亡。[2]

洪武三年七月，太祖特别提醒皇太子，要他认识自己的特殊身份所伴随的特殊责任，主题是人君的正身修德对于宗庙社稷以及天下生灵的重要性。[3]

皇太子成年后，太祖的训话渐多与治道、治术有关。洪武六年九月，皇太子十九岁，太祖开始给予他正式的政务训练，同时也有如下的训话：

> 人君统理天下，人情物理必在周知，然后临事不惑。吾自起田里至于今日，凡治军旅、理民事，无不尽心，恒虑处事未当。故尝深念古人为治必广视听，凡言之善者，吾即行之，不善者，吾虽不行，亦思绎至再，果不可行，然后置之。夫虑事贵明，处事贵断，庶几不眩，况汝生长宫掖，未

---

[1]《明太祖实录》卷三七，洪武元年十二月己巳。
[2]《明太祖实录》卷四五，洪武二年九月己亥。
[3]《明太祖实录》卷五四，洪武三年七月戊子。

涉世故，若局于见闻，则视听不广。且目虽能视，所见不逾于域，耳虽能听，所闻不越于庭。而欲以区区智识决天下之务，能一一当理，难矣。汝宜亲贤乐善以广聪明，逆己之言必求其善，顺己之言必审其非，如此，则是非不混，理欲判然，天下之事可得而治矣。汝其敬之，毋忘朕训。[1]

这是直接的经验传授。太祖对于皇太子和诸王的生活背景，认识非常深切，知道他们的生活经验和价值观对于治理国家可能带来的缺憾，故有这样的个人经验剖白，并给予鼓励。

同年十一月，太祖向皇太子和诸王传授用人之道的原则，引《尚书》"任贤勿贰，去邪勿疑"之说，要他们谨慎和有决断。[2]

太祖的身教，也见于处理家庭事务上。洪武八年三月命皇太子及诸王为代表往凤阳祭皇陵，追悼父母早亡，表达太祖欲尽孝而不可得之痛，引孔子"事死如事生，事亡如事存"的话，要他们恭敬从事。《实录》记载，太祖"因悲咽不自胜，皇太子诸王皆感泣"。[3]

洪武九年正月，皇太子和诸王多已成年，太祖向他们讲论帝王个人修养与国家治乱的关系。《实录》记载颇详，最后指出：

> 己德既修，自然足以服人，贤者汇进而不肖者自去。能修德进贤，则天下国家未有不治。不知务此者，鲜不取败。夫货财声色为戕德之斧斤，逸佚谄谀乃杜贤之荆棘，当拒之如虎狼，畏之如蛇虺。苟溺于嗜好，则必为其所陷矣。汝等

---

[1]《明太祖实录》卷八五，洪武六年九月乙卯。
[2]《明太祖实录》卷八六，洪武六年十一月壬寅。
[3]《明太祖实录》卷九八，洪武八年三月丙寅。

其慎之。[1]

这段话显示，太祖相信人的德性、行为是内外相通的，而且实诸内才能自然见诸外，因此强调诸子的个人内在修养和文化陶冶。这段话的缘起是这样的：皇太子、诸王随侍，太祖问："汝等闻修德进贤之道乎？"皇太子说："每闻儒臣讲说，知其略矣，未领其要。"皇太子的回答，反映儒臣讲书只讲大略，灌输多于析理。而太祖所说，则是典型的儒家之说。

太祖在加强皇太子实习政务的同时，也以自己的行事原则给皇太子一些启示。洪武十年六月，太祖"命群臣，自今大小政事，皆先启皇太子处分，然后奏闻"，同时告诉皇太子：

> 人君治天下，日有万机，一事之得，天下蒙其利，一事之失，天下受其害。自古以来，惟创业之君，历涉勤劳，达于人情，周于物理。故处事之际，鲜有过当。守成之君，生长富贵，若非平昔练达，临政少有不谬者。故吾特命尔日临群臣，听断诸司启事，以练习国政。惟仁则不失于躁暴，惟明则不惑于邪佞，惟勤则不溺于安逸，惟断则不牵于文法。凡此皆以一心为之权度，苟无权度，则未有不失其当。今有人指石为玉，当辨之曰：果玉乎？果石乎？知其为非玉，乃石也。如此，则的然莫敢吾欺。若信其言以为玉，则是非之心不明，失其权度矣。凡人虽有明敏之资，自非历练，临事率意而行，未免有失，知悔而改，亦已晚矣。吾自有天下以来，未常暇逸，于诸事务惟恐毫发失当，以负上天付托之意。戴星而朝，夜分而寝，日有未善，寝亦不安。此尔所亲

---

[1]《明太祖实录》卷一〇三，洪武九年正月丁巳。

见也。尔能体而行之,天下之福,吾无忧矣。[1]

太祖强调"仁明勤断"四字为当政之要,又强调人君自己"一心"衡量和判断事情的重要性。这种对"心学"的强调,认真的帝王颇为相似。后来成祖教仁宗(乃至宣宗)的《圣学心法》也一样。太祖这里所说的,乃是现身说法。[2]

太祖的教训中,一再强调帝王对于祭祀需要虔诚严肃,心与行内外一致。洪武十一年正月,"命皇太子诣中都祀皇陵"时,告诉皇太子说:

> 自古帝王之兴,皆祖宗积德厚深,格于皇天,钟吉聚庆,乃生帝王,以主天下,传世无极。朕仰承天命,抚驭万方,实由我祖考以来积德所致。每怀陵寝,瞻望中都,悲感无极。今命尔往修孝祀。《礼》曰:"致爱则存,致悫则著。"尔其敬恭乃事,毋怠毋忽,庶几精神感通,神灵来格。[3]

太祖这里是明白地传授信仰,他自己相信的,也要求皇太子相信和加以实行。同类的信仰、价值观灌输,也见于洪武十一年三月

---

[1] 《明太祖实录》卷一一三,洪武十年六月丙寅。
[2] 按:是年(洪武十年)宋濂致仕后,给二十二岁的皇太子上书,也同样强调帝王心学心法的重要性。宋濂说:"臣闻古圣人有言曰:为君难。其所谓难者何也?盖以四海之广,生民之众,受寄于一人,敬则治,怠则否,勤则治,荒则否,亲君子则治,近小人则否,其机甚微,其发至于不可遏,不可不谨也。所以二帝三王相传心法,曰德,曰仁,曰敬,曰诚,无非用功于此也。治忽之间,由心之存不存何如耳。臣诚惶诚怵,顿首顿首,恭惟皇太子殿下,仁孝温恭,出言制行,动合至道,中外无不仰望。而臣犹以二帝三王相传心法为言者,诚以为君之难也。……伏望殿下察臣所言而笃行之,则天下幸甚。"见宋濂,《致仕谢恩笺》,《文宪集》卷一,页7下—8上。
[3] 《明太祖实录》卷一一七,洪武十一年正月癸亥。

给诸王的训话，太祖要求他们吸取历史教训，以史为鉴，勤慎兢业，以保所有。[1]

太祖又要求皇太子能够深入汲取所读经典的义理。洪武十二年三月，太祖御华盖殿，皇太子侍从，有下面一段谈及君道的对话可见。

> 上问曰："比日讲习何书？"对曰："昨看《书》至商周之际。"上曰："看《书》亦知古人为君之道否？"因谕之曰："君道以事天爱民为重，其本在敬身。人君一言一行，皆上通于天，下系于民，必敬以将之，而后所行无不善也。盖善，天必鉴之，不善，天亦鉴之。一言而善，四海蒙福，一行不谨，四海罹殃。言行如此，可不敬乎？汝其识之。"[2]

这些都是儒家之言，同时也反映了太祖的信仰所在。

洪武十六年二月，太祖告诉皇太子、诸王有关赏罚和慎狱的意义，要他们听讼贵明，刑罚贵中，"或有大狱，必当详审，庶免构陷之非，锻炼之弊"。还要慎重"赏功要当，不当则人心不服"。[3]

同年十一月，又引历史为证，告诉他们判别纯良之臣和残暴之臣：

> 何谓纯良？处心公忠，临民岂弟，虽材有不逮者，亦不至于伤物，所谓日计不足，月计有余者也。何谓残暴？恣睢击抟，遇事风生，锻炼刑狱，掊剋聚敛，虽若快意一时，而

---

[1]《明太祖实录》卷一一七，洪武十一年三月，是月。
[2]《明太祖实录》卷一二三，洪武十二年三月戊辰朔。
[3]《明太祖实录》卷一五二，洪武十六年二月庚辰。

所伤甚多。故武帝任张汤而政事衰,光武褒卓茂而王业盛,此事甚明,可为深鉴。[1]

这番话应该是因事而发的。《实录》记载,同日刑部尚书开济等被诛。开济之才干为太祖所赏识,但位高权重后,"自负持法,渐肆巧诈,性残酷,好以法中伤人"。终于因"渎乱人伦"被告获罪。[2] 太祖施教诸子,每多这样因事而致的做法。

洪武二十四年三月,太祖又引近代历史给皇太子和诸王说勤谨的重要性:"昔元世祖东征西讨,混一华夏,是能勤于政事。至顺帝,偷惰荒淫,天厌人离,遂至丧灭。《诗》曰:'殷鉴不远,在夏后之世。'尔等当克勤克慎,他日庶可永保基业。"[3]

《实录》所载最后一次给皇太子的训话在洪武二十四年八月,当时皇太子被命巡抚陕西,途中太祖遣使曰:

> 尔自幼至长,未尝出远。今命尔巡行陕西,方渡江之际,天道赫然有变,雷起东南。尔征西北,以造化言之,雷天威也,尔前行,雷后随,威震之兆也。然一旬之间,久阴不雨,占法主阴谋事。尔宜慎举动,节饮食,严宿卫,亲君子,远小人,务在存仁养性,施恩布惠,以回天意。雷之加兆,未可恃也。尔其慎之。[4]

这里同样可见,太祖以自己的信仰要求皇太子相信服从,并以"天意"告诫之。

---

[1]《明太祖实录》卷一五八,洪武十六年十二月甲午。
[2] 同上注。
[3]《明太祖实录》卷二〇八,洪武二十四年三月癸卯。
[4]《明太祖实录》卷二一一,洪武二十四年八月乙亥。

五、结　语

本文考述了洪武时代辅导和教育储君的制度、太祖对于储君教育的理想、懿文太子朱标及其子惠帝朱允炆的教育情况等。在制度考述方面，订正和补充了《明史》的相关记载，从而呈现出东宫官制建置的过程。从这个过程我们看到，东宫虽然一早便已设置辅导官员，但其辅导制度到了洪武十五年建置左右春坊和司经局时才算确定。东宫的行政机关詹事院到了洪武二十二年才设置，到了洪武二十五年册立皇太孙后，才改为以后为定制的詹事府。

太祖虽然到了晚年才将东宫的官制确定下来，但他对于东宫教育的理想和主张，却是一贯的。太祖渴望的东宫教育是才德兼备之学，以培养德性为先。他用教诲和观摩互重的做法，严格选任辅导储君"正身修德"的东宫属官。懿文太子的导师，除了早期的金华名儒之处，齿德并尊的耆儒也有不少。太祖也深切认识到同辈影响的重要性，因而从早年的大本堂时代开始便选取功臣子弟、杰出年轻文官和国子生充当皇太子的伴读，后来又让年少聪敏的国子生到文华堂说书，以便皇太子能与不同家庭背景的同辈臣下相处，到了皇太孙时代，更加擢用孝义名家之子以及直谏之臣，又让秀才侍从讲说平民社会的事情以及具有道德性、文艺性的故事。这些做法都反映了太祖的价值观和他对储君品质的要求。

太祖对于委任的辅导官员，也给予了应有的尊重，他对东宫师傅和宾客也能相待以礼。洪武元年十二月定下的三师朝贺东宫仪，便在东宫"近代答拜群臣之礼不行"的情况之下，折中了唐朝制度，凡三师、宾客、谕德遇大朝贺时，在大本堂前向皇太子鞠躬四拜，皇太子受前二拜，答后二拜。[1]在陪同皇太子宴请外

---

〔1〕《明太祖实录》卷三七，洪武元年十二月壬申。

国藩王的宴会上,他们也坐于仅次于亲王的殿上第二行。[1]整体上的礼数均较元朝更为隆重。三师虽然不常设,但宾客的地位自高,洪武十三年任命新的四辅官兼太子宾客时,便明定他们"位列公侯都督之次"[2]。对于辅导讲读的官员,也给予了高度的信任,至少没有像成祖一样规定检查他们讲说的内容。太祖选用后生才俊作东宫伴读,也是成祖所不及的,虽然惠帝受到年轻官员影响的历史意义难有定说。

懿文太子的教育内容,除了传统的经史讲读和文艺学习之外,还包括了习射课程、增广见闻和了解民间的游历考察以及实质性的政务训练。尤其特别的,则是太祖不时给予的庭训,这是从英宗起的帝王所难以获得的。太祖这方面的庭训以及懿文太子在经史讲论上的所读所闻,都是正宗儒家之说和两宋理学之说。太祖所强调的帝王修养和帝王职责,其理据、内容都和宋儒所鼓吹的一样。通过庭训以及儒臣所讲读的经典,懿文太子所吸收的,是当时儒家所期许的,他的价值取向和行为表现更为当时的文臣所认同和称赞。可以说,懿文太子的品德证明了太祖的东宫教育措施是成功的。

太祖对于懿文太子的表现明显是极为满意的。太子薨于洪武二十五年三月,享年三十八岁。[3]《明史》说:"帝恸哭,礼官议期丧,请以日易。及当除服,帝不忍,礼官请之,始释服视朝。"[4]太祖对太子的爱重之情由此可见。后来赐谥"懿文",也是对他的高度肯定。谥册说:"尔太子标居位二十有五年,分理庶政,裨赞弘多。今焉永逝,特遵古典,从公议,赐尔谥曰懿

---

[1] 《明太祖实录》卷四五,洪武二年九月壬子。
[2] 《明太祖实录》卷一三三,洪武十三年九月丙午。
[3] 《明太祖实录》卷二一七,洪武二十五三月丙子。
[4] 《兴宗孝康皇帝传》,《明史》卷一一五,页3550。

文。呜呼，德以名彰，行因谥显，公论所在，朕何敢私。"[1]"懿文"这个谥号是有美德、有文才的结合，朱标当之无愧。

懿文太子及其子惠帝的美德，史传基本上归功于他们的个人天性。《明史》说懿文太子"为人友爱，秦周诸王数有过，辄调护之，得返国。有告晋王异谋者，皇太子为涕泣请，帝乃感悟。帝初抚兄子文正、姊子李文忠及沐英等为子，高后视如己出，帝或以事督过之，皇太子辄告高后为慰解，其仁慈天性然也"。[2]又说惠帝也是生而"颖慧，好学，性至孝"。而记其行事说："年十四，侍懿文太子疾，昼夜不暂离。更二年，皇太子薨，居丧毁瘠。太祖抚之曰：'而诚纯孝，顾不念我乎？'洪武二十五年九月，立为皇太孙。……初，太祖命皇太子省决章奏，皇太子性仁厚，于刑狱多所减者。至是以命太孙，太孙亦复佐以宽大。尝请于太祖，遍考礼经，参之历朝刑法，改定洪武律畸重者七十三条，天下莫不颂德焉。……（太祖崩）诏行三年丧，群臣请以日易月。帝曰：'朕非效古人亮阴不言也，朝则麻冕裳，退则齐衰杖绖，食则馇粥，郊社宗庙如常礼。'遂命定仪以进。"[3]又赞"惠帝天资仁厚"云云。[4]从本文的研究看，对于他们这些美德的形成，太祖的教育应该有不容忽视的贡献。即使是惠帝，从册立为皇太孙至登基为帝，也有六年是一如其父一样直接在太祖的督导之下得到教育与训练的。

就太祖对诸子教养的措施和期望而言，太祖毋宁是个彻底的理想主义者，而且效果也只是成败参半。本文只考述了太祖教养

---

[1]《明太祖实录》卷二二〇，洪武二十五年八月庚申。按：郑晓，《懿文太子传》，《国朝献征录》卷一，页4下—5上，也引录这篇册文。
[2]《兴宗孝康皇帝传》，《明史》卷一一五，页3550。
[3]《恭闵帝本纪》，《明史》卷四，页59—60。
[4] 同上注，页60。

储君方面的做法，没有考述他如何教养其他诸子。其实太祖对于诸王的教育，同样注意并且要求甚高。除了为之设立管理府事的官员，同样给他们任命负责讲读的师儒和作为伴读的太学生员。年龄较大的秦、晋诸王，早年还与皇太子一起在大本堂上课，长大后又有共同出游考察的事情。太祖对皇太子说话时，他们也往往在场聆听。从理论上说，他们所受的教育和庭训既然和皇太子所受的基本相同，他们的行为表现也应该与皇太子相去不远。但理论和现实终有差距，太祖对秦王朱樉的教育是明显失败的，对周、齐、潭、鲁、靖江诸王的教育也令人失望，[1]但他对于懿文太子以及惠帝的教育，无疑是成功的。因此太祖诸子之为非作歹者，也不能全部归咎于太祖管教不力。看来太祖的身教自有矛盾，辅导储君、诸王的臣下之德学和能力亦有不同，太祖诸子之性格人各有异等，其总和才是解释这些同方异效的教育结果之所在。

---

[1] 陈学霖，《明太祖对皇子的处置：秦王朱樉罪行与明初政治》，朱鸿林编，《明太祖的治国理念及其实践》。

明太祖的教化性敕撰书

一

明太祖统治国家，对于教化臣民之道，始终不遗余力。太祖战胜元末群雄，结束蒙元统治，统一全国，面对的不只是元末近二十年天下动乱的残破局面，还有北方经过数百年、南方经过近百年的异族统治所遗留下来的政治和社会状况。当时吏污民顽的现象普遍，严刑峻法、果于杀戮不能根本地解决问题，因而全面深入地对官吏和人民同时进行各种形式的道德教化，成了拨乱反正的必要事情。

从汉朝起，礼教并重和刑以弼教的观念及实践成了儒家政治思想的主流。明太祖对于这两者的重要性和必要性深信不疑，在洪武中叶大力惩治奸贪时，还"特令法外加刑，意在使人知所警惧，不敢轻易犯法"。[1] 太祖没有避讳其"法外加刑"，反而尽情披露于自己编撰的《大诰》三编之中。见于《大诰》的做法，虽然他晚年已经明令子孙不得再援其例，却已留给后代论史者足够

---

[1]《明太祖实录》（台北："中研院"历史语言研究所，1962）卷二三九，洪武二十八年六月己丑，页3477—3478。

证据指责其惩罚之过于残酷。但正如刑以弼教这一思想的必然结果所示,太祖的终极治国思想正是"以教化为本"的,[1]而其目的则在于淳化风俗——政府的官风和社会的习尚。

明太祖淳化风俗的根本之道,以惩治贪残奸宄的刑法为辅助,以实施教养并重的政事为主体。农桑与学校并重是他贯彻教养政事的坚定政策。洪武一朝,在重建稳定经济生活的同时,为鼓励人民各安本分、奉法守礼,不断创制立法:设立社学以教育民间子弟;[2]对于孝子顺孙和义夫节妇,不但旌表门闾,而且除免本家差役;[3]府州县每年一次、乡村里社每年春秋祈报祭礼之后各一次,举行乡饮酒礼,让人民参与礼敬老而贤者,听读律令;府州县以至里社每年举行厉祭,以示人敬神知礼,警人勿作非为。[4]

这些制度性的设施以及其他相关的里社生活规范,最后还以条文形式固定于洪武三十一年四月印行天下的《教民榜文》。[5]《教民榜文》的教化要领,在洪武三十年九月先已命令户部下达。《明太祖实录》载:

> 上命户部下令天下民,每乡里各置木铎一,内选年老或

---

[1] 张显清,《试论明太祖"以教化为本"的治国思想与实践》,陈支平编《第九届明史国际学术讨论会暨傅衣凌教授诞辰九十周年纪念论文集》(厦门:厦门大学出版社,2003),页153—161。

[2] 万历《大明会典》卷七八。

[3] 万历《大明会典》卷七九。

[4] 万历《大明会典》卷七九。此段说及有关明太祖重新整治社会的创制事情,近年研究专著可参考者,有 Edward L. Farmer(范德)著,*Zhu Yuanzhang and Early Ming Legislation: The Reordering of Chinese Society Following the Era of Mongol Rule*. Leiden: E. J. Brill, 1995.

[5] 原文载(明)张卤辑,《皇明制书》(《续修四库全书》本影印万历七年[1579]刻本,上海:上海古籍出版社,1995)。

馨者,每月六次,持铎徇于道路曰:"孝顺父母,尊敬长上,和睦乡里,教训子孙,各安生理,毋作非为。"又令民,每村置一鼓,凡遇农种时月,清晨鸣鼓集众,鼓鸣皆会田所,及时力田。其怠惰者,里老人督责之。里老纵其怠惰,不劝督者,有罚。又令民,凡遇婚姻死葬吉凶等事,一里之内,互相赒给,不限贫富,随其力以资助之,庶使人相亲爱,风俗厚矣。[1]

这其中的木铎老人行唱所谓《六谕》的事情,更是太祖的道德教化精粹所在。《六谕》以后成为明代社会教化活动的重要内容,很多官员和士绅都在乡约聚会的场合上,向民众讲说、演绎其内涵。

太祖推行教化的另一特色,则是敕撰和颁行为数众多的教训性、告诫性书籍。在近代学者对于明代敕撰书籍的研究中,李晋华于1932年出版的专书《明代敕撰书考》是最重要的先驱。此书据《明实录》和《千顷堂书目》等书所记,考出"明代诸臣奉命编纂,及钦定、御定、御纂、御制、御批、御注、御选"的敕撰书约二百部,[2]各予叙录,详略不等。

李晋华认为,这些敕撰书的性质和编纂用意有三。其一是体现"专制君主御天下之权术",尤其明太祖所敕撰的,"均为戒其子孙如何宰治天下,文武诸臣如何事君,士庶如何守法之用意"。其二是体现"专制君主怀柔学者之阴谋"。其三"系因继统之皇子皇孙,生长深宫,不读书则无以明治道,尽读书则万乘之尊,精神体力有所爱惜;虽赞善、谕德、侍读、侍讲诸臣应有尽有,

---

[1] 《明太祖实录》卷二五五,洪武三十年九月辛亥,页3677。
[2] 李晋华,《明代敕撰书考》(北平:燕京大学图书馆,1932)"自序"。据李氏调查,这二百部敕撰书当时尚存的只有三分之一强,包括北平图书馆所藏六十部和故宫博物院图书馆所藏十余部。

亦不能讲解无遗；不能不以经史诸书，择其要者，提纲挈领，纂其大概，俾易通晓"。正如此书顾颉刚序所概括的，这些敕撰书的目的，无非是创业君主"图子孙久长之业"而已。顾氏在指出这些书籍"成于洪武、永乐两朝者超过半数，洪武一朝又几两倍永乐"的事实之余，强调它们更体现了太祖认识"专制政治之不足，复顽行各种道德教条以控御臣民之思想"的做法。[1]

对于各个用意不同的这些明代敕撰书的价值，李晋华认为，当中"凡属于经史及明一代典章制度者均具有相当价值……至于劝惩之书，不论其为训示子孙或诰诫诸臣及晓谕天下臣庶者，皆甚无聊。此类书，在明代敕撰书中几占半数，未免枉费当时儒臣之心力"。而顾颉刚的看法比较周延。他认为，"官书所载当日政令，大都曾与平民生活发生关系，范围既广，影响亦远，殊非私家著作所可比拟。且各时代执政者之思想见解存焉，其掩饰与浮夸不啻自道其情。自史料之观点言之，固当历万古而不废者也"。这些敕撰书无疑既对当时的现实生活有影响，又能反映下令者和执行编撰者的思想。

教化性敕撰书的编撰，在明初形成一种传统。洪武朝之后其数量虽然逐渐减少，但永乐朝还有《孝顺事实》《为善阴骘》，宣德朝有《五伦书》，正统朝有《历代臣鉴》，景泰朝有《历代君鉴》，直到成化朝尚有《文华大训》。本文只限述论明太祖所敕撰的，借以见太祖教化思想的根源及其大旨所在。

二

明太祖之所以锐意敕撰教化性书籍，和他对于书本知识的

---

[1] 顾颉刚，《明代敕撰书考序》，见李晋华《明代敕撰书考》书前。

功用、人的可塑性以及君主职责的理解是分不开的。太祖爱好读书，又因早年失学，故尤期待其臣民能够读书好学。他在洪武八年的御注《道德经》中，独出己见，将字面意义自明的"绝学无忧"句做了这样的解释：

> 罄世务以充吾腹，所以绝学无忧，妙哉！尝闻孔子无常师，盖世人之学，未尝能备其世事者。志士不过知世事之三五而已。惟世间之诸善，世之贤愚者，虽多少之不同，皆能有之。常人不能备习，惟太上者独能取诸人之善，为己之善，故为非常道，非常名。《经》云"太上"，非道家之虚言。此云最上之人，言人不可与齐肩是也。又孔子无常师，以其博学也。博之既尽，其世事朗然矣。所以云"四十而不惑"，乃绝学无忧是也。[1]

他将"绝学"的"绝"解释为罄尽，[2]将"'绝学'理解为把学问做绝底，而不是把学问绝弃"。[3]明太祖御注《道德经》还有其他多处说及"学"的地方，可见他对学的重视。

太祖凡事务实，他所谓的"学"自然不限于书本，但事实上他却对书本知识非常重视，对于"文字"的重要性，尤其经史所载者对于治国的重要性，向来深信不疑。[4]所以，凡是对认识治国道理有用的知识，不管其来源是经训或是史事，他都认为有向

---

[1] 高专诚，《御注老子》（太原：山西古籍出版社，2003），页113。
[2] 柳存仁，《道藏本三圣注道德经会笺》，《和风堂文集》（上海：上海古籍出版社，1991），页278。
[3] 高专诚，《御注老子》，页114。
[4] 有关明太祖对于经史讲论的行事，参看朱鸿林，《明太祖的经史讲论情形》，《中国文化研究所学报》第45期（2005），页141—172。

臣民传播的价值,因而将之编撰成书。这是教化性敕撰书的重要缘起。这样的书籍虽然出于敕撰,并且经过他的批准才能成书,但因出于儒臣之手,所以其中的思想理念基本上也是儒家的。这些书正好反映了儒家思想对太祖所起的先入为主作用。

太祖教化思想的理论基础,乃至他对于教化能力所具的信心,是根植于孟子"性善"论、张载"变化气质"论上的。这些自先秦发展至宋代的儒家形而上学理论认为,人性天赋本善,生来则有物欲的掺杂而带有气质,但人可以通过思维上和生活上的修养,将这气质之性净化而恢复其原善之性。太祖接受这个理论,并且相信人能够在"教"和"诫"兼施之下,自发彰善,去恶复善。

这种对于人的可塑性的信心,在洪武六年一次对中书省臣所说的话中表露无遗:

> 马虽至驽,策励可以致远;木虽至朴,绳削可以致用;人虽至愚,勉教可使成材。故圣人之教,无弃人;君子之化,无鄙俗。朕观今之为吏者,寡于学术,惟弄文法,故犯罪者多。若得贤官长以表率之,又日聚而教之,及告以古人为吏而致通显者,与夫守身保家之道,岂有不化而为善乎?自今省台六部官,遇有暇时,集属吏,或教以经史,或讲以时务,以变其气质。年终考之,视其率教与否,则可以知其贤不肖矣。[1]

这种信心导致一种理想主义者的想法:做官需要具备学术,官员可以因教成善,而高官需才德学行兼备,足为下属师表。

---

[1]《明太祖实录》卷八二,洪武六年五月癸卯,页1476—1477。

"教以经史"和"讲以时务"有助于提高官吏素质的想法,则反映了当时为吏者传统文化知识普遍低下,后来则造就了明代官员讲学的传统。正德年间王阳明和湛若水在吏部讲学,万历年间东林在朝官员于京师讲学等事情,可不被视为违法,正因有曾经施行过的祖制和祖法作为根据。

对于教化的可行性,即使在颇为极端的情形之下太祖也坚信不疑。洪武十三年春胡惟庸谋叛事觉,株连诛戮者甚众,太祖仍然因为"人性本善,未尝不可教戒",欲变化其气质,改造其品行,稍后命翰林儒臣编成一本给为人臣者"俾知所警"的《臣戒录》。[1]

明太祖的教化思想中,以重视历史故事的训诫作用尤为特出。太祖很多言论显示了他一生相信前言往行对于现实生活有正面意义,古代故事的教训对于人的行为有正面影响。他自己喜爱阅读刘向的《新序》,洪武十四年四月又命令国子生"读经史之暇,兼《说苑》、律令",原因是"士之为学,贵于知古今,穷物理,圣经贤传学者所必习,若《说苑》一书,刘向之所论次,多载前言往行,善善恶恶,昭然于方册之间,朕尝于暇时观之,深有劝诫。至于律令,载国家法制,参酌古今之宜,观之者,亦可以远刑辟"。[2]《新序》和《说苑》之所以获得重视,是因为它们所载的人物事情具体、善恶后果分明,有深切的教化作用。这些故事太祖不只用来提醒自己,也用来给后妃诸王、公侯将相、文武官员和平民百姓提供鉴诫。

对于现实政治中与国家盛衰存亡相关的大问题,太祖也想通过编纂相关的历史事例,垂示后人。洪武九年十一月,他与侍臣

---

[1]《明太祖实录》卷一三二,洪武十三年六月,是月,页2100。
[2]《明太祖实录》卷一三七,洪武十四年四月丙辰朔,页2159。

论及"古之女宠、宦官、外戚、权臣、藩镇、夷狄之祸"这六大威胁政权的力量时,便曾表示过"此数事者,尝欲著书,使后世子孙以时观览,亦社稷无穷之利也"。[1]太祖虽然没有将这六类祸乱之源的史事逐类著书,但在他的敕撰书中,几乎都有所涉及。

太祖不断敕撰和颁行教化性书籍,其所展现的正是儒家向往的人君当兼君师之任而行治教之道的理想。君师合一和治教兼行之道,不只是明太祖的自我期待,也是儒臣们对他的期待。洪武二年二月,太祖向召至京师的郡县富民训话,要求他们安分为善,王祎便称赞太祖所为可比"皆兼君师之任"的古代帝王,"诚所谓兼治教之道"。[2]六年七月,宋濂也曾回答太祖问话说:"人君兼治教之责,躬行以率之,天下有不从教化者乎?"[3]儒家的政治理论认为,人君职责在于代天理物,天之于物无所不包,故君对于物(事)也无所不理;君职的最终目的是治平天下,做到万物各遂其生,人民也像《尚书·尧典》所说的"黎民于变时雍"。明太祖对于君职的看法和他的儒臣们一样,都认为"君职"本身包含了一般所认识的"君"职和一般所忽视的"师"职;一般的君职责在养民,师职责在教民;而三代以后的人君,几乎都忽视了师职。太祖自期的则是,以"教民"和"化民成俗"的作为,来尽其作为人君的师职,完成和满足上天对他的眷顾和托付。太祖一生的言论显示,他深信世间所有人物均须有其当然的位分和职责,而唯有尽职才算尽责和尽分,也才算尽了生存的意义,所以他的君师合一作为,是自知自觉的。

明太祖通过敕撰教化性书籍来体现这个君师合一理想,不知

---

[1] 《明太祖实录》卷一一〇,洪武九年十一月辛巳朔,页1825。
[2] 《明太祖宝训》(台北:"中研院"历史语言研究所,1967)卷二,页145—146。
[3] 郑楷,《潜溪先生宋公行状》,罗月霞主编,《宋濂全集》(杭州:浙江古籍出版社,1999)册4《潜溪录》卷二,页2352—2355。

始于何时，但从建国一统有望的时候已经付诸实践，并且贯彻于洪武一朝。从这些敕撰书的内容和写法可见，太祖认为历史故事的劝诫作用是超越年龄及社会层级的，而要让这些故事发挥预期的作用，其内容需要具体而有根据，文字需要平易，解释需要明白直接。

三

根据明太祖所拟教化的对象，洪武朝的教化性敕撰书可以分为下列各类。

（一）明太祖提醒自己的敕撰书

太祖的教化性敕撰书，最早的其实是为他自己阅读而编写的。至正二十五年六月，他以儒士滕毅、杨训文为起居注官，要求他们注意"起居之职，非专事记录而已，要在输忠纳诲，致主于无过之地"。不久他又命令滕毅、杨训文"集古无道之君，若夏桀、商纣、秦皇、隋炀帝所行之事以进"。这样做的原因是："往古人君所为善恶，皆可以为龟鉴，吾所以观此者，政欲知其丧乱之由，以为之诫耳。"[1] 这是太祖以史为鉴的表现，可惜此书的编撰结果怎样，缺乏记录可考。

现在可考的编撰，则是专为帮助斋戒时澄心专志的《存心录》。此书洪武元年三月开始编撰，《明太祖实录》记其缘起说："上以祭祀为国大事，念虑之间，傲诚或怠，则无以交神明，乃命礼官及诸儒臣编集郊社、宗庙、山川等仪，及历代帝王祭祀感

---

[1]《明太祖实录》卷十七，至正二十五年六月乙卯，页232—233。

应祥异，可为监诫者，为书以进。"〔1〕洪武四年七月书成，太祖看后又向儒臣们重申说："朕观历代贤君事神之道，罔不祇肃，故百灵效祉，休征类应。及乎衰世之君，罔知攸敬，违天慢神，非惟感召灾谴，而国之祸乱亦由是而致。朕为〔此〕惧，每临祭，必诚必敬，惟恐未至。故命卿等编此书，欲示鉴诫。夫水可以鉴形，古可以鉴今，是编所以彰善恶，岂惟行之于今，将俾子孙永为法守。"〔2〕此书因为记载历史上发生过的相关事情，所以有历史的"鉴诫"作用。太祖敕撰此书充分反映了他不只深信历史教训能够为具体行事提供参考，也深信认识和参照历史事例对于帝王的内心修养着实重要。

太祖对于《存心录》的应用，更反映了他对敕撰书看待之认真。洪武三年一月，此书还在编纂之中，太祖便已利用它了。《明太祖实录》载："上谕中书省参政陈亮、侯至善曰：'司天台言，朔日以来，日中有黑子，其占多端，朕观《存心录》，以为祭天不顺所致，今郊坛从祀，礼文太简，宜命礼部太常司，详拟圜丘、方丘增以十二月将、旗纛之神。'于是礼部尚书崔亮奏：'成周祭天，惟祀帝与日月……止祀日月星辰太岁为简而当。'上然之而止。"〔3〕这里不只可见太祖从善如流，更可见敕撰书对他来说，并非徒为美观，而实有提供行事参考的功用。

（二）给后妃、子孙训诫的敕撰书

在教化内廷后妃方面，太祖早在洪武元年三月，便命翰林儒臣朱升等修撰《女诫》一书。修书的理由和目的，《实录》记载

---

〔1〕《明太祖实录》卷三一，洪武元年三月己亥，页540。
〔2〕《明太祖实录》卷六七，洪武四年七月辛亥朔，页1253。
〔3〕《明太祖实录》卷四八，洪武三年元月丁酉，页953。

如下:"治天下者,修身为本,正家为先。正家之道,始于谨夫妇。后妃虽母仪天下,然不可使预政事。至于嫔嫱之属,不过备执事、侍巾栉,若宠之太过,则骄恣犯分,上下失序。观历代宫闱,政由内出,鲜有不为祸乱者也。夫内嬖惑人,甚于鸩毒,惟贤明之主,能察之于未然,其他未有不为所惑者。卿等为我纂述《女诫》,及古贤妃之事可为法者,使后世子孙知所持守。"[1]这是太祖为子孙贻谋的事情,其所本的是孟子、董仲舒以来儒家的一贯思想,只是所用的仍是"以史为法"的方法。

在推行内廷教化的事情上,太祖有幸地得到同心同德的马皇后的帮助。马皇后爱好历史,她以古之贤淑后妃为模范,和太祖取法先王的做法基本相同。《实录》记载:

〔后〕尤好诗书。……劝上亲贤务学,随事几谏,讲求古训,谕告六宫,孜孜不倦。一日,集女史清江范孺人等问曰:"自汉唐以来,何后最贤,家法何代最正?"对曰:"惟赵宋诸后多贤,家法最正。"后于是命女史录其家法贤行,每令诵而听之。曰:"不徒为吾今日法,子孙帝王后妃皆当省览,此可以为万世法也。"……后〔又〕令诵《小学》,注意听之。既而奏曰:"《小学》书言易晓,事易行,于人道无所不备,真圣人之教法,盍表章之。"上曰:"然,吾已令亲王、驸马、太学生咸讲读之矣。"……〔及崩〕上恸哭,终身不复立后。……后在时,内政一不以烦上,上从容甚适,故不胜哀悼焉。[2]

---

[1]《明太祖实录》卷三一,洪武元年三月辛未朔,页535。
[2]《明太祖实录》卷一四七,洪武十五年八月丙戌,页2303。

马皇后吸取知识的方式，以听诵为主，虽然没有像太祖那样积极参与经史讲论，但听的也都是儒家道理，对于"言易晓，事易行"的历史故事的教化意义，也和太祖一样相信无疑。

明太祖对于子孙的教训，除了身教和言教之外，还有图画和教化性书籍，而且以教化性书籍为主。洪武元年四月，曾命"画古孝行及身所经历艰难起家、战伐之事为图，以示子孙"。理由是"富贵易骄，艰难易忽，久远易忘，后世子孙生长深宫，惟见富贵，习于奢侈，不知祖宗积累之难，故示之以此，使朝夕览观"。[1]教化性的书籍则有下列数种。

首先是《昭鉴录》。[2]洪武六年三月起，先后命礼部尚书陶凯、主事张煮、秦王傅文原吉、翰林院编修王僎等多人编撰，内容为"采摭汉唐以来藩王善恶可为劝诫者"，是年五月成书两卷，太祖命太子赞善大夫宋濂为序以进，又自为御序，赐以书名，颁赐诸王。

此书的缘起颇为特别，《实录》记载太祖对文原吉等说："朕于诸子，常切谕之，一举动，诫其轻；一言笑，斥其妄；一饮食，教之节；一服用，教之俭。恐其不知民之饥寒也，尝使之少忍饥寒；恐其不知民之勤劳也，尝使之少服劳事。但人情易至于纵恣，故令卿等编辑此书，必时时进说，使知所警诫。然赵伯鲁之失简，汉淮南之招客，过犹不及，皆非朕之所望也。"[3]但此书的太祖御序则说："朕因靖江王守谦不法，蹈其父恶，虽未全见，其萌之意，仿佛如之。思无可制，特命儒臣于诸史内摭类历代藩王事迹，编而成书，示使朝夕目之，诚必为善。书方编未成，

---

[1] 《明太祖实录》卷三一，洪武元年四月戊申，页547。
[2] 见李晋华，《明代敕撰书考》，页7。刊本作《宗藩昭鉴录》。
[3] 《明太祖实录》卷八十，洪武六年三月癸卯，页1448。

是子终不改过,妄行引古牵今,内多含冤抱恨,后为庶人……然此子虽不服教矣,书既成编,当布示吾诸子,使观贤不肖何如。……必子孙见此,增修厚德,消平祸乱之愆,人各膺天福禄,此朕之幸也。"[1]可见,此书是因个案而推及全体的。整体上看,太祖对诸子的行为表现并不满意。

据宋濂序文所说,此书原是打算与同时编纂的《祖训录》初定本相辅而行的。[2]是书于诸史"善与恶可为劝惩者咸采焉。其文芜事泛,则删取其大概;或有奢淫不轨,无复人理者,辄弃而不收。……臣濂钦惟皇上既正天位,即定青宫,众建诸子为王,作镇雄藩,于是发自渊衷,锡以宝训,凡箴诫之谆切、礼仪之等第、兵卫之出入,与夫职制营缮、法律供用之属,具录成书,共一百一十有余条。然虑其文太繁,前史之事可据以为鉴诫者,多于各条之下微著其纲,而其目则悉载此书,庶几得以互见。"[3]可见,此书的针对性十分明显。太祖希望通过小惩大劝的历史故事,让诸子们吸取古人的教训,提高警惕,安守本分。

《昭鉴录》之外还有《纪非录》一卷。[4]此书仅有清人传抄本存世,其内容最近才有学者作详细分析。据研究可知,此书历

---

[1] 钱伯城、魏同贤、马樟根主编,《全明文》第一册《朱元璋》(上海:上海古籍出版社,1992),页196,《昭鉴序》。
[2] 关于《祖训录》的编纂与改订之研究,见黄彰健《明清史研究丛稿》(台北:台湾商务印书馆,1977),页31—56,《论〈祖训录〉颁行年代并论明初封建诸王制度》。张德信,《〈祖训录〉与《皇明祖训》比较研究》,《文史》第45辑(北京:中华书局,1998),页139—162。
[3] 宋濂,《宋濂全集》,页650—651,《銮坡后集》卷五《昭鉴录序》。按:此本引文中"宝训"二字误用书名号,《皇明宝训》为是年九月宋濂等奉命纂修《日历》时,仿照《贞观政要》体例,将太祖事迹分四十类编成五卷的敕撰书,事情在《昭鉴录》之后,见《宋濂全集》,页762,《銮坡后集》卷十《皇明宝训序》。
[4] 李晋华,《明代敕撰书考》,页22,引明焦竑《国史经籍志》,仅说此书"一卷,以训示周、齐、潭、鲁诸王"。

载秦王朱樉罪行达三十七项以及周、齐、潭、鲁诸王各人所犯罪行数项至十数项不等，均经太祖过目然后成编，传诸藩府。书前有太祖自撰序文，作于洪武二十五年左右，结尾数句说："今周、齐、潭、鲁将所封军民一概凌辱，天将取而不与乎？是子等恐异日有累家邦，为此册书前去，（期）〔朝〕暮熟读以革前非，早回天意，庶几可免。汝其敬乎！"可见此书与早年的《昭鉴录》内容有别，以当前事实代替历史事例，但性质仍是借警告以达劝化的目的。[1]

给诸王提示警醒和教训的同时，太祖命令辅导诸王的王府官员也各自编撰相关书籍。《昭鉴录》成书不久，洪武六年九月命侍御史文原吉为秦府右相国，国子助教朱复为燕府参军，给敕谕说："王今长，宜朝夕左右，辅成其德，三二年后，复遣王之国。汝等宜尽心所事，取鉴于古。何者为善，何者为不善，采摭古人仕为王臣，孰能以正辅导，孰为不能，编次成集，朝夕览观。遇有所行，则择其善而去其不善，务引王于当道。"[2]这同样具有教化性质。

太祖除了要诸子以历史上同等身份人物的故事来认识自己，也要他们认识奸伪的臣下以为鉴诫。洪武六年七月，太子赞善宋濂等便奉命"搜萃历代奸臣事迹，编为《辨奸录》一书，并诏进诸王，各分赐之"，[3]便是这个用意的体现。

太祖虽然重视阅读历史教训，但敕撰给诸子提供鉴诫的书籍效果看来有限。洪武中后期秦王樉、周王橚、齐王榑、潭王梓、

---

[1] 此段所说及所引明太祖《纪非录》序文，见陈学霖，《明太祖对皇子的处置：秦王朱樉罪行与明初政治》，收入朱鸿林编，《明太祖的治国理念及其实践》（香港：香港中文大学出版社，2010）。
[2] 《明太祖实录》卷八五，洪武六年九月己酉，页1511—1512。
[3] 李晋华，《明代敕撰书考》，页7，引（明）劳堪，《皇明宪章类编》。

鲁王檀、靖江王守谦等藩王荒淫败德之事，足可反映此点。[1]即便如此，太祖仍然没有放弃这类书籍的编撰，只是后来鉴于事态，不再采用早年的"小惩大劝"式做法而已。洪武二十六年十二月成书的《永鉴录》，"其书辑历代宗室诸王为恶悖逆者，以类为编，直叙其事，颁赐诸王"。[2]对于拥有兵柄的藩王，他仍然不放弃以历史教训作为警诫和教化他们的工具。

这类给诸王（以及后来的宗室）的敕撰书中最重要的，是洪武六年五月太祖四十六岁时编成的《祖训录》以及此书以后的修订本《皇明祖训》。此书旨在"开导后人"，主要以制度规范为主，也有教训的性质。洪武二年四月，太祖即"诏中书编《祖训录》，定封建诸王国邑及官属之制"，历经"首尾六年，凡七誊稿"，才告成编。全书分为十三目："曰箴诫，曰持守，曰严祭祀，曰谨出入，曰慎国政，曰礼仪，曰法律，曰内令，曰内官，曰职制，曰兵卫，曰营缮，曰供用。"[3]后来历经修订，洪武九年正月及洪武十四年中均有所更定，[4]至洪武二十八年九月颁其条章于内外文武诸司，并敕谕礼部说，此书"定为家法，俾子孙世世守之。尔礼部其以朕训颁行天下诸司，使知朕立法垂后之意，永为遵守。后世敢有言改

---

[1] 诸王事迹，见张廷玉等修撰《明史》（北京：中华书局，1974）卷一一六、一一八，《诸王》一、三；出自太祖所言的，见于台北故宫博物院所藏《明太祖皇帝钦录》（影印本载于《故宫图书季刊》第 1 卷第 4 期［1970 年 9 月］），大要见昌彼得，《〈太祖皇帝钦录〉叙录》，《故宫图书季刊》第 1 卷第 4 期，页 71—72；陈学霖，《关于〈明太祖皇帝钦录〉的史料》，《暨南史学》第 2 辑（2003 年 12 月），页 217—229。

[2] 《明太祖实录》卷二三〇，洪武二十六年十二月，是月，页 3370。

[3] 《明太祖实录》卷八二，洪武六年五月壬寅，页 1470—1472。参看李晋华，《明代敕撰书考》，页 4—5；黄彰健，《论〈祖训录〉颁行年代并论明初封建诸王制度》，《明清史研究丛稿》，页 31—56。

[4] 此点《明太祖实录》未载，黄彰健，《论〈祖训录〉颁行年代并论明初封建诸王制度》文考出。

更祖法者，即以奸臣论，无赦"。[1]此书因而具有"制书"的法律地位。是年闰九月改名为《皇明祖训》，仍然十三目，但改首目称"祖训首章"，同时因减亲王禄米之事，召诸王至京谕以缘故，并以新本赐之。[2]《祖训录》和《皇明祖训》虽然主要在为诸王订立规制，但正如黄彰健所说："《祖训》所定，虽有防闲王府处，然就人情而言，则诸王孙子姓，究较群臣为亲，故《祖训》谆谆诫嗣君及诸王，和衷共济，以免朝廷大位为他人所得。"[3]其教化意思明显可见。

太祖不只命令朝臣不准变更《祖训录》所载，同时也责成诸王和王府辅臣务必遵守。《祖训录》初编成后，"于是颁赐诸王，且录于谨身殿东庑，乾清宫东壁，仍令诸王书于王宫正殿，内宫东壁，以时观省"。太祖公开告诉侍臣说："后世子孙守之，则永保天禄，苟作聪明，乱旧章，是违祖训矣。"[4]洪武十一年三月，命太子正字桂彦良为晋王右傅，敕谕之曰："凡王府之事，专以《祖训录》为规，无作聪明，务欲安静，无出位以干有司，惟导王以从正道，以此而行，则王佐之材足矣。"[5]此书因是可作法令依据的典章，[6]所以太祖对其落实的要求也特别明确切实。

(三) 给功臣训诫的敕撰书

明朝功臣颇多恃功肆横，骄傲犯法，太祖给他们的训诫和给

---

[1] 《明太祖实录》卷二四一，洪武二十八年九月庚戌，页3503。
[2] 《明太祖实录》卷二四二，洪武二十八年闰九月庚寅，页3517—3518。
[3] 黄彰健，《论〈祖训录〉颁行年代并论明初封建诸王制度》，页43。
[4] 《明太祖实录》卷八二，洪武六年五月壬寅，页1470—1472。
[5] 《明太祖实录》卷一一七，洪武十一年三月己丑，页1918。
[6] 例如，《明太祖实录》卷一二二，洪武十二年二月壬子，页1977，礼部尚书朱梦炎所言事情："《祖训录》已定公主、郡主、县主岁赐禄米之数，其有嫡长子者，今宜从其父之品秩食禄，而不任事。如驸马从一品，郡主之夫从二品，县主之夫从三品，其子当食其父之品禄。"太祖从之。

其子孙的训导也时有所见。早在至正二十六年十一月，太祖便命儒士熊鼎和朱梦炎等为功臣子弟修《公子书》。修书的原因是："公卿贵人子弟，虽读书，多不能通晓奥义。不若集古之忠良、奸恶事实，以恒辞直解之，使观者易晓，他日纵学无成，亦知古人行事，可以劝诫。"[1]历史载籍多是王侯将相的成败事迹，所以对于公卿贵人子弟来说，历史故事实有现实意义，虽然太祖的重点是要他们知晓忠良和奸恶之别，从而尽忠、去恶。

这方面的教化，也是借着制度而推行的。最重要的相关的敕撰书，是洪武二十六年三月颁示的《稽制录》。《实录》载："上自即位以来，封赏功臣，皆稽考前代典礼，凡封爵、禄食、礼仪等差，悉仿唐宋之制，其间因时损益，皆适其宜。然功臣多武人，不知书，往往恃功骄恣，逾越礼分，甚或肆情废法，奢僭不度。及蓝玉以反诛，藉其家，见其服舍器用僭侈逾制，上因诏翰林院稽考汉唐宋功臣封爵食邑之多寡，及名号虚实之等第，编辑为书，名曰《稽制录》，御制序文，颁示功臣，使之朝夕省览，以遏其奢僭。"[2]太祖敕撰和颁行此书，有"保全勋旧之道"，至少也有其意。颁行之后，一时也见奏效。[3]

《稽制录》后来修订为《稽古定制》，并且内容有所增加。洪

---

[1]《明太祖实录》卷二一，至正二十六年十一月壬辰，页308。
[2]《明太祖实录》卷二二六，洪武二十六年三月，是月，页3310。
[3] 例如，《明太祖实录》卷二二七，页3316，洪武二十六年五月甲子记载："魏国公徐辉祖、崇山侯李新奏：《稽制录》所载，公侯家人及仪从户，存留如制，余请给付有司。上命发凤阳，隶籍为民。"次月（《明太祖实录》卷二二八，页3328，洪武二十六年六月辛丑），又命礼部申严公侯制度僭侈之禁。敕曰："……朕自即位之初，稽古定制，凡爵禄礼仪等杀，皆著为令，俾勋臣之家世守之。朕观前代受封，皆为虚号，其于禄食，止给缯布。我朝赐之膏腴土田，所以待有功者不为不至，尚有不知分限，以速罪戾者。已命翰林历考汉唐宋故事，辑为《稽制录》，颁之勋臣，使有所遵守。尔礼部其申明之，仍将公侯食禄及服舍器用等杀，著为定式，俾不至于奢僭，亦保全勋旧之道也。"

武二十九年十一月诏颁行此书。《实录》说："先是，上以诸功臣之家，不循礼法，往往奢侈自纵，以致覆亡，虽屡加诫敕，终莫之省。乃命翰林儒臣取唐宋制度，及国初以来所定礼制，参酌损益，编类成书。凡勋旧之家，坟茔碑碣丈尺，房屋间架，及食禄之家货殖禁例，皆有定制。命颁之功臣之家，俾遵行之。"而其实也适用于所有文武官员之家。[1]

（四）给臣下训诫和警示的敕撰书

太祖特别给一众臣下颁行的训诫书籍，首先有洪武十九年三月成书的《省躬录》。是书与太祖为警诫自己而编撰的《存心录》性质相同，《存心录》如前所述，"编集历代帝王祭祀祥异感应可为鉴诫者为书"。《省躬录》则"编类汉唐以来灾异之应于臣下者"，[2]其目的在于帮助臣下做内心修省。

同样旨在要求官员们自省的敕撰书，还有洪武二十五年八月成书的《醒贪简要录》。此书的缘起和大概内容，见于《实录》所载太祖谕廷臣之言："'四民之中，士最为贵，农最为劳。士之最贵者何？读圣贤之言，明圣贤之道，出为君用，坐享天禄。农之最劳者何？当春之时，鸡鸣而起，驱牛秉耒而耕，及苗既种，又须耘耨，炎天赤日，形体憔悴，及至秋成，输官之外，所余能

---

[1]《明太祖实录》卷二四八，洪武二十九年十一月己巳，页3598。李晋华认为《稽制录》与《稽古定制》是同一本书，是"洪武二十六年三月书成，二十九年十一月己巳颁行"。按：从《明太祖实录》关于《稽制录》内容的记述，以及从《稽古定制》的御制序和本书内容看，后者应该是前者的扩充。最明显的分别是，前者只为功臣所撰，后者遍及文武食禄之家。《实录》于《稽制录》说有"御制序文"，于《稽古定制》未说有序，而《稽古定制》刊本则有"洪武二十九年十一月望日序"。比较《实录》关于《稽制录》内容的记述与《稽古定制》御制序文可见，后书序文是由前书序文修订而成，其情形与《皇明祖训》御制序略同，此序于《实录》中仅见于《祖训录》序文。

[2]《明太祖实录》卷一七七，页2684，洪武十九年三月，是月。

几？一或水旱虫蝗，则举家遑遑无所望矣。今居官者，不念吾民之艰，至有刻剥而虐害之，无仁心甚矣。'于是命户部臣，备录文武大小官品岁给俸米之数，以米计其用谷之数，又计其田亩出谷之数，与其用力多寡，而为之书。……颁布中外，俾食禄者知所以恤民。"[1]这是直接诉诸良心之作。

特别具有警诫性的，则有洪武二十六年十二月命编的《世臣总录》。此书和专为宗室诸王而作的《永鉴录》同时编纂，内容"辑历代为臣善恶可为劝惩者"，同样用"以颁示中外群臣"。[2]此外，洪武二十五年还敕撰过《彰善瘅恶录》和《续录》两种。据张萱《内阁藏书录》所记，"太祖命吏科将历年为善受赏、为恶受罚者，类集成书，刊布之，以示劝诫"[3]。此书看来性质和《永鉴录》相同，而内容则为当代的真实个案。

另一种有针对性的教化书籍，则是因叛逆案件而敕撰的。洪武十三年正月，胡惟庸谋叛事发，太祖在诛捕涉案的公侯将士之后，敕撰《臣诫录》一书，是年六月书成，内容是"纂录历代诸侯王、宗戚、宦官之属，悖逆不道者，凡二百十二人，备其行事，以类书之"，目的是让中外群臣"俾知所警"。[4]

洪武十三年冬，又敕撰了《相鉴》一书。此书顾名思义，内容包括《贤臣传》和《奸臣传》两部分。据李晋华说，此书由编修吴沉与儒士、国子生等奉命编撰，取录两汉、唐宋以来贤相萧何至文天祥凡八十二人，为《贤臣传》十六卷，取录田蚡至贾似道凡二十六人，为《奸臣传》四卷。有吴沉序，又有太祖御制

---

[1] 《明太祖实录》卷二二〇，洪武二十五年八月，是月，页3228。
[2] 《明太祖实录》卷二三〇，洪武二十六年十二月，是月，页3370。
[3] 李晋华，《明代敕撰书考》，页17。
[4] 《明太祖实录》卷一三二，洪武十三年六月，是月，页2100。

明太祖的教化性敕撰书 | 227

《相鉴序》《相鉴贤臣传序》《相鉴奸臣传序》三篇。[1]太祖敕撰此书的缘起见于《相鉴序》。他因有感于儒者皆读《春秋》而"临事多谬",其故在于"不从善而从恶之纪,杂处群书,所以不能精知利害也。因命儒臣纂汉至宋以〔来〕历代史书贤不肖者,类为贤奸两书,使智者易为目诵,贤者易为取舍。虽是非已往于千古,才开卷犹见之于目前。若君子者,孰从恶而不从善耶"?[2]《相鉴贤臣传序》的主旨是,贤者应明了忠孝之道,而唯有事君以忠,才算笃于孝亲。[3]《相鉴奸臣传序》的主旨是,为臣者倘若自恃聪明,不以诚信响应君主的信任,结果必定是自招祸殃。[4]太祖敕撰此书,仍然是相信历史故事对人会起正面作用,即使对于富于阅历和识见的宰辅大臣也会起到作用。

胡惟庸案的案情,也被敕撰成书,并予颁布。《千顷堂书目》著录了《昭示奸党录》三录和《清教录》二书。据书目附注,《昭示奸党录》"辑录奸臣胡惟庸等罪迹而昭示之",《清教录》则"备录僧徒交结胡惟庸谋叛者六十四人事迹,以示榜诫"。[5]

同类的敕撰书还有因蓝玉案而纂辑的《逆臣录》。此书五卷,辑录蓝党近千人的供词,书前有洪武二十六年五月朔日御制

---

[1] 李晋华,《明代敕撰书考》,页12。

[2] 《全明文》第一册,页197。

[3] 《全明文》第一册,页197—198。相关文字如下:"且贤之所学,初笃明孝亲。……孝之既明,然后乃能事君。……所以非孝不忠,非忠不孝。……如事君不忠,致父母生有累焉。如不累焉,身当其罪者,则父母忧戚焉。……或父母已逝,而孝犹笃然而慎焉,不敢不忠君者,孝在安神魂于九泉。若或不忠,惟恐阴阳之道殊,愆连父母有所不知。"

[4] 《全明文》第一册,页198。相关文字如下:"丞相胡惟庸不法……聪之至极,返复愚者也。"这类人因为"不守人臣之分,恃要持权,窥视人主之意,包藏祸心,舞文弄法,肆志跳梁,不以人主信任之恩为恩,返行乘几愚弄。孰不知人以诚推己,己以伪从,祸将有日矣"。

[5] 李晋华,《明代敕撰书考》,页12。李晋华认为此数书都是洪武十三年春后所编的。

序。[1]序文斥责蓝玉是"反贼",指挥大军有军功,自以为才能不凡,因而无礼不法。"此等愚夫,不学无术,勇而无礼,或闲中侍坐,或饮宴之间,将以朕为无知,巧言肆侮,凡所动作,悉无臣礼。及在外,非奉朝命,擅将官员升降,黥刺军士,不听诏旨,专擅出师,作威作福,暗要人心。朕数加诫谕,略不知省,反深以为责辱,遂生愤怒……谋为不轨。……〔故此〕特敕翰林将逆党情词辑录成书,刊布中外,以示同类,毋得再生异谋。"

(五) 给军人训诫的敕撰书

太祖由行伍而兴,历经战阵,对于军官虐待士兵的情形相当清楚,因而对于将领、军官的教化和警诫,也不遗余力。和对功臣一样,他也利用敕撰书来对他们加以规范和教化。

规范性的敕撰书,有洪武二十年十月成书的《礼仪定式》。《实录》记载此书缘由说,太祖谕礼部尚书李原名:"往者臣僚尊卑礼仪,已尝定议颁降,其中节目有未详尽,宜重加考正,著为定式,申布中外。原名乃集诸儒臣,稽考旧制,重加订定,凡二十六条。……条列成书,名曰《礼仪定式》,命在京公侯以下,在外诸司官员,并舍人、国子生及儒学生员、民间子弟,务在讲习遵守,违者问如律。"[2]

警诫性的敕撰书,则是洪武二十年十二月编成的《武臣大诰》。《实录》记载此书的缘起和目的说:"上以中外武臣多出自戎伍,罔知宪典,故所为往往丽法,乃亲制诰三十二篇以训之,俾知守纪律,抚军士,立勋业,保爵位。颁之中外,永为遵

---

[1] 此书今有北京大学出版社 1991 年出版的北京大学图书馆藏明抄本标点本。其序文也见于《全明文》第一册,页 806。
[2] 《明太祖实录》卷一八六,洪武二十年十月丁卯,页 2789—2794。

守。"[1]此书于二十一年七月颁赐天下军官,太祖并命兵部申谕武臣子弟诵习。理由是"其子孙世袭其职,若不知教,他日承袭抚驭军士,或蹈覆辙,必至害军。〔到时〕不治则法不行,治之又非保全功臣之意"。故为此书以行教化,"盖导人以善行,如示之以大路;训人以善言,如济之以舟楫"[2]。洪武二十四年五月,又在京师卫所宣传推广,"命国子监生解奎等四十三人,于在京各卫说《武臣大诰》"[3]。

在推广学习以当代武官犯罪案件为内容的《武臣大诰》之余,太祖也对军官们进行以史为鉴的正面劝谕工作。洪武二十一年十月,太祖向武臣颁布《武士训戒录》。《实录》记载此书缘起和内容说:"时上以将臣于古者善恶成败之事,少所通晓,特命儒臣编集申鸣、钮麑、樊哙、金日磾、张飞、锺会、尉迟敬德、薛仁贵、王君廓、仆固怀恩、刘辟、王彦章等所为善恶为一编,释以直辞,俾莅武职者,日亲讲说,使知劝诫。"[4]次月又颁《武臣保身敕》,这源于当时"广西都指挥耿良,以科敛激变良民。江西都指挥戴宗,以收捕山贼,贪贿赂,致贼人纵逸,皆坐罪。上因述武臣受命守御之方,崇名爵,享富贵,福及子孙之道,为《保身敕》,颁示武臣,使朝夕览观,知所鉴戒"[5]。

后来还有加强教育武官子弟之事。洪武二十七年十月,府

---

[1]《明太祖实录》卷一八七,洪武二十年十二月,是月,页2808。
[2]《明太祖实录》卷一九二,洪武二十一年七月丙戌,页2888。
[3]《明太祖实录》卷二〇八,洪武二十四年五月乙巳,页3105。
[4]《明太祖实录》卷一九四,洪武二十一年十月乙丑,页2912。按:洪武二十一年八月(《明太祖实录》卷一九三,页2901),太祖已先向将士颁布"永为遵守"的御制《谕武臣敕》八条:"一曰、守边之将抚军以恩;二曰、边境城隍务宜高深;三曰、修筑城池修葺以渐;四曰、操练军士习于闲暇;五曰、军士顿舍勤于点视;六曰、体念军士无得加害;七曰、事机之会同僚尽心;八曰、沿海卫所严于保障。"
[5]《明太祖实录》卷一九四,洪武二十一年十一月,是月,页2917。

军左卫指挥佥事凌云建言:"武官子弟,除嫡长袭父职,总军伍,余自十五岁以下,令入郡县学,讲读经史及御制《武臣鉴戒》诸书,使其通晓礼法,习知今古,俟有成立,授以牧民之职。"[1]太祖接纳了这个建议。洪武三十年一月,詹事府右春坊司谏袁实建言,"将军侍卫人等,皆出于农亩,知节义者少,乞命史官摘取上古以来忠臣烈士,编类成书,使彼操之暇,命官讲解,使知忠君报国之义,事上死长之节"[2]。这个建议太祖也采纳了,教化性的敕撰书因而推广到专门侍卫皇宫的军人。

太祖没有特别敕撰教化性书籍给卫所军户,在教化事情上,军户看来与传统的士农工商四民是一视同仁的。

(六) 给所有臣民告诫的敕撰书

太祖给平民百姓敕撰的教化书,也出现得很早。至正二十六年十一月,在给公卿子弟修《公子书》的同时,也因"其民间(商工农)〔农工商〕贾子弟,亦多不知读书,宜以其所当务者,直辞解说,作《务农技艺商贾书》,使之通知大义,可以化民成俗"。[3]体现了教化无分阶级的精神。

太祖给所有臣民寓教化于告诫的最重要书籍,无疑是他亲自撰写的《大诰》三编。这三编《大诰》主要以披露贪残官吏和奸顽民人的违法无良作为以及相关惩罚情形,提出消极性的鉴诫。《大诰》因为记载了很多"法外加刑"的事实,尤其引起后代注

---

[1] 《明太祖实录》卷二三五,洪武二十七年十月壬午,页3430。按:《武臣鉴戒》,李晋华,《明代敕撰书考》未见著录。有可能"武臣鉴戒"四字只是代指《武臣大诰》《武士训戒录》等书而言。

[2] 《明太祖实录》卷二四九,洪武三十年一月辛未,页3609。

[3] 《明太祖实录》卷二一,页308,至正二十六年十一月壬辰。

意，故此研究较多。[1]很多相关论著都突出了太祖惩处奸贪的严酷作风，对于太祖通过见诸文字的案例，企图提振官箴、劝谕官民奉公守法的用意，却较少注意。

对于《大诰》所载各个事件的总的背景，太祖有其一贯看法。他认为这是"华风沦没，彝道倾颓"的元朝统治的贻害。《大诰》的撰写、颁布和宣传，本身就是一项移风易俗的社会工程。太祖相信，"忠君孝亲，治人修己，尽在此〔书所载〕矣。能者养之以福，不能者败以取祸"。[2]他希望通过真实的惩恶扬善之事，革除元朝遗留的吏治的贪残无耻和社会的风俗败坏。

三编御制《大诰》在十四个月内写成，颁行天下。初编《大诰》成于洪武十八年十月，[3]《大诰续编》成于十九年三月，[4]《大诰三编》成于同年十二月。[5]颁行的效果，《实录》有记载：

> 初，上以中外臣民染元之俗，往往不安职业，触丽宪章，欲仿成周"乃洪大诰治"之制，以训化之，乃取当世事之善可为法、恶可为戒者，著为条目，大诰天下。久之，又虑诰条所载未能尽天下之情，续为一编，以申其意，使民观感，知所劝惩。自是民之作非者鲜，从化者多，故又作三编《大诰》，其意切至，而辞益加详焉。每编成，上亲序之。[6]

《大诰》三编善恶并陈，以恶事足为鉴诫者为主，于官员主于

---

[1] 尤其重要的专书，有杨一凡，《明大诰研究》（南京：江苏人民出版社，1988）。
[2] 《明太祖实录》卷一七六，页2665，洪武十八年十月己丑朔。
[3] 同上。
[4] 《明太祖实录》卷一七七，页2682，洪武十九年三月辛未。
[5] 《明太祖实录》卷一七九，页2715，洪武十九年十二月癸巳。
[6] 同上。

诚，于平民则主于劝。此点从洪武二十年闰六月，太祖告礼部尚书李原名的话可见："朕制《大诰》三编，颁示天下，俾为官者知所鉴戒，百姓有所持循，若能遵守，不至为非。"此时并谕"令民间子弟于农隙之时讲读之"[1]，开始为之做大规模宣传。

太祖此后对于《大诰》的信心不断增加，因而对其宣传也不断加强。洪武二十四年九月诏礼部："今后科举岁贡，于《大诰》内出题；或论策、判语，参试之。"[2]使它自然而然地成了有志于仕宦者必读之书。同年十一月，又命礼部谕天下学校生员，兼读《诰》《律》，[3]在各级学校推广。又有"赏民间子弟能诵《大诰》者"的做法，此事原委《实录》记载如下："先是，上令天下府州县民，每里置塾，塾置师，聚生徒，教诵御制《大诰》，欲其自幼知所循守。阅三岁，为师者率其徒至礼部背诵，视其所诵多寡，次第赏之。"[4]诵习《大诰》于是成了长期的事情。对于宣传《大诰》者也给予特殊待遇。洪武二十五年七月"申明靴禁"，普通百姓不许穿靴，"惟文武百官……及儒士、生员……教读《大诰》师生"许之。[5]宣传的成绩从洪武三十年五月的事情可见：是时"天下讲读《大诰》师生来朝者，凡十九万三千四百余人。并赐钞还"。[6]同年七月在申明国子监学规教条时，又再明定监生"日读御制《大诰》及本经、《四书》各一百字"[7]，使它

---

[1]《明太祖实录》卷一八二，页2753，洪武二十年闰六月甲戌。
[2]《明太祖实录》卷二一二，页3141，洪武二十四年九月乙酉朔。此诏是被执行的，方孝孺便有两道以《大诰》内容为题的策问，见徐光大点校方孝孺《逊志斋集》卷六（宁波：宁波出版社，1996），页209。
[3]《明太祖实录》卷二一四，页3158，洪武二十四年十一月癸巳。
[4]《明太祖实录》卷二一四，页3159，洪武二十四年十一月己亥。
[5]《明太祖实录》卷二一九，页3213，洪武二十五年七月壬申。
[6]《明太祖实录》卷二五三，页3652，洪武三十年五月己卯。
[7]《明太祖实录》卷二五四，页3664—3665，洪武三十年七月己巳。

成为准官员的必读之书。

直到成祖篡位后,仍然重申要诵读《大诰》:"太祖高皇帝新〔亲〕制《大诰》三编,使人知趋吉避凶之道,颁行岁久,虑民间因循废弛,尔〔礼部〕宜申明,仍令天下诵读,遇乡饮则讲解如旧。"[1]永乐初年,也还有御史请求在举行乡饮酒礼时,"选方正之士讲读《大诰》、律令,使民知趋善避恶"[2]。

太祖对于《大诰》的重视,最终体现为将其中的若干条,变成法律的条款。洪武三十年五月,"《大明律诰》成。上御午门,谕群臣曰:'朕有天下,仿古为治,明礼以导民,定律以绳顽,刊著为令,行之已久。然而犯者犹众,故于听政之暇,作《大诰》昭示民间,使知趋吉避凶之道。古人谓刑为祥刑,岂非欲民并生于天地间哉?然法在有司,民不周知,故命刑官取《大诰》条目,撮其要略,附载于《律》,凡榜文、禁例,悉除之。除谋逆,并《律诰》该载外,其杂犯大小之罪,悉依赎罪之例论断。今编次成书,刊布中外,令天下知所遵守,刑期无刑,庶称朕恤刑之意。'"[3]这些《大诰》条文,从此附律而行,成了成文法律的一部分。[4]

太祖给予臣民的教化,在大事宣扬《大诰》的同时,也没有忘记利用以史为鉴的敕撰书籍。《大诰》初编颁行之后,洪武十九年十月又颁行《志戒录》一书。据《实录》所载,"其书采辑秦汉唐宋为臣悖逆者,凡百有余事,赐群臣及教官、诸生讲

---

[1] 《明太宗实录》(台北:"中研院"历史语言研究所,1963)卷十下,页172,洪武三十五年(建文四年)七月丁未。
[2] 《明太宗实录》卷三十九,页654,永乐三年二月丁丑。巡按福建监察御史洪堪建言十事中之一事。
[3] 《明太祖实录》卷二五三,页3647,洪武三十年五月甲寅。
[4] 关于《大明律诰》的形成及其条文的研究,见黄彰健《大明律诰考》,《明清史研究丛稿》,页155—207。

诵，使知所鉴戒"[1]。这本以历史事例为素材的读本，看来便像以当代事例为素材的《大诰》的平行读本。

（七）给所有人教化的敕撰书

太祖教化思想的全面体现，是两本写给包括帝王在内的所有人看的教化性书籍。在先的一本是洪武八年二月御制的《资世通训》，其后是洪武十六年二月敕撰成书的《精诚录》。这两本书籍和其他以史为鉴式的敕撰书不同，它们并非取材于史书，也非取材于近事，而是圣人立言垂训式的训示著作。《精诚录》直接取材于儒家经典，《资世通训》则是太祖的作圣之言。

《精诚录》此书不存，但其缘起及大概内容《实录》有如下记载："洪武十六年二月己丑，东阁大学士吴沉等进《精诚录》。先是，上将享太庙，致斋于武英殿，召沉等谓之曰：'朕闻古圣贤书，其垂教立训，大要有三：曰敬天，曰忠君，曰孝亲。君能敬天，臣能忠君，子能孝亲，则人道立矣。然其言散在经传，未易会其要领。尔等其以圣贤所言三事，以类编辑，庶便观览。'至是书成。上览而善之，赐名《精诚录》，命沉为之序。书凡三卷：'敬天'一卷，取《易》十章，《书》七十二章，《诗》十七章，《礼记》二十七章，《孝经》《论语》各一章。'忠君'一卷，取《易》《大学》《中庸》各一章，《书》四十六章，《诗》十章，《礼记》十四章，《左传》六章，《国语》一章，《论语》十四章，《孟子》十二章。'孝亲'一卷，取《易》二章，《书》三章，《诗》九章，《礼记》四十八章，《论语》十一章，《孝经》十九章，《大学》二章，《中庸》三章，《孟子》十章。"[2]据此可见，

---

[1]《明太祖实录》卷一七九，洪武十九年十月，是月，页2712。
[2]《明太祖实录》卷一五二，洪武十六年二月己丑，页2386。

此书所载，是太祖认为人君和臣民都应阅读的儒家教训。

《资世通训》则多方面反映了太祖个人的价值观和道德主张，和《精诚录》一样，它也体现了人人都需要教化的思想。此书论者较少，以下稍加释说。[1]

《资世通训》作于洪武七年十二月御注《道德经》之后，《实录》系其成书于洪武八年二月，并载书成后太祖告儒臣之言："人君者，为臣民之主，任治教之责。上古帝王，道与天同，今朕统一寰宇，昼夜弗遑，思以化民成俗，复古治道，乃著是书以示训诫耳。"《实录》又记其篇名及内容："书凡十四章：其一《君道章》，曰勤俭仁敬之类，十有八事；其次《臣道章》，曰忠、曰孝、曰勿欺、曰勿蔽之类，十有七事；又其次曰《民用》《士用》《工用》《商用》等十二章，皆申诫士庶之意。诏刊行之。"[2] 刊本所见各章的名称如下：君道、臣用（并非"臣道"）、民用前章、民用后章、士用、农用、工用、商用、僧道、愚痴、教子、造言、民祸、民福。太祖认为这些训诫都是有用的，也是臣民所应引以为用的，故此标题多有"用"字。

此书有翰林院编修赵埙奉命而作的后序，颇能概括全书及各章的意旨。赵埙说，太祖拨乱反正和创业垂统的事业，"其于君道备矣，善政得矣，尚虑夫百官、庶民未能尽其职分之所当为，乃著书十有四篇以示训诫。首以人君所当为者十有八事为言，则皆皇上平日躬行心得之效矣，然犹不自满足，有谦虚敬慎之意焉。次言人臣所不当为者十有七事，其三其四则为《民用章》，又以士农工商各为一篇，合僧道为一篇，念民之愚痴，欲民之教

---

[1] 本文所据是《皇明制书》本《资世通训》。
[2] 《明太祖实录》卷九七，洪武八年二月丙午，页1664。现存《皇明制书》本，此书前有御制序（此序也见于明太祖御制文集），未署年月；书末则有洪武八年二月丙午翰林院编修赵埙后序。

子，戒其造言，示以祸福，又各为一篇，以劝惩之。辞意明切，诲谕谆至，无非欲其改过迁善，同享太平之乐，故名《资世通训》。大哉言乎！斯言也，信乎克尽君师之道，而善教备矣。……斯言行于天下，非徒足以为训于当时，实足以垂训于万世矣"。

太祖御制序述说作书缘故更加清楚明白。据序，太祖因感于少时家贫失学，故自起事稍有基业以后，不断"寻儒问道"，将所听得的"加以比较是非"，渐渐认识到"上古哲人之善行"足为世教，人君"代天理物，统寰宇之大，负教臣民之重"，应该使世人皆能效仿这些善行。他自己有志于此，"宵昼弗敢自宁。但见世人性愚而见浅，古有圣经贤传，立意深长，为先儒注以繁辞，评论不一，愈愚后学者。朕特以一己之见，总先贤之确论，托谒者评之，直述其意，以利今后人"。这段序言反映了太祖对于传统智慧的重视，又注意到学院式的注释不利于普通百姓了解道理，故以自己的心得，用浅白的话加以总括训示。

此书以问答方式表达旨意。书中设计和太祖问对的"谒者"，是一名七十五岁的老儒士，他自知"时已过矣，恨壮不逢英明之君，老已乎，空怀王者之政，惜无可教，自以为终世而无可陈，忽上帝垂民福，陛下值元更，得君天下，为生民主，臣虽衰朽，敢不俯伏天阍，对越陛下，以陈平生之所学，为陛下思之"(《君道章》)。太祖虚拟这样一个老儒，用意在于显示此书所说，都是儒家的传统道理，对于所有人的处世之道，都有益、有用；同时可能也在示意老儒应该效力尽忠，贡献治国意见。

此书通过对话说理，传达的最重要的思想是，人皆有分有职且必须尽职才算称分。君臣百姓身份虽有分别，但同生于世上，便各有其应尽之职，而尽职之道则要学习先哲先贤，从实践其教训开始。四民如此，官吏如此，帝王也如此。在太祖看来，君也是一种职业，其职责则是治、教（治国和教民）二事。但欲求称职,则不能没有来自臣下的教训和警诫。他要求臣民顺从和实行他的教化,但他自己也得接受来自代表传统智慧的老儒谒者的教化。《君道章》有这样的问答,太祖问谒者,"士夫习王者之政,岂不僭分者欤"?谒者回答,"古今士习王政,必欲为帝王师,自上古弗禁,是得学也"。学者可以为帝王师,而帝王则须对臣下先师事之,才能成为称职的君师兼具之人。

各种身份的人应该接受的训告如下。人君需要从事的"君道"有十八事:俭、素、勤、敬、祀、戎、亲、内、外、孝、慈、信、仁、智、勇、严、爱、以时。还有加上谒者所说的:"五荒不可作,微行可绝游",才能使"生民多福,彼苍佑之"(《君道章》)。

人臣事君要有始有终,作仁人,"仁爱于善人及万物";忠于君,"竭己以奉君,勿欺勿瞒勿侮";知三报一祀:一为蒙君之恩当报,而以"格君之非,美君之政,助君以仁"报之;二为报父母,"笃以温清甘旨,勤敬而不怠,谏父母之非,恳切至于没身不陷父母";三为报民,以"公正于朝堂,使民乐其乐","证民以是非,问民以疾苦"报之;又必认真"教民祀神"。此外不要"公挟私仇,因公为己,代人报怨,不孝于祖,不睦于亲,欺诳侮瞒于君上,虐民而诈取其所有,自以为尊能而眇视群友"(《臣用章》)。

民人应该知道无国则无家的道理,要知道"父母所养者身,君所养者命",如果没有"王纲振而强暴息",弱肉强食之下,父母妻子乃至自身性命及家资财物都不能保全。民人因此不应诽谤政府,官有所差,应该亲赴。至于那些"富而顽者,贫而良者",早晚必有鬼神所施的相应穷富之报;"阴法迟而不漏,阳宪速而有逃,此等〔富而顽〕之徒,非身即子,有不可免者"(《民用前章》)。生活在家中和乡里,也要善尽待人之道,才能平安长久。首先必须孝亲睦邻：孝亲首要在于游必有方；睦邻则要富不嫌贫，不欺侮并帮助饥寒下贱者，不诈取富而愚者。若能"坚守亲亲邻邻之义，则终世而不贫"。同时也要亲亲，"生子而教不为非，有女则训以善事夫，谏夫为善，不助夫之为恶，良哉；岂独良而已，不使人辱毁之。若为人子，见父不道，谏之以正；为人夫，教妻以柔；为人妻，谏夫以良；遂得白发相守。为人弟兄，所言者是，从之；所言不是，则谏之。善终而无祸矣。处朋友，见善者习之，见恶者去之。此岂不志人者欤"（《民用后章》）。

为士者，则当为有实用之学、有才能之人，而"欲成有用之士"而为君用，则需"格物之至精，虑人事之至熟，读书以人事而言，随时而致宜久之志"。除此之外，还要健康、整洁、能干。

农民务本，能否食用足够，决定于勤惰和俭奢。以时耕种收敛，"身绝奢侈，厚奉父母，诚信以睦亲邻，闻王令而不违，备此数事，天地鉴，禾苗茂而岁登，于斯顺昌，因勤俭至孝而动鬼神，致有如是"。惰农行为反是，后果也反是（《农用章》）。工人从事技艺，应该各自精于己业，在法定的范围内竞争创新，表现自己，"依国令以施巧，不使无知者犯分，若乃不昌，未之有也"。其"不审国之所禁"，造售与买者身份不符的器物，因而犯法杀身，"何止其家不昌"（《工用章》）？商贾若要其业长久，"但不盗诈而用两平，则利本俱长，且无横祸焉"（《商用章》）。

僧道也是职业，若能"去贪嗔而不妄想，闭真阳而密灵神"，终身之后，为僧则成佛，为道则成仙。若在生时"但能穷居独处"则为罪愆，因为这犯了不能成家立室，不能终养父母，断绝后代之罪；有酒色伤教之事者，其罪更重。故此僧道不可只顾"独善其身，游食于民"，而要依从佛道本来教旨，"益王纲而利善良,凶顽是化"。官员也应该公平对待他们,因为"若烝民乐从〔僧道之教〕者,世道昌王仁矣"(《僧道章》)。

为人父母务须教子。"世人愚多而贤少",因"父母蠢而愚其子","子幼而不师人以教之,此其所以愚"。"因愚之久,痴自此而生"。愚者"不知圣人古人之理,故诸事妄为",痴则"当为而不为"与"不可为而为之"。痴是因愚而生的,无法救药(《愚痴章》)。唯一可以做的便是有子必教。父母若是"淳心之人",即使本身"不贤而不愚",其子也自能成才。因为父母的身教必为儿子所取法,因而为子者能够"博精于人事","能询于众,虽无一定之师,听众人之所长,积之于心,甚于一师之学,又过常人者也"。此人心地得于父母,知识得于众人,故能成才(《教子章》)。

太祖在《教子章》中,有一定的夫子自道意味。《造言章》也明显因他在元末的亲身经历而发。此章说,民人最不该做之事,是造言倡乱,如元末起事之群雄之以弥勒佛出世之说倡乱。这些倡乱者乃"愚昧之徒……盖生不学道理,日与无状小人相处,积奸顽于心,不能变过,有至杀身是了"。他们不知道"国家大事,皆神天管着,故天不与不敢取,取则必败"。总之,造言倡乱,必致杀身亡家,"古今明验,可不戒欤"(《造言章》)。

民人不只自身不可犯罪,所在乡里有人犯罪,或造妖言,或做泼皮,或为强盗,或为小贼,均足被其连累。犯罪者固然罪有应得,被连累者也有"天殃人祸",避无可避,唯有靠朝廷之力防止事情发生而已。故谒者最后说:"愿陛下修明政刑,则上帝福之。"(《民祸章》)但民人也可以为自己造福,并且为乡里和子孙后代造福的。如果"彼父母有教,本身有德,家道又昌,百事顺;邻里若有愚顽,几坏事及将欲作恶者,彼先知之,随教而改,往往如是。其一村一城之人,皆被其教,其市村终无横祸互相连及，得享太平之世，此民之福也"（《民福章》）。总之，个人是所属乡里的一分子，其家庭教养固然重要，而其乡里的模范性也重要，不能胡作非为，也要见义勇为，才能避祸获福。

《资世通训》有不少果报思想和迷信说教，反映了太祖的早年教育背景、道德和价值倾向，而这些倾向也多数是太祖训示所及的臣民所共有的。

四

明太祖可以说是历史上最勤于敕撰对臣民具有规范意义和教化意义书籍的君主，本文述析了由他下令编纂和他亲自撰写的这类书籍共三十种，足以证明他对于敕撰教化性书籍的正面作用信心十足。明太祖之所以锐意敕撰这类书籍，和他对于书本知识的功用、人的可塑性以及君主职责的理解是分不开的，也和他早年失学，因而尤其期待臣民能够通过书籍明事理的想法有关。

太祖虽然凡事务实，但对书本知识其实非常重视，尤其深信儒家经史所载有益于治国化民。太祖受了孟子"性善"论、荀子"礼教"论以及张载"变化气质"论等儒家理论影响，相信天赋本善而掺杂气质的人性，能够借着思维上和生活上的修养，在教诫兼施之下去恶复善。

他又深信世间所有人物均须恪尽与其位分相称的职责，而君主则须兼具君师之责而行治教之道，尽教养之事，以奖善禁恶，使社会风俗淳美，国家长治久安。不断敕撰和颁行内容具体有据、文字平易且解说明白直接的教化性书籍，是他自觉自发地展现这种儒家理想的行为。

明朝公开崇尚儒学之道，但太祖其实在教化方面总括三教，凡能"利济群生"和"为民造福"的，他都一体利用。他的教化思想，可以说是兼具儒佛两家教义的，[1]其表现也有通过佛道的宗教仪式的。但由敕撰书籍形式而传达的，主要还是儒家思想。

太祖敕撰的教化性书籍，大多数以史书所载人物和事情为内容，并且不离以史为鉴的原则，充分体现了他重视具体事情的说服力。即使以当代人事为素材的《大诰》，其特色和性质仍然可以归入此类以历史为素材的敕撰书。以史为鉴的潜在理据是传统的王朝正统思想。正因为太祖视明朝为一个正当地继承历代正统的王朝，所以在与帝王和帝国有关的规制上，都需要寻求历史先例的支持。

从这些敕撰书的内容和写法来看，太祖无疑认为历史故事的劝诫作用是超越人的年龄及社会层级的。敕撰这类书籍自然有其现实政治目的，但其实也有相对超然的文化目的。顾颉刚认为明太祖朝的敕撰书，体现了太祖认识到"专制政治之不足，复颁行各种道德教条以控御臣民之思想"。[2]本文的研究却反映了，太祖敕撰的教化书籍其实并不限于臣民，即使后妃王子也有各自的教化性书籍，即使对他自己也有自我警惕的书籍。

太祖其实相信人皆应有职业，各自应知"所当务者"而自尽其力，并且都需要教化劝诫以有成就。提升道德和淳化风俗的书籍，其所寓载的道理和教训，是超越身份和地位的，是人人所当知道、所当学习的。这样，敕撰教化书籍也是一种文化内化的表现，是一视同仁和一道同风理想的体现，而教化之道的施行，也并非全是统治者对被统治者的思想控制。明太祖敕撰书的特殊之处，是根据人所属阶层而编撰书籍，这反映了其

---

[1] 明太祖这方面的思想，见于《资世通训》之外，还有御制文集的《释道论》（《全明文》第一册，页143）、《三教论》（页145）、《修教论》（页154）、《道德经序》（页188）、《心经序》（页195）、《佛教利济说》（页215）。

[2] 顾颉刚，《明代敕撰书考序》。

名分等级观念之深。

这类敕撰书的最高理想或最终目的是"化民成俗"。从明太祖的行政措施来看，他相信物质生活是精神生活的基础，这基本上也就是管子所说"仓廪实而知礼节，衣食足而知荣辱"的思想。经济生活和道德教养的互相作用，概念上虽然有先后之别，在实际生活上，太祖却强调教化之事应该尽早进行，从而令人的经济和社会生活更早提升。因此早在至正二十六年，他已同时敕令给"公卿贵人子弟"修《公子书》和给农工商子弟修《务农技艺商贾书》以助化民成俗。这种做法形同一种风气，到了洪武后期，朝臣还要求专为皇宫侍卫武人编书进行教化。太祖无疑是相信"价值"是可以栽培长养的。

明太祖的教化性敕撰书籍，原则上都是诉诸道德良心之作，并且多数因人因事而发，有较强的针对性，因而在背景和对象改变后，其特别用途也便容易失去。像那些专为藩王编写的，后来藩府虽然存在，但藩王的地位已经改变，所以流传也极有限，实际上尊奉这些书籍的藩府，恐怕也很有限。至于其他各类书籍的实际影响情形，还需继续研究。

《明太祖的治国理念及其实践》导言

明朝是中国近世历史上一个关键性的朝代，其国家面貌和前代不同，很大程度上是其创业君主明太祖朱元璋刻意模塑的结果。明朝的政制体统和教化施设，无一不与明太祖的生平经历、文化修养、思想倾向及其所处时代有着密切关系。明太祖和前代君主的不同之处，在于其思想和行事更大更深地影响到他身后的朝政和社会发展。

近二十年来，随着牟复礼、崔瑞德主编《剑桥中国史·明代卷》（英文原书第七卷，1988；第八卷，1998），爱岩松男、寺田隆信著《モンゴルト大明帝国》（《蒙古与大明帝国》，1998），白寿彝、王毓铨主编《中国通史》第九卷《明时期》（1999）以及张显清、林金树编著《明代政治史》（2003）等重要明代通史及专史的出版，不少明史上的新知新见，传播日广，明史研究更见蓬勃发展。学者关心的面向较前扩大，着眼点也较前增加。对应明太祖的独特历史地位而产生的论著，为数更加可观。除了陈梧桐的《洪武皇帝大传》（1993）、吕景琳的《洪武皇帝大传》（1994）、孙文良的《洪武帝》（1996）、黄冕堂与刘锋的《朱元璋评传》（1998）等传记多种，以及陈梧桐的《朱元璋研究》（1993）、Edward L. Farmer 的 *Zhu Yuanzhang and Early Ming*

Legislation: The Reordering of Chinese Society Following the Mongol Rule(《朱元璋与明初立法：蒙古统治后的中国社会重整》，1995）、宋强刚的《朱元璋治国思想研究》(1997)、罗冬阳的《明太祖礼法之治研究》(1998)等研究专书多种之外，1990 年在凤阳举行的"全国首次朱元璋学术研讨会"、1995 年在凤阳举行的"第六届明史国际学术讨论会"、1998 年在凤阳举行的"第一届朱元璋国际学术讨论会"、2004 年在南京举行的"第十届明史国际学术讨论会"以及 2005 年在兰州举行的"第十一届明史国际学术讨论会"，也发表了过百篇以明太祖为主题的论文。

与此同时，文化界和娱乐界也出现了演说明初历史的热潮。运用推理想象和心理分析写成的朱元璋传记、小说和连环画已有多种。这些作品从政治家、军事家、谋略家等角度，描写了明太祖的独特之处。以明太祖的经历为题材的电影和电视剧也上演了多部。这些历史剧的内容多以娱乐性为主，有的场面颇为考究，有的情节可笑，有的让人不忍卒睹。互联网检索系统上呈现了数以千计的"明太祖""朱元璋""洪武皇帝"词条，提供了数不胜数的明太祖传记数据及其研究、不同的故事描写以及形形色色的影像表现。多处地方政府及政府机构还将明太祖生活过的地方发展为观光旅游地点，将明太祖起居作息的遗址给予重修或重建。凡此种种，既反映了明太祖的故事在社会上具有巨大的吸引力，也反映了人们对于明太祖的认识或想象是开放而多样的。

在研究明太祖的学术论著方面，我们在扩大视野和增加问题意识的同时，也发现仍有不少因循成见的立论、依据成说的推演、以现代价值求责于古人的评论、过度以古讽今的述说。这种情形，有碍一般读者从更多方面更深刻地去了解历史人物和认识历史时代，也不利于专门学者的公正反思。职是之故，我们自有必要调整视角，将明太祖其人、他所面对的各种问题、可能影响他的各种传统，以及与他和他的事业有关的事情、关系、思想等，作为一个独立课题，增加和深化研究。质言之，我们既需要加深了解明太祖这个人，也需要加深了解他的时代。

在这个研究关怀的驱使之下，过去数年间，我和美国明史专家范德（Edward L. Farmer）教授经过多次磋商之后，决定组织一次学术会议，邀请研究中国近世史尤其以明史为本业的同行，来对明太祖的生平和思想志业、行事作风，以及与之相关的明初政治、社会、宗教、礼俗、学术、思想等方面的情形，乃至后代对于明太祖其人的描述和评价的历史认识，共做深入探讨。结果便是2006年3月28至30日在香港中文大学召开，由香港中文大学历史系中国历史研究中心主办、美国明尼苏达州立大学历史系早期近代历史研究中心协办的"明太祖及其时代"（Ming Taizu and His Times）国际学术会议。

我们设计会议内容时，希望议题能够包括朱元璋本人的思想言行的意义，朱元璋事业中与建国固统、创制立法、经世学术、社会控制、价值模塑、文化整合等方面有关的事情。同时也希望探讨朱元璋在世时，对他有影响或者他必须处理的政治、宗教、思想、民俗等现象。更希望能从近世宋元历史的发展中来看这些事情和现象的意义，从清代及近代各阶层人物的议论来反观这些事情和现象的意义。

会议聚集了来自中国大陆、台湾、香港，以及美国、英国、法国、韩国、新加坡的专家学者31人，在"近世纵观、皇亲关系、地方社会、国际关系、政制治术、法制律令、经济交通、思想宗教、理想所在、后世反观"这样十个子题之下，发表了各自的研究心得。研讨涉及的主要时段是14世纪，尤其是朱元璋在世的时间（元文宗天历元年至明太祖洪武三十一年，公元1328

至 1398 年），但也前后兼顾地涉及宋元时代的历史背景以及清代和现代的后人评述。

会议的后续成果便是这本《明太祖的治国理念及其实践》。此书所载的十一篇文字都是从最初交会议的论文中选取出来，再经其作者修订而成的论著。诸篇因为能够构成一个首尾呼应的整体和一个比较连贯的主题而被选入。这个主题便是 20 世纪以来学者已经有所探讨的明太祖政治思想和统治方式。由于诸篇并非成文于一个约好的主题和研撰架构之下，文章从不同问题和史料所见到的明太祖治国理念及其实践上的异同，都是各依所据的分析和论述结果，因此更具客观的参考价值。

本书以两篇较为明确地论析明太祖的政治思想、治国理想和实践的文字开始，而以两篇从清朝帝王和士人的眼光与角度来看明太祖的文字结尾。中间的七篇文字，内容各有侧重，但也在不同程度上反映了明太祖的治国理念和施政作风。各篇都是未经发表的原创性论著，各有所见，不是"以水济水"之作。为了方便读者理解，以下简要地揭示各篇所处理的问题及其议论要旨所在。遇有篇中的发现和旨趣可以引申之处，也略说及关于处理本书主题的问题。

治国理念最基本的问题，是问统治者给自己赋予了什么职责以及期望被统治者成为什么样的人、他所处的社会应该成为什么样的社会。开国君主尤其会因这个问题而制定其治国目标和构思其治国政策，从而追求达致其创业垂统的理想。本书以范德的《一国之家长统治：朱元璋的理想社会秩序观念》为首篇，便是因为它有意无意地回答了这个基本问题。

范德此文从近世中国与欧亚帝国的历史发展比较着眼，宏观而广泛地论述和衡量了明太祖在治国理念和实践上的表现及其意义。文章从帝国、政府、宗教及社会四个部分扼要地探讨了明太祖的显著表现。作者看出明太祖对于"帝国"的概念认识有限。他"反对选择以扩张领土和征服异族来统一中国",而于统一之后,既无志于通过海上贸易和征服远国来拓展幅员和扩大影响,也无意于建立一个君临东亚各国或控御欧亚大陆的"较大之中国"。但他在王位继承和废除宰相的决策上,建立了有树立和集中皇帝权威意义的制度;他利用三教合一和道学家的教义而使之在皇权的掌握之下发挥各自的作用;他利用道学思想和教条来寻求加强社会中的家长等级,提高年长男性在村庄、宗族和家庭中的地位。

这些表现反映了明太祖所展现的是君师合一的领导者理念,但他的"世界观并非近代的"。他"没有将经济视为一个由市场和价格机制自行操作的独立领域",因而"很少关注到市场和商业"。他没有将明朝建立在一个开放而能够应变的制度基础之上,而只"认为社会是一个等级制的道德秩序,建立在一个并行且具有统治性的精神力量的结构中。统治是施行教化,树立模范,遵行礼仪以及必要时施行刑罚的事情"。继元朝统治之后立国,他唯求在汉族文化传统中展现其君主角色。他的目标是建立一个"较小之中国",亦即"一个静态的道德秩序,一个建立在汉民族土地上缜密分层的父权等级",一个以汉族农耕中心地域为主而朝向文化大一统的社会。他的治国实践主要便是以制度去创造和以政策去延续这个理想的社会秩序。

第二篇,朱鸿林的《明太祖对〈书经〉的征引及其政治理想和治国理念》,同样探讨了上文所说的治国基本问题。明太祖施政作风强硬,有的手段流于残暴,和其贫民出身及早年个人生活经验必有关系,但他的治国理想和施政原则,很多也是在从军率众以后形成的。近年学者注意到他阅读和讲论儒家经史的事情,以及这些事情对其文化素养的提升和政治思想的影响。朱文根据明太祖自己的文字和说话记录，集中考察他对《书经》的讲论所得，观察这本传统上帝王之学的首要经典中的古训在政治理想和治国理念方面对他的影响。

作者论证了太祖对《书经》非常熟悉，也非常重视，其讲读兴趣从早年到晚年一以贯之，而且每有省思之言可见于记载。在洪武朝很多不同的场合，他都能说出源于《书经》的文句；洪武中年，他还亲自为国子监学官们讲说过书中《大禹谟》《皋陶谟》《洪范》三篇的要义，他还给《洪范》篇做过注释。他更将书中一些重要思想视作治国目标和展现在治国制度上。作者认为，太祖相信《书经》所载的圣帝贤臣行事是史实，因而其所言也是可采的道理，从中他形成了"为民造福"的终极施政目标。根据经训，君臣关系如同元首与股肱一般，他认为人君虽然是"天生烝民"之主，要奉天子民，但为民造福之事却是君臣治理天下的共同职责，要君臣一体竭忠才能完成。

《书经》影响明太祖的治国理念和施政原则是多方面的。在刑法上，太祖坚持"眚灾肆赦，怙终贼刑"的认罪从宽原则和"宥过无大，刑故无小"的故犯必罚原则。在用人和行政上，他要求自己和官员"功崇惟志，业广惟勤"，"去邪勿疑"。在政策设计和施行上，他强调"慎始图终"，乃至政治行为上的天人感应信念、行政上的名实相副原则、废除宰相而由六卿分职、官员按时入京述职、通政使司呈递奏疏、民人进言的奏式等做法，都源于《书经》的古训。

明太祖早在洪武元年便揭示了自己的治国原则、目标和意义："君清心寡欲，勤于政事，不作无益，以害有益（这两句出于《书经·旅獒》），使民安田里，足衣食，熙熙皞皞而不自知，此即神仙也；功名垂于简册，声名流于后世，此即长生不死也。"可见，《书经》所载唐虞时代"黎民于变时雍"的政治和社会愿景,以及三代圣王的不朽地位,都是明太祖立志追求的政治理想。但太祖在追求这个理想的实践上,却有要求臣下过于严厉、不易容纳直谏、自以为是、得理不饶人等短处,时常令自己和臣下都处于紧张状态,因而达不到他所期盼的"君臣同游"气象。

正如朱鸿林这篇论文的结论所说,明太祖的治国理念和施政原则也是多数儒者出身的官员所信奉的。臣下的自我道德认同让他们不能置身于太祖的理想之外,但太祖对臣下的要求和责实,却令他们在其严厉和有时自以为是的作风之中产生恐惧。这个事实让后代论者容易将明太祖和专制暴君等同起来。

第三篇,戴彼得的《洪武年间的道德谏诤》,从题目所示的一类事情看到另一面的情形。此文从质疑一种普遍的看法开始。正如作者所说,"学者传统上认为建文帝在位时显著地改变了洪武朝的统治方式……环绕年轻的惠帝的儒臣企图依据自己的观点来改造明王朝"。作者认为这是源于"依永乐帝指示而进行的史料修订所导致的一种夸大的看法"。其实建文朝演变着的朝廷政治,正是洪武朝业已存在的各种倾向的延续。例如此时经学家之所以扮演了显要角色,便是源于太祖本人对经学持续的兴趣和尊重。太祖尊重儒学,从明朝建国起便明显可见,且随着对官僚体系的愈益失望,他对于能够博古通今且清楚阐述所见的经学家,尤能给予广泛的敬重与自由。这种敬重又迫使他接受儒臣对其个人及政策的严格批评,即使在残酷地整肃其他文武官吏的高峰期内也不例外。

文章先考察了太祖即位前后与儒士的交往情形,再以叶伯巨和郑士利的例子说明,在洪武朝的前半期,谏诤是一项冒险而祸福难料的做法。然后详细讨论洪武朝后半期的桂彦良、练子宁、解缙、方孝孺等人的谏诤以及太祖的回应,以此论证洪武十三年后的朝廷政治运作在向度上出现了重大转变。作者从桂彦良等人所上的奏疏,看到这样共同的谏议模式和后果:他们多半严厉而直接地触及太祖的为人与政策;除了指责他施行严刑重罚之失,还要求他提升自己的道德修养等。太祖对于这些谏诤却能虚心接受,并常对进谏者加以奖励。作者由此总结出:胡惟庸案发生之后,太祖愈开言路,奖励谏诤,接受臣民对其统治提出直接、公开的批评,朝野诸臣见微知著,踊跃上言,而奉首出的桂彦良奏议为典范:以经典为根据提出强烈的道德诉求,强调君主的核心角色与道德修为,以及概括地讨论议题,使上奏者的立场超越党派争议。

这种凭借经典的权威提出道德规谏的模式,太祖一再认可。这些事实,对于认为洪武朝儒士只会附和太祖严苛的道德主义和认为以道学家的谏诤方式进谏"无异自寻死路"之说,提出了有力的反证。正如作者结论所说,"在洪武帝留给孙儿的遗泽中,尊重儒士是一项重要特色"。从臣下向君主提出大胆而直接的道德规谏和君臣致力于回归上古的政治理想等方面来看,真正的政治转变实际上发生在永乐帝登基以后。在这个意义上,我们应该同意永乐帝及杨士奇等人所说:应该视忠于明惠帝而死于靖难之变的朝臣为洪武朝之遗臣而非建文朝之遗臣。

此文虽然在明太祖的治国理念上,只概括地提出其尊重实学之儒,在创制立法上受儒家思想的影响,但在太祖治国理念的实践上,却传达了这样的重要信息:对于实学淳儒,他是尊重的;对于公心为国的建言,他是虚心接纳和真心嘉许的,而建文帝及其儒臣之所为,给他的真实性做了历史注脚。

第四篇,陈学霖的《明太祖对皇子的处置:秦王朱樉罪行与明初政治》,却给我们显示了太祖依法治国,却不能大公无私、一视同仁地惩处犯罪的皇子,从而也反映了太祖的治国理念及其实践上的矛盾和不协调。

此文根据明太祖亲自执笔或亲口传达的文字记录——稀见的《明太祖皇帝钦录》和《御制纪非录》中所记载，透露了太祖指斥次子秦王朱樉及其他皇子如周、齐、潭、鲁、代、靖江诸王的失德事情，从而论述了秦王朱樉残暴虐杀的严重罪行及其后果。作者认为明太祖对于诸子的教育，"很明显是非常失败的"，因而考察"诸王的败德恶行如何反映朱元璋的管教及处置方法，又如何影响后来的政治发展"。所谓政治发展，主要是指朱樉等王的罪行，令太祖决心立太孙朱允炆为储君以及随后修订《祖训录》为《皇明祖训》，管制和削弱诸王原有的权力，尤其法律上的特权等一连串事情。

文章的论析显示，明太祖极其重视对子孙的教育，命名儒为皇子师，教读圣贤之书，教以正心为本之道；诸王之国，又命博学有道之士为其相傅；给以练兵习武的训练之余，又令儒臣编纂前代藩王之失德行为《永鉴录》《纪非录》及《宗藩昭鉴录》等书，颁予阅读，作为持盈保泰的鉴戒。其结果是，在洪武朝三次分封而之国的十八王中（共封二十四王），不少卓有才干，或能领军出征，或能守边，尽其"藩屏家邦，盘固社稷"之职责，也有以文学艺术成名的，但亦不乏恶劣不肖之辈。造成后者的原因有二。其一是教育方式的失败。作者认为，"太祖以儒家伦理思想为本"，给予皇子们"儒家帝王学的教育方式……着重以道德说教"，对于犯过罪的皇子，"循循劝喻，轻则借来朝时面斥其非，或遣官谕以祸福，使之改过。……又常命皇太子或较年长的皇子劝谏年幼弟辈，使其醒觉从善，悔过自新"。这种方式，殊难奏效。其二是太祖的私心。太祖"出于父慈溺爱好生不忍之心"，亲王"虽有大罪，亦不加刑，重则降为庶人，在京师或中都禁锢。……无论犯了如何严重罪行仍不处死"。"这种宽松容忍甚至姑息的态度"，与其"以凶残手段对付功臣异己"实"有天坏之别"，"因此诸王犯罪累累，荒诞恶极"。最后虽然"针对秦王及诸王之累恶不悛"而制定《皇明祖训》，"希望能借助制度的更革，遏阻这种儒家教育不能改善的情况，只不过为时已晚，在政治形势的剧变下已无可作为"。文章结论认为："由此可见，诸皇子的败德为非，特别是秦王的暴戾恶极，朱元璋的管教失败，形成藩国的毒瘤，无法改变现实，在皇太子死后对立储及太孙允炆的继位有决定性的影响。"

第五篇，李新峰的《朱元璋任职考》，虽然没有正面论及明太祖的治国理念，却为我们理解其治国实践上的特色，提供了一个深刻的背景性认识和有用的观察角度。众所周知，明朝建国以前，明太祖所部曾长时期名义上隶属龙凤政权。正如本文作者所说，"从至正十二年（1352）任九夫之长，到至正二十四年（1364）称吴王，朱元璋一直是红军的官员"，但由于官方叙述的隐讳和私家记载的失误，时人乃至史家对于明太祖这个职历都不甚明了。本文根据时间较近的官私记载，缜密地考证了隐微而零散的史料，梳理出明太祖的任职经过，同时也辨析及元末红军的官制及其在明初的变化。

文章呈现了明太祖这样一个履历：从至正十二年壬辰投军后数月被"拔长九夫"而任职"红军模仿元军体制设置的牌头"开始，历因战功升任镇抚、总管、元帅、枢密院同佥、行省平章，身份由武变文，随即创置行省所控制的帐前都司和参议府，通过行省独揽军务。至正二十一年（1361）击退陈友谅后受封吴国公，借机草创了模仿元朝中央体制的政权机构。两年之后因解救龙凤皇帝小明王而升至位极人臣的中书右丞相。次年至正二十四年消灭陈友谅，称吴王。其用"龙凤"年号，直至龙凤十二年（至正二十六年丙午、1366）底小明王去世为止。但之后仍然用"吴"字建元，"吴元年"（1367）的年号到了洪武元年（1368

正月初四日改元建国时才停止使用。

作者谦称,期望研究出的明太祖称帝之前的职历,"有助于阅读元明之际史料记载和深入理解明朝建国历程"。其实此文还有助于我们理解明太祖的用人理念和任事要求。从这个职历可见,明太祖的历次升迁都是基于实在功绩,而在小明王死后到洪武改元之前,他还一直用着龙凤政权所封授的"吴国"称号。这或许能够帮助我们辨析明太祖之所以在多数时间内,能坚持用人唯才、有功必赏、有功始赏的任官和考核做法,以及要求臣下尤其武臣恪守名分,不得恃功违法。

明太祖的任官理念,尤其见于"试职"制度之上的,在本书第六篇,邱仲麟的《明太祖的任官理念与洪武朝的文官试职制度》中得到了详尽的考述。明太祖重视官员的培训,建立了明朝始终遵行的监生历事、进士观政和庶吉士进学制度。为了审定获得任命的官员是否称职,从而保证行政素质,又有文官试职制度的建立和运行。培训制度近年已有论著做综合性的论析和评估,试职制度则以本文为首篇全面性的深入研究。论文考察"洪武十三年至二十六年(1393)间各级官员试职之制度,兼与观政进士、历事监生及翰林院庶吉士等储备官员的设计相参照,并稍论及明太祖的用人理念"。

试职制度的施行,与洪武九年明太祖欣赏宋濂引述的古训"取士莫善于乡举里选,用人莫善于因能任官,任官莫善于久居不迁"有一定关系。洪武十三年正式实行试职,则与胡惟庸案发生后要求提高官员行政能力有关。洪武十五年,前晋府长史桂彦良和儒士沈士荣各自疏议中所说的任官不可轻用轻废,也是强调认真试用之意。整体的施行情形,见于本文的结论:"初行时,并未规定所有官职均须试职,至十六年因吏部建议,始令初任京职者,均须试职。至二十三年,进一步规定:监生与察举出身者,初任官也要试职。在施行之后,初亦仅针对京官而言,但后来及于地方官,故六部及都察院、大理寺、光禄寺,与国子监、春坊官,以及布政使司官职,甚至县丞,均有试职之例。其试职长短,在制度上虽规定为一年,称职者实授,不称职者罢职;但从上文分析可见,长者超过两年,短者仅一月,端视明太祖对其人的认定。"

作者通过记述各部官员和各种出身官员的试职情形,看到这样的政策后果:"其广行'乡举里选'是无可置疑,'因能任官'则不太理想,'久居不迁'更无法做到",尤其在中央高官的任用上。从特选的试职官员的个案研究中,作者看出经由察举入职而获太祖所喜者,不少属于酷吏一流人物,行事多严厉而乖张;由监生或进士出身者,行事多半比较平允。但"整体而言,洪武年间的试职制度,似还考验出不少真才,特别是有不少以监生考中的进士,在洪武晚年颇受重用,但犯过还是不免诛戮"。而令人不解的是,"洪武二十六年《诸司职掌》编成时,官员试职列入相关条例之中,〔但〕在同年稍后,竟下令停罢试职之制,从此一经任命即实授"。就试职制度与明太祖的治国理念的关系而言,作者认为,这表现了"明太祖重视实用的用人风格,或理性的任官态度"。这种风格或态度"造就了当时官僚体系的性格偏重行政能力",但太祖"至发现其有不法,则以法律治之"。

第七篇,马楚坚的《明初驿传夫役佥派之探索》,从明初以南京为中心的驿传人力资源的征取,反映了明太祖重视民力、因时变法的治国理念。作者指出,洪武二十七年(1394年)修《寰宇通衢》书成的时候,天下置驿凡1718处,而"以南京为中心的,陆路自会同馆,水路始龙江驿,分八道通向天下方隅,共设马驿462处、水马驿586处。……这1048处驿站构成一个冲要系统,为保持其运作畅通,所需之一应人力物力,却全向人民佥派。本文所拟论述的主要内容,便是这佥派的详细情形"。

文章利用大量方志数据,详述夫役佥派的准则、粮佥之外的种种特佥以及军人充当站户的内容。作者认为,洪武元年"明太祖制定驿传夫役编佥法时,适值建国伊始,其时战争未停,人口流动情形还严重,难以按户论丁编役,故以不动之田地及其所产之粮赋作为佥派依据"。这种"验民田粮出备"力役的规定,按田亩均派驿站、水站之马驴、夫役,即元代江南役制改革(至元二十二年、1285)中"验田出夫"之制的延续。明太祖所定的佥派制度,"以粮富者承当驿运,从而让一般百姓得以休息",而驿站马夫有上中下三等之佥派对象,"其用意实欲打击有地方主义而敷衍中央的大地主,从而减轻一般少粮民户之负担"。但效果并不理想,故从洪武四年起,"有数家合出朋充之法加以颁布。……自是有粮者皆须参加服役,而佥派分散至于所有民户"。这种"众户合粮朋充"的制度,到了洪武二十七年,改为均派,"各地所有民户均被佥派,不受里甲及轮充徭役之'见年'与'排年'次序限制。被佥者亦可享轮充休止之便,不再受永充之苦困"。

文章也触及太祖意想不到的驿传发展,如"功臣家族优免粮佥造成负面作用,富民巧谋避役,使到'中人之产,辄为之倾'。后来富户又以马头聚敛下户土地,代其当役,其剥削更影响到社会经济"。永乐之后,出现了"粮少民户反因而受苦"的情况。

此文所透露的明太祖治国理念相当清晰。太祖在驿传的佥派上,落实了一种渐进地减轻人民负担但也不损害国家财政资源的利民政策。这政策的原则是均贫富而富者多给。由富者独当到民户均派,可见太祖的政策的因时调整性格。

第八篇,何孝荣的《论明太祖的佛教政策》,以洪武十四年(1381)为界,将洪武朝分为前后两期,充分论述了明太祖在这两期中对佛教实行"既整顿和限制,又保护和提倡的政策"的情形以及"这些政策对于明代社会以及佛教所产生的影响"。从中看出,洪武前期的政策以保护和提倡为主,后期则以整顿和限制为主。这种内容双轨而又因时调整的政策,其宗教及社会后果是"使明初佛教迅速恢复和发展,促进佛教诸宗的融通,使赴应僧变成庞大的专业队伍,奠定了日后的僧寺分立制度"。这虽然"也加剧了佛学的衰微",但也使佛教更加世俗化,更与百姓生活联系起来。

从治理国家上说,这些政策有强烈的政治意义。作者认为,虽然明太祖确立程朱理学为明王朝的统治思想,但他也认识到仅靠儒学不足以治理国家。儒学宣扬的三纲五常等不变的人伦之道,"中古以下,愚顽者出,不循教者广",而佛教创立后,"其愚顽闻之,如流之趋下"。因此,他在以儒学作为治国统治思想的同时,也注意发挥佛教"阴翊王度"的作用。作者认为,"不管是保护和提倡佛教,还是整顿和限制佛教,明太祖佛教政策的宗旨始终是使佛教能够阴翊王度,维护和巩固明王朝的统治。明太祖对佛教采取的各项措施,表明国家完全掌控和管理着佛教,皇权统治着教权"。"明太祖还任命僧人为官,选高僧侍诸王,招谕、封授藏传佛教高僧等,利用佛教和僧人做入世之事,使一些僧人'居官食禄,辅君泽民',直接为封建政权服务。"

此文的研究所得,让我们看到明太祖治国能够面对现实、因势利导的一面。文章突出了明太祖治国的实用思想,使宗教由个人修行得道之事,同时成为服务国家的政治之事。太祖这些政策,是否也是他的思想中具有大乘佛教自度度人的思想所致,我们可以继续研究。可以说,太祖的宗教政策表现的是一种人皆有用和人皆有职的价值观和政治观,除非先验地认为王朝或政府的目的只是为了延续其自身的存在(包括帝王家族以及从政者的权力和利益等)。

明太祖在创建明代法律秩序上的重要作用，史家一致认可，但对他所提倡的法律原则、立法目标和司法手段，乃至具体采用的法律政策的意义，却又言人人殊。因此，从哲学层面来看明太祖所定的法律和法制的本质，无疑有助于研究明太祖的治国理念和政策意义。本书第九篇，姜永琳的《〈明太祖实录〉对朱元璋法哲学与明代中国文化认同的再构建》，间接地反映了这个关怀。但作者的宗旨则在于说明明太祖的法哲学是"在明代史学文献中得到了精心的构建"的结果。其具体内容见于建文、永乐两朝再三修订的《明太祖实录》这本"官方朝代史"。这个建构的意图超出了美化明太祖在法律实践上的缺失，而实在于借所建构出的明太祖法哲学来"重新界定中华文化认同"。明初政府此举可谓成绩斐然，以致"史家接受了官方对太祖法律理念和实践的界定"，即使明季士人对《明太祖实录》有所批评时，其话语"都是将太祖的法哲学视为模范价值与实践来加以捍卫。明季史学叙述的部分修正只是补充（而不是挑战）了《明太祖实录》创造的范式"。

作者认为，《明太祖实录》一方面将太祖彰显为"将法制建立在儒家宇宙观上，倡导儒家的宽刑政策和教化目标，并强调儒家的'华夷之辨'原则……同时，又极力讳饰太祖不利于标准天子形象的法律言行，包括臣下批评他违反宇宙秩序，他推行严刑政策，以及他将蒙古法律融汇到明王朝法律中去。可以说，《明太祖实录》构建太祖法哲学的目的是要塑造一个中国王朝缔造者的模范形象"，将明太祖"描绘成一个模范儒家圣君"。作者又认为，这个建构"其实代表了建文、永乐两朝评价太祖历史的共同努力和看法。……明朝初年就是对中华文化传统和实践积极再探索和再界定的时期。而《明太祖实录》体现的则是官方在这一探索和界定的过程中对天下秩序和社会意义的看法;其构建的太祖的法哲学则是官方认定的标准法律理念和实践"。作者因此在结论中强调:"《明太祖实录》选择和评价历史数据的尺度也因此不再是太祖本人的实际言行和个人好恶,而是官方要求的儒家世界观。这样,《明太祖实录》中对太祖法哲学的历史表述便成了对中华文化认同的再构建。"

此文的论述其实显示了一个如何看待史料和认识人物的观点和角度问题。《明太祖实录》无疑是选择性的编纂,但被"操控"的材料却都有其自身的客观性和独立性,解释本身不能否定事情的存在。换言之,《实录》之建构文化认同可以依理推断,但它所载志在美化太祖的太祖文字,其实也反映了太祖的思想和理念之一斑。太祖的说话,在实践上或未达理想,在意念上却是如实所见。从这样的理解看,奉天子民,倡导宽刑政策和教化目标等,也确是明太祖的治国理念,而明律则是他致力实践理念的重要工具。

本书最后两篇,是从后代对明太祖的认识和评价来看明太祖的治国理念及其实践效果。常建华的《明太祖对清前期政治的影响》,以清初诸帝《实录》为据,探讨明太祖如何影响到清代乾隆以前的政治。作者认为,出于实际所需,清朝要争取汉人承认其"从政治合法性上承接明朝的治统",而其主要手段之一,便是对明太祖表示高度尊崇。清朝具体地"通过在历代帝王庙、明孝陵的祭祀活动表达对明太祖的敬意",而实际上,清朝前期皇帝也"认为历代贤君莫如明太祖,因而向明太祖吸取统治经验,学习《洪武宝训》《明太祖本纪》等书,总结他的开国谋略,并编修清朝皇帝的圣训,既是向人民宣传承袭中国传统政治文化的德政,也是为子孙总结治国经验,要其遵守。清朝的'敬天法祖、勤政爱民'的政治纲领,受到明太祖政治的很大影响"。在这样的认识上,作者认为史家所说的"清承明制",应该从制度面深入到治国理念和手段上来理解;清帝的"政治继承性主要表现在借鉴了乾纲独断的专制集权思想与政治体制,集中体现在君权与相权关系以及宣讲教化方面"。

终篇朱鸿的《情系钟山:清代皇帝及士人拜谒明孝陵的活动》,顾名思义,清人的活动反映出后代对明太祖的认识和评价。作者认为,清人出于怀柔汉人的考虑,入关之后便采取尊礼胜朝的做法,渐而形成"国策",其中开放明代帝王陵寝而维护其陵园的做法,更使上自朝廷君臣,下及明朝遗民,乃至后世士人因谒陵而借诗歌和文字表达其时代感情和历史观点。谒陵诗歌也表达了不同身份的谒陵者对明太祖进行的历史评价,而其观感则随时代而产生变化。

明遗民通过谒陵表达了对故国的追思和对明太祖的崇敬。清朝皇帝也通过谒陵表示了对明太祖的尊崇。康熙曾经五谒明陵,乾隆多了一次,但两人的谒陵情怀其实同中有异。康熙每次必向明太祖神位"行三跪九叩首最敬礼",其中一次还亲书"治隆唐宋"匾并勒石立碑。作者认为,这是康熙用以"肯定其〔明太祖〕历史功业,并以其所订定的典章制度为范式。康熙政治胸怀的宽广,展现的道德风范,使遗民折服"。康熙的表现可谓"谦诚,正而不谲"。乾隆之所为则是"虚矫,谲而不正"。乾隆虽然承认明太祖是开基创业的一代英豪,"但却借由谒陵诗之作,对他进行负面评价"。其原因是乾隆强调《春秋》,天子之事……要做历史的判官",故以史入诗,"要以君主的权威改变康熙以来对明太祖极高的评价"。乾隆的指责让"明太祖成为定都失当、分封失策、引起叔侄骨肉相残的君主"。这一指责使得明太祖"在人们心目中的分量自然削弱,明孝陵就不能成为汉人士子的精神寄托,清初强烈的明孝陵情怀转弱,影响所及,产生了乾嘉以后以明孝陵为题的诗文,不乏采取对明太祖做负面的评价,甚至将明太祖与秦始皇相提并论"。

作者总结所论,认为在清代"孝陵不是一座过往的古迹,它仍散发无穷的生命力,成为清初士子心灵的寄托,也成为可以燃起故国之思的圣地。以此为背景观察康熙与乾隆的亲谒明孝陵,都是想要化解孝陵的政治意涵与作用,康熙的做法得其正,乾隆则权术意味浓"。

如上所见,本书诸篇在研究明太祖治国理念及其实践的问题上,能从不少前人较少注意到的文献资料的论析之中,跨越了文字障的认知阻碍,获得不少新的发现,同时也展现了一些新的研究视角和进路。一个显而易见的现象是,本书基本上没有重复前人的议题,而且从纯学术立场上做其纵深研究,不以强烈的政治关怀为出发点,也不以功利性的当下诉求预设论域,因此也少有雷同前人之见,而能在定形已久的"专制君主"形象之外,看到明太祖在文化修养上的成就和在政治理想上的志业。故此,本书虽然没有宏大而统一的结论,而且个别作者对于同一事情或同一类事情的看法也不无异同,但整体上有供学者重新认识和评价明太祖的用途。

本书研究显示出,明太祖在治国理念和政策实施上有这样的特点或个性:能够以儒家经典所载的古代圣贤言行作为立国和治国的智慧源泉,治国以齐整风俗和安定社会为目标,政策有长远性和理想性,能够吸取历史教训,能够因时应变,调整步伐以趋向远大目标,能够量力取役而在政策上平均人民负担,能够欣赏以公为国的进言和批评,重视将意见和看法见诸有形的文字,重视以书籍形式传递伦理教训等。但同时也有不能绝对区分公私的刑法施行,严厉责求臣下过于严厉,对学问自以为是等弊病,以及众所周知的严刑峻法、对真正的或想象出的犯人的残酷诛杀。

这些见于明太祖一身的正面和负面特点，各于太祖一生何时出现、其所以出现之故，乃至其与太祖政治实践上的成败关系等，本书各篇多未处理及之。有一些已经发现的问题也还待研究解答。例如，为何"试职"制度行了十三年，载入洪武二十六年颁行的《诸司职掌》后而遽行取消；为何给予诸子同样的儒家教育，而有秦王朱樉的残暴非理，失德殒身，也有蜀王朱椿的孝友慈祥，好学尊贤。这些都不是凭空揣测或根据现有知识而能推论可得的。

因此，本书距离全面认识和理解明太祖其人其事的目标还很遥远。但从作者们在会议后各自修订其原作的情形看，我深信同仁们在共同的学术职志上都已各尽其力，并且为历史人物研究做了有益的示范。作为学识浅陋的编者，我谬承同仁委任，只有勉力而为，但望本书在理解明太祖的治国理念和施政作风上带来一些新知新见，没有浪费人力物力，没有虚耗读者的精神。至于书中存在的编辑上的错误，仍应由我负全责。

本书之能够成形，决定于"明太祖及其时代"会议。为此，我与范德教授衷心感谢在会议上提出报告和参与讨论的所有学者。这些学者，除了本书的作者同仁之外，还有美国普林斯顿大学的裴德生（Willard J. Peterson）、哈佛大学的包弼德（Peter K. Bol）、科尔盖特（Colgate）大学的鲁大维（David M. Robinson）、加州大学圣迭戈分校的施姗姗（Sarah Schneewind）等教授以及摩根士丹利投资银行的蓝德彰（John D. Langlois, Jr.）博士和美联社的 Laurie Dennis 女士，法国里尔（Lille）科技大学的马骊教授，英国牛津大学的谭家齐先生，韩国国立首尔大学的吴金成教授，新加坡国立大学的李焯然教授，中国社会科学院的张显清、杨一凡、栾成显、万明等教授及已故的樊铧博士，中山大学的陈春声、刘志伟教授，西南大学的陈宝良教授，上海交通大学的章毅教授，以及香港中文大学的科大卫（David Faure）教授。

我们同样衷心感谢慷慨赞助这次会议的以下学术机构：香港中文大学历史、香港中文大学联合书院、美国 James P. Geiss Foundation（盖杰民基金会）。我们也诚挚地感谢帮助会务顺利进行的香港中文大学历史系教职员同仁和研究生们。我尤其感谢在筹备阶段和开会期间努力工作的门人邓国亮先生以及在编辑期间认真协助校读文稿的门人刘勇博士。

2008 年 7 月 31 日
于香港中文大学历史系

嘉靖皇帝与其讲官之间的互动

在明代这样一个主要通过礼仪和文字交流运作的朝廷中,一月举行三次的经筵和每日进行的日讲,是皇帝与博学的官员有直接思想交流和社交接触的场合。他们的互动形式是变动的,因为讲官和皇帝都有双重角色。皇帝是统治者,但讲官可能视之为学生;皇帝则视讲官为导师,或仅视之为臣仆。再者,根据经典所讲(所谓"作之君,作之师"),皇帝可以正当地自视为所有臣民之师。在一个场合中一个人怎样理解自己的角色,以及认定自己的角色中哪一面才是最重要的,会影响他与别人的互动。人的个性和场合的氛围,决定了朝廷中人不同的表达形式。而且,虽然讲官都有共同的教育背景和仕途经历,他们之间的互动却因各自的人际网络和官阶差别而变得复杂。在朝廷的进讲中,皇帝和讲官之间、讲官和讲官之间的合作与斗争,时常导致他们的关系紧张。这是因为事情所涉甚大,关系到应该由谁为统治者和被统治者界定什么是恰当的道德和社会行为标准。

本文考察明代皇帝、讲官及其上司内阁大学士三者之间的紧张关系,同时探讨一些无意中改变了晚明朝廷文化的政治举动。论文集中研究明世宗皇帝(1521—1566年在位)及其博学的廷臣,在进讲儒家经典与历史的经筵和日讲活动中的互动。以下先据《实录》所载及参与者的记载，略述嘉靖元年至十六年（1522—1537）间的进讲情况。然后从多个方面追寻皇帝与其讲官关系转变之迹，这些方面包括：对先帝忌辰和其他忌讳的处理，讲官的风格和讲说技巧，皇帝和讲官之间的相互反应。最后，本文将揭示这种儒家士大夫所提倡的经筵讲读制度在教育和引导皇帝为治方面的局限。

要全面了解明代经筵制度，还有其他重要的课题需要研究：典型经筵的进行过程、作为一种文体的讲章、皇帝的阅读书目、讲官的背景和著名讲官的政治思想。本文只简单触及以上课题，更全面的处理仍有待于不同的独立研究。[1]

一、明代的经筵制度

首位认真研读儒家经典的中国皇帝，应该是在石渠阁论析五经的汉宣帝（公元前73—前49年在位）。在宫中讲习经典的制度，则始于唐玄宗（712—756年在位）之时；玄宗任命有学问的官员为集贤院侍讲学士。[2] "经筵"一词确立于北宋，作为皇帝与朝臣定期讲论经史活动的称谓。经筵由素负盛名的翰林院儒臣出任侍读和侍讲；初级的讲官则被委任为说书，担任进讲工作。经筵基本的组织和规格奠定于宋代，后世则在此基础上加以调整。

---

[1] 补按：有关嘉靖朝之前的经筵研究，可参尹贞粉，《성화년간（1465—1487）의 경연과정국운영》，《명청사연구》제34집，pp.1-30（《成化年间（1465—1487）的经筵和政局运作——与内阁制度的衰落和科道官体系的成立相关的研究》，《明清史研究》第34集，页1—30）。嘉靖以后经筵的情况，可参樱井俊郎，《万历初政の经筵日讲と〈历代帝鉴图说〉》，《大阪府立大学纪要》（人文·社会科学），2001年，第49卷，页1—15。

[2] 有关汉、唐时期的进讲情况，见王应麟，《玉海》（台北：华文书局，1964年影印元至元三年[1337]本）卷二六，页549—551。

宋之后历代均延续了这种制度,包括皇帝不懂中文而用蒙古文或维吾尔文进讲的元朝,可见经筵背后的理念是十分吸引人的。[1]

明代的进讲活动始于太祖时期,太祖对经典注释和历史教训的讨论很多保存至今。[2]但进讲活动正式以大型经筵和小型日讲的形式出现,则始于英宗正统元年(1436),当时英宗年仅九岁。从那时开始,早朝之后进讲即在禁宫东南的文华殿举行。[3]

经筵是一项盛会,朝中的文武高级官员被命参与。大学士、勋臣、六部尚书、都御史、大理寺卿、通政使和翰林春坊官员,以及负责侍仪的两名御史和两名给事中,一般都被加上"经筵官"的头衔。讲官例必包括大学士、翰林学士和国子监祭酒。

明代的经筵进讲不能做经典讨论会来理解。在宋代的经筵上,皇帝会与值日的讲官讨论,参与者会互相提问。[4]在明代,皇帝大多数只坐着聆听,站着的讲官独自讲说。日讲较为轻松,因为只有两名讲官在领班大学士的督导下向皇帝进讲。在所有的经筵和日讲中,由值日讲官撰作的讲章,需在进讲前一天进呈宫中的负责人。

时至16世纪前期,经筵分为春秋两季,通常在每年二、三、

---

[1] 有关宋、元时期的经筵制度,见朱瑞熙,《宋朝经筵制度》,收入《第二届宋史学术研讨会论文集》(台北:中国文化大学史学研究所,1996),页229—264;张帆,《元代经筵述论》,收入《元史论丛》第五辑(北京:中华书局,1993),页136—159。
[2] 有关明太祖时期经筵讲读的研究,参朱鸿林,《明太祖的经史讲论情形》,《中国文化研究所学报》第45期,2005年,页141—172。
[3] 明代经筵制度的议定以及直至16世纪末主要的相关事件,见廖道南,《殿阁词林记》(编于1545年,《湖北先正遗书》本)卷一五,页1a—18b;俞汝楫,《礼部志稿》(编于1620年,台北:商务印书馆1983年影印《文渊阁四库全书》本)卷一四,页1上—4下。以下所引《礼部志稿》,即据此本。
[4] 见朱瑞熙,《宋朝经筵制度》,页240—243。

四月和八、九、十月的上、中、下三旬的第二日举行；日讲则在这些月份的余下日子举行。[1] 皇帝除因参与更为重要的活动和履行皇室义务之外，会被期望按照由大学士拟定和皇帝本人首肯的日程，出席所有的经筵和日讲，除非当他病倒或天气太过恶劣。理论上，经筵每季会举行九次，但实际上经常会被命暂免。高级廷臣、中级朝官以及御史、给事中等言官，会坚持不懈地促请皇帝出席讲筵，以追求学问、亲近贤臣，使帝德臻于完美，国家更加繁荣。明代多数皇帝只会在即位的头几年对经筵感兴趣。世宗皇帝——无嗣的武宗皇帝（1505—1521 年在位）的堂弟——也不例外，尽管在他在位的头十六年里，经筵活动基本上都在进行。

以下笔者先以《明实录》为主要依据，按时序简述嘉靖朝经筵的历史。然后引用讲官及其上司的疏议和私人著述，以及晚明文人的评论，述说参与经筵各方的密切互动。[2]

二、嘉靖朝的经筵讲读

世宗皇帝的经史讲读在正德十六年四月癸卯日（1521 年 5 月 27 日），他即位后两个月开始。如内阁首辅杨廷和（1459—1529）的疏奏所请，大学士和被选的翰林官员每三日或五日，轮流于便殿以浅易的语言向皇帝进讲祖训。他们的讲章称为直解，讲章在

---

[1] 廖道南，《殿阁词林记》卷一五，页 4 上—6 上。为区别两者，一些明代制度史家，如廖道南，会称规模较大的讲读活动为"月讲"。
[2] 间野潜龙（Mano Senryu, 1923—1981）从帝王的教育方面讨论明孝宗时的经筵活动，其中包括时人的意见，反映出明代早期人物对经筵制度的理想、一般看法以及对其实践的评价。见氏著，《明代の進講について》，《富山大學文學科紀要》第 2 期，1975 年，页 1—15。黄仁宇（Ray Huang, 1918—2000）描述了万历皇帝经筵的形式，也就该制度有所评论，见氏著，*1587, A Year of No Significance*（《万历十五年》），New Haven: Yale University Press, 1981, pp.10-12, 42-48.

进讲之后会以揭帖进呈。

君臣间早期的融洽关系,[1]在几个月后便因杨廷和及其同僚拒绝皇帝对其过世的生父和在世的生母晋封尊号而结束。[2]这触发了所谓的"大礼议"——嘉靖皇帝和大部分朝臣之间旷日持久的斗争。争议的中心在于,一位亲王继承帝位是因其血缘还是王朝的需要。争议还涉及一个亲王的儿子登基后,亲王可否被其追封以属于皇帝规格的尊号。[3]这样一系列的论争深深地影响着嘉靖皇帝的经筵、当朝的政治氛围,乃至此后明朝官僚的道德和作风。[4]

世宗的首次经筵在正德十六年八月如期举行(1521年9月2日)。[5]定国公徐光祚(? —1527)和大学士杨廷和被委任为知经筵事,其余三位大学士被委任为同知经筵事,讲读班子包括十六名讲官。[6]

杨廷和因眼疾休假,庄严的经筵实际上在次辅蒋冕(1463—1533)的进讲下揭幕。蒋冕提到当时皇帝对进讲十分满意,对讲

---

[1]《明世宗实录》(台北:"中研院"历史语言研究所,1965)卷三,正德十六年六月辛巳,页115—116。

[2]《明世宗实录》卷四,正德十六年七月甲子,页181。

[3] 有关此场论争的性质和重要性,可参 Carney T. Fisher, *The Chosen One : Succession and Adoption in the Court of Ming Shizong*, Sydney ; Boston : Allen & Unwin, 1990。对于此事的另一种看法,可参朱鸿林对此书的书评:"Review" of *The Chosen One: Succession and Adoption in the Court of Ming Shizong* by Carney T. Fisher, *Harvard Journal of Asiatic Studies* 54, No. 1 (July 1994): pp. 266-277。

[4] 有关大礼议对嘉靖朝官僚作风的研究,参看胡吉勋,《"大礼议"与明廷人事变局及政治伦理转向研究:以嘉靖三年(1524)左顺门哭谏群臣遭遇为中心的历史考察》(香港中文大学研究院历史学部博士论文,2005)。补按:此文后来出版成书——《"大礼议"与明廷人事变局》(北京:社会科学文献出版社,2007)。

[5]《明世宗实录》卷四,正德十六年七月丁卯,页186。

[6] 这次经筵的参与者,见《明世宗实录》卷四,正德十六年七月壬申,页194—197;蒋冕,《湘皋集》(台湾:庄严文化事业有限公司,1997,《四库全书存目丛书》集部第44册影印明嘉靖三十三年[1554]王宗沐等刻本)卷二三,页11下—12上。

官悉加赏赐并赐宴款待。蒋冕亦十分满意，因为当日的官员都穿着青绿花袍代替经筵的绯红袍服，以表达对去世的正德皇帝的敬意。他特别高兴的是，其后皇帝"每日讲读，无少间断，虽雨中亦坐文华后殿，召廷和、冕、纪（毛纪，1463—1545）率翰林春坊诸儒臣日侍读，迄岁暮寒沍始暂免"。[1]

然而，世宗皇帝在年终时却拒绝大学士们增加进讲次数的请求。世宗实在不喜欢杨廷和等人，两个月来，他们一直拒绝他提高其生父和将从安陆到来的生母地位的要求。[2]显然，嘉靖朝早期的进讲，笼罩在世宗和大臣之间礼仪论争的阴霾之下。

嘉靖元年（1522）实际上只有一次经筵。[3]由于未能打动皇帝，杨廷和与他的同僚只好请皇帝接受讲官的直解，以及在从司礼监挑选出的太监的协助下，皇帝自己学习经典、练习书法。大学士们特别建议这些太监在早朝后陪伴皇帝学习，太监们会与皇帝一起诵读每本书中指定的内容最少十遍。这些太监要确保皇帝通晓他所诵读的内容。与此同时，讲官随时准备回答皇帝对书中内容可能提出的疑问。[4]

在随后的两年中，大型的进讲只有一次。[5]即使在嘉靖三年春天杨廷和致仕、[6]世宗的父母被加上"本生"的尊号之后，[7]原来计划好的进讲也一次未能如期举行。然而，从世宗传免日讲和御史回应说"传免太早"来看，[8]当时的日讲似乎仍以某种方式

---

[1] 蒋冕，《湘皋集》卷二三，页11下—12上。
[2] 《明世宗实录》卷七，正德十六年十月癸卯，页281。
[3] 《明世宗实录》卷一三，嘉靖元年四月戊戌，页465。
[4] 《明世宗实录》卷一五，嘉靖元年六月丁丑，页489。
[5] 《明世宗实录》卷二四，嘉靖二年三月癸亥，页24。
[6] 《明世宗实录》卷三六，嘉靖三年二月丙午，页899。
[7] 《明世宗实录》卷三八，嘉靖三年四月癸丑，页964—965。
[8] 《明世宗实录》卷三八，嘉靖三年四月癸丑，页970。

举行着。

当时由于世宗冷落深受爱戴的孝宗皇帝（1487—1505年在位，世宗名分上的父亲）及其仍然在世的皇后，多数朝臣与世宗及支持他的少数低级官员之间的关系更为紧张。在嘉靖三年七月癸未日，即群臣在左顺门哭阙抗议后七天，超过二百二十人被皇帝下令扣押问罪；有些在被审问和处刑后充戍，其余的被谕停俸和廷杖，有十六名低级官员被掠死于当场。[1]

获胜的世宗也开始改变他的读书计划，翰林学士很快无法垄断进讲的内容，世宗在嘉靖四年七月四日下令文臣须用易懂的语言解释经史进呈。湛若水（1466—1560）因此写了《圣学格物通》这部篇幅宏大的经世之作。[2]世宗此时对《尚书》特别有兴趣，在嘉靖四年稍晚，他命大学士仿效太祖对《洪范》的注释，对《皋陶谟》《伊训》《无逸》三篇加以注释，这三篇都对治道有所裨益，这些注解被编成《书经三要》。[3]

进讲在嘉靖五年的下半年略为恢复。是时世宗经常不在朝廷出现，十月壬申，他突御经筵，竟有官员八百多人失朝。[4]更多关于《尚书·洪范》的定期进讲，只能在第二年（嘉靖六年）进行。讲官顾鼎臣（1473—1540）对《洪范》的原创性解释吸引着皇帝的注意，[5]翰林院编修廖道南（1521年进士，卒于1547年）

---

[1]《明世宗实录》卷四一，嘉靖三年七月癸未，页1080。
[2] 见朱鸿林，《明儒湛若水撰帝学用书〈圣学格物通〉的政治背景与内容特色》，《"中研院"历史语言研究所集刊》62本第3分（1993年4月），页495—530。补按：此文后收入氏著《中国近世儒学实质的思辨与习学》（北京：北京大学出版社，2005），页220—258。
[3]《明世宗实录》卷五八，嘉靖四年十二月戊申，页1394—1395。
[4]《明世宗实录》卷六九，嘉靖五年十月壬申，页1579。
[5]《明世宗实录》卷七五，嘉靖六年四月戊辰，页1682。

疏陈《洪范》的"九畴",亦激发起了皇帝的兴趣。[1]

值得注意的是经筵进讲了真德秀(1178—1235)《大学衍义》,此书是宋代理学传统中帝王之学的经典。杨一清(1454—1530)称:"经书之格言、《通鉴》之要旨,尽在此书。"从嘉靖六年五月开始,翰林官员中六个经筵讲官和六个日讲官分为两班,在每旬的三日、八日轮流以一人进呈该书直解和进讲。[2]正常的日讲也变得更为频密。是年十月,五位讲官因为勤奋尽职,被提升为翰林院较高的职位。[3]而日讲官董玘(1483—1546)侍讲时进退不如仪,世宗对他加以训斥。[4]世宗也因另一讲官汪佃(1474—1540)讲读表现迟钝,着令吏部将他改调外任。

翰林院在嘉靖六年出现了前所未有的空缺。大学士不再作为翰林院制度上的顾问和实际上的长官,只有"其学有本原,文能华国及行义无玷者"能留职。二十二个补职的新讲官中,有很多是在大礼议中支持皇帝的。[5]

在多事的嘉靖六年年末,世宗表现为一个有成就的理学家,他撰写了《敬一箴》,注释了宋儒范浚(1130—1140)的《心箴》以及理学大师程颐(1033—1107)的视、听、言、动《四箴》。这些著作都由新掌权的大学士张璁(1475—1539)做初步注释。世宗的手迹被刻在石碑上,竖立在南北翰林院、南北国子监和天

─────────

[1] 《明世宗实录》卷七六,嘉靖六年五月辛巳,页1690—1693;同书卷一〇四,嘉靖八年八月丙戌,页2460—2461。

[2] 《明世宗实录》卷七六,嘉靖六年五月乙酉,页1695—1697;详见杨一清,《宸翰录》(嘉靖中后期初刻)卷四,《杨一清集》(北京:中华书局,2001),页815—817。

[3] 《明世宗实录》卷八一,嘉靖六年十月戊午,页1801。

[4] 同上书,嘉靖六年十月乙丑,页1811。

[5] 同上书,嘉靖六年十月丙寅,页1813—1815。补按:引文所见的翰林官留任标准,也是出自杨一清的建议;亦见焦竑,《玉堂丛语》(北京:中华书局,1981)卷八,页278。

下学校之中。[1]

世宗对进讲的兴趣在嘉靖七年恢复,[2]是年春季举办了三次经筵。秋季所有的日讲集中在《尚书·洪范》一篇,负责解释者唯顾鼎臣一人。[3]顾鼎臣所写的诗句反映出日讲到黄昏仍在进行。[4]世宗对进讲的热衷可能与他感情生活有关,陈皇后在本年十月逝世,她不但得到了"悼灵"这个具贬义的谥号,而且在她弥留之际,其父请求一见也被世宗拒绝。[5]世宗还拒绝了讲官在经筵后改穿浅色衣服向皇后致哀的要求。[6]

在嘉靖八年唯一有记录的一次经筵中,讲官陆深(1477—1544)抗议道,其讲章为大学士桂萼(1511年进士,卒于1531年)所篡改,以致意思被歪曲了。[7]陆深奏请禁止阁臣更改讲官的讲章。世宗大怒,斥责陆深"夸诈险恶,敢于欺罔,兹疏首献谀词,岂人臣说忠事君之道?且具进讲已三,语多悖谬,谄美大臣,意在行私",将他降职一级,外调福建。[8]

次年(1530),世宗更积极地参与讲读,但同时他对日讲和进呈的讲章也更加警惕。他留意讲官是否因避讳故意略去部分内

---

[1] 《明世宗实录》卷八二,嘉靖六年十一月甲午,页1843;张璁,《谕对录》(《四库全书存目丛书》史部第57册影印明万历三十七年[1609]蒋光彦等宝纶楼刻本)卷二,页18下—20上。
[2] 《明世宗实录》卷八四,嘉靖七年一月辛巳,页1893;同书卷八五,嘉靖七年二月丁未,页1919;同书卷八六,嘉靖七年三月甲申,页1947—1949。
[3] 顾鼎臣,《顾文康公续稿》(《四库全书存目丛书》第55册影印明万历至清顺治顾氏家刻本)卷二,页1上—2下。
[4] 顾鼎臣,《顾文康公续稿》卷六,《文华夜讲和元人韵》,页6上—下。
[5] 《明世宗实录》卷九二,嘉靖七年九月辛卯,页2126—2127;同书卷九三,嘉靖七年十月丁未,页2137—2143。
[6] 《明世宗实录》卷九四,嘉靖七年闰十月辛卯,页2194。
[7] 《明世宗实录》卷九九,嘉靖八年三月戊戌,页2333。
[8] 同上书,嘉靖八年三月癸卯,页2335—2336。

容,不许他们这样做。[1]他吩咐大学士和讲官每人都要以经书大旨一章进讲,[2]更召礼部侍郎夏言(1482—1548)进讲《大学衍义》。[3]最有代表性的一事是,他在嘉靖十年正月初一,将桂萼和其他讲官前一年所进讲章的大旨交予张璁,命他细读并做评语。张璁同日回呈了他的看法。[4]

一种新的礼仪在嘉靖十年初被引入经筵,意味着世宗给经筵赋予了新的重要性。他下令要在春、秋经筵开讲的首日,举行仪式对周公以及从伏羲到周武王的所有圣王加上孔子这些"先圣先师"表达敬意。[5]两个月后,三个讲官意外地缺席,这可能是因皇帝的健康问题而将进讲暂免一阵。[6]不过,有证据显示进讲在秋季恢复了,[7]特别的进讲也在西苑新兴建的无逸殿举行,进讲内容是《诗经·七月》和《尚书·无逸》这两篇,是表达对农业生产的关心、赞颂农民辛勤劳作的经典。[8]

然而世宗却因忧虑后嗣问题实际上转向了道教。嘉靖十年十一月,钦安殿举行了一次祈嗣醮事,礼部尚书夏言被命为祈嗣醮坛监礼使,侍郎湛若水、顾鼎臣则充当迎词(青词)导引

---

[1] 张璁,《谕对录》卷一二,页16上—17下。
[2] 《明世宗实录》卷一二〇,嘉靖九年十二月丁丑,页2868—2869。
[3] 夏言,《桂洲先生奏议》(《四库全书存目丛书》史部第60册影印明忠礼书院刻本)卷七,页4下—5下。
[4] 张璁,《谕对录》卷二六,页1上—3下。
[5] 《明世宗实录》卷一二一,嘉靖十年一月壬子,页2904—2905。
[6] 《明世宗实录》卷一二三,嘉靖十年三月乙未,页2955。
[7] 嘉靖十年八月,世宗不只特许侍读学士张潮(1485—1544)请告展墓,更表扬他在日讲中的表现。见《明世宗实录》卷一二九,嘉靖十年八月癸未,页3066。嘉靖十年十一月,礼部尚书夏言不同意皇帝在春秋开讲之始临幸太学和听进讲的建议。他指出皇帝"经筵日讲未尝暂辍",这样做对于皇帝而言未免太过繁劳。见《明世宗实录》卷一三二,嘉靖十年十一月辛未,页3132。
[8] 《明世宗实录》卷一二九,嘉靖十年八月丁未,页3080—3081;同书卷一三〇,嘉靖十年九月壬申,页3092—3093。

官。五名文武大臣每日轮流进香行礼,首终两日则由皇帝亲自主持。[1] 半个月后(十二月乙酉日),顾鼎臣还进呈了步虚词七章,世宗加以褒扬,将其步虚词保留在皇宫中,以显示对顾氏的赏惜。[2]

嘉靖十一年,进讲只是偶尔举行。[3] 此时的儒臣讲官,已进入一个对影响皇帝的话不敢发一言的时代。在经验丰富的讲官顾鼎臣带头下,道教青词很快取代了经筵讲章,作为吸引皇帝注意或邀宠的工具。

嘉靖十二年的春秋两季,各只有一次经筵的记录。[4] 秋季的经筵似是为庆祝皇长子的诞生而举行。[5] 讲官之间的对立继续着,影响了夏季对《大学衍义》的进讲。顾鼎臣因病不能出席,他的两名同僚(廖道南和蔡昂[1480—1540])则相继拒绝大学士张璁让他们代讲的要求,世宗任命新的讲官取代了他们。[6]

嘉靖十三年没有任何经筵的记录。[7] 世宗在春季患病,长达六十余日的缺朝,引起了官僚中间挥之不去的不安。八月二十三日,文武诸臣一百八十四人缺席早朝。[8] 嘉靖十四年的经筵只有一次,于是年三月举行。[9]

---

[1] 《明世宗实录》卷一三二,嘉靖十年十一月癸酉,页3134—3135。
[2] 《明世宗实录》卷一三三,嘉靖十年十二月乙酉,页3147—3148。
[3] 嘉靖十一年四月,御史阮征、杨行中(1523年进士)因次日举行经筵而推迟处决囚犯,为科员所奏。见《明世宗实录》卷一三七,嘉靖十一年四月癸卯,页3231。嘉靖十一年九月,世宗向阁臣询问,讲官吴惠和郭维藩所言"省无益之费,停得已之役"和"去操切更张之弊,务悖厚博大之体"的意思为何。见《明世宗实录》卷一四二,嘉靖十一年九月丁巳,页3303—3305。
[4] 《明世宗实录》卷一四八,嘉靖十二年二月乙巳,页3411。
[5] 《明世宗实录》卷一五三,嘉靖十二年八月己丑,页3472。
[6] 《明世宗实录》卷一五二,嘉靖十二年七月乙巳,页3455—3456。
[7] 《明世宗实录》卷一六〇,嘉靖十二年闰二月丁巳,页3576。
[8] 《明世宗实录》卷一六六,嘉靖十三年八月辛酉,页3656。
[9] 《明世宗实录》卷一七三,嘉靖十四年三月壬戌,页3753。

在《明实录》的记载中，嘉靖朝最后一次经筵在十五年三月丙寅日举行。[1]数月后，湖广道御史徐九皋（1529年进士）恳求皇帝为皇宫收集图书、在闲暇之时参与进讲，世宗回答说："书籍充栋，学者莫知所用心，亦虚名耳。□为（？）且此心不养以正，即召见无益也。"[2]之后他委任了一名讲官以代替一名告假的，但这仅是为填满值勤的名单而已。[3]最后一次请开经筵的奏疏，在一年后的嘉靖十六年七月上呈。世宗在批答中托称："朕于经筵未尝少废，偶因修饬文华殿，暂辍春讲。瀚（原注：吏部给事中沈瀚［1535年进士］，疏请召开经筵的文臣）职具请，若有所欲言者，及令陈说，乃又不行开奏，是邀名抗违。"[4]自此，在经史讲习的问题上再无人敢逆世宗之意。

嘉靖十五年秋，世宗的长女出生[5]，这似乎要归功于道士的意见和药方。此后两年内，他五次谒见祖陵，又多生了六个皇子和一个公主。此时，身为人父的世宗为参与道教的礼仪变得相当忙碌，举行了更多的醮礼和阅读了更多的青词。[6]

回顾嘉靖朝十六年间的经筵活动，很容易看出经筵进讲并不纯以教育为目的，亦不仅是学习经史。经筵的运作虽有制度，但实际上多受政治形势所左右。涉及进讲的各方的表现，反映了他

---

[1] 《明世宗实录》卷一八五，嘉靖十五年三月丙寅，页3913。晚明一史家以下所言，可作此说的印证：经筵"自嘉靖十六年以还，始稀阔耳"。见黄景昉，《国史唯疑》（上海：上海古籍出版社，2002），页187。
[2] 《明世宗实录》卷一八九，嘉靖十五年七月庚辰，页3996。补按：《万历野获编》亦有同样记载，文字稍异，见《万历野获编》（北京：中华书局，1980）卷一"访求遗书"条，四。
[3] 《明世宗实录》卷一九〇，嘉靖十五年八月庚子，页4007。
[4] 《明世宗实录》卷二〇二，嘉靖十六年七月丁亥，页4242。
[5] 《明世宗实录》卷一九〇，嘉靖十五年八月戊戌，页4006。
[6] 这些事情可见于《明世宗实录》卷一九一，页4038，嘉靖十五年九月庚午至同书卷二一六嘉靖十七年九月辛未，页4409。

们在政治道德上的紧张状态，以及在施行朝廷典礼方面的分歧。儒家士大夫希望通过对经典和圣人的讲解，将世宗塑造成一位能同情他们的皇帝，这一理想渐次幻灭。何以世宗会拒绝向儒臣学习？我们将从下文深入研探他们的互动情形。

三、举行忌辰祭典和处理避讳

两件关于帝国祖先忌辰祭祀的事，可能微妙地影响着世宗皇帝的内心和他的一众讲官。这两件事都发生于世宗即位的头一年。第一件事是由当时著名学者吕柟（1479—1542）所引发的。[1] 吕柟在经筵上讲解《尚书·舜典》"夙夜惟寅"一章，当日是太祖的母亲、仁祖淳皇后的忌辰，吕柟以这个日子与所解经书相关为由，"乞存忌辰，光圣孝以纳进讲之言"和"存禫服之礼"，他进而要求皇帝取消当日例行的酒饭之赐。[2] 世宗未待他奏请完毕，便曰"已知"，之后起驾而去。吕柟为自己超越讲官身份，对进讲以外的事进言上疏请罪。后来他被宽恕了。[3]

另一件事发生在一个月后，本来已安排好的经筵，因举行本朝第四位皇帝仁宗（1424—1425年在位）的忌辰祭典而被取消。较早时，给事中安磐（1505年进士）等人上奏："是日值经筵，衣绯赐宴，辍讲则废学，如仪则忘孝。"安磐等建议把经筵移前一日，[4] 世宗将他们的建议交给礼部考虑。礼部根据《礼记》中对忌辰的处理，回复道："孝皇在位，遇宪宗忌辰，仍御经筵，

---

[1] 吕柟，《泾野子内篇》（北京：中华书局，1992）附录三《南京礼部右侍郎泾野吕先生墓志铭》，页320。
[2] 吕柟，《泾野子内篇》，页328。
[3] 《明世宗实录》卷一三，嘉靖元年四月戊戌，页465。
[4] 《明世宗实录》卷一四，嘉靖元年五月丁巳，页475。

衣青绿花袍,赐宴。宜仿此行。"[1] 世宗特旨暂免经筵,改以遣送祭品到仁宗的陵墓这一隆重之礼,平息了朝臣的异见和表现了他的孝思。

这两件事情表示出向皇帝建议怎样做才适合。从世宗看来,吕柟的言行是错误的,他的请求更多是一场表演而非出自真心。如果他真的是对皇帝在礼仪上的义务那么在意,他早就该上疏奏请,而不是违反规矩,在所有朝廷重臣面前提出要求。在吕柟而言,他想的是为皇帝纠正其礼仪上的问题。从世宗最终宽恕吕柟来看,似乎他至少也明白吕柟的意思,然而,他始终未能领会其微妙之处。吕柟之所以公开要求皇帝遵行其祖父宪宗的祭典,就是要提醒他不要忘记他祖父的继承人,亦即他的过继皇考孝宗皇帝。

这个意思也隐藏在礼部对安磐建议的复议之中。安磐的建议是在不影响世宗经筵的情况下,唤起他的孝思,确实很有意义。他的奏疏被提交到礼部详议,正表现出世宗倾向于接受。问题在于由杨廷和的盟友毛澄(1461—1523)所掌管的礼部对此事的回应。晚明的本朝史学家朱国祯(1557—1632),很巧妙地评论此事道:"议者争此区区,因废大典。若孝皇者,真万世之圣主也。"[2] 礼部不妥协的回答,不是维持其解释礼仪的权威,其实是试图借建议世宗遵行孝宗所行之礼,向世宗提示尊重孝宗之意。世宗当然意识到了朝臣的目的,也做出同样巧妙的反应:他会更加尽孝于他的祖先,但不会遵从孝宗的前例。

当逢先帝忌辰而暂免经筵成为惯例后,世宗也变得对讲官认为是避讳的言辞更加留意。他曾在一小段时间内显得颇为开明,嘉靖四年,御史郑一鹏(1521年进士)上疏谓历史可供皇上镜

---

[1] 朱国祯,《涌潼小品》(北京:文化艺术出版社,1998),页 31。
[2] 同上。

鉴，讲官不应只提及治世，而不提及乱世；亦不应只提历史中成功的事例，不提失败的事。世宗同意他的说法，并命令讲官在进讲时，不应有任何避讳。[1]

万历时期（1573—1619）的一位史家（邓士龙，1595年进士）所记让我们知道，当世宗不起疑的时候，他是比较明白事理的。嘉靖六年十月乙丑日，世宗斥责日讲官董玘讲读不如仪。[2]在此之前，他先指出在当日日讲中，讲官并没有解释《论语》所提到的曾子将死之事。讲官越过此篇不讲，可能是因为"曾子有疾"之言，对进讲这种场合来说应当忌讳。可是，世宗却告诉诸臣："夫生死，人之常，何可忌之？如何不可讲也。照前写来。若只是忌其不佳，还当补讲。"这位史家虽然同意讲官的判断，但亦赞许世宗所言为"超世之见"。[3]

嘉靖八年的一次进讲中，讲官进讲《尚书》时亦越过《金縢》篇。世宗向张璁透露，他认为讲官略去此篇，是因为其中很显著地提及武王患病的事情。但他认为《金縢》通篇所言都很重要，故谕张璁着讲官补撰讲章上呈。[4]万历时期史学家徐学谟（1522—1593）称许此事，说世宗诚可谓之"明达"。[5]但徐学谟随即补充说："盖初年事也。至晚年，即臣下疾病，皆以为讳矣，况不祥语渎听乎？"[6]徐氏这里所说的是对的，但重点是，这种情况只在世宗晚年才出现。晚明史家黄景昉（1596—1662）的观察还显示出，世宗对于讲官所撰的讲章，态度一度是开明的：

---

[1] 郑一鹏，《重经筵以养圣德疏》，载陈子龙、徐孚远编，《皇明经世文编》（北京：中华书局，1962年影印明崇祯云间平露堂刻本）卷三，页2188。
[2] 邓士龙，《国朝典故》（北京：北京大学出版社，1965）卷三五，页637—638。
[3] 《明世宗实录》卷八一，嘉靖六年十月乙丑，页1811。
[4] 张璁，《谕对录》卷一二，页16上—17下。
[5] 徐学谟，《世庙识余录》（台北：国风出版社，1965）卷五，页2上。
[6] 同上。

世庙末，养身奉玄，多忌讳。初年殊不尔。廖道南轮讲《高宗谅阴》章，以不从永嘉回避之请，为所劾。奉旨："死生，人道之常；献纳，讲臣之职。着道南如旧进讲。"并论："前徐缙撤去《孟敬子问疾》章，非宜。"抑何高朗洞达，超出意表。[1]

世宗的态度因大礼议而有所转变，讲官也随之变得谨慎，很多事情可能都被误以为与大礼议有关。负责协调和监察进讲的大学士，为明哲保身而选择沉默。世宗之不克阻止讲官对禁忌有所避讳，从另一面看，正显示了时艰境险之外，文化传统所具有的韧性。讲官只扮演他们作为臣仆的应有角色，臣仆应时常尊重其君主，可能产生不祥联想的词语自当避免不用。只有皇帝才能慎重地权衡这些敏感问题，做出回应。皇帝开明的思想可能鼓励他表现得宽容，但官员却不会主动地忽视禁忌。

四、敏感的皇帝和粗心的讲官

世宗对讲官言行之敏感，可从阁臣反复请求他宽恕讲官的事例中见到。在一篇未载于《明实录》的奏疏中，杨廷和曾透露世宗的天威吓坏了讲官赵永（1502年进士）。嘉靖元年八月二十八日，首次担任临时讲官的赵永被召往文华后殿进讲。他没有机会准备妥当就匆忙抵达，向皇上叩头后便被引进到面对御座的讲案前。他因太恐惧而不能流畅进讲。最后，他尴尬地未能完成所需要进讲的内容。世宗后来派太监对赵永抚慰再三。杨廷和翌日上

---

[1] 黄景昉,《国史唯疑》, 页187。

疏致谢。[1]赵永在同年三月，曾以国子监祭酒的身份在皇帝驾幸太学时公开进讲，讲得十分成功，[2]他这次之所以失败，缘于被讲堂里皇帝那种使人敬畏的气氛所震慑。幸而，世宗这次最终仍是不失恩意。

当世宗读了更多的经典注释和王朝律令之后，他对讲官的礼仪要求亦随之增加。[3]嘉靖六年十月，世宗命大学士告诉资深讲官董玘他在进讲时举止不当。受惊的董玘马上改正并上疏谢罪。世宗稍后回应道：

> 尔职司讲读，位列大臣，岂宜失恭让之节？朕未忍斥言，特谕内阁传示。尔当钦体朕意，勉修职业，以副任用。[4]

董玘犯错的性质并不清楚。万历时的邓士龙这样看此事："经筵之时，容貌辞令皆可以观德。……及其诚谕董玘，玘即省改，复以恭谨称之。当时君臣真可谓相与以有成矣。"[5]最后一句耐人寻味。这是否意味着人臣是故意失态以让皇帝显示其圣明呢？这似乎不太可能。因为董玘之事的翌日，翰林院侍读汪佃（1517年进士）便因进讲《洪范·九畴》时"讲读迟钝"，被递夺讲官资格、改调外地。世宗最后亲自讲解该篇，他告诉大学士们："人君能尽伦理以立于上，万姓化于下，伦序明而人道备，

---

[1] 杨廷和，《文华后殿致词》，《杨文忠三录》（影印《文渊阁四库全书》本）卷二，页17上—18上。
[2] 《明世宗实录》卷一二，嘉靖元年三月甲寅，页425。
[3] 世宗热衷于读经并询问有关的问题，可见于《明世宗实录》卷七六，嘉靖六年五月乙酉，页1695—1697；同书卷七七，嘉靖六年六月癸亥，页1720—1721；同书卷八一，嘉靖六年十月乙酉，页1795—1796。
[4] 《明世宗实录》卷八一，嘉靖六年十月乙丑，页1811。
[5] 邓士龙，《国朝典故》卷三五，页637—638。

福将自至。"在他眼中似乎没有任何讲官可担当他的"老师"。[1]

稍后翰林院做了重大的改组。根据万历时人的估计,这场院内清洗令十六名官员被撤职,影响了超过七成的各级翰林官员。[2]翰林官员的学问和讲读能力都被质疑,此后,更多的翰林官员须以他们从其他职任中所获得的经验,来供皇帝选任。桂萼便是一个很好的例子,他向皇帝进呈较有实用性的著作,在当时是有代表性的。[3]

然而,并非所有讲官都有良好的训练以胜其任。嘉靖八年,盛端明(1470—1550)因进讲《孟子》时"词气迫促",为侍班给事中刘世赐所纠奏。世宗回应道:"讲官须慎选以充,如端明者,诚无益也。"盛端明后被调任南京。[4]新的翰林领袖对讲官的礼仪和进讲技巧,并无太多的改善。

端庄的外表和严谨的学养,对于成为一个成功的讲官是必需的。黄仁宇形容稍后的模范讲官张居正(1525—1582),张的"袍服每天都像崭新的一样折痕分明。他的心智和仪表相一致"。[5]这些特征也是半个世纪前的成功讲官所需具备的。杨廷和的仪表在正德和嘉靖初期也是无懈可击的。陆深在嘉靖七年当经

---

[1] 汪佃是礼部尚书汪俊(1493年进士)的兄弟,汪俊在嘉靖三年带领二百五十位朝臣上疏,反对世宗疏远孝宗皇帝及抬高其生父的称号。同年,汪佃和他另一位兄弟吏部左侍郎汪伟(1496年进士)分别又上疏。对于汪佃在大礼议中的经历,参胡吉勋,《"大礼议"与明廷人事变局及政治伦理转向研究:以嘉靖三年(1524)左顺门哭谏群臣遭遇为中心的历史考察》,页445—452。

[2] 《明世宗实录》卷八一,嘉靖六年十月丙寅,页1813—1815;焦竑,《玉堂丛语》(北京:中华书局,1981),页278。

[3] 桂萼向皇帝进呈的作品,部分可见《明世宗实录》卷八三,嘉靖六年十二月丁巳,页1872;同书卷一〇二,嘉靖八年六月戊辰,页2400;同书卷一二〇,嘉靖九年十二月壬午,页2873。

[4] 《明世宗实录》卷一〇〇,嘉靖八年丁卯,页2361。

[5] Ray Huang, *1587, A Year of No Significance*, p.31. 补按:译文引自中译本,见黄仁宇,《万历十五年》(台北:食货出版社,2002),页13。

筵讲官时曾写道,讲官须很认真地预备其身心以应进讲:

> 凡进讲,衣冠带履俱熏香,退即以别箧贮之,示不敢亵也。必斋戒,必沐浴,演习讲章,以祈感动。一念之诚,殆未易以言语尽也。[1]

翰林院修撰何瑭(1474—1543)向正德皇帝进讲被斥的例子,清楚地说明端庄的仪表和对皇上的尊敬是紧密地连在一起的。何瑭因正德八年(1513)的一次进讲而被撤职。《明武宗实录》这样形容:

> 瑭不修容仪,常敝衣垢面。至是初进讲,宣读蹇涩,几不能终篇。大臣旁侍者皆错愕。讲罢,上大怒。遣中官传谕内阁,欲挞之于廷,大学士杨廷和等委曲申救,乃传旨数其举止不恭,调之外任。[2]

从《实录》可见,在经筵场合中讲官须有优雅的仪表和清晰流畅的讲说。这是对进讲认真的表现,也代表对皇帝和听众的尊重。[3]

另一件没有记录在《明世宗实录》的事,显示出世宗皇帝对讲官言辞的敏感。嘉靖八年九月吏部尚书方献夫(1505年进士,

---

[1] 朱国祯,《涌幢小品》,页31。
[2] 《明武宗实录》(台北:"中研院"历史语言研究所,1964)卷九九,正德八年四月庚申,页2067。
[3] 马理(1474—1556)在《大明资善大夫南京察院右都御史柏斋何先生神道碑铭》中为何瑭被训斥和撤职之事辩护,何瑭被撤职,是因为他在进讲《尚书》时,寓以讽谏。事前何瑭拒绝大学士修改讲章的建议,终于触怒皇帝和内阁。见何瑭,《何瑭集》(郑州:中州古籍出版社,1999),页449。

卒于1544年)在所上的一道奏疏中,透露他的广东同乡、当时的太子宾客伦以训(1498年生,1517年进士),向世宗进讲《尚书·康诰》时提到"后世心学不明",世宗告知方献夫,伦以训"所说欠当",命方氏加以解释。方献夫很有技巧地给伦以训伸援,他说:

> 以训谓:"后世心学不明,却将善心看作慈悲怜悯意思。"讲时臣亦觉得其言欠分晓。大抵其意盖指后世佛氏之学,以清净寂灭为心法,以慈悲怜悯为善果,而不知有帝王仁义并行之道,但其言欠提掇明白耳。

这段话之后方献夫提出了他对"心学"的解释,他采用的是宋代理学的理论,包括出于周敦颐和二程,以至他们南宋的继承人的。方氏将宋儒的理论与佛学对比。[1]

从方献夫之后所上的一道奏疏,可以清楚见到,世宗曾将他的回答交予内阁讨论,看看有没有别的解释。皇帝吩咐阁臣讨论"释氏慈悲之谬及善心善性之别、尽性致敬之功"。[2] 方献夫在此疏中写道,既然皇上所论已明,阁臣又详细地解释明白了,所以他亦不敢再有所论,但希望讨论皇帝所提供的新议题:帝王德知

---

[1] 方献夫,《西樵遗稿》(《四库全书存目丛书》集部第59册影印康熙三十五年[1696]方林鹤刻本)卷三,页3下—6下。伦以训是否因自己的南方口音,使皇帝对他误解和有所批评,我们并不清楚。然而,方献夫也同样有口音。方献夫和伦以训的广东同乡霍韬,在约两年前因为惧怕自己的南音会使皇上误解,请辞了进讲的职务。见《明世宗实录》卷七八,嘉靖六年七月己丑,页1738—1739。

[2] 方献夫当时并非大学士,但杨一清在九月已致仕,桂萼在同年八月已被免,当时的内阁就只有翟銮(1477—1546)及新上任的张璁,方氏是皇帝的亲信之外,这或许也是方氏被询问的主要原因所在。

的立本功夫。[1]

为何世宗会怀疑和不满伦以训的解释呢？伦以训的解释或可被理解为对世宗在大礼议中的表现不以为然，或是对世宗、对权臣的一般态度有所批评。不久之前，世宗在心学上的造诣正备受称赞；现在，伦以训说慈悲怜悯不是心学的一部分，他可能意谓世宗缺乏慈悲怜悯，而这种缺失是可以接受的。但世宗却可视之为对他的嘲笑。

五、成功的讲官：顾鼎臣

顾鼎臣可谓是与上述讲官形成对比的一位成功讲官。他是正德十六年（1521）夏季首批被委任为经筵和日讲的讲官之一。到嘉靖十五年后世宗不再听讲时，顾鼎臣同时任官正二品的礼部尚书和正五品的翰林院学士，全职做新一班的翰林院庶吉士的教习。[2] 三年之后（1538），他被任命为大学士。他在孝宗弘治十八年（1505）中状元，至此，他实现了儒生所有的仕宦愿望。[3]

我们对顾鼎臣早年担任讲官所知很少，但他肯定是个能干和被广泛接受的讲官。嘉靖六年（1527），当顾鼎臣从长期的病患中康复后，大学士杨一清高兴地向皇上请求复任他为经筵和日讲讲官。顾鼎臣与世宗忠诚的支持者张璁和桂萼同时被任为讲官。[4] 他向世宗进讲《尚书·洪范》，很快就激发了世宗对经典注

---

[1] 方献夫，《西樵遗稿》卷三，页6下—7下。
[2] 《明世宗实录》卷一七三，嘉靖十四年三月丁卯，页3754—3756；同书卷一七四，嘉靖十四年四月戊申，页3786—3787。
[3] 严嵩，《顾鼎臣神道碑》，载焦竑辑，《国朝献征录》（台北：学生书局，1965年影印明刊本）卷一六，页41。
[4] 《明世宗实录》卷七五，嘉靖六年四月甲寅，页1677。

释新的兴趣。朱熹的得意弟子蔡沈对《尚书》作的传是当时的标准解释，顾鼎臣却敢于对之提出异议。世宗对顾鼎臣的创新十分惊奇，曾密询桂萼和杨一清，桂萼和杨一清后来上奏为我们透露了世宗的想法和顾鼎臣与蔡传不同的解释。[1]

桂萼的回复是由他的密友、当时著名的儒者魏校（1483—1543）所代拟。[2]其中包括世宗所问之事，据此知晓世宗先是询问了桂萼，然后又从杨一清处获得印证。这也反映了敏感和谨慎的皇帝，最初倾向于同意顾鼎臣的解释，并对传统经典注释有所不满。桂萼稍微修饰了魏校的初稿，上呈了一道支持蔡传的奏疏。我们不清楚桂萼此举是否意在阻碍顾鼎臣的冒起，但他的回复大概就是世宗再向杨一清问询的原因。[3]

杨一清的回复显示出，顾鼎臣在进讲《洪范》时，重新对篇中"驿""克"二字（两个概念）的次序做了改动，从而提出与传统不同的阐释。顾氏认为在五行中前者为土、后者为金，因此"克"应先于"驿"。但他不敢肯定自己的这一解释，因为如其所说，经典的意思和教训都将与蔡传所说不同，故请求皇帝裁定其看法是否得当。顾鼎臣谦逊的态度取得收效：世宗亲作回应，我

---

[1]《明世宗实录》卷七五，嘉靖六年四月戊辰，页1682；世宗对桂萼和杨一清的询问，见魏校《庄渠遗书》（影印《文渊阁四库全书》本）卷二，页14上—17上。
[2] 此事未曾有人指出过，但我们可以通过比较桂萼和魏校的文章清楚地看到。在魏校的得意门人、明代著名文人归有光（1507—1571）所校刻的《庄渠先生遗书》中，在几封复信的标题之下，有注明有"代桂文襄公（桂萼）御问"的小字。魏校为桂萼润色奏疏之事，对明代文人来说并不是一个秘密，又见于黄景昉，《国史唯疑》，页157。魏校（Wei Xiao）在 Dictionary of Ming Biography 中被误读作 Wei Chiao（Wei Jiao）。见 L.Carrington Goodrich & Chaoying Fang, eds., *Dictionary of Ming Biography, 1368–1644*, New York: Columbia University Press, 1976, pp.204, 990, 1625.
[3] 魏校，《庄渠先生遗书》卷二，页14上—17上；亦见桂萼，《文襄公奏议》(《四库全书存目丛书》史部第60册影印明嘉靖二十三年[1544]桂载刻本)卷五，页18上—20上。

们也从而知道,在桂萼影响下,世宗支持蔡传的解释。然而,他对自己的理解仍有所疑惑,所以询诸杨一清。他谦逊地指示杨一清:"朕欲此说答讲官鼎臣,未知可否,烦卿看。如可,便润色,否则已。"杨一清经过仔细和有见地的分析后,支持蔡传的阐释,当然也是肯定了世宗的理解。

圆滑的杨一清在复奏的中段,亦即论析经注的开始之处,强调"夫蔡传之言,非蔡氏所撰,乃汉、唐老师宿儒之所传述"。奏本最后说:

> 或者又欲迁就其说,疑"驿""克"二字传写倒置,此大不然。《尚书》经文乃经孔子删定,自汉至唐至宋濂、洛、关、闽诸大儒,无敢议之者。我太祖高皇帝御注《洪范》,惟旧文是用。太宗文皇帝表章六经、四书,布在学官,颁之天下,《尚书》一宗蔡传。何独至于今日疑之?但鼎臣质疑求是,故亦讲学好问之事。皇上嘉之,当矣。

杨一清认为顾鼎臣的经说有误,但其疑而求真正是经筵讲学所应嘉许的。言下之意,就是顾鼎臣不应因所说之不确而受训斥。世宗同意杨一清的回复,而顾鼎臣亦得以留任讲官。[1]

明显的,顾鼎臣具有启发性的意见和他的谦逊态度,使他得到了渴望求知和表现自己的世宗皇帝的尊重。一个月后,他被任命为从夏季起向皇帝进讲《大学衍义》的讲官之一(共八人)。[2]在同一月内世宗对翰林院大肆整顿后,顾鼎臣进讲宋代范浚的《心箴》,之后世宗亲自为之注释;世宗此后又注释了程颐的《四

---

[1] 杨一清,《密谕录》卷一,《杨一清集》,页918—929。
[2] 《明世宗实录》卷七六,嘉靖六年五月乙酉,页1695—1697。

箴》并亲作《敬一箴》。世宗写下的这些文字,在两京翰林院、国子监和天下学校中立碑镌刻,建亭储之,以示学者。这样看,这些碑亭都可谓是顾鼎臣的无心之作了。[1]

嘉靖七年八月,世宗称《尚书·洪范》实是"帝王为治之大经大法",命顾鼎臣为其唯一讲官,向他进讲。顾氏"自秋徂冬"地进讲了三个月。世宗十分周到地考虑到他的健康,吩咐大学士删去经文中数句,以减轻顾鼎臣的负担。世宗命顾鼎臣将其直解写得更精更全,以裨政治。[2]顾鼎臣在他和吕亨夫(1510年前生)的一首诗中,提到世宗命他尽力做好进讲工作,以副其追求学问和治道之心。顾鼎臣在此诗中透露了他与世宗融洽的关系:"聊效涓涓答恩遇,敢言鱼水分相投。"[3]事实上,世宗亦曾称顾鼎臣"所讲《洪范》,尽心指解,以迄终篇"。[4]顾鼎臣在《文华夜讲和元人韵》一诗中透露,他偶尔须在黄昏时进讲。[5]世宗的奖赏,是将他擢升为正三品的詹事,掌詹事府,后来,又因顾鼎臣的请求,赐予其祖父母、父母及他本人三品的诰命。[6]

顾鼎臣与世宗之间的密切互动,在嘉靖九年十二月皇帝对"先圣先师"的祭典中再次见到。三名大学士和七名讲官被特别召集到文华殿向"先圣先师"行瞻拜礼,顾鼎臣是其中的一位。这些大臣被命各撰呈一篇有关君德治道的经义,顾鼎臣写了《中

---

[1] 焦竑辑,《国朝献征录》卷一六,页41;亦见黄景昉,《国史唯疑》,页165。
[2] 顾鼎臣,《顾文康公续稿》卷二,页1上—2下。
[3] 顾鼎臣,《经筵独受简命进讲洪范自秋徂冬四阅月方毕无锡吕亨夫上舍有诗为赠依和一首》,《顾文康公诗草》(《四库全书存目丛书》集部第55册影印明万历至清顺治顾氏家刻本)卷五,页13。
[4] 顾鼎臣,《顾文康公续稿》卷二,页1上—2下。
[5] 该诗见顾鼎臣,《顾文康公续稿》卷六,页6;整篇关于《洪范》的经筵讲章,见同书卷二,页3上—36上。
[6] 顾鼎臣,《顾文康公疏草》(《四库全书存目丛书》集部第55册影印明万历至清顺治顾氏家刻本)卷一,页12上—14上。

庸》首章经义上呈。[1]

顾鼎臣一直保有世宗对他的信任，尽管世宗偶尔也会对他起疑。嘉靖十年初，世宗便曾向张璁透露顾鼎臣前一年呈上的讲章中，其言"亦有隐奸"。[2]幸好，顾鼎臣并未因此得祸。稍后，顾氏为同僚讲官董玘所诬告（其详情不得而知），也能安然无事。[3]还有，长期阙朝的世宗有一回突然临朝并参与日讲，顾鼎臣缺席未到，但这一过失最终亦被赦免。[4]

顾鼎臣为巩固皇帝对他的宠信，向世宗进呈前述步虚词七章，以助益道教祈嗣的典礼。世宗赞扬他的忠爱，将其青词藏于宫中。[5]嘉靖十二年，顾鼎臣因病再次缺席当日的进讲，仍然未受严惩，而世宗和大学士张璁则对拒绝代替顾鼎臣进讲的廖道南和蔡昂甚为愤怒。[6]嘉靖十四年三月，顾鼎臣在大学士张璁和李时（1471—1538）的许可之下，史无前例地独自一人负责教习翰林庶吉士的工作。[7]如前所述，三年多后，他被委任为大学士。

顾鼎臣在嘉靖十九年卒于任上。因为他生前为皇帝写了很多青词，死后被嘲笑为"青词宰相"，意为只懂以道教辞章邀宠，却没有任何其他的才能。他的影响所及，此后嘉靖朝中写青词的已是翰林院士大夫而非道士。[8]

顾鼎臣的后学蒋德璟（1593—1646）将此事看得比较正面，称许顾与世宗的和谐关系，将两人之间的互动比喻为"盐梅之

---

[1] 顾鼎臣，《顾文康公疏草》卷一，页16上—18上。
[2] 张璁，《谕对录》卷二六，页3上—5上。
[3] 《明世宗实录》卷一二一，嘉靖十年一月丙午，页2903。
[4] 《明世宗实录》卷一二三，嘉靖十年三月乙未，页2955。
[5] 《明世宗实录》卷一三三，嘉靖十年十二月乙酉，页3147—3148。
[6] 《明世宗实录》卷一五二，嘉靖十二年七月乙巳，页3455—3456。
[7] 《明世宗实录》卷一七三，嘉靖十四年三月丁卯，页3754—3756。
[8] 谈迁，《国榷》（北京：古籍出版社，1958）卷五五，页3456。

事",世宗和顾鼎臣犹如盐与梅,互相调剂,互相取资。[1] 顾鼎臣才能兼人,既是经生,又是文人;善于运用随机应变的头脑,态度谦和,有时胆怯,他不盲从传统的经注,但也不高调反对传统。即使在皇帝面前,他也不怕表明己见,但他也不会固执己见。他是以其认真和诚实让世宗印象深刻的。

可以肯定的是,顾氏能成功地进讲《洪范》,就不可能是一个呆板的讲官。我们没有直接的资料显示顾鼎臣如何进讲,万历时代博学的焦竑记述了以下关于顾鼎臣任职讲官时的逸事:

> 嘉靖初,讲官顾鼎臣讲《孟子·咸丘蒙》章,至"放勋殂落"语,侍臣皆惊顾,徐云:"尧是时已百有二十岁矣。"众始心安。[2]

这就是成为一个出色的讲官所需的艺术和才能,合紧张与风趣于一,能够一言解颐。这个故事或许更能揭示晚明人心中成功讲官的形象,但就作为世宗常任讲官的顾鼎臣所具有的良好素质而言,这个形象虽不中亦不远矣。

六、陆深对大学士的不满

陆深的个案反映了皇帝与讲官之间互动的复杂性,其中的问题是,大学士修改讲官讲章之事,是否适当?嘉靖七年(1528)秋天,陆深以国子监祭酒被任命为讲官。据许赞(1473—1548)

---

[1] 蒋德璟(天启二年进士,亡于清顺治三年),《顾文康公集序》,载顾鼎臣,《顾文康公文草》(《四库全书存目丛书》集部第55册影印明万历至清顺治顾氏家刻本)卷首。

[2] 焦竑辑,《国朝献征录》卷一六,页32。

所写《右侍郎谥文裕陆公深墓表》，陆深讲解认真，为人诚实，"上为嘉听"。不久，他获赐《明伦大典》（记录了大礼议），亦代表皇帝认可他是忠心的高级文官。[1]但正如前所述，陆深违反了经筵的礼仪，并经世宗一番严厉的训斥后被撤职。[2]陆深那封痛斥大学士修改讲章的奏疏值得详细引录，它透露了不少关于事情本身、经筵制度的日常实践、讲官的自我期许等方面的内容。

> 臣谨按，经筵一事关系匪轻，辅养君德，尤为首务，因以策励臣节者，亦不少也。何则？君父在前，威颜咫尺，为之臣子者，俨然拜起，布义陈词，说孝说忠，说仁说义，说廉说耻，说礼说让。若使反之于身而一无所有，鲜不至愧汗，而听者谁则信之？故必勉加修践之功，而后可收感孚之效。是以讲章必出讲官之手者，其意盖在此，非徒以便诵说为也。
>
> 然须有温润之气，以具告君之体。此非辅臣，鲜克举之。所以必送内阁改定者，诚欲略去粗疏鄙野之状，以养夫亲近儒臣之心。其意又在于此，非徒以美文辞为也。
>
> 臣窃思之熟矣。岂敢不顾旧规，直行己志？若以此劝讲，是未诚也，何益圣学？当时面奏，讲章义理多未浃洽，所包甚广，意不止于文辞也。伏读圣谕，益增战兢。是臣之愚，仓促未能上达尔。
>
> 且今内阁无所不统，旧规俱带知经筵事，又皆老于文章之臣，讲说更改，宜有精义者，此特小节耳。第使讲章尽出

---

[1] 许赞，《右侍郎谥文裕陆公深墓表》，载焦竑辑，《国朝献征录》卷一八，页42。
[2] 《明世宗实录》卷九九，嘉靖八年三月戊戌，页2333；同书卷九九，嘉靖八年三月癸卯，页2335—2336。

内阁之意,而讲官不过口宣之,此于义理深有未安,而交孚相感之道远矣。此臣之所为诤也。

伏望俯察愚诚,特谕内阁,只将讲章一节,优容臣等各陈所见,而内阁因得以考观臣等之浅深。至于义理往复,藻润迭加,何所不可,岂止于阅看而已?

臣愚意欲请自训诂衍释之外,于凡天下大政事、大利弊,皆得依经比义,条列类陈。庶几九卿百司有行之而不能尽,给事中、御史有知之而不敢言,司府州县有负之而不能达者,皆得以次上闻。则主势日尊,圣学日邃,而臣等亦得附之以进修矣。[1]

以上引文的最后一段,正是陆深被撤职外调的原因所在。在位的年轻皇帝意欲掌握朝政,同时大学士却致力于控制资讯以影响政策,在这种情形下,陆深此疏无可避免地挑起了一连串各方都难以解决的议题。陆深的同辈是能容易地抓住疏中的含义的。陆深背后的支持者是杨一清,世宗对其信任正在下降,而杨的竞争对手张璁,则在不久前与桂萼一起成为大学士。对杨一清而言,要重新获得主动权,必须面对张璁和桂萼两人,使其势力连根拔起。桂萼实际上已在请求世宗将陆深逐出朝廷,所以他上疏自辩时,也请世宗命陆深呈上其讲章原稿,以判断他的说法是否得当。[2]

从理论上说,如果陆深此次获胜,大学士的权力和影响将大为缩减。如果讲官可自由向皇帝提建议,在进讲时与其交谈,大

---

[1] 陈子龙、徐孚远辑,《皇明经世文编》卷一五五,页1552;陆深,《陆文裕公行远集》(《四库全书存目丛书》集部第59册影印明陆起龙刻清康熙六十一年[1722]陆瀛龄补修本)卷二,页1上—3上。

[2] 何俊良(1506—1573),《四友斋丛说》(北京:中华书局,1959),页147—148。

学士的监控和协调能力就会被减弱。作为负责经筵和日讲制度的行政官员,大学士会更容易被讲官揭发他们的意外之失。

这事实上被嘉靖朝的前任尚书徐学谟提到过,徐氏颇具洞见地写道:"经筵凡十日一御。轮讲者先于十日前豫拟讲章,送阁下改定,然后至期进讲,此累朝套数也。"徐学谟认为陆深请求废止这一安排,使讲官可在不受他人影响下进讲自己所撰的讲章,似乎是对的,但问题是:

> 假令讲章不由内阁窜定,倘有一狂生恣意乱讲,当是时文武大臣俱罗列于侧,上不能堪,则如之何?故不得不预防之。[1]

讲官没有事先知会大学士要进讲的内容,至少是不明智的。

徐学谟并不主张大学士对讲章多作删改。过度改写,则"令讲官格君之心,无由上达"。晚明的论者亦指讲章被修改是常见的事,而规谏之言会因避忌而埋没。[2]事实诚然如此。但官场上也不乏野心勃勃的官员,只要管道存在,便会有人假尽忠和效直之名,不顾任何忌讳追求个人利益。

胡世宁(1469—1530)就是如此,他并非"狂生",而是个老练的高级官员。胡世宁主动向皇帝上呈讲章以攻击其他高级廷臣,嘉靖四年的冬天(1526年初),身为兵部左侍郎,他向世宗上《保身讲学二事疏》,"内有不密失臣之语",并请求不要将此疏给内阁传阅,倘一经传阅,秘密便会公开。胡氏因此为给事中

---

[1] 徐学谟,《世庙识余录》卷六,页1。
[2] 陈子龙、徐孚远辑,《皇明经世文编》卷一五五,页1552;陆深,《陆文裕公行远集》卷二,页1上—3上。

余经（1520年进士）劾奏，被指"心衔奸回，且开告密之门"。[1]《实录》里简短的记载，目的仅在表现胡世宁缺乏儒家士大夫所需具有的德性。胡氏此疏弹劾的内容，则反映于疏文本身。讲章不经内阁阅定，一旦公之于众，后果可想而知。

胡世宁《忠益疏》的问题是其所附的三篇讲章。[2]胡世宁自称，他原想在被召回京后才上呈这些讲章，他曾踌躇这些讲章会"取笑天下，得罪公朝"，但因"忠爱之诚，不能自已"，所以便连奏疏一起上呈。他希望"皇上万几之暇，特赐省览终篇。如其切于治道，更乞留中垂意；若系妄言非忠，批外拟罪，臣愚甘当重黜"。

胡氏所呈的"讲章"特别长，第一篇是对《尚书·泰誓》的阐释。他指只有仁人（君主）能爱人（大臣）、能恶人（大臣），亦只有贤明的大臣能袪除私心、不偏不倚地向君主推荐有才能的官员。其中暗示，现在的朝廷并无这种贤臣。

第二篇阐释《尚书·洪范》，认为只有人君可操威福之柄，大臣无权干涉。胡世宁实际上所讲的是应把委任官员的权力，从内阁归还吏部。他特别述及不久前任命礼部尚书一事，内阁一致推举学士贾咏（1464—1547），但皇帝却属意席书（1461—1527）。席书上任后为举朝所攻，而贾咏虽未能出任礼部尚书，数月后却因内阁支持得以入阁，位在席书之上。这证明皇帝的影响不及内阁。胡世宁责备内阁的做法，更请皇帝要为"天下之福"而果断作为。胡世宁的实际目标是首辅费宏（1468—1535），他要取代费宏的野心时人并非一无所知。[3]

---

[1] 《明世宗实录》卷五九，嘉靖四年闰十二月庚辰，页1404。
[2] 胡世宁的奏疏和随上的讲章，见胡世宁，《胡端敏奏议》（影印《文渊阁四库全书》本）卷五，页24下—39上。
[3] 黄景昉，《国史唯疑》，页158。

胡氏最后一篇讲章的意旨更为露骨。他在此章阐释《易经》中的教训，指出人君与忠臣必须对所谋划的国是绝对保密。胡世宁实际上是请求世宗将其奏疏（以及其中对他人的批评）保密，避免朝臣的公开回击。[1]我们很难想象胡世宁上述讲章如果在公开的经筵上向皇帝进讲，会有什么后果。

最难解决的问题是，讲章要做什么程度的修改，才能使大学士及讲官都感到满意。在什么情况下，阁臣才对讲章做修改呢？正德时何瑭进讲的例子显示，若讲官不愿意的话，大学士不会强迫他修改讲章。陆深的例子亦表明，对讲章最后版本的修改，需要讲官及其上司一致同意才行。陆深之所以做出指控，正是因为桂萼专横地修改他的讲章。应该或不应该进讲什么，不是单纯的学术问题。可惜我们没有陆深的讲章原本，未能察看其中是否有惹恼皇帝或伤及阁臣的内容。

由于帝王之学最终为的都是治道，经筵理论上不应只限于敷衍经典的文义，更应将经典的教训结合现实的政治事务和政策。不过，讲官对治道的认识很难优于大学士，当皇帝在经筵上忽然遇到一些他未及与高级顾问（大学士）商议的政治议题而被迫要作答时，往往趋于无知且专制。只有当皇帝通晓典则、法规，熟悉政务的时候，才能对相关议题做出满意的回应。然而，这需要他掌握另一类型的帝学，例如丘濬（1421—1495）在成化二十三年（1487）成书的经世巨著《大学衍义补》所提供的一套足以诊断政府问题、提供解决方法的实用的学问。[2]

---

[1] 胡世宁，《胡端敏奏议》卷五，页24下—39上。
[2] 参看朱鸿林，"Ch'iu Chün's *Ta-hsüeh yen-i pu* and Its Influence in the Sixteenth and Seventeenth Centuries," *Ming Studies* 22 (1986), pp. 1-32。补按：此文收入笔者《中国近世儒学实质的思辨与习学》，页162—184。

七、皇帝、大学士和讲官之间的互动

世宗皇帝、大学士和讲官之间的三角关系变得越来越复杂。世宗在位初期,听从大学士的意见,积极出席经筵,即使他被大礼议中的反对者惹恼,停止经筵、减少日讲,但自己也未尝停止阅读。尤其是他对《大学衍义》的学习是史无前例的,他对学术很有热诚,并有曾受教育的宦官解答他的问题。

世宗在多数时间内都对资深的大学士高度信任。例如,他接受杨一清的建议,安排《大学衍义》日讲,他任用由首辅杨廷和、费宏、杨一清和张璁所推荐的讲官。在多数情况下,大学士替有过错的讲官求情时,他也能接受。他甚至邀请大学士一起畅游西苑,并在那里进讲和赐宴。

大学士们去世后所刊行的奉命复奏透露了皇帝对学习的关注,如以下数例。杨一清的回复显示,世宗曾经为做决策及施行政策,认真阅读经典及本朝的法律和条例。世宗曾提及《大明会典》中冠礼记载有误的问题,并着令改正。[1]他更经常向费宏问及诗文写作的问题,这却使得满心妒忌的桂萼上奏弹劾费宏。[2]桂萼也反对讲官陈腐和费解的注释,[3]世宗问他的基本上都是经典的问题,而桂萼的回复也令他满意。著名的经学家和理学家魏校在朝的几年,桂萼的这类复奏大多数都是请他草

---

[1] 杨一清的回复中引述了皇帝询问的内容,见杨一清,《密谕录》卷一,《杨一清集》,页918—929。
[2] 桂萼的奏疏,见《明世宗实录》卷六八,嘉靖五年九月丙午,页1565;该奏疏全文,见桂萼,《文襄公奏议》卷一,页22上—24下。费宏对该事的回应,见《明世宗实录》卷六九,嘉靖五年十月戊辰,页1573—1574。
[3] 魏校,《庄渠遗书》卷二,页43上—46上;桂萼,《文襄公奏议》卷七,页26下—29上。

拟的。[1]世宗对张璁的提问，包括从诗文赏析到对《尚书》其中三章的注释以及讲章中的论点等多方面，[2]当中最重要的是，世宗命他为自己对范浚《心箴》和程颐《四箴》所做的注释加以润色。[3]

张璁受宠的时间较任何大学士更长。互相信任和彼此坦诚也使世宗与张璁的关系接近《孟子》所讲"君之视臣如手足，则臣视君如腹心"，尽管仍未达到存在于顾鼎臣和世宗之间的犹如"盐梅之事"的关系。

世宗经常通过拒绝阁臣朝见、缺席讲筵或责备大学士所推荐的讲官，来表现他对大学士的不满。大学士们一般的反应是尽可能维持他们的尊严和风度，他们很少改变进讲的程序或批评个别讲官。当世宗要求他们草拟对奏疏的回复时，他们会尽量表达自己的想法和意见。

当世宗问及讲官，大学士通常的回应是先向他提供参考意见，即使刚愎自用的张璁和桂萼也是如此。当世宗要求张璁评价个别讲官时，张璁不会直接批评讲官的缺点，直到世宗再令回奏，他才会遵命照办。同样，当陆深指责桂萼修改他的讲章时，桂萼只请求上呈陆深原来的讲章，让世宗自己判断。

阁臣得意之时，是当世宗向他们查询经典和文学问题的时候，此时他们就可以展示其熟习经义的才学，以表现一番。杨一清便是精通此道之人，当世宗阅及欧阳修对《尚书·武成》的注释时，认为欧阳修对"六经"可谓有羽翼之功，因此重提早前费宏反对欧阳修从祀孔庙一事是否得当，杨一清诚恳地回答道：

---

[1] 魏校，《庄渠遗书》卷二，页33下—46上；桂萼，《文襄公奏议》卷七，页17下—29上。

[2] 张璁，《谕对录》卷一二，页13上—14上，14上—15上，16上—17下。

[3] 张璁，《谕对录》卷二，页23上—24下；卷一二，页13上—14上。

> 从祀一事，未敢轻议者，盖孔庙从祀，凡与列者，皆取其著书立言，辅翼六经之功。其他文章勋业，皆非所论也。……修之论说，四书、六经中多未采录，其见于《武成》，盖仅有者耳！[1]

徐学谟认为杨一清的回答"词悉而意婉，得格君之体"。[2]

世宗与大学士在讲读中的互动，很多都联系到其父母地位之礼的相关论争，他与大学士的关系，在杨廷和的支持者及同情者被革职后变得极好。但世宗的好心情不久便因阁臣之间、他们的门人之间的斗争而消失。世宗曾把自己的诗文作品交予费宏和杨一清润色，可是，当时尚非阁臣而亲附张璁的桂萼和霍韬（1487—1540）却上疏请世宗终止其诗文习作，并指责费宏及杨一清导帝于诗作之非。这源于他们妒忌费、杨二人能迎合皇帝的喜好，另外也是冀望世宗能追求哲学思辨与经世致用的学问。

桂萼和霍韬的上疏伤害了他们对世宗的影响，当世宗对诗文的兴趣下降时，便更加转向宗教。而当他的兴趣完全转向道教时，从前正规的儒家经史进讲亦成为历史。

世宗皇帝与其讲官的互动相对简单。他很少与讲官有直接的接触，当要赞赏或训斥他们时，他常常会通过大学士处理。当他对讲官进讲的内容有疑问时，他也会先寻求大学士的意见。除此之外，他们的互动只见于谕令和奏疏。

在进讲的时候，世宗表现出敏感的一面，他不满吴惠（1511年进士）和郭维藩（1475—1537）迂回的批评，不过，当他们在进讲时暗示时政之非、举出具体证据时，世宗并没有指责他们。

---

[1] 杨一清，《密谕录》卷一，《杨一清集》，页927—928。
[2] 徐学谟，《世庙识余录》卷四，页5。

审慎的讲官们可能会联手行动，但他们必须由暗示和建议开始，尽量说些原则上的问题，直到被要求具体回答时才明白陈述。

世宗对怠慢的讲官表现严厉，对董玘就是如此。世宗亦如在汪佃的例子所见那样，会因讲官进讲时准备不足而愤怒。他对讲官表现出不耐烦的原因之一，是他较为深厚的学养。世宗与前任皇帝不同，当他在安陆做王子时，已经受到很好的教育。杨一清曾提到："陛下在藩邸时，恭穆献皇帝专教之读书，令纪善、伴读等官诵说经史，一切玩好俱不令至前，一切憸人俱不得在侧。"[1]正因为如此，令世宗对讲官例行公事般的进讲毫无兴趣。

讲官学究式的进讲风格也使世宗厌倦。胡世宁曾形容说："陛下圣明已至……不宜联章逐句讲读，以多费光阴，而徒劳心力也。"他建议讲官应向皇帝讲解古今人物如何处理国事的问题。[2]杨一清也指出："臣昔官京师，每见旧时讲官，其进讲也，摘取书中好语，稍有嫌忌者即不以讲。且其所讲，不过随文释义，不能推广言外之意以开圣聪；又或于讲终献谀佞以骄上心。"[3]讲官的这种表现，往往是力图自保，但这也使皇帝对他们所讲的失去了兴趣。

很多讲官和有潜力成为讲官的官员也试图在经筵之外，主动向皇帝进呈自己的作品，吸引皇帝的注意。这种做法的效果不一。进讲《大学衍义》的翰林院编修孙承恩（1481—1561），[4]因向世宗上呈《修德应天赋》和《慎终省以弭天变疏》而获得赞

---

[1] 杨一清，《密谕录》卷一八，《杨一清集》，页694—696。
[2] 胡世宁，《胡端敏公奏议》卷八，页35上—43上。
[3] 杨一清，《密谕录》卷一八，《杨一清集》，页694—696。
[4] 徐阶，《孙承恩神道碑》，载焦竑辑，《国朝献征录》卷一八，页24。

赏。[1]如前所述,廖道南主动向世宗疏陈《尚书·洪范》而获得嘉许。[2]讲官也常会为举行庆典、出现祥瑞而献贺词,世宗亦同样接受。相反的是,当湛若水上疏请收敛精神时,世宗却冷冷地回答说:"尔既欲朕收敛精神,便不必如此烦扰。"[3]

当讲官暗地批评世宗在大礼议中的立场时,世宗会变得非常愤怒。大礼议事件影响着世宗的心,也影响着经筵的气氛。即使未必有关的文字,世宗也会抨击那些曾经反对其立场的官员。例如,当他阅读朱熹的《南剑州尤溪县学明伦堂铭》时,便批评道:"少师杨一清为乔宇之师,宇受学于一清有年矣,一旦被势利之逼,则师之言不从矣。桂华为少保桂萼之兄,则弟不亲矣。湛若水为尚书方献夫之友,则友而疏矣。"[4]杨一清、桂萼和方献夫均是世宗在大礼议中的支持者。

从身任翰林院编修而有可能成为讲官的杨名(1505—1559)的例子,可见世宗被激怒时,其反应会至什么程度。杨名上疏劾奏吏部尚书汪鋐(1502年进士,卒于1536年)和武定侯郭勋(卒于1541年),也批评世宗在宫中举行道教醮事。盛怒的世宗斥责杨名是"沽名卖直","意引党类,以图报复",下令锦衣卫执送杨名往镇抚司,用刑拷讯。事情因汪鋐的上奏而变得更加严重。汪鋐指称杨名是为杨廷和而来,二杨本是四川同乡,他们结合其他党羽密谋报复。他更说杨名胆敢欺君罔上,是因为大学士们"率务和同,植党固位"所致。世宗下令彻查杨名背后的主使人,结果牵连了翰林官员程文德(1497—1559)和黄宗明(1514

---

[1]《明世宗实录》卷二,正德十六年五月庚申,页88;同书卷五,正德十六年八月乙未,页223。
[2]《明世宗实录》卷七六,嘉靖六年五月辛巳,页1690—1693。
[3]《明世宗实录》卷一三三,嘉靖十年十二月戊巳,页3150。
[4]《明世宗实录》卷七三,嘉靖六年二月甲戌,页1653—1654。

年进士，卒于1536年）。最后，杨名被谪戍边，程文德和黄宗明被调外任。[1]

世宗对讲官的愤怒和鄙视经常也是有缘由的。一些长期担任日讲的官员有时欠缺准备或未经批准而缺席，另外也有人表现出缺乏个人操守。然而，尽管讲官有诸多缺失，世宗还是下令不让给事中和御史在进讲时列出讲官的过失，[2]对讲官的季节性赏赐也不曾中断。讲官已过世的父母亦常获赐特殊的荣耀，如追赠官称、由政府出钱修建坟墓、由朝廷派代表赐予祭葬等。这些都是念其子有功于进讲而赐予的。出于同样原因，讲官也能在朝廷出任较高职位，即使是一些表现轻率和有贪污行为的讲官，也会获得较轻的处罚。侍讲已久的董玘诬告其同僚，并查实他为获得吏部尚书一职而久久不发父丧，之后他被革职，永不起用，但余罪不再查究，并准冠带如旧。[3]当吏部侍郎徐缙（1541年前后在世）被证实徇私时，世宗念其曾任日讲，仅黜之为民。[4]

总的来说，皇帝与讲官的互动是正式、严肃且友善的。世宗在讲官面前从不随便，但也很少过于严厉。他偶尔召集临时讲读或安排在固定场所之外进讲，使讲官感到意外。讲官始终表现恭敬，特别是在因失仪而受训斥之后。只有很少的讲官能够获得像世宗给予顾鼎臣那样的恩宠。顾鼎臣成功的秘诀是在讲解经典时谦逊且诚实地表达自己的见解。

大学士和讲官的关系比较暧昧。大学士一致同意皇帝多加阅读，并希望允许高级官员频密朝见，但他们和讲官的角色却不相同。大学士负责推荐讲官、评价他们的表现。即使桂萼这种对经

---

[1]《明世宗实录》卷一四三，嘉靖十一年十月甲申，页3326—3331。
[2]《明世宗实录》卷七三，嘉靖六年二月壬子，页1644。
[3]《明世宗实录》卷一二一，嘉靖十年一月丙午，页2903。
[4]《明世宗实录》卷一二七，嘉靖十年闰六月庚寅，页3024—3026。

筵传统不满的人,也推荐其学术顾问兼代笔魏校为讲官。[1]张璁和桂萼之前的大学士都出身翰林,所以他们和讲官对经筵应该包含什么内容、怎样向皇上进讲有共识。他们之间犹如座主、门生的关系,使他们能够协调合作。他们的关系是互惠的:大学士愿意帮助初任讲官的官员渡过难关,而当他们面临皇帝提出的难题时,亦需要讲官的帮助。因此,大部分讲官都受到大学士的荫庇。

可是这种关系在杨一清致仕后有所转变。杨一清是那些出身翰林、在弘治年间成长的官员中的最后一个。张璁、桂萼与讲官的关系,与杨一清这样出身翰林的官员明显不同。当张璁意识到魏校因其学问而成功吸引了世宗的注意时,他毫不犹豫地将魏校提升到较高的职位,不再任讲官。[2] 翰林院在嘉靖六年(1527)出现了前所未有的空缺,正是由于大学士和翰林官员紧密的关系,威胁到了皇帝亲信的地位。发生在嘉靖三年导致伤亡惨重的哭阙事件,从另一角度看,也证明了传统的大学士和讲官的关系是成功的。之后陆深抗议桂萼修改他的讲章,有两层意思:既表现了他对传统大学士杨一清的支持(他与讲官较为友善),也表现了他对新派大学士桂萼所持的相反态度。如果修改陆深的讲章是杨一清的话,恐怕陆深并不会抗议。

尽管在张璁和桂萼的垄断下,大学士与讲官传统上的关系也还未断绝,但讲官之间的竞争以及他们的支持者之间的竞争,鼓励了皇帝任意作为,以致他最终失去对经筵制度的尊重。当大学士和讲官意见相同、立场一致时,即使再固执的皇帝亦会倾向于妥协。当顾鼎臣对《尚书》的内容提出新的解释时,杨一清和桂

---

[1] 桂萼对魏校的推荐,见桂萼,《文襄公奏议》卷六,页23上—24上;魏校升任为国子监祭酒,见《明世宗实录》卷九九,嘉靖八年三月壬戌,页2352。

[2] 黄景昉,《国史唯疑》,页157。

萼一起支持传统的蔡传，原本倾向顾鼎臣解释的世宗也得接受蔡传。这正是其中一例。

然而，也正是桂萼向世宗要求，日讲时每天只命一名讲官进讲，不用大学士在场督察，使讲官能在免受大学士威胁的情况下，向皇帝上呈建议。[3]这种隐含的对大学士的不信任以及对大学士权威的挑战，长期来看却削弱了讲官的力量。当讲官和指导、监督他们的大学士，变成积极的青词写手时，像吕柟和陆深那样在皇帝面前勇敢进谏的光景已经一去不返。讲官不能再以帝"师"自期，他们新的功能是迎合皇帝的愿望。他们做贤良顾问或谏臣的愿望，被取悦皇帝以求晋升的欲望所消融了。

八、结　论

显然，世宗皇帝对经筵讲读一事十分认真，他总是对讲官及其讲章表现得敏感，也对传统的经典注释和某些常规的经筵程序有所不满，但他的心情却取决于攸关其父母在宗室和皇朝地位的持续性的礼仪论争。

就如鲁大维（David M. Robinson）在《明皇室与蒙元遗习》中所言，世宗对朝廷文化的认识和评价，深受他以"外人"的藩府亲王身份入朝的经历所影响。[4]由于不熟悉声誉超著的翰林学士们在经筵上的格调，他登基初年非常不信任包括他们在内的廷臣，因为这些廷臣都认为在文官与皇帝博弈甚至对抗时，他们应在大

---

[3] 桂萼，《文襄公奏议》卷二，页1上—2下；《明世宗实录》卷七六，嘉靖六年五月乙酉，页1695—1697。
[4] 补按：David M. Robinson, ed., *Culture, Courtiers and Competition: The Ming Court (1368-1644)*, Cambridge, Mass. : Harvard University Asia Center, 2008. pp. 186-230。

学士的领导下步调一致。[1]世宗的亲信均非翰林出身，最后他们控制了内阁和翰林院，他们与其时的文官集团对抗，使得他们在进讲上对一众讲官心怀敌意。这也导致参与经筵的各方关系愈来愈紧张，稍好时，他们相待以诚，互相尊重；关系不好时，世宗暂免进讲和御朝，大学士则严惩失敬的讲官。

最根本的是，对抗的张力使皇帝感到沮丧。世宗要求讲官应在礼仪和准备进讲上十分认真，如果学生应该尊敬老师的话，那么他的臣仆（老师）也应该尊敬其君主（学生），问题正在于这样互相抵触的角色孰为优先，能否恰当地保持各自的政治、社会和伦理角色，困扰着世宗及其讲官。

朝廷又使何时采用哪种角色这一问题更加复杂。朝廷的责任很重，因为其所作所为会有极大的回响。朝廷不只是统治的中心，也是政治文化的源头。朝廷所推广的学术、所实践的教化、所崇尚的道德和所奉行的官箴，最终会影响到帝国内所有的人。皇帝和官员的行为，会为有志于从政和尊崇士大夫文化的人所效法。皇帝实际上能否表现为讲官朝臣的恭敬学生，将对官员和百姓有重大影响。

问题在于由谁决定怎样才是正确的，何为朝廷的榜样？大学士和讲官重视他们的工作，他们相信皇帝的经史学习是经世治道重要的组成部分。一位能够学习他们所教的道理的皇帝，将会认同他们的政治文化，会更倾向于使政府得以正常运作的国家制度，因此，他们自视为皇帝的老师和顾问。大学士和讲官的理想，驱使他们要求皇帝在统治他们之前，先向他们学习。

---

[1] 这点联系到正德初年的朝局，见朱鸿林，"Review" of *the Chosen One: Succession and Adoption in the Court of Ming Shizong* by Carney T. Fisher, *Harvard Journal of Asiatic Studies*, pp. 266-277, especially p.275。

世宗皇帝很快便不再接受这种"师而后臣"的想法。不同的兴趣都在竞争着他的身心、情感和理智。事实上，他很快就学会了将自己变成天下人的君和师。在他即位的初期，进讲的形式和内容都由大学士杨廷和决定。杨廷和建议他阅读《祖训》，借此冀望他成为强有力的君主。结果，世宗不但特别研读太祖所赞扬的《大学衍义》，更仿效太祖注释了几篇有经世价值的经典，并沿着宋代理学的传统自作箴言（《敬一箴》）。他所做的事情表现出他不单是孝子，还是君师合一的君主。至此，经筵的作用由讲官教导皇帝变成皇帝观察和评估讲官。讲官原本身兼师、臣的角色，至此仅存臣仆的角色，他们进讲时不尽心力、敷衍了事也更为常见。认真的讲官对日渐空洞的表演再无真正满足可言，当有野心的朝臣视经筵讲读为获得权力的途径时，经筵的性质也就改变了。

我们还可以看到，嘉靖初期的十六年间世宗多次推崇孝、忠、爱、信、诚和敬等正面价值，对"忠爱"——人臣对其君主的忠心和爱戴——更是特别强调。世宗对这些价值的理解也随年龄增长而有所变化。讲官陆深和大学士桂萼争论经筵上什么才是皇帝需要的重要知识，陆深要求进讲的形式和内涵一致，讲的要诚实、恳切、关乎国家时政；大学士们则强调经典讲章需要顺畅易解，以启君智。他们目标相同而侧重点有所不同，这缘于他们不同的职位。

只有皇帝才能给"忠爱"赋予新的形式和内涵。世宗爱用"忠爱"这个词来褒奖被他赏惜的官员。上疏者同样以"忠爱"自称其所为，只有讲官甚少自诩忠爱，他们认为自己的工作正是忠爱的体现——人臣还有什么能比以圣人的智慧、德行教导皇帝来得更忠爱呢？他们将"忠"定义为忠实，忠实于经筵制度并认真进讲，就是忠的最高表现。

世宗皇帝却对"忠爱"有更个人化的理解，正如他嘉许为他进呈青词的顾鼎臣为"忠爱"一样。世宗虽然不是历史上第一个要求臣下撰进青词的皇帝，也不是明朝唯一这样做的皇帝，但他肯定是将此事做得最成功的皇帝。此后很长的时间内，朝臣所谓的忠爱，转变成在热衷并精于青词写作的大臣领导之下对世宗的阿谀奉承。道士、炼丹术士以及任何能满足他一时兴致和物欲的人，都可算是忠爱于他——推而言之，也可算是忠爱于国家和朝廷。

于是世宗皇帝培养出一种新的政治文化，最终使大多数文官堕落到仅以谄媚皇帝为能事。在这一过程中，朝臣在无情的权力和财富斗争中，丧失了他们自身的重要性。这个专制看似是皇帝独裁，事实上却受限于不同的竞争性势力。这种政治文化的激烈转变，表现为官僚的私以忘公，正如晚明的黄景昉在奏疏中评论胡世宁所上附录讲章时所说："疑一时风气使然，贤者不免。"[1]

（马增荣原译　朱鸿林审定）

---

[1] 黄景昉，《国史唯疑》，页158。

高拱与明穆宗的经筵讲读初探

一、引　言

高拱(1512—1578),字肃卿,河南新郑人。嘉靖二十年(1541)进士,从庶吉士除授翰林院编修,历官至少师兼太子太师、吏部尚书、中极殿大学士,隆庆六年(1572)在与司礼监太监冯保及大学士张居正的政治斗争中失败被逐离朝,家居六年而卒。万历中期追论其当政时功劳,赠太师,赐谥文襄。高拱是明代的大政治家,为人刚直好胜,屡与同事者争,行事有时专横,不尽公允,但有政治眼光,又勇于任事,故此屡建事功,《明史》本传称其"练习政体,负经济才,所建白皆可行"[1],是确当的叙述。

高拱的政治事业在明穆宗在位时期最为辉煌,主要原因是他和穆宗多年的密切关系,获得穆宗信任。嘉靖三十一年(1552),十六岁的穆宗以裕王出阁讲学,高拱年四十一岁,被任命为讲官。此后日侍讲读,头尾九年,成了准储君所信任和倚重的要员。《明史·高拱传》说:"穆宗居裕邸,出阁讲读,拱与检讨陈

---

[1] 张廷玉,《明史》(北京:中华书局,1974)卷二一三《高拱传》,页5640。

以勤并为侍讲。世宗讳言立太子,而景王未之国,中外危疑。拱侍裕邸九年,启王益敦孝谨,敷陈恺切。王甚重之,手书'怀贤''忠贞'字赐焉。"[1]郭正域撰《太师高文襄公拱墓志铭》说,高拱"升太常寺卿管国子监祭酒事,王赐金缯甚厚,哽咽不能别。公虽去讲幄,府中事无大小,必令中使往问"[2]。除了遣中使到高拱居所赐予《明史》所说的两件书法之外,"又书'启发弘多'四字赐之"[3]。高拱能获得穆宗这样的爱重,与他的讲读表现和办事能力是分不开的。

高拱在穆宗裕邸的讲筵上的讲章,嘉靖三十九年(1560)他升任太常寺卿管国子监祭酒事时,被辑成《日进直讲》一书,保存了他透过阐释和演绎儒家经典向穆宗灌输政治思想的文字。穆宗登基之后,高拱渐获重用,虽然因与首辅徐阶不和而在隆庆元年(1567)五月辞官,但隆庆三年冬被召回朝后,便已成为实际的首辅,因而负有组织和管理皇帝经筵、日讲活动的权责。隆庆六年他离朝回家之后,因为政治关系,不敢与政局中人交往,转而专心治学,写下有价值的著作数种,包括万历二年(1574)成书的《春秋正旨》,万历三年成书的《问辨录》和万历四年成书的《本语》。这些著作集中反映了他晚年的学术和政治见解,是了解他的思想和经学新知的重要资料。

高拱因在穆宗藩邸的讲读事业而得以晋身政治高层,但我们对于穆宗在这些讲读中的表现,以及他即位后在经筵和日讲中的表现,其实还未充分了解。对于高拱具体的讲读和他对经筵、日讲的看法,也有待探索。本文主要探讨明穆宗成年后经史讲读的

---

[1] 张廷玉,《明史》卷二一三《高拱传》,页5638;又见高拱著、岳金西、岳天雷编校,《高拱全集》下(郑州:中州古籍出版社,2006),页1456。
[2] 高拱著,岳金西、岳天雷编校,《高拱全集》下,页1395。
[3] 同上。

历史以及高拱在其中的表现和思考。

二、高拱与明穆宗经筵讲读简史

明穆宗是明世宗的第三子。世宗第一子,嘉靖十二年（1533）八月生,十月卒,谥为哀冲太子。[1]第二子嘉靖十五年十月生,[2]穆宗生于嘉靖十六年正月。嘉靖十八年二月初一日,同日册封第二子为皇太子,穆宗为裕王,第四子为景王。[3]嘉靖二十八年三月乙酉日,皇太子行加冠礼,但两天之后猝然去世,谥为庄敬太子。[4]世宗此后迷信二王不相见之说,没有再立太子。穆宗作为世宗在世的长子,被多数朝臣视作当然的东宫储君,但直到登基之前仍然只是裕王。

皇太子根据礼制,加冠之后便会出阁讲学。穆宗因为不是皇太子,所以没有做同样的事情。被封为裕王的他,到了嘉靖三十一年三月朔日,才和景王一起行加冠礼。[5]加冠之后,朝臣也开始要求给予出阁讲学。[6]到了是年七月,世宗才听从礼部尚书东阁大学士掌部事徐阶所奏,命择吉日举行裕王、景王出阁讲读之礼。[7]次

---

[1]《明世宗实录》（台北:"中研院"历史语言研究所,1965）卷一五三,嘉靖十二年八月己丑（生）,页4;卷一五五,嘉靖十二年十月己卯（卒）,页4;卷一五五,嘉靖十二年十月丁亥（谥）,页5。

[2]《明世宗实录》卷一九二,嘉靖十五年十月戊子,页2。

[3]《明世宗实录》卷二二一,嘉靖十八年二月庚子朔,页1。

[4]《明世宗实录》卷一九二,嘉靖十五年十月戊子（生）,页2;《明世宗实录》卷三四六,嘉靖二十八年三月丁亥（卒）,页8;《明世宗实录》卷三四六,嘉靖二十八年三月丙申（谥）,页12。

[5]《明世宗实录》卷三八三,嘉靖三十一年三月癸未,页1。

[6]是月,礼科给事中章适首先做了这样的奏请,见《明世宗实录》卷三八三,嘉靖三十一年三月戊戌,页3。

[7]《明世宗实录》卷三八七,嘉靖三十一年七月壬寅,页5。

月（八月）又为他们选任侍从讲读的官员。当时任命的任职于裕王府的官员如下：翰林院编修高拱、检讨陈以勤为侍讲；国子监助教尹乐舞（"舜"字之误）、郑守德改官翰林院待诏，为伴读；中书舍人吴昂、吴应凤为侍书。[1]高拱和陈以勤是同年进士和庶吉士。[2]

裕王讲读正式开始于嘉靖三十一年（1552）八月十九日。[3]嘉靖三十二年二月，裕王和景王各自成婚。[4]裕王是时只有十七岁。是月礼部条上二王婚后的礼仪，世宗命令："二王讲读于各府书堂，三月中旬行。"[5]由于世宗的重视，裕王婚后一月，便恢复了讲读。

裕王和景王的讲读方式和礼数，《明世宗实录》没有记载。裕王虽然没有皇太子的身份，但正如陈以勤对严世蕃所说的，他是被默许的东宫，[6]所以我们可以从之前及之后的东宫讲学仪注，推测当时的情形。世宗立的皇太子（庄敬太子）未及出阁讲学而薨，所以没有相关礼仪的记载。此前的东宫讲学仪注，是弘治十一年（1498）三月为八岁的皇太子（后来的武宗）出阁时

---

[1] 《明世宗实录》卷三八八，嘉靖三十一年八月甲子，页2—3。按："尹乐舞"这个姓名《明实录》只在这里见过，其实是"尹乐舜"之误。《明世宗实录》卷四六四，嘉靖三十九年九月戊子记载：升尹乐舜与郑守德及另外二人为礼部主事，"仍兼原职，给事二王府"。《明穆宗实录》（台北："中研院"历史语言研究所，1966）卷四，页6，隆庆元年二月乙未载，穆宗以登基加恩侍从藩邸诸臣，他由户部员外郎升为光禄寺少卿。此后以这一官衔又在《实录》出现两次，见《明穆宗实录》卷一六，隆庆二年正月戊辰，页6；《明穆宗实录》卷二八，隆庆三年正月乙酉，页5。可见"尹乐舞"的"舞"字是"舜"字的抄误。

[2] 《明世宗实录》卷二五五，嘉靖二十年十一月庚子，页4，选取为庶吉士。

[3] 《明世宗实录》卷三八八，嘉靖三十一年八月己巳，页3。高拱《日进直讲序》，《高拱全集》下，页837。

[4] 《明世宗实录》卷三九四，嘉靖三十二年二月乙卯，页2。

[5] 《明世宗实录》卷三九四，页6，嘉靖三十二年二月戊辰。

[6] 许国，《陈公以勤墓志铭》，载焦竑编，《国朝献征录》（台北：学生书局，1965年影印万历刊本）卷一七，页41—47。

所拟的。当时定下的讲读人员是"每日合用侍班官二员、讲读官四员、侍书官一员、校书官一员"〔1〕。裕王的侍班和侍讲读等官员,肯定没有武宗在东宫时的多,但经筵诵读的形式和熟练程度的要求,乃至书法练习的要求,应该大致一样。此后的神宗,登基之前的东宫讲读仪注,《实录》也没有记载,但他十岁即帝位后,大学士张居正为日讲所拟的仪注,也可供参考。〔2〕因为张居正和是时去位不久的高拱都曾任职于穆宗的裕邸讲席,〔3〕所以我们可以假设他们会沿用同样的仪注。换言之,穆宗在裕邸的讲读内容,和神宗初年所讲读的,不会相差太远。

从武宗和神宗的东宫讲读仪注,可以见到在经典的选择以及讲读次序上有这样的特点:举行讲读的同一日内,讲官依次进读和进讲四书以及经书或史书。〔4〕但世宗对于这种形式很快便不以为然。裕王成婚的同月稍晚,世宗对于裕王兄弟的讲读课程,做了重要指示。《实录》记载:

> 上谕大学士严嵩等曰:"二王讲读,朕闻昨秋止将《尚书》过口二三,岂成学业?还要自《书》入经,先读《大学》,熟记彻讲,方还以《中庸》等接读将去。卿等点字若何?……"嵩等对曰:"皇上追念皇考训恩,欲令二王殿下及时力学,臣等不胜钦仰。臣等切惟先《书》入经,乃古昔

---

〔1〕《明孝宗实录》(台北:"中研院"历史语言研究所,1965)卷一三五,弘治十一年三月丁酉,页1。仪注由大学士徐溥等拟上。
〔2〕《明神宗实录》(台北:"中研院"历史语言研究所,1965)卷四,隆庆六年八月丙寅,页8。
〔3〕《明神宗实录》卷二,隆庆六年六月庚午,页13—14:高拱罢官;同卷,隆庆六年六月壬申,页18—19:高拱"准驰驿归里"。
〔4〕武宗讲读的史书,上引的仪注没有列明。神宗讲读的史书,仪注写明是弘治年间孝宗命令编纂的《通鉴节要》。

圣贤教人为学次第,臣等昨秋所进书程,据旧仪,以《大学》与《尚书》每日并读并讲,兹谨当遵谕而行。殿下所书字仿,臣等每日圈点,笔划端楷,日有进益……"[1]

高拱对于这次进讲书籍的变动也有所记载。其《日进直讲序》说,开讲之后,"拱说《四书》,陈(以勤)说《书经》。既又有谕,先《学》《庸》《论》《孟》,而后及经,于是乃分说《四书》"[2]。当时习惯地将四书与一经(循例是《书经》)分别由两名讲官同日进讲,后改为只先专读四书,并由两名讲官分别进讲,既反映了世宗接受时人的看法,遵从朱子的授经次序,也有可能反映了世宗在藩邸时其父兴王给他安排的课程。

世宗亲自给裕王兄弟订定课程的做法,虽然和以往皇帝命令阁臣拟定此事的做法有所不同,但王子上课的时间,和前朝订定的基本一样。是年(嘉靖三十二年)四月,礼部言:"二王讲读旧规,开以二月八月初旬,辍以五月十一月初旬。今有闰三月,请于四月辍讲,不为例。内侍书官每日启王温隶,仍日书百字,送内阁圈注。讲读等官,每半月恭诣各府起居,如王更欲授书进讲,及质问疑义、字法,各官亦得自效。"[3]世宗同意。由此可见,讲读分为春秋二季,每季讲读三个月;学期提早结束时,讲官每半月可到王府与王子亲近一次,以便王子补习所学。

在这次讲读课程变动之前,亦即裕王开讲后的第一季,裕王的四书讲读本来由高拱一人专责,讲读次序是《大学》《中庸》《论语》《孟子》。从《日进直讲》中《大学》部分是完整的讲说

---

[1]《明世宗实录》卷三九四,嘉靖三十二年二月丁卯,页5—6。
[2]《高拱全集》下,页837。
[3]《明世宗实录》卷三九七,页4,嘉靖三十二年四月戊寅。

可见，在这季之中，高拱已经独自讲完了《大学》。从讲读《中庸》开始，他才与陈以勤轮值"分说"。这便是《日进直讲》中《中庸》和《论语》的讲题都呈现某种断裂的原因所在。[1]

高拱充当裕王讲官，到嘉靖三十四年（1555）三月，以翰林院编修九年秩满，升为翰林院侍读。[2]是年十月，穆宗第一子生，初为人父，年十九岁。[3]嘉靖三十九年三月，高拱升为太常寺卿管国子监祭酒事，[4]时年四十九岁，才在任职超过八年之后，离开穆宗的讲席。他和穆宗相处的这八年多时间，在他是精壮之年，在穆宗是渐趋成人之年，高拱对穆宗必有一定的影响，穆宗对他也有一定的依赖。高拱这些年内所做的"直讲"，应该也是他思想成熟后的见解。

高拱离开穆宗的讲席后，裕王府的讲官也陆续有所任命。据《明世宗实录》所载，穆宗在藩邸时的讲官先后有高拱、陈以勤，均嘉靖三十一年八月任，至三十九年内离任；[5]张春，嘉

---

[1]《日进直讲》现存《大学直讲》和《中庸直讲》的全部以及《论语直讲》的大部分，《孟子直讲》已经失传。
[2]《明世宗实录》卷四二〇，嘉靖三十四年三月己未，页4。
[3]《明世宗实录》卷四二七，嘉靖三十四年十月壬戌朔，页1。
[4]《明世宗实录》卷四八二，嘉靖三十九年三月己丑，页7。
[5] 陈以勤离任裕王讲官事，《明世宗实录》未见记载，其职至此的升迁，也没有记载。《明史》卷一九三《陈以勤传》说他："为讲官九年，有羽翼功，而深自晦匿。王尝书忠贞二字赐之。父丧除，还为侍读学士，掌翰林院，进太常卿，领国子监，擢礼部右侍郎，寻转左，改吏部，掌詹事府。穆宗即位，以勤自以潜邸旧臣，条上谨始十事。"可见他任裕王讲官前后只有九年，而服除之后没有再回讲席。《国朝献征录》卷一七，许国撰《陈公以勤墓志铭》，说他嘉靖三十七年十一月升司经局洗马兼侍讲，而之前已升修撰，至"庚申（嘉靖三十九年）闻父丧，赐祭赙及彩币资资。癸亥（四十二年）复除，仍代制草。甲子（嘉靖四十三年）迁侍读学士，掌院事"。《明世宗实录》卷五三三，嘉靖四十三年四月庚寅日载，陈以勤以侍读学士升为太常寺卿管国子监祭酒事（其升迁轨迹如同高拱），可见他丁忧离职在嘉靖三十九年。

靖三十九年三月任，四十年五月调职；[1]胡正蒙，可能在嘉靖三十九年六月任，可能至四十三年（1564）六月离任；[2]唐汝楫，嘉靖四十年六月任，四十一年九月革职闲住；[3]殷士儋，嘉靖四十一年十月任，直到裕王即帝位改官；[4]张居正，嘉靖四十三年七月任，四十四年六月或四十五年四月离任。[5]综合史料分析，

---

[1] 《明世宗实录》卷四八二，嘉靖三十九年三月壬辰（任），页 8；卷四九六，嘉靖四十年五月丙戌（调），页 4—5。张春是被"六科都给事中梁梦龙等，十三道御史陈道基等"论劾而调职南京另外衙门的。

[2] 胡正蒙的任命时间，《明世宗实录》没有记载，但其必曾任此官职，从《明世宗实录》卷五五六，嘉靖四十五年三月甲午所记"太常寺卿管国子监祭酒事胡正蒙卒"一条内的胡氏传记提到此职，以及《明穆宗实录》卷二二，隆庆二年七月丁巳所载"赠故太常寺卿管国子监祭酒事胡正蒙礼部右侍郎，荫其子承烈为国子监生，录上在潜邸时讲读旧劳也"之言看，可以无疑。参照上条《明世宗实录》所载，以及卷五一五，嘉靖四十一年十一月戊子所记"升翰林院侍读胡正蒙为左春坊左谕德"一条所载，胡正蒙任裕王府讲官，不会晚于嘉靖四十一年十一月。因此，他可能是陈以勤的继任，而《明世宗实录》漏载此事。胡正蒙或在任至四十三年六月（或此时以侍读学士掌院事去），而次月张居正继之。按：胡正蒙嘉靖四十四年九月乙未（《明世宗实录》卷五五〇）由侍读学士升太常寺卿管国子监事，他离开讲筵最晚可以是此时，但此前张居正四十三年七月已经任命，而殷士儋未见离职，故他不可能与张居正同任。因此，合理的次序是，胡正蒙离任在前，而张居正为其继任。胡正蒙履历中职位一向稍前于张居正，张居正为其继任。

[3] 《明世宗实录》卷四九八，嘉靖四十年六月辛酉（任），页 1；卷五一三，嘉靖四十一年九月戊戌（革职），页 3。按：唐汝楫革职闲住，与严嵩下台之事直接有关。

[4] 《明世宗实录》卷五一四，嘉靖四十一年十月乙卯（任），页 1—2。按：《国朝献征录》卷一七，于慎行撰《殷公士儋行状》，所记授任时间相同，并且可见穆宗登基之前，殷氏未曾离开裕王讲筵。

[5] 《明世宗实录》卷五三六，嘉靖四十三年七月己未（任），页 4。按：《国朝献征录》卷一七，王世贞撰《张公居正传》："预校《永乐大典》，复预修《兴都志》，始解裕邸讲，进翰林院侍读学士领院事。"《明世宗实录》卷五四七，嘉靖四十四年六月丁亥条，页 4—5："以右春坊右谕德兼翰林院侍读张居正，充《承天大志》副总裁官。"卷五五七，页 2，嘉靖四十五年四月癸酉条："升右春坊右谕德兼翰林院侍读张居正为翰林院侍读学士掌院士。"据此，张居正离开裕王讲筵当在这两个年份中的一个。

裕王各讲官的任命次序应该是：高拱升官，张春继之；陈以勤丁忧，胡正蒙继之；张春闲住，唐汝楫继之；唐汝楫革职，殷士儋继之；胡正蒙升官，张居正继之。张居正离任之后，《明世宗实录》未见新的任命，可能世宗末年未及理会此事。

穆宗藩邸前后七名讲官当中，高拱和陈以勤的表现最为特出。张居正也是很成功的讲官，但他实任此职时间不长，没有留下显著的业绩。高拱的官运可算相当亨通，升迁比起同时任命的陈以勤快了很多。他由升职太常寺卿管国子监祭酒事离开裕王讲筵之后，嘉靖四十一年再升任礼部左侍郎。[1]以后又转升吏部左侍郎兼翰林院学士掌詹事府事。[2]嘉靖四十四年六月升为礼部尚书，仍兼翰林院学士。[3]次年，嘉靖四十五年三月，他被任命兼文渊阁大学士，入内阁办事[4]，迈入了事业的高峰期。

穆宗即位后，从前裕邸的讲官和侍从诸臣，都获得了加官和重要的升迁。隆庆元年二月，除了加恩于大学士徐阶、李春芳、郭朴之外，高拱被升为武英殿大学士；陈以勤和张居正分别被升为礼部尚书兼文渊阁大学士和吏部左侍郎兼东阁大学士，均入内阁办事；翰林院侍读学士殷士儋则被升为礼部右侍郎兼翰林院学士。[5]他们仍然参与穆宗的经筵讲读活动，而高拱更在"提调讲读"的大臣之列。当时任命的其他经筵官和日讲官，还有带翰

---

[1]《明世宗实录》卷五〇五，嘉靖四十一年正月壬子，页4。
[2]《明世宗实录》卷五四三，嘉靖四十四年二月甲戌，页1。按：此条首次见到高拱这个官衔，但此职的任命时间，《实录》失载。
[3]《明世宗实录》卷五四七，嘉靖四十四年六月戊子，页5。
[4]《明世宗实录》卷五五六，嘉靖四十五年三月己未，页4。
[5]《明穆宗实录》卷四，隆庆元年二月乙未，页6—7。其他藩邸旧臣被加恩的还有："升光禄寺少卿王凝为太常寺少卿掌尚宝司事，户部员外郎尹乐舜为光禄寺少卿，礼部员外郎刘奋庸为尚宝司卿，礼部主事吴自峒为尚宝司少卿，侍书制敕房办事中书舍人周维藩为光禄寺寺丞，鸿胪寺主簿吴自成为本寺右寺丞。"

林院官衔的各级文官赵贞吉、林树声、潘晟、吕调阳、吕旻、王希烈、诸大绶、丁士美、孙铤、张四维、林士章、陈栋,以及国子监祭酒林燫。其中,大学士徐阶、李春芳、郭朴、高拱、陈以勤、张居正六人和潘晟、殷士儋、诸大绶、张四维四人"日侍讲读",而后者四人是名副其实的日讲官。[1]以后隆庆一朝续任的日讲官有林燫[2]、吕调阳[3]、丁士美[4]、申时行[5]、王希烈[6]五人。他们除了申时行之外,都是原班的经筵官。

  穆宗在藩邸时期,讲读经史显得相当积极。高拱曾说:"殿下聪明特达,孜孜向学,虽寒暑罔辍。拱乃于所说书中,凡有关乎君德、治道、风俗、人才,邪正是非,得失之际,必多衍数言,仰图感悟,虽出恒格,亦芹曝之心也。"[7]从《日进直讲》的内容分析,裕王的讲读确实没有停顿,高拱也在训释经文和演绎义理之余,适当地敷陈自己对于为君之道的看法,以其自谦的"荒陋之说"来"自效"其能。裕王对于高拱所讲有多少"感悟",尚待考究,但高拱的直讲甚为成功,从他和穆宗的关系已经可以充分反映。

  但穆宗登基之后,对于经筵讲学其实并不热心。到了隆庆元

---

[1]《明穆宗实录》卷七,隆庆元年四月癸巳,页5。
[2]《明穆宗实录》卷一六,页16,隆庆二年正月庚辰:"命吏部右侍郎兼翰林院学士林燫为日讲官。"
[3]《明穆宗实录》卷三六,页9,隆庆三年八月丙寅:"命吏部右侍郎兼翰林院学士吕调阳充日讲官。"
[4]《明穆宗实录》卷四一,页10,隆庆四年正月壬辰:"以右春坊右谕德丁士美充日讲官。"
[5]《明穆宗实录》卷六二,页4—5,隆庆五年十月戊申:"升左春坊左中允兼翰林院编修申时行为左谕德兼翰林院侍读,充日讲官。"
[6]《明穆宗实录》卷六六,页2,隆庆六年正月庚寅条:"命礼部左侍郎兼翰林院编修王希烈为左谕德兼翰林院侍读,充日讲官。"
[7] 高拱,《日进直讲序》,《高拱全集》下,页837。

年三月，才在大学士徐阶的请求之下，决定四月二十二日经筵开讲，日讲遂依次举行。[1]此次所进呈的经筵日讲仪注，和进呈给之前数帝的大致相同。经筵定于"每月初二、十二、二十二日会讲。……先期，司礼监官陈设书籍、御案、讲案如前（如首次开讲时）。侍班、侍卫、侍仪、执事、进讲礼同，但各官止行叩头礼。每日进讲，上御文华后殿，止用讲读官及内阁大学士侍班，不用侍卫、侍仪、执事等官。侍班、讲读等官入见，行叩头礼，东西分立。讲官先讲《四书》，次讲经或讲史。讲毕，各官叩头退"。[2]穆宗的首次经筵，在隆庆元年四月二十二日如期举行。[3]是否次日便开始日讲，《实录》没有记载，但即使如期举行，看来也没有进行多少次。因为次月（五月）二十一日便命令"以天暑辍经筵日讲"[4]。高拱也在是月离朝。整个首季的经筵日讲，刚好进行了一个月，经筵会讲最多举行了三次。

经筵和日讲是皇帝进学的场合，也是皇帝会晤有学问的近臣的场合，所以当时的朝臣都渴望能认真举行。朝臣希望皇帝能将御讲筵和处理政事结合起来。隆庆元年四月，礼部尚书高仪等便疏请皇帝在经筵日讲之后，随即接见部院大臣，让他们在大学士也在场的情形下，报告、商讨和决定政事，并且容许"科道掌印官每次各轮二员随进"，参与评论，而皇帝则要主动咨询意见，决定政策。可惜，高仪的奏疏呈上后，"上报可，然其事竟不行"[5]。

到了暂停讲学后的次月，朝臣提出批评，要求改善。首先上

---

[1]《明穆宗实录》卷六，页11，隆庆元年三月庚辰。
[2]《明穆宗实录》卷七，页2—3，隆庆元年四月丁亥。
[3]《明穆宗实录》卷七，页12，隆庆元年四月丁未。
[4]《明穆宗实录》卷八，页8，隆庆元年五月丁亥。
[5]《明穆宗实录》卷七，页10—12，隆庆元年四月丙午。

疏的兵部侍郎邓洪震,借警告半年来的灾异,指出:"陛下临朝之时,圣容端拱,未尝时赐清问,体察民情;诸司奏章,少经御览;经筵日讲,止袭故常,未蒙虚心询访。传闻后宫日为娱乐,游幸无时,嫔御相随,后车充升,所谓女宠渐盛者,未尽无也。左右近习,恩荫徇情,赐与颇滥,所谓嬖幸蛊惑者,未尽无也。号令非一,前后背驰,邪正混淆,用舍犹豫,所谓仁柔不断者,未尽无也。"[1]此疏指出,穆宗即位之后,在公开场合表现沉默,视朝不多说话,只是如同礼仪具文,他还委婉地指出穆宗怠于经筵的主要原因在于好女色。

次日,礼科都给事中何起鸣、户科右给事中张卤等也上疏,提出补救的措施。停止经筵日讲便意味着连阁臣也没有面见议政的机会,他们请求:"经筵虽以盛暑暂辍,尤宜仿先朝故事,仍御日讲,即以军国大事,与辅臣面议处断,并召见六卿科道咨访政务。"穆宗同意由"礼部复请施行"。此时御史钟继英也请求在"辍讲之期,命内阁儒臣撰讲章进呈,上于宫中检阅,以资圣学"。穆宗对于此疏也"报闻"。[2]钟继英的请求,其实也是历朝的旧贯。礼部复请经筵休讲而日讲不辍,《实录》没有记载,可见和"报闻"的回复一样,都是皇帝在措辞上的虚应故事。

穆宗如此敷衍,在高拱离朝之后更为明显。高拱自入阁后,便不断遭到政敌攻击。嘉靖四十五年十一月,吏科都给事中胡应嘉等论劾高拱不忠于职位、不忠于世宗皇帝。高拱上疏自辩,指科臣出于妒忌,诬捏事实,污蔑倾害。世宗"令拱供职如故"。《实录》史臣记载此事的缘起和后果说:"按(胡)应嘉倾危之士,时上体久不豫,而拱本裕邸讲官,应嘉畏其将见柄用,故极

---

[1] 《明穆宗实录》卷九,隆庆元年六月壬辰,页2—3。
[2] 《明穆宗实录》卷九,隆庆元年六月癸巳,页3。

力攻之。疏入，会上病未省，不然祸且不测。拱自入直撰玄，与大学士徐阶意颇相左，应嘉又阶同乡，拱以是疑阶，谓应嘉有所承望，两人隙衅愈构，互相排（根）〔抵〕，小人交构其间，几致觉祸，实应嘉一疏启之云。"[1]高拱和徐阶交恶加深后，与支持徐阶的言官也关系恶劣，一再被论，到了隆庆元年五月，终以养病为由辞官归里。高拱去职后，能有效劝诫穆宗留心讲学的声音更为稀有。

穆宗也委实无意于经筵讲学。《实录》记载，隆庆元年八月十一日，"上初御文华殿日讲"[2]。这个记载如果没有错误，那么是年四月至五月间的日讲其实是没有举行过的，就连高拱也没有侍班之事可做。但次日，应该是经筵会讲的日期，《实录》也没有记载，所以"初御"日讲的记载容或有误。[3]即便这样，十月初六日，穆宗又"以天气渐寒，命撤经筵"。大学士徐阶等认为太早，上疏陈请："先朝停免经筵日讲，各有故事。弘治元年，于十二月二十五日始停日讲；嘉靖元年，于十一月二十五日始辍经筵。即今天道尚未严寒，视前日期似为太早，宜以圣学为重，祖宗为法。"六科给事中魏时亮等、十三道御史王好问等，也各自"具疏，请如阁臣言"。但"俱以有旨报罢"[4]。从《实录》这几个月的记事形式看，是年八月中旬至十月上旬的经筵日讲，应

---

[1]《明世宗实录》卷五六五，嘉靖四十五年十一月乙亥，页2—3。
[2]《明穆宗实录》卷一一，隆庆元年八月癸巳，页7。
[3]《明穆宗实录》卷一三记载了十月的一次日讲。初四日，"上日讲毕，问大学士徐阶以石州陷没，谕令选将调兵，加意防守。于是户部都给事中魏时亮上言：比者，陛下因阅御史奏而忧及虏寇，又于日讲之后，问辅臣以石州事。此二事乃见我皇上之加意勤政，乃安攘之大本也"云云。工科给事中吴时来，也上疏称许并提出进一步要求，"上皆嘉纳之"。见《明穆宗实录》卷一三，隆庆元年十月乙酉，页1。讲读完毕，穆宗随即处理政事，这正是臣下最乐意见到的情形，因此言官也踊跃上言。不过这也是《明穆宗实录》所仅见的记载。
[4]《明穆宗实录》卷一三，隆庆元年十月丁亥，页3。

该是如常举行的。问题只是穆宗不肯出席全季（三个月）而已。这种情形，以后数年大致相同。

从隆庆二年（1568）起，廷臣更加不满，形诸奏章的言辞更为激烈。是年正月，吏科给事中石星上言六事，首先指出穆宗"清心寡欲，渐不如初。试以鳌山一事推之。夫为鳌山之乐，则必纵长夜之饮。纵长夜之饮，则必耽声色之欲。……酒色之害，实当深警"。接着要求穆宗如期举行经筵："我朝祖宗，经筵日讲，每以二月。盖春气融和，则进修为易。今经筵一事，虽屡经言官请行，未见慨然俞允……伏愿陛下以务学为急，即将经筵及时举行。"其他四事是"勤视朝""速俞允""广听纳""察谗谮"，都是警告其不积极处理政事的严重后果，要求仿照祖宗的做法加以改善。此疏令穆宗大怒，"以为恶言讪上，无礼，命（石星）廷杖六十，黜为民"[1]。石星奏疏透露的消息是，穆宗沉迷酒色，不再依期举行经筵，因而公开将酒色和讲学联系在一起。穆宗好色，朝臣此前此后都有论及，石星此次公开伤及他的体面，故施与严惩。

石星奏疏中的忧虑，后来也成为事实。隆庆二年的讲读，看来只有春季的还能如期举行。《实录》记载，二月十二日"经筵开讲"，五月二十二日如期"辍经筵日讲"[2]。但是年下半年未有相关记载。

隆庆三年的情形恢复正常。春季仍然是二月十二日"开经筵"，次日"开日讲"，五月二十二日"辍经筵日讲"[3]。但在官员

---

[1]《明穆宗实录》卷一六，隆庆二年正月己卯，页13—16。
[2]《明穆宗实录》卷一七，隆庆二年二月壬辰，页11；卷二〇，隆庆二年五月辛未，页9。
[3]《明穆宗实录》卷二八，隆庆三年二月丙戌，页6；卷二八，隆庆三年二月丁亥，页6；卷三二，隆庆三年五月乙丑，页14。

眼中，穆宗只是循例敷衍而已。是年闰六月，南京吏部尚书吴徽陈言六事，第一事说"勤召对"，"谓经筵进讲，率循故事，无裨启沃，莫若时召近臣，相与考古论今，以求实效"。以下五事是"限轮对""容直言""崇节俭""正题覆""复执奏"。"疏入，上自采其前四事，而以后二事，下所司看详以闻。"穆宗容忍了这次批评，还对请求加以回答，看来这与他欣赏吴徽疏中隐含的罢举经筵的建议有关。穆宗虽然还同意了都察院掌院都御史王廷支持吴徽的建议，[1]但对于召对大臣之事，其实并没有落实。

是年的秋季讲读，八月初九日"开日讲"，十二日"经筵开讲"[2]。经筵日讲何时停止，《实录》失载。但八月二十五日，有任命吏部右侍郎兼翰林院学士吕调阳充日讲官的记载，[3]可见日讲应在持续举行。高拱也在是年十一月被召回朝，入阁主政。但穆宗沉默不言的情形依旧。是年十二月，尚宝司司丞郑履淳上疏，指出穆宗登基三年以来，未曾"召问一大臣，面质一讲官，赏纳一谏士"，要求他"勿为僻昵之所惑，以美色奇珍之玩而保疮痍，以昭阳细故之勤而和庶政"等。穆宗发怒，指责郑履淳"假借陈言，妄议朝廷，怀奸生事，命廷杖一百，系刑部狱"[4]。可见，穆宗好色倦政的问题并没有改变。

隆庆四年的讲读也乏善可陈。是年二月初九日"开日讲"[5]，接着的十二日应该举行的经筵会讲却没有举行，《实录》只有五月十二日"辍经筵日讲"的记录。[6]其实二月十二日之后的经筵

---

[1]《明穆宗实录》卷三四，隆庆三年闰六月乙巳，页2—3。
[2]《明穆宗实录》卷三六，隆庆三年八月庚戌，页4；卷三六，隆庆三年八月癸丑条，页4。
[3]《明穆宗实录》卷三六，隆庆三年八月丙寅，页9。
[4]《明穆宗实录》卷四〇，隆庆三年十二月乙丑，页9。
[5]《明穆宗实录》卷四二，隆庆四年二月丁未，页3。
[6]《明穆宗实录》卷四五，隆庆四年五月己卯，页4。

也连续两次取消。根据是年三月中刑科给事中查铎所上的奏疏所说，十二日是"偶以风雨停止，继是二次，又皆以他故停止"。查铎奏疏的要点是说如此"暴少寒多，非日就月将之义"。疏文说："臣惟帝王之学，与韦布不同，得其旨趣，则嗜好自笃，循其故套，则厌斁易生。今者讲臣进讲，未及移时，辅臣屏息侍左右，皇上肃然而临，俨然而退，若有矜持之劳，未获开悟之益，不过视为故常，循往迹而举行之耳。宋儒谓未见意趣，必不乐学，殆是之谓也。臣愿诸臣之进讲者，务求开导之益，而不徒束缚于礼节。皇上听讲之际，亦务求体验之实效，而不徒取具于弥文。如其义未了然，时赐清问，辅臣从而发明之，则意趣可得而欲罢不能，自兹始矣。"是时礼科都给事中周诗亦上疏表达同样意见。"上俱报闻。"[1] 穆宗回复之后，情况有无改善，本季剩下的讲读有没有继续进行，都不得而知。可以知道的是，直至此时，穆宗的经筵如查铎所说，仍然只是徒具形式，本人不只"未见意趣"，还表现出勉为其劳的样子。隆庆四年秋季的情形，《实录》所载也和春季的类似，只有八月十八日"上御日讲"一项而已。[2]

隆庆五年春季也没有开经筵的记录。只记有二月初七日"上御文华殿开日讲"，三月初八日"上御文华殿日讲"，以及五月十一日"辍经筵日讲"。[3] 五月十一日《实录》还载"刑科给事中丁懋儒请上暑月于宫中取经史诸书，定为程限，留心省览，以缉熙圣学。报闻"[4]。穆宗对经筵敷衍其事，朝臣只能提出这样退而

---

[1]《明穆宗实录》卷四三，隆庆四年三月辛未，页2。
[2]《明穆宗实录》卷四八，隆庆四年八月癸丑，页5。
[3]《明穆宗实录》卷五四，隆庆五年二月己亥，页2；卷五五，隆庆五年三月己巳，页2；卷五七，隆庆五年五月壬申，页3。
[4]《明穆宗实录》卷五七，隆庆五年五月壬申，页3。

求其次的要求。

比较积极的做法,则是给皇帝进呈有帮助的"课余"读物。在皇帝没有日讲也不会会见大臣、商讨政事的情形下,朝臣只能借助他人之言、异代之事,作为补救之道。隆庆五年三月,礼科都给事中张国彦上疏:"臣等伏睹先朝大学士李时所记《召对录》,始于嘉靖九年郊坛视工,终于十五年文华殿议事,中间一政令之兴革,一人才之进退,罔不召问臣僚,面决可否,与家人父子无异。盖先皇所以坐致四十五年之太平,实基于此,乃今日所当继述者。臣等谨以前录,删去繁文,撮其大要,总二十九条,缮写上进。伏望留神观省,锐意遵行,以光先朝盛事。"此次"疏入报闻,《录》留览"[1]。这样的做法,在明朝此前曾经出现过,此后也还有,原因是经筵所讲没趣,皇帝感到倦怠。[2]

隆庆五年秋季的讲筵提早开始,七月十八日便"开经筵日讲"[3]。这个特别情形,或与皇太子准备第二年三月出阁读书有关。但此季的停讲时间,《实录》没有记载。穆宗御经筵和日讲的记录(包括开讲和辍讲的日子),其实也到此为止。《实录》此后的相关记载,只有隆庆五年十月升任左中允申时行为日讲官、六年正月命礼部左侍郎王希烈充日讲官二事。[4]六年二月还"命掌詹事府事太子少保礼部尚书兼翰林院学士高仪侍经筵"[5]。这些

---

[1]《明穆宗实录》卷五五,隆庆五年三月乙酉条,页8。

[2] 这种情况见于明世宗时的研究,见 Chu, Hung-lam(朱鸿林), "The Jiajing Emperor's Interaction with His Lecturers," in David Robinson, ed., *Culture, Courtiers, and Competition: The Ming Court (1368–1644)* (Cambridge, Mass: Harvard University Asia Center, 2008), pp.186-230。

[3]《明穆宗实录》卷五九,隆庆五年七月戊寅,页5。

[4]《明穆宗实录》卷六二,隆庆五年十月戊申(申时行),页4—5;卷六六,隆庆六年正月庚寅(王希烈),页2。

[5]《明穆宗实录》卷六七,隆庆六年二月甲子,页4。

任命看来都是例行公事而已，申时行也没有留下讲章或记述穆宗讲筵情况的文字。[1] 穆宗是年六月崩，上半年因病而不御讲筵，或可推知。[2]

穆宗如果从隆庆五年秋季便缺席讲筵，则主要原因仍与纵情好色有关。是年十二月，礼科给事中蔡汝贤的奏疏委婉地提及这点，该疏说："臣近因长至导驾，窃窥圣容微减于前……今微阳初生，正宜遏欲养静之时，愿于宫中斋居焚香，澄心涤虑，进御有常，毋令其溺志，游观有度，毋令其移情；日惟省览典谟训诰，以陶养此心，亲近师傅公孤，以维持此心，自然欲寡气清，神凝体固。以是理万机，则常朝可无免矣；以是亲经史，则经筵可无辍矣；以是事上帝，则郊祀可无摄矣；以是感召和气，则近时星飞雹陨、河决地震之灾，皆可消弭之矣。"对于蔡汝贤的勉励，穆宗也给予"报闻"[3]。值得我们注意的是，蔡汝贤实际上已不再强调帝御经筵之事，而是盼望其自觉经典以陶养本心、保重身体。

穆宗本人对于经筵和日讲肯定没有兴趣，看来他对于这样的课程也没有信心，并不认同朝臣所赋予的价值。影响所及，就连皇太子（将来的万历皇帝）的讲读时间也大为缩短。隆庆六年三月初三日，东宫开始出阁讲学，四月二十一日，便令"东宫辍

---

[1] 申时行获任穆宗日讲官的同一天，同僚友好王锡爵也被调南京，两人因而都不能参与不久之后成立的神宗东宫讲读班子。申时行回忆此事，认为这是首辅高拱偏心所致。这与他判断在穆宗的日讲班中，只有虚衔，没有实职，对仕途未必有利的情形有关。详见朱鸿林，《申时行的经筵讲章》，"国家"图书馆等编《屈万里先生百岁诞辰国际学术研讨会论文集》（台北："国家"图书馆，2006），页509—533。
[2] 这里需要考虑的问题是，《实录》这样的零星记录，是否记录不全？但从《实录》前后不一的记载情形看，很有可能只开讲一次，循例敷衍了事。
[3] 《明穆宗实录》卷六四，隆庆五年十二月癸巳，页1—2。

讲"。此时礼科都给事中陆树德上言:"四月至八月,为时旷远,除大寒大暑,余日尚宜讲读。"穆宗没有听从,但也没有否定。礼部言"宫中暇日,宜加温绎,不离正业,庶得存养之道,作息之宜"。穆宗则"是之"[1]。次月,礼部覆都给事中雒遵等奏:"东宫辍讲之月,除宫中温习外,宜于朔望日,令辅导讲读等官,恭诣文华殿,启请半月内课程疑义,庶养正之功,缉熙无间。"穆宗也"是之"[2]。从这些奏疏以及穆宗的反应看,穆宗显然并非不关心东宫的教育,但却不热衷于传统的讲读方式。

三、高拱对于经筵讲学的反思

高拱对于经筵讲学后来也有无奈之感,但在隆庆一朝之中,他对穆宗的经筵和日讲表现,都没有形诸奏疏的意见。他对经筵以及讲官的反思,只见于罢官之后所作的《本语》和《问辨录》中。他直接检讨的问题是讲读的内容,也涉及皇帝对于经筵、日讲的兴趣。

高拱认为当时(神宗初即位时)经筵和日讲的内容不充分,也不切实际。他主张在经筵中,皇帝要听讲"祖训"和历朝故事,年轻的皇帝尤须如此。这种主张基于他一再强调的为治之要在于"法祖"。《本语》中有一段相关的议论:

> 帝王创业垂统,必有典则贻诸子孙,以为一代精神命脉。我祖宗燕谋宏密,注意渊远,非前代可及。圣子神孙,守如一日,治如一日,猗钦盛矣。迨我穆皇,未获有所面

---

[1]《明穆宗实录》卷六九,隆庆六年四月丙子,页6。
[2]《明穆宗实录》卷七〇,隆庆六年五月庚寅,页2—3。

授;我皇上甫十龄,穆皇上宾,其于祖宗大法,盖未得于耳闻也。精神命脉既所未悉,将何以鉴成宪,绳祖武乎?今日讲经书后,又讲《贞观政要》等书,臣愚谓宜先知祖宗家法,以为主本,而后可证以异代之事。不然,徒说他人,何切于用?乃欲于祖宗列圣《实录》所载圣敬事天之实,圣学传心之法:如何慎起居,如何戒嗜欲,如何务勤俭,如何察谗佞,如何总揽大权,如何开通言路,如何进君子、退小人,如何赏功罚罪,如何肃宫闱,如何御近习,如何董治百官,如何安抚百姓,如何镇抚四夷八荒,撮其紧切,编辑成书,进呈御览。在讲筵则数条,在法官则日披数段,庶乎祖宗立国之规模,保邦之要略,防微杜渐之深意,弛张操纵之微机,可以得其大较。且今日之域中,祖宗之天下。即以祖宗之事行之今日,合下便是,不须更费商证,而自无所不当。我皇上聪明天纵,睿智日开,必因而益溯祖宗精神命脉所在,以觐耿光,以扬大烈,以衍万年无疆之祚者,将在于是。则特为之引其端焉尔,是臣愚犬马之心也。方遂请之,而遂以废去,特述其意于此,倘有取而行之者,则犬马之心,亦自可遂,不必出自我也。[1]

高拱这里说出了穆宗在藩邸时所学缺乏实用性的一面,穆宗没有得到世宗直接传授的治国经验,所以对于朝政的要领不易掌握。高拱提出在经筵和日讲时应增加讲读祖训,后来张居正在神宗的经筵上便付诸实施。[2]张居正未必因为高拱而有此举,但高

---

[1] 高拱,《本语》卷五,《高拱全集》下,页1275—1276。《本语》还有别处论及为政"法祖"的要义,见同书页1273、1289。
[2] 参见朱鸿林,《明神宗经筵进讲书考》,《华学》(上海:上海古籍出版社,2008)第9、10辑,页1367—1378。

拱的主张比较切合实际，当时有识之士都能认同，这是无疑的。可是，高拱在穆宗的经筵、日讲中，居于"提调讲读"的职位时间颇长，却并未有提议，可见改变传统谈何容易。

问题应该相当复杂，归根到底，与讲官的素质和能力有关。当时的经筵官和日讲官，几乎都是翰林出身的文官精英，但高拱对于他们是否具备讲说实际问题的能力，能否因应本朝历史解说施政原则，其实有所质疑。在他看来，问题的症结在于翰林官员的训练与其工作要求不协。他指出，内阁辅臣和经筵讲官出自翰林，但"其选也以诗文，其教也以诗文，而他无事焉。夫用之为侍从，而以诗文，犹之可也，今既用于平章，而犹以诗文，则岂非所用非所养，所养非所用乎"？为了使翰林人尽其才，他主张对他们分科训练：

> 其选也，必择夫心术之正、德行之良、资性之聪明、文理之通顺者充之，而即教之以翰林职分之所在。如一在辅德，则教之以正心、修身，以为感动之本；明体达用，以为开导之资。如何潜格于其先，如何维持于其后，不可流于迂腐，不可狃于曲学。虽未可以言尽，然日日提斯（撕），日日闻省。则必有知所以自求者矣。其一在辅政，则教之以国家典章制度，必考其详，古今治乱安危，必求其故。如何为安常处顺，如何为通变达权，如何以正官邪，如何以定国是，虽难事事预拟，亦必当有概于中也。[1]

在此之后，还要给予一些共同的训练，使他们能够适用于不同的工作。高拱说："于是乎教之以明解经书，发挥义理，以备

---

[1] 高拱，《本语》卷五，《高拱全集》下，页1277。

进讲;教之以训迪播告之辞,简重庄严之体,以备代言。教之以错综事理,审究异同,以备纂修。而应制之诗文,程士之文艺,在其后焉。"他认为经过这样不断的训练、考核,才是真正有用之才,而对于当时翰林新秀所受的训练和表现,他是不以为然的——"今也止教诗文,更无一言及于君德治道,而又每每送行贺寿以为文,栽花种柳以为诗,群天下英才为此无谓之事,而乃以为养相材,远矣。"[1]

总之,高拱主张,出身翰林的阁臣和讲官,先要给予特殊而注重实用的训练,才能具备相应的才干和能力。高拱还主张内阁大学士不应只用出身翰林的官员,而应该参用其他衙门的官员。他的理由是:"阁臣用翰林,而他衙门官不与,既未经历外事,事体固有不能周知者,而他衙门官,无辅臣之望,亦不复为辅臣之学,此所以得人为难也。"应对之道是:"今宜于他衙门官,选其德行之纯正、心术之光明、政事之练达、文学之优长者,在阁与翰林参用之,如吏部必用翰林一人者然。恒有其人,继继不绝,庶乎外事可得商榷,处得其当而无舛,而他衙门官有志者,亦肯习为平章之业,就中又可以得人也。"他引用先朝的故事做正反两面的证明:"如李文达(李贤)、薛文清(薛瑄)者,皆自他衙门人,便以为例,有何不可。虽然,必是当国者访用惟公,鉴别惟明,乃可为此事。不然,亦止济其私,而刘宇、曹元入之矣。"[2]这个主张其实和经筵讲读是否有用,能否成功,大有关系。不难想象,阁臣和讲官如果都是能办实事之人,他们也能通过阐释经典来讲实际之学。高拱经世思想浓厚,和保守、传统的道学家的见解确实不同。

---

[1] 高拱,《本语》卷五,《高拱全集》下,页1277。
[2] 同上书,页1277—1278。

在操作层面上，高拱也谈了一些讲官应该具备的技巧。经筵讲读的对象是皇帝或储君，目的是培养其为君之道和治国能力。但首先要做到的，是吸引君心，让他能够听得进讲官所讲，并加以思考，获得启发。高拱认为道学家推崇的程颐和朱子式的经筵，并不可取。

他在绎说《孟子》"公刘好货、太王好色"一节中，清楚地表达了这个看法。他说，孟子针对好货好色的齐王而发的"急则治其标"之说，是恰当的，也是有利的，因为能治标，才有继续治本的可能。高拱设为问答如下：

> 曰："救民之后，好货好色，亦任之而已乎？"
> 曰："何为其然也？夫苟民之水火既脱，君之孚信自深，则又自有从容转移之机。惟大人为能格君心之非，君正莫不正，而好货好色皆有以化之矣。所谓缓则治本者也，本不可以急治也。"
> 曰："伊川折柳之谏何如？"
> 曰："其意甚善，而其作用则未然。"
> "何以故？"
> 曰："君子亲亲而仁民，仁民而爱物。不能亲亲，难以责其仁民；不能仁民，难以责其爱物。何者？重者人所易明者也，而尚未明，乃以责其轻者，将信之乎？若既能亲亲，则必责其仁民；既能仁民，则必责其爱物。何者？彼既明其重者矣，因而通之，则轻者可举也，斯纳约之道也。夫柳乃物之至微，而折枝事之至细，彼宋君者，亲亲仁民爱物之理，全然未得，其虐民害物之事，不知凡几也，而乃以折枝为谏，则岂不笑之以为迂乎？则岂不扞格不入，而后有重大之事，将亦不之信乎？不能三年之丧也，而察其小功；

放饭流歠，而止其齿决。故曰：'其意甚善，而作用则未然也。'然后乃知孟子之善引君于道也。"[1]

高拱论辩的是，程颐在经筵上直谏年轻的宋哲宗，方春折柳有伤天地生物之意，是一个道学家讲官给皇帝提出的教训。此例的要旨是，讲官应讲原则，应以最高的道德标准要求君主。高拱却认为这样做并非经典中的随宜劝说，且不说不能事半功倍，连入门也不可能。

这里涉及进谏君主的方法。高拱认为，首先进谏者自身必须是诚信之人，才能有好的开始。《问辨录》有如下一段可作说明：

问："'大人能格君心之非。'谓何？"

曰："大人者，'见龙在田，天下文明'者也。其颙邛闻望，既足以起人君之敬信而消释其邪心矣，于是乎引之以大道，养之以中和，感之以至诚，需之以宽裕，积久而化，自能喻诸德而归诸道也。"

曰："其作用何如？"

曰："难言也。在未萌，不在已萌；在未事，不在已事。视于无形，听于无声，默而成之，不言而信，则格心之功也。《易》之御寇于蒙，牿牛于童，皆是义也。"

曰："不以言语开导之乎？"

曰："'朝夕纳诲，以辅台德'，则开导为多。但贵乎迎其未然之机，使之豫止而周觉，潜顺而不知为妙耳。"

曰："不以规谏乎？"

曰："亦安能无。然又自有纳约自牖之道。孔子云：'吾

---

[1] 高拱，《问辨录》卷九，《高拱全集》下，页1197—1198。

从其讽者。'《记》曰：'静而正之，上弗知也，粗而翘之，又不急为也。'此亦大人之事也。但以治其本原为主，不恃此耳。"

曰："既云'君仁莫不仁，君义莫不义。'又云'君正莫不正。'谓何？"曰："煦煦者非不仁，然不可谓仁也。孑孑者非不义，然不可谓义也。能爱人，能恶人，以大德，不以小惠，仁之正也。'无偏无党，王道荡荡'，义之正也。是谓'龙德正中'，故'德博而化'也。"

曰："大人之格君，亦有本乎？"

曰："有。只在自己心上做。"[1]

从经筵、日讲的实际场合上来抽绎高拱以上的论点，可见高拱说的是，讲官必须是个正人君子，有声望，有信用，言行相顾，心口合一，而且头脑聪明，思维灵活，能够给予人君见微知著的启发。这种微妙的、间接的"格君心"之道，高拱在《本语》中也曾强调，他说："格心有根本，有功夫，有机括，有次第，不在谏净上也，不在言语上也，亦不在形迹上。相业无迹，其格心处，君尚不知，人又孰得而知之？后人不在心上做，只务形迹，不在君德上做，只论事功，故相业鲜。"[2]宰相需要认真用心，才能成就相业，讲官同样必须认真用心，才能真格君心。

但"格君心"在明朝，尤其在明朝后期，最为难行。政治传统和时代风气使之难行，高拱也只能在《本语》中抱怨说：

---

[1] 高拱，《问辨录》卷一〇，《高拱全集》下，页1204—1205。
[2] 高拱，《本语》卷五，《高拱全集》下，页1276。

> 致君以格心为本,格心以诚意为本。今日辅德之事全未,且莫说朝夕纳诲,格君心之非,即平日何曾讲论个道理,商量个政事?纵紧急不得已事,亦只札子往来而已。书既不能尽意,而又先经内官之手拆视,而后进上,机密之言,如何说得?君臣道隔,未有甚于此也。然事须面议,乃得其情,而面议不得开端,不止内官不乐人主与大臣说话,恐破其壅蔽,而辅臣亦不敢苦请面对。若忽然问一件道理,未必能知,问一件事体,未必能处,原无本领,当面说个甚?所以亦不乐于面对也。[1]

君臣无法直接当面商谈,是问题之所在。但看深一层,辅臣和讲官的能力,更是问题的症结所在。归根到底,辅臣需要有真"本领"才是第一要义。对于讲官也是一样。讲官既要诚心诚意,也要有真知灼见和真才实学,以及解决现实问题的本领,才能吸引君主而引之入道。高拱本人的成功,正反映了他在这方面的非凡本领。

明穆宗虽然有好色、优柔寡断的弊病,但并非寡德昏乱之君。他对讲官们应有的恩惠,从不吝予。对于被攻击的讲官,也能尽量保护。[2] 但他在帝位上,却对经筵讲读之事缺乏兴趣,

---

[1] 高拱,《本语》卷五,《高拱全集》下,页1276。
[2] 例如《明穆宗实录》卷一〇,隆庆元年七月甲寅朔载,页1:礼部左侍郎潘晟被劾"贪冒不职",穆宗便以言官"所论无事实,留(晟)待讲读如故"。《明穆宗实录》卷五六,隆庆五年四月乙未载,页1:"河东巡盐御史郜永春疏言,盐法之坏,在大商专利,势要根据,以故不行。因指总督尚书王崇古弟、吏部右侍郎张四维父为大商,崇古及四维为势要,请罚治崇古而罢四维。四维自辩其父未尝为河东运司商人,亦无他子弟,永春奏不实,因乞避位,候勘以自明。上谓四维日侍讲读,索称清谨,令供职如旧。四维再请行勘,不许。"按:由此可以倒推,穆宗裕邸时期的讲官张春之调职以及唐汝揖之革职,都是世宗的决定,与穆宗本人至少没有直接关系。

不能认真。矛盾的现象,看来不能只怨皇帝一边。如何看待穆宗皇帝的经筵表现,高拱实际上主张臣下应该反求诸己,要求先有好的讲官,再求热心参与的皇帝,否则无法改变现状。这大概就是他在隆庆朝中没有明显表示应该让穆宗常御经筵的原因所在。

高拱经筵内外的经说异同

一、引　言

高拱（1512—1578）是明代嘉靖、隆庆两朝的大臣，也是明朝著名的政治家之一。他曾在明穆宗当裕王时任其王府讲官长达八年，获得穆宗的赏识和信任，并且在穆宗的隆庆（1567—1572）朝中官至内阁首辅，负责组织、管理穆宗的经筵和日讲。高拱还是穆宗临终前的顾命大臣，但在明神宗继位之后不久，因与张居正及宦官冯保斗争失败，被逐离朝。[1]高拱家居之后，重新阅读他曾用过功的儒家经典，对从前在裕王讲筵上之所讲加以反思，见解竟与之前大异其趣。本文举例说明高拱前后经说异同的情形，并探讨其中反映的问题以及意义所在。

---

[1] 高拱的传记，见《明史》（北京：中华书局，1974）卷213。又可参考岳金西、岳天雷编校，《高拱全集》（郑州：中州古籍出版社，2006），"附录二"，所载明人郭正域撰高拱墓志铭，王世贞《嘉靖以来内阁首辅传》、何乔远《名山藏臣林记》等书中之高拱传，以及"附录三"之《高拱大事年谱》。

二、高拱的裕邸《四书》讲章

嘉靖三十一年（1552），十六岁的裕王出阁进学，四十一岁的高拱和同年进士陈以勤同时被任命为讲官。高拱供职直到嘉靖三十九年升任太常寺卿管国子监祭酒事为止，离任之后不久，将在裕邸进讲过的讲章辑成《日进直讲》一书。[1]此书透露了高拱对裕王所灌输的政治思想，也反映了儒臣向帝王讲说经典的方式，有助于了解明代皇帝及皇储的进学制度。

《日进直讲》，郭正域所撰《高文襄公墓志铭》及黄虞稷《千顷堂书目》（著录作《日进直解》）均作十卷，[2]但到《四库全书》著录时，只有五卷（《续通志》《续文献通考》亦作五卷）。《四库提要》说："自《学》《庸》至《论语》（子路问成人）章止，盖未全之本也。"[3]"未全之本"语义模糊，我们不清楚究竟是高拱在裕王讲席所讲的只有这些，还是此书有残缺，阙存本见不到《论语》剩下部分和《孟子》的讲章。从《千顷堂书目》将此书作单行本著录的情形看，《四库》馆臣的意思应属后者。

此书有嘉靖三十九年高拱自序，全文如下：

> 嘉靖壬子秋八月十又九日，裕王殿下出阁讲读，上命翰林编修拱暨检讨陈氏（陈以勤）充讲读官，拱说《四书》，

---

[1] 此书收入上引《高拱全集》下，又收入流水点校，《高拱论著四种》（北京：中华书局，1993）。

[2] 黄虞稷，《千顷堂书目》（上海：上海古籍出版社，1987，《文渊阁四库全书》本）卷三。

[3] 永瑢、纪昀，《钦定四库全书总目》（上海：上海古籍出版社，1987，《文渊阁四库全书》本）卷三十七。

陈说《书经》。既又有谕，先《学》《庸》《语》《孟》，而后及经，于是乃分说《四书》。故事，藩邸说书，如日讲例，先训字义，后敷大义而止。然殿下聪明特达，孜孜向学，虽寒暑罔辍。拱乃于所说书中，凡有关乎君德治道，风俗人才，邪正是非，得失之际，必多衍数言，仰图感悟，虽出恒格，亦芹曝之心也。岁久，积稿颇多。庚申，拱既迁国子祭酒，乃乘暇次序成帙。夫拱诚寡昧，其说固荒陋也，然非睿学克懋，则荒陋之说何以自效？故特存之，用志日进之功云而，敢谓有所裨益乎哉？[1]

这篇序文除了说明高拱在穆宗藩邸讲读的特色，还是了解穆宗藩邸（甚至明朝很多皇帝日讲）讲读制度的重要材料。藩邸说书原本是在每次聚会中，先后讲读四书和一经（循例以《书经》开始）。裕王讲席开始时，高拱专讲四书，陈以勤专讲《书经》，正是传统的做法。不久后，世宗又命先专讲四书，而且将原来讲《书经》的讲官加入，由二人轮流"分说"，却是特殊的安排。

序文中的一个关键词是"分说"。"分说"意思是由讲官轮流讲说。分说的原因有几个：进讲的经书是讲完一种再讲另一种，而讲官则不止一人；讲官需要准备讲章，而且还有别的任务，所以有分工的必要。作为"学生"的皇帝或皇太子，在兼听为宜的原则下，也要多听不同儒臣的讲说才能多获识解。

《日进直讲》中每篇的讲题，和明代其他的经筵日讲的讲

---

[1] 岳金西、岳天雷编校，《高拱全集》，页837。高拱序文所说之事，《明世宗实录》也有记载，见《明世宗实录》（台北："中研院"历史语言研究所，1965）卷三九四，页5—6，嘉靖三十二年二月丁卯。《日进直讲》的内容也可以印证此事。

题一样，都是从经文直接取材，文字一般不多，通常只取经文中的一节，一句至数句不等。讲题之所以不能过长，是因为听讲的时间有规定，而皇帝或皇太子对于讲题的经文需要先背诵。《日进直讲》讲章所采用的文本，是宋儒朱熹的《四书章句集注》。

《日进直讲》的讲题，《大学》是全篇完整的，《中庸》和《论语》的讲题，在经文的次序上都是错开的。这反映了在"分说"开始之前，高拱已经独自进讲完了《大学》。此书所见的高拱"分说"的具体情形如下。

《大学直讲》正文根据《大学》朱注的"一经十传"分章，全部共讲69条，包括解题（"大学"）一条，正文67条，结尾总按（《大学章句》传第十章之后）一条。《中庸直讲》依照《中庸》经文次序错开为题，但没有采用朱注的分章，而是一节自作一节讲解。讲题的经文并不衔接，甚至有在经文的一节之中只取一半为题的情形。全部"分说"了59条，经文（讲题）错开的有51条。《论语直讲》共存213条，自"学而时习之"章至"子路问成人"章为止，"分说"的情形更加普遍。《论语》每篇中高拱所讲的分量如下：

《学而》第一，讲11条（其中未足经文某节之全文者1条），未讲者6条。

《为政》第二，讲14条（其中未足经文某节之全文者1条），未讲者11条。

《八佾》第三，讲13条（无未足经文某节之全文者），未讲者13条。

《里仁》第四，讲17条（其中未足经文某节之全文者2条），未讲者9条。

《公冶长》第五，讲18条（其中未足经文某节之全文者4

条），未讲者11条。

《雍也》第六，讲19条（其中未足经文某节之全文者2条），未讲者9条。

《述而》第七，讲20条（其中未足经文某节之全文者1条），未讲者19条。

《泰伯》第八，讲13条（其中未足经文某节之全文者4条），未讲者10条。

《子罕》第九，讲17条（其中未足经文某节之全文者3条），未讲者14条。

《乡党》第十，讲10条（其中未足经文某节之全文者5条），未讲者7条。

《先进》第十一，讲23条（其中未足经文某节之全文者1条），未讲者3条。

《颜渊》第十二，讲14条（其中未足经文某节之全文者3条），未讲者10条。

《子路》第十三，讲16条（其中未足经文某节之全文者3条），未讲者14条。

《宪问》第十四，（今本所见）讲8条（其中未足经文某节之全文者2条），未讲者5条。（《日进直讲》讲章到此为止，《论语·宪问》以下尚有33条。）

《论语》未见于《日进直讲》的诸篇为：《卫灵公》第十五、《季氏》第十六、《阳货》第十七、《微子》第十八、《子张》第十九、《尧曰》第二十。《日进直讲》中《孟子》讲章失传，我们只能从高拱的《问辨录》所载，推知他在讲筵上对此书的演绎。

从《中庸直讲》和《论语直讲》可见，"分说"的轮讲时间有严格限制，直讲的工作则颇为平均。裕王讲筵的侍讲官有二人，最初任命的二人之中，高拱离职比陈以勤早，所以和他分说《四书》的，只有陈以勤。陈以勤的讲章还未发现，但他分说《中庸》和《论语》的讲题，可从高拱《日进直讲》中反推见之。

（一）"分说"的具体情形和缺点

"分说"的具体情形，可从《中庸》和《论语》以下讲章的举例见其大概。例如，《中庸直讲》有讲题为"人道敏政，地道敏树。夫政也者，蒲卢也"，此题在《中庸章句》原文中属于第二十章"哀公问政"章的开头部分。前文为"哀公问政。子曰：文武之政，布在方策，其人存，则其政举，其人亡，则其政息"，其后为"故为政在人，取人以身，修身以道，修道以仁"。这三题意思相连，应当作一节处理，至少也应当如朱子《中庸章句》所说，第三题是承接第二题的。高拱对此也了解，此条的直讲说：

> 人指君臣说，敏是快速的意思，树是种树，"蒲卢"即蒲苇，草之至易生者。孔子说，上有好君，下有好臣，便是得人。这人的道理，最能敏政，凡有所得无不快速，就似那地的道理一般，土脉所滋，凡草木之种树，无不快速也。夫人能敏政，则但得其人，已自可以立政矣，况这文、武之政也者，是圣人行下的，合乎人情，宜于土俗，又是最易行者，就似那草中的蒲苇一般，尤是易生者也。王政易行如此，若得那敏政的人去行他，治效岂不立见？人君诚有志乎此，亦在乎自勉而已矣。[1]

---

[1] 岳金西、岳天雷编校，《高拱全集》，页883，《日进直讲》卷二。

高拱因为只讲经文的中间一段,所以未能在此强调整节的重点——"为政在人,取人以身,修身以道,修道以仁"的道理。

《论语直讲》的分说情形和问题更多。例如《论语·学而》篇中,有讲题为:"有子曰:礼之用,和为贵;先王之道,斯为美,小大由之。"[1]此处题文在《论语》原文中,其下有"有所不行,知和而和,不以礼节之,亦不可行也",两处文字构成了完整的一章,这里却分成两条,并由两人分别讲说,"和为贵"的真义便有缺失。《论语·雍也》篇中,讲题经文为:"仲弓曰:居敬而行简,以临其民,不亦可乎?居简而行简,无乃简乎?子曰:雍之言然。"[2]此文在《论语》原文中,其上有"子曰:雍也可使南面。仲弓问子桑伯子。子曰:可也,简"。这几句实为此题的张本,分开两题而由两人讲说,孔子和仲弓答问的语境便不明朗。《论语·述而》篇中,有讲题经文为"子路曰:子行三军,则谁与?子曰:暴虎冯河,死而无悔者,吾不与也。必也临事而惧,好谋而成者也"。[3]此处上文还有"子谓颜渊曰:用之则行,舍之则藏,惟我与尔有是夫"。分开两处说,便见不到上下文的密切关系。《论语·子罕》中有讲题经文为:"颜渊喟然叹曰:仰之弥高,钻之弥坚;瞻之在前,忽焉在后。夫子循循然善诱人,博我以文,约我以礼。"[4]此处下文为:"欲罢不能,既竭吾才,如有所立卓尔,虽欲从之,末由也已。"这里整篇一气呵成,分开两处讲说,难以知晓颜渊仰慕夫子之情。《论语·子路》中有讲题经文为:"曰:敢问其次。曰:宗族称孝焉,乡党称弟焉。曰:

---

[1] 岳金西、岳天雷编校,《高拱全集》,页904,《日进直讲》卷三。
[2] 同上书,页938,《日进直讲》卷四。
[3] 同上书,页950,《日进直讲》卷四。
[4] 同上书,页967,《日进直讲》卷四。

敢问其次。曰：言必信，行必果，硁硁然小人哉！抑亦可以为次矣。"[1] 此处上文还有："子贡问曰：何如斯可谓之士矣？子曰：行己有耻，使于四方，不辱君命，可谓士矣。"下文为："曰：今之从政者，何如？子曰：噫！斗筲之人，何足算也。"整章说的只是一事，拆开讲说，便不容易领会孔子师弟讨论的"士"的能力和品行问题。

(二) 藩邸说书的程式

从高拱的《日进直讲序》可见，藩邸说书要遵循一套既有的程式："故事，藩邸说书，如日讲例，先训字义，后敷大义而止。"高拱自己想要"自效"的，只能在"多衍数言"之处展开，结合文义解说和内容阐释来抒发自己的见解。整体上看，他的做法仍是日讲说经的传统做法，认真而有见地的讲官也都是这样做的。

高拱采用的"先训字义，后敷大义……多衍数言"的说书程式，可从《大学直讲》中举例说明。为了方便分析，下文将高拱的讲解分节表示。在讲《大学》传第十章"见贤而不能举，举而不能先，命也；见不善而不能退，退而不能远，过也"的经文时，高拱的直讲如下：

> （1）命字当作慢字，过是过失。（2）曾子说，人君不辨贤否的，固不足言，若或见个有才德的，明知他是贤人，却不能举用，虽或举用，又疑贰展转，不能早先用他，这是以怠忽之心待那善人了，岂不是慢？见个无才德的，明知他是恶人，却不能退黜，虽或退黜，又容隐留

---

[1] 岳金西、岳天雷编校，《高拱全集》，页1001，《日进直讲》卷五。

难，不能迸诸远方，是以姑息之心待那恶人了，岂不是过？（3）盖善恶所在，乃天下之治乱所关；爱恶所形，乃人心之向背所系。所以《书经》说："任贤勿贰，去邪勿疑。"又说："章善瘅恶，树之风声。"苟非人君断在必行，以章明好恶于天下，则人不知君心所在果是何如，君子疑畏而不敢展布，小人观望而将复滋蔓，欲求致治，岂可得乎？[1]

在讲《大学》传第十章"生财有大道，生之者众，食之者寡，为之者疾，用之者舒，则财恒足矣"时，高拱的直讲如下：

（1）生是发生，众是多，寡是少，疾是急急的意思，舒是宽舒。（2）曾子说，财用虽是末事，然国家必不可无，若要生发这财，自有个大道理在。盖财货皆产于地，若务农者少，财何能多？必是严禁那游惰之人，使他都去耕种，便是"生之者众"。凡吃俸禄的，都是百姓供给，若没要紧的官添设太多，没要紧的人虚支饩廪，百姓岂能供给得起？必是裁去冗滥官役，只是要紧当事的，才许他吃禄，便是"食之者寡"。农事全要趁时，若不及时，田苗便荒芜了，所以人君要差使他，须待个闲隙，不要妨误他的农时，那百姓每才得急急的趁时去作田，便是"为之者疾"。国家费用皆取于民，若不樽节，能免匮乏？所以人君将每年所入，算计了才去支用，凡无益的兴作，无名的赏赐，不经的用度，都减省了，务要积下些宽余的，以防不足，便是"用之者舒"。

---

[1] 岳金西、岳天雷编校，《高拱全集》，页864，《日进直讲》卷一。

（3）夫生之众、为之疾，则有以开财之源，而其来也无穷；食之寡、用之舒，则有以节财之流，而其去也有限，那财货自然常常足用了。这便是生财的大道，又何必多取于民而后财可聚哉？[1]

以上两题"直讲"的结构相同，第（1）节对字义或句义加以训释，即序文所谓的"先训字义"；第（2）节是对经文大义的敷陈，即序文所谓的"后敷大义"；第（3）节是讲者对上一节所讲进一步演绎，亦即序文所谓的"多敷数言"。在第（2）节的敷陈中，讲者给经文赋予了内容，也就是"借题发挥"。第（3）节所说的才是讲者的重点所在。高拱有针对性地"仰图感悟"裕王的内容，都在这里展现。不过，《日进直讲》并非每条都是这样完整的三段式解说、演绎。经文没必要训释文辞之处，第（1）节便会省略；经文意思明白，不必敷衍时，第（3）节也从略。

值得注意的是，高拱"直讲"中的"敷陈"方式不一。在以上举例的讲章之第（2）节中，高拱推演的是"怎样便是"或"怎样才算是……"的问题。他常用的另一个解说方式，可以称之为"缘故"，推演的是"为何如此说""为何是这样"的问题。采用解说"缘故"的方式时，高拱对于经文意义先行所做的判断便更明显。例如，《中庸直讲》在"哀公问政"章"凡为天下国家有九经"节中，以下经文作为一题："修身则道立，尊贤则不惑，亲亲则诸父昆弟不怨，敬大臣则不眩，体群臣则士之报礼重。"高拱的直讲说：

---

[1] 岳金西、岳天雷编校，《高拱全集》，页865—866，《日进直讲》卷一。

这一节是说九经的效验。（1）道即是达道。诸父是伯父、叔父，昆弟即是兄弟，眩字解做迷字。（2）孔子说，人君能修了自家的身，则道有诸己，故曰"修身则道立"。能尊敬那有德之人，便能将义理件件都讲明了，自然无有疑惑，故曰"尊贤则不惑"。能亲爱那同姓宗族，则为伯父叔父的、为兄弟的，都得其欢心，自然无所怨恨，故曰"亲亲则诸父昆弟不怨"。能敬礼那大臣，则信任专一，无所间隔，临大事，决大议，皆有所资，而不至于迷眩，故曰"敬大臣则不眩"。能体悉那群臣，则为士者都感恩图报，尽心尽力，以急公家之务，故曰"体群臣则士之报礼重"。[1]

采用这种解说"缘故"的做法，高拱不得不给经文赋予内容，但这内容既非圣人所说的，也不一定是圣人的原意所在，而是他自己的理解。这种做法和科举经义的"代圣立言"做法，可以说是同类的，只是在表达上少了八股文的"口气"而已。

三、高拱对朱子《四书》注释的辩驳

高拱在被逐离朝返回家乡之后，对于明朝经筵讲读的做法以及自己进讲过的经说，都做了深刻的反思。批判经筵制度的意

---

[1] 岳金西、岳天雷编校，《高拱全集》，页885，《日进直讲》卷二。按：就《中庸》此章的直讲而言，由于经文此前有说"九经"内容的文字，此条又有说"九经"效验的文字，但都不在高拱所讲讲题之内，所以无法从这条直讲本身看到高拱在治国之道上的完整意见。高拱这方面比较完整的思想表述，见于《大学直讲》部分。

见,见于《本语》一书。[1]对于官方指定的程朱注释的反对意见,见于《问辨录》。《问辨录》全书十卷,万历三年完成,同年五月的自序中说:

> 予本谫陋,学道有年,始袭旧闻,有梏心识,既乃芟除繁杂,返溯本原,屏黜偏陂,虚观微旨,验之以行事,研之以深思。潜心既久,恍然有获,然后圣人公正渊弘之体,会通变化之神,稍得窥其景象,则益信夫不可迹求也已。间与同志商榷遗言,冀正真诠,乃不敢胶守后儒之辙。昔仲舒欲罢去诸家,独宗孔氏,予以为宗孔子者,非必一致,亦有诸家虽皆讲明正学,乃各互有离合。其上焉者或可与适道,或可与立,而固未可与权,不能得圣人之大。君子于是参伍而取节焉可矣,囿焉安焉,锢其神悟,非善学孔子者也。[2]

《四库全书》此书的提要说:

> 此编取朱子《四书章句集注》疑义,逐条辩驳。……(所辨之处)涵泳语意,终以朱子之说为圆。……(独到之处)则皆确有所见,如此之类,亦足备参考,而广闻见。……(整体上)拱此书自抒所见,时有心得,初非故立异同,固毋庸定绳以一家之说矣。[3]

---

[1] 朱鸿林,《高拱与明穆宗的经筵讲读初探》,《中国史研究》2009年第1期,页131—147。
[2] 岳金西、岳天雷编校,《高拱全集》,页1087。
[3] 永瑢、纪昀,《钦定四库全书总目》卷三十六。

可见,《问辨录》所载是高拱的独立之见,高拱序文中说自己对儒家道理"始袭旧闻,有梏心识"的"旧闻",即是见于《日进直讲》的众多讲章。尽管高拱在《问辨录》中没有指出书中所说与在《日进直讲》中所说有天渊之别,这两本书同题异说的情形却非常清楚。以下的述析可以见其大概。

在看待《大学》这一基本典籍的文本和性质问题上,高拱提出了与朱子截然不同的看法。首先他不认同朱子的《大学》改本。朱子认为出自《礼记》的《大学》,文字有错简,也有遗漏,于是按照他所理解的文意,对《大学》的文句做了重组,并且将改订的文本分为一经十传,加以注释。高拱则和许多明代的前辈一样,认为《大学》的《礼记》旧本"原是一篇,无经传之说,然脉络自明,非有错也"。在《大学》的性质问题上,朱子认为"《大学》之书,古之大学所以教人之法也"。古代学生"八岁入小学,十五入大学",所以《大学》是成人的教法。高拱则认同明儒王廷相的说法,认为"《大学》之取名",不是因为学校级别和学生年龄大小,而是因学问的内容而定。高拱说:"夫大人者,正己而物正者也。所谓大学者,学为斯人而已矣。盖谓是世间一种大学问,非若小道可观,君子不由者也。固非成均教法之谓矣。"因此,"大学"是大学问的意思。[1]

《问辨录》对于《中庸直讲》的辩正,同样显著。例如,被引作讲题的一段《中庸》经文说:"天下之达道五,所以行之者三,曰:君臣也,父子也,夫妇也,昆弟也,朋友之交也,五者天下之达道也;知、仁、勇三者,天下之达德也,所以行之者一也。"对于这段经文的讲解,高拱在《中庸直讲》中说:

---

[1] 岳金西、岳天雷编校,《高拱全集》,页1089—1092,《问辨录》卷一。

（1）达是通达。道是道理。昆弟即是兄弟。德是所得于天之理。一是指诚而言。（2）孔子说，天下之人所共由的道理有五件，所以行这道理的有三件。五者何？一曰君臣，二曰父子，三曰夫妇，四曰兄弟，五曰朋友之交。君臣则主于义，父子则主于亲，夫妇则主于别，兄弟则主于序，朋友则主于信。这五件是人之大伦，天下古今所共由的，所以说"天下之达道也"。三者何？一曰知，二曰仁，三曰勇。知，所以知此道；仁，所以体此道；勇，所以强此道。这三件是天命之性，天下古今所同得的，所以说"天下之达德也"。夫达道，固必待达德而行，然其所以行之者，又只是一诚而已。能诚，则知为实知，仁为实仁，勇为实勇，而达道自无不行。苟一有不诚，则私欲得以间之，而德非其德矣，其如达道何哉？故曰"所以行之者一也"。[1]

这是根据朱注的训释来敷陈演绎的。但在《问辨录》中，高拱则有如下的解释：

问："'所以行之者一也'，一之谓何？"曰："一之言皆也，盖曰皆所以行之者也。本文自明。""何言之？"曰："天下之达道五，所以行之者三。""达道谓何？""君臣、父子、夫妇、昆弟、朋友之交，五者天下之达道也。""所以行之者谓何？""'知仁勇三者'天下之达德也'，皆所以行之者也。盖五者各自为用，而三者为用则同。知也者，知此者也；仁也者，仁此者也；勇也者，强此者也，故曰'所以

---

[1] 岳金西、岳天雷编校，《高拱全集》，页884，《日进直讲》卷二。

行之者一也。'"曰:"'一者诚而已。'何如?"曰:"若指诚言,何不曰'所以行之者诚也',而曰'所以行之者一也'?言一而不言所谓一,为此空虚无着之说,必待后人求其事以实之乎?且上文曾无诚字,今突然谓一为诚,则为义不明。至下文'不明乎善,不诚乎身',始说出诚字,今蓦然预指于此,则为言不顺。舍却本文而别为说以填补之,是亦添蛇足也。"[1]

高拱对于朱子的《论语》注释反驳更多,例如,被引作讲题的《论语·先进》经文说:"子曰:先进于礼乐,野人也;后进于礼乐,君子也。如用之,则吾从先进。"《论语直讲》的解释说:

> (1)先进、后进譬如说前辈、后辈一般。(2)礼主于敬,乐主于和,盖不止玉帛交错、钟鼓铿锵之谓,凡人君之出治,与夫人之言动交际,但有敬处便是礼,但有和处便是乐,所谓无处无之者也。野人是郊外之人,言其陋也。君子是贤士大夫,言其美也。这"先进于礼乐,野人也;后进于礼乐,君子也",是时人的言语。用之是用礼乐。孔子说,礼乐以得中为贵。前辈之于礼乐,有质有文,乃得中者也。如今后辈之于礼乐,文过其质,乃偏胜者也,奈何?时人之论乃云:"前辈之于礼乐,是郊外野人的气象;后辈之于礼乐,是贤士大夫的气象。"盖溺于流俗之弊,而不自知也。若我用礼乐,则只从前辈,不从后辈,人虽以为野,吾不恤也。(3)夫圣人在下位,犹欲用礼乐之中,况人君之治

---

[1] 岳金西、岳天雷编校,《高拱全集》,页1107—1108,《问辨录》卷二。

天下者乎？若能敦本尚质，事求简当而不取其繁，意求真实而不取其伪，则事功自然兴举，风俗自然淳美，天下何忧不治？若崇尚虚文而实意不存，则人皆化之，务为浇漓，虽欲求治，不可得也。[1]

这同样是根据朱注的讲解，但《问辨录》则这样说：

问："'先进于礼乐，野人也；后进于礼乐，君子也。'是时人之言否？"曰："明是子曰，如何为时人之言。"曰："孔子如何以先进为野人？"曰："圣人之言，虚灵洞达，意常在于言外，学者当求其意，不可滞其辞也。""然则何如？"曰："孔子不欲遽言时俗之弊，故为此说。盖曰世之尚文久矣，而文之盛也甚矣，以视先进礼乐，朴而不文，殊觉粗拙，不其野乎？以视后进礼乐，文物焕然，殊觉都美，不亦君子乎？虽然，如用之，则吾从先进，宁野可也。即此便是伤今思古之意，正而不激，何等浑涵活泼，令人跃然深省。"曰："朱子何以谓为时人之言？"曰："圣人词有抑扬，而意常委婉，朱子于此宛转不来，以为圣人不宜如此言也。故直以为时人之言，而孔子断之耳。然不知时人都要那等，我却要这等，毕竟是朱文公气象，非孔子气象也。"曰："子云：'周监于二代，郁郁乎文哉，吾从周。'如何今又从先进？伊川有云：'救文之敝，则从先进，此不必泥从周之说。'何如？"曰："从先进，即是从周。夫周至孔子，七百有余岁矣，文武成康，非先进乎？固不必前代夏殷乃为先进也。孔子之从周者，是文武成康之周，非春秋

---

[1] 岳金西、岳天雷编校，《高拱全集》，页978—979，《日进直讲》卷五。

之周也。而其从先进者,是文武成康之先进,非夏殷之先进也。子思曰:'仲尼宪章文武。'夫非从先进而何?夫又非从周而何?"[1]

相对于《日进直讲》而言,《问辨录》的辩驳有时还反映了不宜见于讲章的言语。例如,《论语·宪问》被引作讲题的经文说:"子曰:为命,裨谌草创之,世叔讨论之,行人子羽修饰之,东里子产润色之。"《论语直讲》这样说:

> (1)命是辞命。裨谌、世叔、子羽、子产都是郑大夫。草是草稿,创是造,讨是寻究,论是议论,行人是掌使之官,修饰是增损之,东里是地名,子产所居,润色是加以文采。(2)孔子说,郑,小国也,而处乎晋、楚大国之间,其势常危。然惟有贤能用,用之而各当其才,故有以保其安。如有事于他国而道其情,或他国有事于我而答其意,则有辞命之事也。郑国之为辞命,不肯苟然,必先使裨谌造为草稿。盖裨谌善谋,故使之草创而立其大意焉。然不可以遽定也。世叔熟于典故,则使之寻究其得失,议论其是非。然不能无有余不足也。行人子羽善于笔削,则使之增其所不足,损其所有余。然又不可粗鄙无文。则使东里子产润色之,而加以文采焉。郑国之为辞命,必更此四贤之手而成如此。此其所以详审精密,而应对诸侯,鲜有败事者也。(3)然即是而观,则四子者不止有其才而已,而实有体国之诚意,忘己之公心。今观其各抒所见,既不嫌于见己之长;裁定于人,又不以为形己之短,则是同心共济,惟知为国而已。向使少

---

[1] 岳金西、岳天雷编校,《高拱全集》,页1165—1166,《问辨录》卷六。

有彼此于其间，则较忌怨尤之不暇，亦何以善其事而利于国乎？此可为人臣共事者之法。[1]

《问辨录》则说：

> 问："'为命，裨谌草创之，世叔讨论之，行人子羽修饰之，东里子产润色之。'其义何如？"曰："四子者，不止各有所长，能济国事，其人品心术之美，皆可具见。""何以故？"曰："垢人之长，而护己之短，有官之大患也，而在同官共事之人为尤甚。以故国家有事，无敢自谓能谋，而遂以谋之者。即谋矣，或从而讨论焉，遂逢谋者之怒，曰'何以讨论我也？'即讨论矣，或从而修饰焉，遂逢讨论者之怒，曰'何以修饰我也？'即修饰矣，或从而润色焉，遂逢修饰者之怒，曰'何以谓我不文也？'于是怨譖丛兴，戈矛四起，方自乱之不暇矣，又何以善国事乎？不宁惟是，有善谋者，则遂忌之曰：'彼何独能谋也？'有善讨论者，则遂忌之曰：'彼何独能讨论也？'有善修饰者，则遂忌之曰：'彼何独能修饰焉？'有善润色者，则遂忌之曰：'彼何独能润色也？'于是拂乱所为，而不使之成，倾陷其人，而不使之安，虽至颠覆人之国家，有所不顾。若是，则贤者亦不能以自存矣，又何以善国事乎？今观四子者，各摅所见，既不嫌于见人之长，裁定于人，又不以为形己之短，则是同心共济，惟知有君而已。非夫有体国之诚意者，孰能若是？非夫有忘己之公心者，孰能若是？故益有以见古人之不可及也。噫。"[2]

---

[1] 岳金西、岳天雷编校，《高拱全集》，页 1006，《日进直讲》卷五。
[2] 同上书，页 1174—1175，《问辨录》卷七。

以上举例的两处讲说的不同之处在于，前一说从正面立言，说郑国四贤大夫公心为国，合作无间；后一说则是从反面看事情，人多自是，能像郑国四贤这样忘己为国则实难。对比之下，经筵讲章所受到的阐释上的限制相当明显。高拱《问辨录》所说，有一定的"时义"在内，大意在于批评与他同时代的政治人物的"人品心术"。在经筵直讲中，是不能这样率直的。

四、结　语

从上文的例证可见，儒臣在经筵讲席上向帝王讲说经典，会有一些异于在别处说经的限制。首先是时间上和讲员上，由于讲官不止一人，在连续专讲一经的时候，他们只能轮流进讲。这又带来他们在诠释根据和义理发挥上的限制。为了避免"分说"导致阐释上的不协甚至矛盾，讲官们必须遵循一家之说，在此一家注释的基础上演说自己的讲题。在明朝，这一家之说便是科举法定读本即程朱经说，亦即《四书》用朱熹的《章句集注》之说，《书经》用蔡沈的《集传》之说，等等。这样做的意义是，儒臣们向帝王进行思想灌输，皇帝和经生一样，读的是同一文本，根据同一家的注释，而且讲官们尽管能够各自有所发挥，他们的思想基础和诠释方向也是一致的。这样，皇帝和儒臣的意识形态和价值观，也便容易趋同，但是这也使经筵讲章在义理上和思想上难以创新，降低了经说的哲理性和实用性，因而最终不获学者重视。

高拱的经典学问是没有特别的师承的，他也不属于学术史上的某个学派，因此《问辨录》中对朱注的批评，纯粹是学问上的自悟自得。但经筵讲说的目的在于借阐释经文、演绎经义，启发劝诱人君，根据已成国家意识形态基础的程朱经注来做发挥，其实也没有什么不好，至少这和举业经生的寻文摘句之学根本不同。高拱见于《日进直讲》的讲章明白流畅、合乎情理，这大概便是他吸引裕王之处。

高拱在经筵内外对于《四书》解说的差异，也反映了处境和身份对于经典诠释的影响。高拱家居之后对于朱子《四书章句集注》的批判，尤其对于《大学》的文本和性质的颠覆性看法，虽然说是他晚年的思想，但在他当裕王讲官时是不可能这样讲的。一如《日进直讲》所见，高拱在其中的议论仍然是根据朱注而来，因年龄增长和思考深入而获得的新知新见，他只能用在野的身份，以问辨的方式向学者提出。

明神宗经筵进讲书考

一

明代朝廷有经筵和日讲制度，由翰林院和詹事府官员为主的儒臣向皇帝或皇太子解读经、史、子类书籍，讲论修身和治国道理，借以灌输以儒家思想为主的政治观和价值观，提醒当前政府需要注意的事情以及处理政事的原则等。在这个制度的运作中，君臣双方讲了什么典籍，是我们了解皇帝获得什么知识和道德教训的重要信息。明神宗在明代皇帝中享国最久，本文考究他从东宫时代开始读书和听讲的情形，重点在于知晓儒臣们向他讲说过哪些书籍。这有助于我们知道他对传统文化认识的广度和深度，也能增进我们对于明代宫廷文化的认识。

明神宗的经筵讲学在隆庆六年（1572）他身为皇太子时已经开始[1]，为时只有两个月，随即穆宗皇帝驾崩。此时主要的讲学形式是每日的"讲读"，给他组织和提调事情的是当时的首辅高

---

[1]《明穆宗实录》（台北："中研院"历史语言研究所，1966）卷六八，隆庆六年三月戊子，页1。

拱[1]。神宗即位不久,高拱失势,被放逐回家,组织和提调讲读事情改由新任首辅张居正负责。皇帝的讲读活动分为"经筵"会讲和"日讲"两部分。依照当时所定的仪制,经筵在春秋两季举行:春讲从二月十二日到五月初二日,秋讲从八月十二日到十月初二日,分别在这两段时间内的每月初二日、十二日、二十二日举行。日讲则在此外的日子举行。举行的地点都在文华殿[2]。神宗的经筵在改元万历之后才举行,为了表示殷切向学之心,首次的经筵在万历元年(1573)二月初二日举行[3],比通常的日期早了十天,亦即多了一次。日讲则在改元万历之前已有,第一次是隆庆六年八月十八日[4]。由于神宗登基时才十岁,体力幼弱,知识、才能也不胜任朝政,阁臣和内宫于是议定,每月逢三、六、九日(包括初三、十三、二十三、初六、十六、二十六、初九、十九、二十九)视朝,其余日子均御日讲[5];后来经筵也在这些日子之内举行。这三、六、九日视朝的做法以后成为惯例。但三、六、九日之外的日子,实际上并非每天都有讲学活动,即使在神宗最用功向学的时候,也因为天气、节庆、祭祀、朝廷典礼、皇家庆吊、帝后忌辰、皇帝健康等原因而屡有停止,甚至有较长的暂停。

整体上看,隆庆六年秋天到万历十年夏天这十年之内,神宗的经筵和日讲是经常举办的,并且一般是认真的。这缘于外廷首辅张居正的坚持、内宫神宗生母慈圣皇太后的严格要求、司礼监

---

[1] 《明穆宗实录》,卷六六,隆庆六年二月庚戌,页11。
[2] 《明神宗实录》(台北:"中研院"历史语言研究所,1966)卷一三,万历元年五月辛巳,页1。
[3] 同上书,卷一〇,万历元年二月癸亥,页3。
[4] 同上书,卷四,隆庆六年八月辛未,页15。
[5] 同上书,卷四,隆庆六年八月癸亥,页5。

掌印太监冯保的约束，这三种力量结合而产生的结果。除了万历八年冬天的越轨嬉游之外，神宗这十年用功力学而且所得匪浅。但在万历十年六月张居正卒后，勤学的情况日渐消失。万历十三年起的经筵和日讲都是间接举办的，而且随着神宗与廷臣因为国本（立储君）之争而关系紧张，愈来愈少举行。万历十六年闰六月，首辅申时行因为神宗已经缺席讲筵很久，请求在免除讲读的时候，让讲官继续撰写讲章进呈阅览。神宗允许所请[1]。自此之后，经筵讲读基本上便以这种讲章进览的形式进行。神宗最后一次御经筵在万历十六年八月[2]，最后一次御日讲在万历十七年二月[3]。而且，万历十七年八月视朝之后，除了例外的几次，神宗便没有再度视朝和御殿了。万历朝的中央政府政治，从此进入日渐衰颓的局面。辅臣乃至廷臣屡屡请求恢复视朝和讲读，以便百官能够朝见皇帝，皇帝也能够进学、与辅臣讲官接触，神宗始终没有答应。但因为经筵讲读的制度仍然存在，所以讲官仍须不断撰写讲章进呈，而神宗对于这些讲章也时有阅读。这样的情形至少要到万历四十三年才不了了之。

神宗在日讲讲筵上所读的书籍，《万历起居注》和《明神宗实录》均有记录。经筵进讲的讲题，也都出于这些书籍，尤其是四书和《书经》，讲章在很多讲官的个人文集中仍能见到。从万历元年起，在张居正的主张下，内阁又开始了每年年终时将该年进讲过的讲章加以校阅，装潢进呈，然后由内府刊行。刊行这些讲章，虽然在张居正卒后少见施行，但年终进呈讲章的做法，到万历四十三年才未再见记载。这些讲章所从出的典籍，《起居注》

---

[1] 《明穆宗实录》卷二〇〇，万历十六年闰六月癸未条，页2—3。
[2] 同上书，卷二〇二，万历十六年八月癸巳条，页3。
[3] 同上书，卷二〇八，万历十七年二月己卯条，页1。

和《实录》同样有所记录。以书籍形式刊行过的讲章,书名都称作《直解》,有些刊本至今仍然存在[1]。根据这些记载和刊本,我们可以知道神宗在位四十八年中,绝大部分时间内读过和听讲过哪些经、史、子类典籍和其他书籍,甚至能够推测他对这些书阅读和理解的情形。

二

根据明人吕毖《明朝小史》记载,神宗在隆庆六年三月出阁读书时,曾回答过辅臣的询问,说是时"方读《三字经》"[2]。据《明神宗实录》记载,神宗后来曾经自言,五岁已经读书[3]。万历元年的朝鲜使臣,还向李朝朝廷报告了如下一段得诸传闻的夸张之词:神宗"圣资英睿,自四岁已能读书。……四书及《近思录》《性理大全》皆已毕读。自近日始讲《左传》,百司奏帖亲自历览,取笔批之,大小臣工莫不称庆"[4]。从《实录》所载看,可以确信的是,神宗在东宫时,已经开始讲读四书中的《大学》和五经中的《书经》。这个次序是明朝帝王经筵讲读的正常次序。神宗此时有没有同时阅读史书,记载不甚清楚,但看来他可能也在

---

[1] 晚明太监刘若愚记载了当时内府尚存书板的书目,其中以"直解"题名的还有《女诫直解》《忠经直解》《孝经直解》《四书直解》《书经直解》《通鉴直解》各书,见刘氏《酌中志》(北京:京华出版社,2001,《四库禁书》第二卷史部),卷十八,页2084。现在容易见到的,还有张居正等撰《书经直解》(《四库全书存目丛书》据故宫博物院图书馆藏万历刻本)、《四书直解》(北京:北京出版社,2000,《四库未收书辑刊》据清八旗经正书院翻刻本《四书集注阐微直解》)等。
[2] 转引自樊树志,《万历传》(北京:人民出版社,1993),页7。
[3] 《明神宗实录》卷二一九,万历十八年正月甲辰朔条,页1—4。
[4] 《朝鲜李朝实录中的中国史料》上编卷二五,万历元年。转引自陈生玺、贾乃谦编注,《帝鉴图说评注》(郑州:中州出版社,1996),页4,贾乃谦《前言》及注3。陈生玺认为所记夸张。

阅读《资治通鉴》的简明本《通鉴节要》。

神宗登基后，在张居正拟订的读书日程下，继续与日讲官讲读《大学》和《尚书》，这部分的讲读在清早进行。约上午十一时再上"午讲"，听讲官进讲《通鉴节要》。张居正定下的讲读程式相当严谨。当时的日讲仪注写明，读书部分"先《大学》十遍，次读《尚书》十遍，讲官各随即进讲"。接着是稍息，接着是（形式上的）听取和阅览司礼监所进呈的各衙门章奏。之后是习字。接着便是午讲史书（《通鉴节要》），讲官被要求"将前代兴亡事实直解明白"。午讲结束后，皇帝才还内宫。张居正鼓励神宗，在早讲和午讲讲官讲完后，"圣心于书义有疑，即下问，臣等再用俗说讲解，务求明白"。在三、六、九日视朝而暂免讲读的日子里，也要"宫中有暇，将讲读过经书从容温习，或看字体法帖，随意写字一幅，不致工夫间断"。并且"非遇大寒大暑，不辍讲读；本日若遇风雨，〔才〕传旨暂免"。[1]

为了增长神宗的历史知识，提高他对历史的兴趣，以及尽早认识值得鉴戒的历代君主史事，张居正嘱托日讲官陶大临、马自强等编写了故事性历史启蒙书《帝鉴图说》给神宗讲读。[2] 此书为上下两卷，内有历代帝王自帝尧至宋徽宗的故事117则。上卷总题作"圣哲芳规"，说"善可为法者八十一事"，下卷总题作"狂愚覆辙"，说"恶可为戒者三十六事"。"每一事为一图，后录传记本文。"书名则取唐太宗"以古为鉴"之意。此书隆庆六年十二月张居正率讲官在文华殿进呈，神宗次日"手谕嘉奖，赐（辅臣及讲官）金币有差。自是日置图册于座右，每讲辄命居正

---

[1] 《明神宗实录》卷四，隆庆六年八月丙寅，页8。
[2] 明人对于陶大临、马自强二人作为《帝鉴图说》编纂者的分工有不同的看法，有的意见认为张居正进书时不提陶大临是不对的，见《帝鉴图说评注》页10及同页注3。

解说数事，以为常"。[1]

此后，在正式的经史讲读之后，由张居正亲自讲解《帝鉴图说》。此书后来的刊本之中，有的也将张居正（或其他讲官）的讲解编辑在内。[2]《实录》记载了神宗阅读时或阅读后的反应。据此可知，万历元年三月进讲过此书上卷第二十三篇《屈尊劳将》（汉文帝事）；[3] 万历元年十月进讲过上卷第七十五篇《不喜珠饰》（宋仁宗事）；[4] 万历三年三月进讲过上卷第三十二篇《赏强项令》（汉光武帝事）；[5] 万历四年三月连续两天进讲上卷第四十篇《纳箴赐帛》（唐太宗事）、[6] 下卷第三十篇《宠幸番将》（唐玄宗事）。[7] 这次两天连续进讲的篇章在书中并非连续的内容，此时距离此书初次进呈也已经四年有多，可见此书在日讲讲筵上已经全部讲过，至少神宗自己在宫中已经阅读一过，此次只是属于抽取式的温习讲论。由此可见，《帝鉴图说》是神宗青年时认真读过的书籍。

神宗固定的经史讲读进度，从万历元年十二月张居正请求进呈该年讲过的内容的编辑本，大略可见。是年内阁"编成《大学》一本，《虞书》一本，《通鉴》四本"。[8] 这些经典之中，《大学》应该已经讲完，虽然张居正的呈请中并无说明。万历三年十二月初一日，神宗"以刻定《大学》《中庸》《尚书》典、谟、

---

[1] 《明神宗实录》卷八，隆庆六年十二月己巳，页7。
[2] 如上文所引陈生玺、贾乃谦编注，《帝鉴图说评注》所据本。
[3] 《明神宗实录》卷一一，万历元年三月甲申，页1—2。
[4] 《万历起居注》（北京：北京大学出版社，1988，明末清初抄本）第一册，万历元年十月八日乙卯，页109。
[5] 《明神宗实录》卷三六，万历三年三月癸卯，页1。
[6] 同上书，卷四八，万历四年三月丁酉，页1—2。
[7] 同上书，卷四八，万历四年三月戊戌，页2—3。
[8] 同上书，卷二○，万历元年十二月乙丑条，页4。

《通鉴》盘古至汉平帝《直解》十五册,赐辅臣张居正三部,吕调阳、张四维各二部,讲官申时行等六员各一部"[1]。这种"直解"的讲章刻集,以后还有。这里可以肯定的是,《大学》和《中庸》已经全部讲过。《尚书》也讲完头四篇的《尧典》《舜典》《大禹谟》《皋陶谟》。要注意的是,这里说的《通鉴》,应该还是《通鉴节要》。

在万历头三年之中,神宗在日讲讲读和在宫中阅读的书籍,其实不止上述这些。万历二年十月,他因为追问建文皇帝的故事,让张居正给他诵读和写进世传的建文皇帝云南题壁诗。张居正也借机向他推荐以及进呈明太祖自撰的《皇陵碑》以及御制文集。神宗认真地读了《皇陵碑》,感动之余,表示要"勉行法祖"。[2] 万历四年六月"新刊《洪武正韵》,赐辅臣及讲读、正字等官"的事情,[3] 可能便是这个意愿的落实。神宗自己此时在宫中的阅读非常认真。万历三年七月《实录》记载,他命"中官持《尚书》一帙,至《微子之命》篇,用黄纸乙其处,以示辅臣。(中官)言上于宫中读书,日夕有程,常二四遍复背,须精熟乃已。辅臣及讲官相顾嗟异,以为上好学如此,儒生家所不及也"。[4] 同年十月,神宗又命中官持《论语》讲章到内阁,指问其中所引"南容三复《白圭》"一语的出处。[5] 由此可见,神宗除了真正的"究心问学"之外,此时日讲已在讲读《论语》,而《商书》已经讲完,讲到《周书》的第十篇了。

万历四年,神宗除了认真讲读《帝鉴图说》,在三月中,能

---

[1] 《明神宗实录》卷四五,万历三年十二月乙丑朔条,页1。
[2] 同上书,卷三〇,万历二年十月戊午条,页4—5。
[3] 同上书,卷五一,万历四年六月乙丑条,页1。
[4] 同上书,卷四〇,万历三年七月丁未条,页1—2。
[5] 同上书,卷四三,万历三年十月辛巳条,页6。

够"不失一字"地将《纳箴赐帛》（上卷第四十篇）篇中所载的唐太宗大臣张蕴古的《大宝箴》朗诵出来，并与张居正讨论此文的要点（见前）。十月中，还向辅臣出示成祖时所绘的《驺虞图》。《实录》记载此事说："初周王得驺虞于神后山以献，成祖令绘为图，先臣蹇义、姚广孝及翰林坊监诸臣各赋颂歌赞以纪述之，联为卷轴，凡十余本，藏之内库。至是南京守臣以进，上命出观，因以其一留内阁。"[1]神宗阅览此图，自然也阅读了永乐诸臣的文学作品。

到了万历五年（1577），神宗已经十五岁，张居正引"古者八岁入小学，十五入大学"的古训，请求他向古代圣王学习，讲读经史之外，需要实习政务，要"省章奏，历政事，日览一二疏，将国家事讲究明白"。[2]自此之后，神宗的阅读范围，再不限于经史文字。

此时神宗对诗歌产生了兴趣，并且像当时很多儒者一样，喜爱宋儒邵雍的诗作。万历五年七月，他以邵雍的《击壤集》赐张居正等辅臣、申时行等讲官和马继文等正字官。[3]万历六年正月，他"出画册二十六幅，命辅臣分授讲官申时行等各赋诗"进呈御览。诸臣进诗时，"辅臣张居正并所藏先臣李东阳题画诗册进呈"。[4]这次神宗要求的虽然是贺岁的应制诗，但他对于文人传统诗画的爱好也明白可见。

神宗对万历五、六年的经史讲读也很积极。万历五年九月，《书经》已讲读过《康诰》篇。[5]神宗也通过了张居正对其所写

---

[1] 《明神宗实录》卷五五，万历四年十月庚午条，页1—2。
[2] 同上书，卷五八，万历五年正月庚子条，页1—2。
[3] 《万历起居注》第一册，万历五年七月二十二日丁未，页453。
[4] 同上书，万历六年正月十五日丁卯，页536。
[5] 同上书，万历五年九月十四日丁卯，页477—478。

《洪范》篇字句意义的考问。[1]十二月时,日讲讲到《酒诰》篇。[2]史书讲读方面,万历六年十月,《通鉴》已经讲到唐朝中期的德宗时代,神宗也引用了陆贽的"掣肘之说"来说武官受文官牵制的弊病。[3]是年十二月,张居正等题进该年讲过的经书、《通鉴》讲章,内容是"《论语》直解《先进》起至《颜渊》止一本,《书经》《旅獒》起至《无逸》止三本,《通鉴》唐中宗起至代宗止二本"。[4]

　　万历八年冬天,讲读决定增加新的内容。是年六月,日讲仍然在讲《论语》。是月二十二日,讲"益者三乐,损者三乐"章,张居正在讲完后上奏说,此章"与前日所讲'益者三友,损者三友'两章书,甚有关于君德,伏望皇上回宫之后,留心省览"。[5]此时神宗在宫中与宦官宫女嬉戏夜游,失德渐闻于外,故此张居正从日讲内容引申作为婉转的劝谏。同年十一月,神宗夜饮宫中,误杖二内使几毙,受到生母慈圣皇太后严惩,[6]张居正也相应地在日讲的讲读内容上做了调整。次月上疏,请求神宗仿效唐宪宗和宋仁宗的做法,讲读祖宗的训话和政事。他报告了这样的具体做法:"臣等谨属儒臣将累朝《宝训》《实录》逐一简阅,分类编摩,总计四十款。"请"容次第纂集,陆续进呈,拟俟明岁开讲以后,每讲毕,臣等恭诣文华殿讲解一二条,粗述大指。如皇上偶有疑难,即望面赐咨询,或臣等窃有见闻,亦得随时献纳"。神宗同意所请。这四十款的标题"曰创业艰难、曰励精图

---

[1]　《万历起居注》第一册,万历五年九月十七日庚午,页483—484。
[2]　《明神宗实录》卷七〇,万历五年十二月壬寅,页5。
[3]　同上书,卷八〇,万历六年十月乙巳,页7。
[4]　同上书,卷八二,万历六年十二月庚子(二十四日),页4。《万历起居注》第一册,页705—706。
[5]　同上书,卷一〇一,万历八年六月庚申,页4—5。
[6]　《万历起居注》第二册,万历八年十一月十二日戊寅,页93—94。

治、曰勤学、曰敬天、曰法祖、曰保民、曰谨祭祀、曰崇孝敬、曰端好尚、曰慎起居、曰戒游佚、曰正宫闱、曰教储贰、曰睦宗藩、曰亲贤臣、曰去奸邪、曰纳谏、曰理财、曰守法、曰敬戒、曰务实、曰正纪纲、曰审官、曰久任、重守令、曰驭近习、曰待外戚、曰重农、曰兴教化、曰明赏罚、曰信诏令、谨名分、曰却贡献、曰慎赏赉、曰敦节俭、曰慎刑狱、曰褒功德、曰屏异端、曰饬武备、曰御夷狄"。内容所涵盖的，正如张居正所说，"虽管窥蠡测之见未究高深，而修德致治之方亦已略备矣"[1]。

万历九年是神宗问学最热心的年份。首先是他显示出对诗文和对对子的爱好。是年正月，他出《玄兔图》命辅臣及日讲、侍直诸臣各咏诗一首。[2]次月张居正等上呈《玄兔图》卷，翰林诸臣和诗三十三首。"翌日，上览毕发下，命各登卷以进"。[3]此日之前，神宗"斋居，手书二对句，一曰'静里收心涵养吾之德性'，一曰'闲观图史知邪正'，命辅臣及日讲侍直诸臣拟对进览"。张居正回奏以"圣志清明，好尚端雅，不胜忻忭"的称许。[4]

是年二月，张居正又上言："将累朝《宝训》《实录》摘其切于君德治道者，分为四十款，次第纂修"事情，讲官何雒文等已经辑成第一款，并经阁臣"稍为更定，勒为《创业艰难》上篇，借题其（书）名曰《训录类篇》，缮写进呈"。并且请求在日讲之日，容许阁臣照"先年进讲《帝鉴图说》例，从容讲解一二条，以后每纂完一卷即次第进呈，接续入讲，庶于圣学圣政少有

---

[1] 《明神宗实录》卷一〇七，万历八年十二月甲辰，页2—3。
[2] 同上书，卷一〇八，万历九年正月丁亥，页6。
[3] 同上书，卷一〇九，万历九年二月己亥，页1。
[4] 同上书，卷一〇九，万历九年二月丁酉，页1。

裨益"。神宗欣然留览。[1]次月,张居正便开始以《训录类篇》进讲。[2]日讲之后讲读此书,在张居正在朝时,是认真进行的。四月时,《实录》便记有"上御文华殿讲读,有顷,辅臣张居正等入至后殿,讲《训录》毕,以南科给事中傅作舟疏进览",以及随后的对话。此次对话说的是应对江北江南灾情的方法,张居正提及"《训录》中所载元末之乱亦起于此(江北淮凤等地)",应该认真看待这次灾害。[3]但是,进讲《训录》是张居正(首辅)的专利,所以在万历十年六月张居正卒后,应该是很少甚至没有进讲的。万历十年七月,新任首辅张四维等便奏称此书"每款遇讲筵既毕,臣等讲解一二条,其诸司章疏有紧要者,即于讲后面奏请裁。已于去岁春月奉行,因臣居正在告,暂行停止。今时已入秋,天气渐凉,伏望皇上每御经幄之日,容臣等仍以《训录》进讲,并以紧要章疏面请"。但神宗只是"报闻"而已,[4]《实录》也再没有讲读此书的记载。

《论语》和《书经》在万历九年讲完,《通鉴》讲至宋徽宗年间。是年十二月张居正奏准第二年春天讲《孟子》,并且认为《通鉴》"自此以后,皆徽、钦北狩,宋室南迁之事,无可进讲者"。应该照隆庆五年(1571)穆宗自此即以《贞观政要》进讲的做法,明春即以这本"于君德治道实为切要"之书进讲,[5]并且命令"司礼监先以一部进上御览,仍发一部到阁,以便撰定讲章"。[6]是月"张居正等以年终将讲过经书《通鉴》讲章缮本进

---

[1]《明神宗实录》卷一〇九,万历九年二月乙卯,页6。
[2] 同上书,卷一一〇,万历九年三月甲戌,页3。
[3] 同上书,卷一一一,万历九年四月辛亥,页4—6。
[4] 同上书,卷一二六,万历十年七月己未,页1。
[5] 同上书,卷一一九,万历九年十二月庚戌,页4。
[6]《万历起居注》第二册,万历九年十二月庚戌,页197。

呈,仍乞发下司礼监接续刊行"。[1] 这些讲章包括:"《论语》直解《阳货》起至《微子》止一本,《子张》起至《尧曰》止一本。《通鉴》宋太祖起至太宗止一本,宋真宗起仁宗止一本,宋神宗起至徽宗宣和四年止一本。"[2]

万历十年正月,张居正等请在二月开讲时,除了《孟子》和《贞观政要》之外,还进讲《诗经》以接去年讲完的《书经》,并且认为"此书《诗经》本人情,该物理,近之可以修身齐家,远之可以治国平天下,于君德治道裨益不浅"。[3]

万历十年十二月首辅张四维等写道,"除《书经》已经进完外(按:此句恐有问题。《实录》此条不提此书,只提《贞观政要》)",有"《孟子》《梁惠王章句》一本,《贞观政要》《君道》起至《政体》止一本"。张四维请求仍然"发下司礼监接续刊行"。[4] 神宗虽然从之,但以后未见刊书的记录。《书经直解》应该也在是年刻成,[5] 张四维说本年《书经》讲完,大概也指全书刻成而言。

万历十一年二月,张四维等题请经筵开讲用书时说:"去年秋《四书》《书经》讲完,今见讲《诗经》,仍该用一经进讲。《周易》一书,先王明天道以修人纪,其理虽奥衍宏深,至于拟议言行、会通典礼,关于君德治道,最为详切。故自祖宗列圣

---

[1] 《明神宗实录》卷一一九,万历九年十二月甲寅,页5。
[2] 《万历起居注》第二册,万历九年十二月甲寅,页198。
[3] 《明神宗实录》卷一二〇,万历十年正月丁亥,页8。
[4] 《万历起居注》第二册,页320。《明神宗实录》卷一三一,万历十年十二月戊申,页9。
[5] 有关张居正等撰《书经直解》一书的成书和刊行年份考析,参看朱鸿林,《申时行的经筵讲章》,台北"国家"图书馆、"中研院"历史语言研究所、台湾大学中国文学系主编《屈万里先生百岁诞辰国际学术研讨会论文》(台北:台湾大学中国文学系,2006),页509—533。

以来，凡幸太学，必令儒臣以是书敷讲，厥有深意。合无今次以《周易》同《诗经》进讲，用为圣学缉熙之助。"[1]神宗同意。是年十二月，新首辅申时行等将讲过的讲章《梁惠王章句》下一本，《贞观政要》《任贤》一本，类写装潢进呈。[2]从是年大学士张四维关于进讲用书的言论可见，在此之前的日讲是同时进讲经书二种和史书一种的。《贞观政要》被视为接续《资治通鉴》进讲的史书，虽然它的要旨是"君德治道"。

万历十二年、十三年、十四年都没有类编进呈该年讲过的讲章。申时行在十四年十二月的奏疏中说："今通查一年之内，日讲不过数次，讲章甚少，不能成帙。"[3]此时神宗已经甚少出席经筵和日讲，他的阅读兴趣也转移了。

神宗这几年的阅读兴趣，范围殊不狭窄。万历十二年二月，申时行等为内府重刊书籍三种各拟序跋各一篇进呈。这三书是《资治通鉴》，以及实用书籍的《类证本草》《草韵辨体》。[4]是时神宗的文学兴趣也不小。万历十一年四月，大学士张四维等拟进《御制重刻古文真宝前序》《御制重刻古文真宝后跋》，据序文可知，此书是神宗日讲之余，在宫中"游意篇章"时阅读的文选。序文说："自庙堂著述，下逮里巷歌谣，群言杂陈，诸体略备。其稍有阙轶，见于《古文精粹》者，复取而益之，胪列类增。……旧本凡三百十有二篇，今益以三十五篇。"由此可见，这个重刻本其实还是个增订本。跋文说这个选本的指归和特色是"依经以立言，推本以训俗，其词茂而典，其义婉而章，其条贯森然炳然，胪分井列，莫不可观，诚九流之涉津，六艺之关键

---

[1]　《明神宗实录》卷一三三，万历十一年二月甲申朔，页1。
[2]　同上书，卷一四四，万历十一年十二月癸酉，页7。
[3]　《万历起居注》第二册，万历十四年十二月二十三日癸未，页756。
[4]　《明神宗实录》卷一八四，万历十五年三月庚戌，页7。

也"。这些话不免有所夸张,但也反映了神宗所阅读的并不止于经筵和日讲的经史典籍。[1] 此书刻成后,神宗赐给大学士每人两部,据申时行等的谢恩疏:"皇上逊志典学,稽古右文,取《精粹》于艺林,萃《真宝》于册府",似乎《古文精粹》是外间编辑的,而《古文真宝》是内廷编辑的。万历十四年十一月神宗发下《瑞莲图》,命申时行等人各撰赋二首进呈。但从赏赐的情况看,进赋者只是辅臣,讲官没份参加。[2]

神宗不御经筵、日讲,日甚一日。万历十五年三月,左佥都御史魏时亮上疏要求他重视讲读。神宗答以"今后条陈章奏,事关朕躬,已奉旨者,不必再覆"[3]。同年十二月阁臣申时行等上疏,提出随时开讲、随时召问的变通之法。神宗回答嘉许之,但以"屡屡动火,眩晕不时……待新春稍豫,与卿等讲习"之辞了事。[4] 这两篇奏疏都没有起到儒臣们所期待的作用。

神宗虽然不御日讲,但也不是在宫中全不读书。经筵所讲书籍乃至讲官所进讲章,他还有所浏览,有时甚至是认真阅读。万历十六年二月发生的事情清楚地反映了这一点。二月十三日,神宗御经筵完毕,与阁臣连番论辩魏征之为臣及唐太宗之为君皆不足为训,因而命令经筵罢讲《贞观政要》,改讲《礼记》。此事看来复杂,需要另外研究以见底蕴。但事情的结果便是《礼记》首次进入讲筵。当时阁臣要求同时进讲孝宗朝命阁臣编撰的《通鉴纂要》,以及宋儒真德秀《大学衍义》一书,因为此书"世宗尝讲之,洵经史格言之林也"。神宗答以此二书及《书经》都是他"朝夕常看"的,命令"今且以《礼记》代《政要》,《通鉴》候

---

[1]　《万历起居注》第二册,万历十一年四月,页 355—357。
[2]　同上书,第二册,万历十四年十一月十二日壬寅,页 746。
[3]　《明神宗实录》卷一八四,万历十五年三月庚戌,页 6—7。
[4]　同上书,卷一九三,万历十五年十二月丁丑条,页 6。

《尚书》完日续讲"。这样，《书经》又再度回到讲席。[1]罢讲《贞观政要》而讲《礼记》，是明朝首见之事。再度进讲《尚书》，也可能是除了太祖之外所仅见。神宗为了表示自己认真，在《礼记》初次进讲之后，还传谕指出讲官左庶子刘虞夔"遗脱字句"，要"日讲官宜加习熟"，让大学士申时行等要代刘虞夔的"一时皇遽"之过请罪。[2]

万历十六年闰六月起，根据阁臣申时行等的请求，日讲实际上便以进讲章代替了皇帝亲御讲席的传统。[3]是年十二月，申时行等还奏定一事，因应正月上旬讲期与祭祀日期冲突，讲筵以后每年新年假后，在"正月上旬先择吉开讲一次，仍暂辍讲，至二十日后照常日讲"[4]。如前所述，万历十七年二月初二日己卯的文华殿讲读，是神宗这种活动的最后一次。以后所谓的进讲，都是进呈讲章而已。

从《起居注》和《实录》所载阁臣请讲的书籍和年终奏进的讲章的书名、篇名看，我们可以知道万历十六年起神宗曾经过目了哪些经典。万历十六年二月奉命进讲的《书经》，十七年七月已经讲完《秦誓》，全书讲毕。依照从前的命令，继续每日进呈孝宗朝编写的《通鉴纂要》讲章。[5]此时还在进呈的是《孟子》和《礼记》讲章。

《孟子》讲章在万历十九年二月进完，大学士申时行在数次奏请应该以何书接续不获答复后，终于径以《大学衍义》讲

---

[1]《万历起居注》第三册，页3—11。《明神宗实录》卷一九五，万历十六年二月乙丑，页3—5。
[2]《明神宗实录》卷一九五，万历十六年二月丁卯，页6。
[3] 同上书，卷二〇〇，万历十六年闰六月癸未，页2—3。
[4]《万历起居注》第三册，万历十六年十二月二十三日辛丑，页144。
[5]《明神宗实录》卷二一三，万历十七年七月戊辰，页8。

章进呈。进呈的同日,神宗却传命继续进呈《易经》讲章,不用《大学衍义》。[1]是年十二月,首辅王家屏等进呈讲章时说:"查万历十八年至今,所撰讲章,除《易经》《通鉴纂要》俟有成帙,另行写进外,谨将《孟子·万章》《告子》《尽心》共六本,《礼记·王制》上下、《文王世子》《礼运》共四本,类写装潢进呈。"与往年一样,阁臣也要求司礼监接续刊行,但也同样不获复示。[2]这种上奏不答的情形,以后一直持续。

《礼记》逐日进讲,万历二十一年五月《儒行》篇将讲完时,首辅王锡爵题请,此篇之后的冠婚等项六义,无关重要,但"《诗经》《孝经》二书,皆经先师孔子删定,诗得性情之正,孝为德教所先,以此进讲,庶乎博而有要,可以羽翼诸经,日新圣学",请求择一书接续《礼记》进讲。同时又建议:"若此外更有御前切要之书,或儒者格言,或祖宗故事,但凭圣意所喜,不拘何书,皆可传讲。"[3]在王锡爵再度要求之下,神宗只答应以《诗经》接着进讲。[4]

据万历二十二年十二月十日首辅赵志皋所题,这几年来"讲书三项,《易经》于万历十九年三月内进讲章,自《周易》上经起,至今年十二月终,进至《系辞》《序卦传》止,计六本,将完。《诗经》于万历二十一年五月内进讲章,自《国风》起,至今年十二月终,进至《小雅》《瓠叶》章止,计四本半,未完。《通鉴纂要》于万历十七年七月内进讲章,自太昊帝起,至今年

---

[1] 《万历起居注》第三册,页486—487,万历十九年二月二日己巳;第三册,页491—492,二月六日癸酉;第三册,页493—494,二月十八日乙酉;第三册,页494—495,二月二十日丁亥。
[2] 同上书,第三册,万历十九年十二月二十三日乙卯,页810。
[3] 同上书,第四册,万历二十一年五月十四日丁卯,页339—340。
[4] 同上书,第四册,万历二十一年五月十六日己巳,页341—342。

十二月终，进至东汉光武建武八年止，计十本半，未完"。赵志皋请求"除《诗经》《通鉴纂要》二项所余本数陆续进讲外，其《易经》待开春讲完，臣另拟当讲书籍，恭候圣明钦定遵行"。[1]神宗一样没有回答。

日讲进讲的书籍和篇章，此时都由神宗自己选定，阁臣只能建议而已。赵志皋等在万历二十三年二月八日题奏："每年初开日讲，该进《孟子》《书经》《礼记》讲章三条，已经进过数次。"他们请求"另择三条进呈"。[2]可见日讲开讲早已流于形式，连题目也多年没有变更。

《易经》终于在万历二十三年四月进完。前一月，赵志皋等题："五经《书》《易》《礼记》俱已讲过，《诗经》现在进讲，惟《春秋》系圣人笔削之书，可裨补圣学，尚未进讲。"拟请《易经》讲完，接着进讲，准予预撰讲章。[3]神宗没有回答。《易经》进完之后，赵志皋又请进"先朝常讲"的《大学衍义》，神宗终于同意。[4]

《诗经》在万历二十五年春天讲完。将进完时，赵志皋等题请从《实录》中每日摘取一条进讲。神宗命讲完时再请旨，不得辄撰讲章。辅臣再请钦定进讲的经书，亦不报。[5]是时《大学衍义》及《通鉴纂要》仍在进呈，结果《诗经》进完后，接着数年都只进讲这二书。

万历三十年闰二月十九日，《大学衍义》讲章将进完，首辅

---

[1] 《万历起居注》第四册，万历二十二年十二月十日癸丑，页870。按：是日册封敬妃、端妃礼成。
[2] 同上书，第五册，万历二十三年二月八日，页55。
[3] 同上书，第五册，万历二十三年三月九日壬午，页89—90。
[4] 同上书，第五册，万历二十三年四月八日庚戌，页105。
[5] 同上书，第五册，万历二十五年二月壬戌朔，页499，初次题；十五日丙子再题，页513。

沈一贯题,四书和五经中的《易》《书》《诗》《礼》四经皆已讲过,请准续讲《春秋》及太祖、成祖《宝训》,容许预撰讲章。神宗未予回答。[1]沈一贯接着再题了两次,仍然不报。[2]《大学衍义》三月初六日进完,沈一贯再题:"讲官敖文祯在任空过,莫效论思。独朱国祚进《通鉴》讲章一通,经今已八日矣。"请迅速指示,依然不报。[3]次月,沈一贯再题,请让讲官敖文祯效力,与朱国祚"对日分撰"《通鉴》讲章,待新书命下,才仍旧分开撰写。亦不报。[4]敖文祯是年十月病故,阁臣请以掌詹事府事礼部尚书兼翰林学士曾朝节补缺,有旨同意。[5]但万历三十一年十二月沈一贯等所进年终类写进呈过的讲章中,却还有讲《大学衍义》的,虽然讲的都是史事。[6]

万历三十二年、三十三年进讲的,只有《通鉴纂要》。[7]万历三十三年十二月,神宗终于传谕内阁:"日进讲章只一本,还着照旧再添一本。应进何书讲章,先生每开具来览。"辅臣因言"《大学衍义》讲章进完,《学》《庸》《语》《孟》及《易》《书》《诗》《礼》俱已进过,惟《春秋》系圣人笔削之书,未经进讲。又我朝太祖高皇帝、成祖文皇帝嘉谟善政,备载《宝训》,可为万世子孙法程,允宜进讲。恭请于内钦定一书,以便撰进"。并且请求任命原任礼部尚书兼翰林院学士于慎行为日讲官,以减轻唯一的讲官李廷机"每日独撰讲章"的困难。神宗两者都同意,

---

[1] 《万历起居注》第七册,万历三十年闰二月十九日壬子,页376—377。
[2] 同上书,第七册,万历三十年闰二月二十八日辛酉,页390;三月五日丁卯,页393。
[3] 同上书,第七册,万历三年三月十五日丁丑,页400—402。
[4] 同上书,第七册,万历三十年四月六日丁酉,页450。
[5] 同上书,第七册,万历三十年十月八日丙申,页563。
[6] 同上书,第七册,万历三十一年十二月二十三日甲辰,页872—873。
[7] 同上书,第八册,万历三十二年十二月二十三日戊辰,页374—375。

并命推选翰林现任官员二人补日讲官。[1]

万历三十三年十二月稍后，神宗又谕内阁为内府重刊的明臣丘濬所撰《大学衍义补》撰写序文。神宗说："朕思孔子继往圣，开来学，笔削鲁史，《春秋》明善恶，顺阴阳，百王不易大法，万世君臣所当诵法者也。已有旨，卿等传示讲官，日每撰写讲章进览。又朕阅先臣丘濬纂述《大学衍义补》书，古今事理备具，考论节目精详，有裨政治，嘉悦无倦。已命该监重刊传布，俾天下家喻户晓，用臻治平，卿等撰一文来序于首简，昭示朝廷明德新民，图治至意。"[2] 稍后"内阁撰上《御制重刊大学衍义补序》。上为嘉悦，赐元辅银四十两、彩缎三表里，次辅每银三十两、彩缎二表里，仍各赐酒饭有差"。[3] 此事沈德符认为与"妖书"案中，神宗因读太监陈矩所呈《大学衍义补·慎刑宪》部分而释怒之事有关。[4]

是时神宗对于明朝的典章制书，也有所阅读。万历三十四年三月二日，为册封皇贵妃（皇太子妃王氏）事，神宗曾"查览《皇明典礼》"。次日并以所阅书册赐内阁储存，又以一本赐礼部，"用备议礼稽考成法"。这反映出神宗所读书籍，也有廷臣所不知的。[5]

万历三十四年的上半年，因为没有讲官而未有讲章进呈。原

---

[1]《明神宗实录》卷四一六，万历三十三年十二月癸卯，页2。按：万历三十三年《起居注》不存。
[2] 同上书，万历三十三年十二月己未，页24。按：万历三十三年《起居注》不存。
[3] 同上书，万历三十三年十二月壬戌，页25—26。按：万历三十三年《起居注》不存。
[4] 沈德符，《万历野获编》（北京：中华书局，1959）卷二五，"大学衍义"，页634—635。
[5]《万历起居注》第八册，万历三十四年三月二日庚午，三日辛未，页480—481。

因是唯一的讲官李廷机请假三个月，[1]而新任的于慎行虽得旨而辞本未下，新推的叶向高和杨道宾则尚未得旨，都不能撰进讲章。阁臣请谕李廷机早出，其他三人任命早下，神宗均不报。[2]三十四年进呈的讲章，结果还是只有《通鉴纂要》。[3]

《春秋》虽然在万历三十四年开始进讲，但进度甚慢。万历三十五年到三十七年的年终所进类编讲章，依然只是《通鉴纂要》而已。[4]《通鉴纂要》事实上到进呈记录最后一见时，还在进呈。《春秋》则在万历三十八年和三十九年可能也有撰进。[5]

万历三十九年三月，辅臣李廷机、叶向高请传谕"讲臣进《宝训》讲章，盖五经俱已讲过，见今《春秋》讲章将又进完也"。[6]次月，内阁题："日讲《春秋》讲章进完，拟以二祖《宝训》撰述进呈，未蒙俞发。今与二讲臣议，暂将《通鉴》分撰，仍候裁示。"[7]神宗不答，阁臣只好继续撰进《通鉴》。

《实录》所载最后一次的讲章年终类编，仍只是《通鉴纂要》。[8]情况见于万历四十三年十二月首辅方从哲等的题本。该本说："今查撰进讲章，谨将《通鉴纂要》赵宋初年四本，类写

---

[1] 《万历起居注》，万历三十四年三月二十三日辛酉，页522。
[2] 同上书，万历三十四年三月二十六日甲子，页530—531。
[3] 同上书，万历三十四年十二月二十三日丁巳，页660—661。
[4] 同上书，万历三十五年十二月二十三日辛巳以及以下三年十二月内同样事情记注，页892。
[5] 按：万历三十八年、三十九年《起居注》不存。《明神宗实录》卷四七八，万历三十八年十二月甲午："大学士李廷机、叶向高年终遵例以撰过讲章及《通鉴纂要》类写装潢进呈。"
[6] 《明神宗实录》卷四八一，万历三十九年三月戊午，页5。按：《起居注》是年不存。
[7] 同上书，卷四八二，万历三十九年四月乙卯（引按：当作"己卯"），页2。按：《起居注》是年不存。
[8] 按：《起居注》万历四十一年十一月、十二月，四十二年一年，四十三年正月至六月均不存。

装潢进呈。"[1]是时进呈讲章之事，神宗和阁臣、讲官都是各自敷衍而已。万历四十七年正月，方从哲题："日讲乏官，经今六载，圣学之作辍多时，祖制之废弛殆尽。乞将礼部左侍郎何宗彦、右侍郎孙如游，原任礼部右侍郎协理詹事府事今服阕顾秉谦，同充经筵日讲官，撰述讲章，进呈御览，是亦新政之一端，臣民所伫望也。"神宗照例不报。[2]

三

从以上的考述可见，张居正卒后进学每况愈下的明神宗，却可能是明朝诸帝中讲读经史典籍数量最多、种类最完整的一位。四书五经和《资治通鉴》《贞观政要》《大学衍义》等经筵经典读物，他都曾经听讲、读过解说。其中《礼记》《易经》《春秋》等书，尤为明朝帝王讲读活动所少见，而四书和《书经》还曾一再进读。连同他正式出阁读书之前所读的启蒙书籍，以及即位后在宫中自己阅读或听读诸如《帝鉴图说》之类的书籍来看，神宗的学识和对传统经典的认识，显然不在一般学问阂富的廷臣之下。他的阅读兴趣也遍及文学、文字、医药等书籍。但他对于像《皇明典礼》之类的本朝典故之书、《大学衍义补》这类的经世著作，都未能更早地有所阅读和加以讲论。对于了解本朝政制沿革和政治发展最有帮助的祖宗事迹和言论，如从历朝《宝训》和《实录》中汇编而成的《训录类篇》，他并没有多读。如此，他所阅读的书对他认识本朝历史、立国精神和政治原则，其实帮助

---

[1]《明神宗实录》卷五四〇，万历四十三年十二月乙丑，页6—7。按：《起居注》此事未见，但有循例请二月开讲事。
[2] 同上书，卷五七八，万历四十七年正月戊申，页7—8。

不大。

　　值得注意的还有，神宗在经筵内外所读之书，其实和内廷宦官在内书堂所受正式教育应读之书基本相同。据晚明宦官刘若愚所记，在内书堂读书的宦官学生获发的必读书中，除了《内令》一册之外，还有（次第给予的）《百家姓》《千字文》《孝经》《大学》《中庸》《论语》《孟子》《千家诗》《神童诗》等。[1]读书太监中的有志者，阅读更加丰富。正如刘若愚所指出的，"凡有志官人，各另有私书自读，其原给官书，故事而已"。刘若愚又列举和评论他们所读之书："皇城中内相学问，读《四书》《书经》《诗经》，看《性理》《通鉴节要》《千家诗》《唐贤三体诗》，习书柬活套，习作对联，再加以《古文真宝》《古文精粹》，尽之矣。十分聪明有志者，看《大学衍义》《贞观政要》《圣学心法》《纲目》，尽之矣。《说苑》《新序》，亦间及之。《五经大全》《文献通考》，涉猎者亦寡也。此皆内府有板之书也。先年有读《字韵》《海篇》部头，以便检查难字。凡有不知典故难字，必自己搜查，不惮疲苦。至于《周礼》《左传》《国语》《国策》《史》《汉》，一则内府无板，一则绳于陋习，概不好焉。盖缘心气骄满，勉强拱高，而无虚己受善之风也。《三国志通俗演义》《韵府群玉》，皆乐看爱买者也。"[2]这里所说的是万历以后晚明时的情形。这些宦官所读之书，神宗在经筵、日讲讲读的都在其中。其余的也多和他在内廷学习的相同。宦官初学的启蒙书籍，也就是他启蒙时所读的书。内书堂学生同样学习诵诗题诗，甚至作诗，刘若愚说"题诗"正是他们每日放学前的例行功课。内书堂的教师也是来自翰林院的优秀文官。

---

[1] 刘若愚，《酌中志》卷十六，页2008。
[2] 同上书，卷十八，页2081—2082。

皇帝和宦官都有同样出身的老师，他们所学的因而基本相同。学养好的太监，无疑足以胜任皇帝的宫中教师，事实上他们也多是皇帝的启蒙老师。由此可见，皇帝和内官在地位上有云泥之别，但在文化学习上却是一体的。宦官们的经史知识不只是他们的进身之助，也对皇帝深入理解、判断讲官所讲的内容有帮助。皇帝可以咨询宦官，对于讲臣所进讲章的意涵更便于理解，也更能判断其讲说之优劣。神宗在这些方面也有所表现。至少我们可以说，神宗在万历十七年起不再亲御讲筵之后，他的经史知识并非没有增长。他通过依时进呈的讲章而获得的经史知识，比起之前的很多皇帝应该是有过之而无不及。

申时行的经筵讲章

长洲申时行(1535—1614)是明代万历年间高层政治的重要人物。申时行由翰林院修撰入官,至首辅大学士致仕,一生仕履中的大部分时间,都与明神宗的经史讲读有关。张居正当政时,申时行已是有名的讲官,到他自己当首辅时,更负有组织和提调经筵的职责。论析他的讲官职事经验,有助于我们知晓明神宗的经筵讲学情形,以及了解文官精英向皇帝进讲时的表达方式。

申时行准备科举时专攻《书经》,状元及第后,他习举时的讲义获得流传,其内容见于《书经讲义会编》一书。他任日讲官时所进的讲章,成为由张居正编纂的《书经直解》中的主要部分。后来他在经筵进讲的讲章,收入其文集《赐闲堂集》中。这些讲章讲义,绝大多数题目是相同的,但因敷说的对象、时间和场合都不同,内容上存在差异。这些差异反映了儒家经典诠释上的多样性,也反映了经筵劝讲和举业的不同之处。

本文评述申时行参与经筵活动的概况,并对其进呈之《书经》讲章以及准备科举时所作的《书经》讲义加以分析比较,以见申时行向明神宗进讲时,其演绎经义、进讲劝说的不同方式。

一

申时行于明世宗嘉靖四十年(1561)乡试第三,次年状元及第,授官修撰。次年丁父忧。穆宗隆庆元年(1567)服阕回朝。此后至神宗万历十九年(1591)致仕,其间未尝离朝,是典型高级文官精英的职历,任职不离翰林、坊局和内阁三处。[1]申氏回朝后,先后分校礼闱,掌文官诰敕,与丁士美同考顺天府乡试,每年一事。隆庆五年再度分校礼闱,"所得士,多从落卷中搜得之。公不自言功,而一归主者"。[2]会试刚完,即升詹事府左中允,九月升左谕德兼翰林院侍读,充日讲官。[3]是年申时行三十六岁。

隆庆六年二月,神宗以皇太子行冠礼,内阁奉命会同吏部推举东宫讲读官员,次月皇太子正式出阁读书。此时内阁大学士只有高拱和张居正二人,高拱是首辅,讲读的人事组织,尤

---

[1] 申时行传记,本文主要据用焦竑撰《特进光禄大夫左柱国少师兼太子太师吏部尚书中极殿大学士赠太师谥文定申公神道碑》(简称《申公神道碑》),焦竑,《澹园集》(上海:上海古籍出版社,1999)《续集》卷十一,页962—971(同篇节本亦见焦竑纂《国朝献征录》卷十七)。凡可注明出处而不标明的,均据此篇。另外参看张廷玉等,《明史》(北京:中华书局,1974)卷二一八《申时行传》,页5747—5750;L. Carrington Goodrich and Chaoying Fang, eds., *Dictionary of Ming Biography, 1368–1644* (New York: Columbia University Press, 1976), pp.1187-1190, Chou Tao-chi 撰申时行传。

[2] 《申公神道碑》,页963。按:是年会试考试官为大学士张居正和掌詹事府事吏部左侍郎兼翰林院学士吕调阳,见《明穆宗实录》(台北:"中研院"历史语言研究所,1966)卷五四,隆庆五年二月己亥,页2。

[3] 《明穆宗实录》卷六二,隆庆五年十月戊申,页4—5。

其讲读官的名单，由他拟定。申时行这次升官，出于高拱的巧妙安排。高拱的目的是不让申时行进入即将组成的东宫讲读班子，从而避免使他和未来皇帝过早建立师生关系。申氏对此事有以下的回忆：

> 辛未（隆庆五年），今上（神宗）在东宫，议以明春出阁讲学。时余与王少保元驭（王锡爵）为左右中允。新郑（高拱）皆题升谕德，以余为穆宗日讲官，而元驭掌南院去。东宫讲读、校书，悉以门生补充。江陵（张居正）数举以语人曰："两中允见为官僚不用，而用其私人者，何也？"新郑为之愧悔，而恨江陵益深。[1]

照这里所说，张居正不认可高拱所为，并且认为申时行是应该用作东宫讲官的。申时行始终没有获得神宗在东宫时的师席，高拱拟进并且获得批准的东宫讲读班子一共有十六人。除了他自己和张居正作为"提调官"之外，还有四名兼带翰林职衔的"侍班官"，中心人员是六名供职詹事府或翰林院的"讲读官"，此外便是两名由翰林院检讨担任的"校书官"，两名由敕制房办事大理寺寺正担任的"侍书官"。[2]因为讲读是经常和连续的，所以讲读官也称为"日讲官"。隆庆六年三月，皇太子出阁读书，六月穆宗驾崩，次月高拱罢官，张居正成为执政首辅，不久请求新帝在八月中旬恢复日讲，并在第二年春

---

[1] 申时行，《赐闲堂集》（《四库全书存目丛书》据北京图书馆藏万历刻本），卷四〇，《杂记》，页20。
[2] 《明神宗实录》（台北："中研院"历史语言研究所，1966）卷六六，隆庆六年二月庚戌条，页11。这些官员的姓名和职位，《实录》此条都有记载。

天举行经筵。[1]请求获准之后，张居正题上日讲仪注以及日讲官员名单。原来的班子基本上保留，六名日讲官中，只有一名（张秩）未见任命，改由曾和申时行同考顺天乡试的穆宗经筵侍班官、太常寺卿管国子监祭酒事兼翰林院侍读学士丁士美担任。侍书官照旧。[2]是年十二月，日讲官马自强丁忧离朝，由编修许国补缺。[3]

申时行的经筵任命，要到万历元年正月，张居正请开经筵被获准后才落实。当时礼部奉命议定的经筵官员包括：知经筵事成国公朱希忠和大学士张居正二人，同知经筵事大学士吕调阳，讲官十一名，展书官八名，写讲章和写经文起止官八名（包括原来东宫讲读中的两名侍书官），侍卫官一名，侍班官十名，侍仪官四名，执事官十名。申时行名列讲官之中，此外还包括六名原来的日讲官和四名新任的。[4]展书官有机会递补为讲官。日讲官则有机会参与经筵进讲，高于像申时行这样的纯粹经筵讲官。

申时行获任经筵讲官之后，有过两次重要的职务变迁。第一次是万历二年三月被任命为日讲官，此时他的官职是少詹事兼侍读学士掌理翰林院事。[5]第二次是四年六月被任命与修撰于慎行轮流日讲兼充经筵讲官。[6]此次任命让他在所有经筵讲读场合中，都有机会进讲。申时行一路表现优秀。焦竑在其所撰申时行《神道碑》中说："直日讲，自是劝讲者六载，指

---

[1]《明神宗实录》卷四，隆庆六年八月辛酉，页3—4。
[2]《明神宗实录》卷四，隆庆六年八月丁卯，页9。
[3]《明神宗实录》卷八，隆庆六年十二月丁巳，页2。
[4]《明神宗实录》卷九，万历元年正月辛卯，页2—3。这些官员的姓名和职位，《实录》此条都有记载。
[5]《明神宗实录》卷二三，万历二年三月癸卯，页9。
[6]《明神宗实录》卷五一，万历四年六月辛卯，页18—19。

物譬事，析毫解缕，闻者朗然。又进止都雅，上每目属之。"[1] 万历六年三月，申时行以吏部右侍郎被命为左侍郎兼东阁大学士入阁。焦竑便认为，这正是由于神宗赏识他在经筵讲读上的表现。[2]

申时行成为大学士之后，同知经筵，日侍讲读，职权所在，对于所有进讲的经筵和日讲讲章都要"看定"，[3]虽然初年的看定者实际上是首辅张居正。申时行在入阁之前，因为是《书经》专家，获授权对于同僚的《书经》日讲讲章"删订为多"，[4]入阁之后，更是如此。从申时行初为日讲官，到张居正万历十年六月病卒，讲章给申时行"删订"的日讲官也有人事上的变动，所以难以确定谁人的讲章曾被申时行删订。

张居正卒后的前半年，神宗不常御经筵，但还经常举行日讲。是年八月，皇长子（后为光宗）出生。[5]次年四月，继张居正为首辅的张四维丁忧，[6]申时行以次代为主政，同时也变成了经筵的最高负责官员。万历十三年，大学士余有丁卒，申时行推荐王锡爵、王家屏入阁。万历十四年二月，皇长子五岁，申时行与同官请立之为皇太子，并请给予出阁读书。请求未获神宗同意，持续甚久的光宗与福王的储位之争——所谓的"国本之

---

[1] 焦竑，《申公神道碑》，页963。按：焦竑此句说的申时行"直日讲"时间稍有错误。如上所说，申时行"直日讲"始于万历二年三月，至升入内阁，头尾只有五年。
[2] 《明神宗实录》卷七三，万历六年三月甲寅，页5。焦竑，《申公神道碑》，页963："公游夏之地，启沃功多，上特峻擢之，其简在非一日矣。"
[3] 《词林典故》（《四库全书存目丛书》据北京图书馆藏万历十四年张位刻本），页1上。
[4] 申时行，《书经讲义会编》（《四库全书存目丛书》据中国科学院图书馆藏万历二十五年徐铨刻本）卷首，《刻书经讲义会编引》。
[5] 《明神宗实录》卷一二七，万历十年八月丙申，页2。
[6] 《明神宗实录》卷一三六，万历十一年四月丁巳，页2。

争"——也从这时开始。

神宗与朝臣因国本之争而日益不和,对于政事也日益怠惰,愈来愈少上朝和举行经筵、日讲。万历十六年闰六月,申时行等奏,"顷以圣体静摄,天气炎蒸,每及讲期,多从传免",建议皇帝宫中自修,并"拟令讲读官虽遇免讲,仍进讲章,皇上特赐览观,就便温习,俟今秋凉爽,玉体和宁,时御讲筵,接续进讲"。神宗给予称赞"具见忠爱至意",同意"卿等奏进讲章,可不拘日期,每日写进,以备温览,待秋凉朕疾稍愈,仍赴讲筵"。[1]但待到"玉体和宁"后"仍赴讲筵"的答复,此后并未兑现。进呈讲章倒变成了虚应故事的例行公事。万历十七年三月之后,神宗不再视朝。但到了同年七月,申时行还得建议进讲孝宗朝阁臣纂辑的《通鉴纂要》,还得说"臣等拟令讲官分撰讲章,接续《书经》之后,日每进览"。神宗也就"旨俞其言"。[2]这些只供御览的日讲讲章,神宗有时也会读,但其认真程度则不得而知。

神宗的经筵活动,万历十七年八月吏科右给事中钟羽正上疏所言是最简洁的概括:"陛下御宇以来,惟政学为兢兢,乃数年而更,朝讲十九,免者十一;又数年而更,朝讲十三,免者十七;今且一概免焉。向也朝讲,形神康泰,今也不朝不讲,时复违和,则烦劳动火,似不在朝讲之间也。"[3]此疏含蓄地提及神宗健康问题。是年十二月大理寺评事雒于仁上疏著名的《酒色财气》四箴,[4]对神宗的病源做了确切说明。

万历十八年元旦,神宗召见四辅臣,出示雒于仁的奏疏,

---

[1]《明神宗实录》卷二〇〇,万历十六年闰六月癸未,页2—3。
[2]《明神宗实录》卷二一三,万历十七年七月戊辰,页8。
[3]《明神宗实录》卷二一四,万历十七年八月甲申,页4—5。
[4]《明神宗实录》卷二一八,万历十七年十二月甲午,页9。

表示不满,并命皇长子出见诸臣,以示父子亲爱无间,[1]但此后就连奏章也开始留中不发。对于申时行的奏疏,也没有特别优待,申时行劝谏的作用越来越有限。神宗和其他阁臣的关系也因国本之争愈见紧张。大学士许国以去就争,申时行也去意益决,上十一疏求归,终于和许国在万历十九年九月获准致仕。[2]

神宗和申时行的关系,整体上看还是良好的。万历二十一年正月"三王并封",皇长子出阁讲学。[3]万历二十九年(1601)终于立为储君、举行冠礼,第二年春天又行婚礼。[4]申时行上表致贺,神宗"念公调护功,赐上尊肥胙及银币,遣廷评黄琮存公于家",并传谕肯定申时行从前对立储之事的关心。后来皇孙诞生,也获存问。八十岁时,又获"遣行人以银币羊酒"存问之礼,但使者到时,申时行已去世。[5]神宗对于申时行,可算始终优礼,这份优礼和申时行的为官、进讲时的表现,是分不开的。

二

申时行现存的经筵和日讲讲章,数量上足以让我们深入考察

---

[1] 《明神宗实录》卷二一九,万历十八年正月甲辰朔,页1—4。按:《明史·申时行传》误将此事系于万历十四年之前,《申公神道碑》不误。
[2] 《明神宗实录》卷二四〇,万历十九年九月己巳,页6,许国致仕;九月甲戌,页7,申时行致仕。按:《申公神道碑》(页969)谓"先后凡二十七疏"乃得赐归,指的是申时行全部所上求去奏疏。
[3] 《明神宗实录》卷二五六,万历二十一年正月辛巳,页6。
[4] 这三件事,依次见《明神宗实录》卷三六四,万历二十九年十月己卯,页5—11;卷三六五,万历二十九年十一月癸卯条,页4;卷三六八,万历三十年二月丙子,页4。
[5] 焦竑,《申公神道碑》,页970。

他个人乃至当日讲官们的劝讲方式。这些进呈文字，分别载于申时行《赐闲堂集》卷三十九、题名张居正纂辑的《书经直解》一书以及申用懋、申用嘉编辑的申时行《书经讲义会编》一书，内容大略如下。

《赐闲堂集》讲章

《赐闲堂集》卷三十九总题"讲章"，共收讲章十三章，超过九千字。以体裁及字数判断，这些都是经筵讲章。每篇均以经文一节作为题目，取自《中庸》一篇、取自《论语》四篇、取自《孟子》一篇、取自《书经》七篇。在此卷目录总题之下有小字注："讲筵、日讲撰次颇多，录副本藏之东阁，焚毁殆尽，笥中仅仅存此。"[1]此言未可尽信（理由详下），但申时行对这十三篇特别重视，则是显而易见。

这十三篇的标题及其出处原文如下：

1. "仲尼祖述尧舜"节——《中庸章句》第三十章："仲尼祖述尧舜，宪章文武，上律天时，下袭水土。"

2. "子曰为政以德"节——《论语集注·为政第二》："子曰：为政以德，譬如北辰，居其所而众星共之。"

3. "仲弓曰居敬而行简"节——《论语集注·为政第二》："仲弓曰：居敬而行简，以临其民，不亦可乎？居简而行简，无乃太简乎？"

4. "季康子问仲由可使从政也与"节——《论语集注·雍也第六》："季康子问：仲由可使从政也与？子曰：由也果，于从政乎何有？曰：赐也可使从政也与？曰：赐也达，于从政乎何有？曰：求也可使从政也与？曰：求也艺，于从政乎何有？"

---

[1] 按：三殿灾，在万历二十五年六月戊寅，见《明神宗实录》卷三一一，该日，页3—4。

5. "子曰众恶之"节——《论语集注·卫灵公第十五》："子曰：众恶之，必察焉。众好之，必察焉。"

6. "五亩之宅"节——《孟子集注·梁惠王章句上》："五亩之宅，树之以桑，五十者可以衣帛矣。鸡豚狗彘之畜，无失其时，七十者可以食肉矣。百亩之田，勿夺其时，数口之家可以无饥矣。谨庠序之教，申之以孝悌之义，颁白者不负戴于道路矣。七十者衣帛食肉，黎民不饥不寒，然而不王者，未之有也。"

7. "惟王不迩声色"节——《商书·仲虺之诰》："惟王不迩声色，不殖货利，德懋懋官，功懋懋赏，用人惟己，改过不吝，克宽克仁，彰信兆民。"

8. "惟皇上帝"节——《商书·汤诰》："惟皇上帝，降衷于下民，若有恒性，克绥厥猷惟后。"

9. "奉先思孝"节——《商书·太甲中》："奉先思孝，接下思恭，视远惟明，听德惟聪，朕承王之休无斁。"

10. "呜呼弗虑胡获"节——《商书·太甲下》："呜呼！弗虑胡获，弗为胡成，一人元良，万邦以贞。"

11. "若金用汝作砺"节——《商书·说命上》："若金，用汝作砺；若济巨川，用汝作舟楫；若岁大旱，用汝作霖雨。"

12. "惟厥攸居"节——《商书·说命中》："惟厥攸居，政事惟醇。"

13. "五皇极"节——《周书·洪范》："五皇极。皇建其有极，敛时五福，用敷锡厥庶民。惟时厥庶民于汝极，锡汝保极。"

这十三篇的进讲，不会早于万历元年申时行初任经筵讲官时，也不会晚于万历十六年八月神宗最后一次御经筵时。[1] 其中

---

[1]《明神宗实录》卷二〇二，万历十六年八月癸巳，页3。

第10篇（"呜呼弗虑胡获"节）有引述时事的内容："迩者涣发奎章，汇为十二事，而首之曰谨天戒、任贤能、亲贤臣、远嬖佞"云云。按：万历四年二月《明神宗实录》载礼科给事中武尚耕论及此事，并且所引与申时行所说的十二事相同，[1]可见该篇进讲于此时不久之后。据《实录》记载，万历四年神宗御经筵只有十月一次，二月"暂免"，四月"免"，其他月份没有记录。"上御文华殿讲读"的日讲，也只有一月一次，三月两次，四月一次，六月两次（是月申时行与于慎行被命轮流日讲兼充经筵讲官），十月三次，十二月一次，其他月份没有记录。[2]申时行这篇《书经》经筵讲章，可能进讲于万历四年十月。

第13篇（"五皇极"节）可能是在万历五年十一月、本年仅见的一次经筵上进讲。《实录》是年九月庚午日记载："先是，上以《洪范》一篇为帝王治天下大法，讲习既熟，每日作字，复逐节手书，以潜玩其义。是日，（张）居正指所书字句一一仰叩，上应如响，大义无不了彻。盖圣资天纵，又能留意问学，故聪明日益开发如此。"[3]这应该是申时行这篇讲章的立言背景。第2篇至第5篇可能在万历十年之前讲过，因为据《实录》记载，《论语》日讲在万历九年结束。[4]万历十一年没有御经筵的记录，而万历十年春经筵开讲《孟子》，秋天讲完；[5]十一年十二月，申

---

[1]《明神宗实录》卷四七，万历四年二月庚寅，页11—12。
[2] 万历四年神宗御经筵及御文华殿讲读行事，均见《明神宗实录》该年月卷内，不详出注。
[3]《明神宗实录》卷六七，万历五年九月庚午，页5。
[4]《明神宗实录》卷一一九，万历九年十二月庚戌，页4。
[5]《明神宗实录》卷一二〇，万历十年正月丁亥，页8。《实录》载："除《孟子》照常讲读外……"《明神宗实录》卷一三三，万历十一年二月甲申朔条，页1，大学士张四维等题请经筵开讲，疏中说万历十年讲过的经书中，《四书》已经讲完，《诗经》仍在讲读，建议新一年同时以《周易》进讲。

时行等将已讲过的讲章《梁惠王章句》一本,类写装潢进呈。[1]因此,出于《孟子·梁惠王章句》的第6篇("五亩之宅"节),可能是在十年二月或三月的五次经筵中进讲。万历九年和十年是神宗御经筵比较多的两年,申时行因此有多次机会进讲。

《书经直解》

《书经直解》十三卷,内容是《书经》全书的日讲讲章。从刻本的内容以及《实录》的记载看,此书原来应该是万历二年至十年间递刻的。[2]此书没有序跋,故宫博物院图书馆藏万历内府刻本,书前有"万历元年十二月日"张居正等《进讲章疏》,开卷书题次行题"少师兼太子太师吏部尚书中极殿大学士臣张居正等谨辑"。张居正此疏要求刊印过去一年进讲的讲章,以便神宗温习旧闻。疏文说:"臣等谨将今岁所进讲章,重复校阅,或有训解未莹者,增改数语;枝蔓不切者,即行删除。编成《大学》一本、《虞书》一本、《通鉴》四本,装潢进呈。……以后仍容臣等接续编辑进呈御览,仍乞敕下司礼监镂扳印行,用垂永久。"[3]

---

[1] 《明神宗实录》卷一四四,万历十一年十二月癸酉条,页7。
[2] 《书经直解》现存刊本有故宫博物院及天一阁藏所谓的"万历元年"刻本;北京大学、中国科学院、上海图书馆藏的万历刻本;吉林大学藏万历十八年钱世周等刻本;甘肃图书馆藏明万卷楼刻大业堂印本;故宫博物院、南京图书馆藏崇祯九年马世奇澹宁居刻本;台北故宫博物院、国家图书馆藏万历间内府刊本。按:《书经直解》诸本卷数同为十三卷,阁臣请求下令刊刻的时间《实录》都有记载,所以全书作"万历元年"刻本是不可能的,应该理解为万历元年起的"递刻本"。
[3] 这篇《进讲章疏》冠于故宫博物院编《故宫珍本丛刊》(海口:海南出版社,2000)本《书经直解》书前,末行文字为"万历元年十二月日"。同篇文字也见于《张居正集》(武汉:湖北人民出版社,1987)第1册(卷三《奏疏》三)《进讲章疏》,页140。但该本并无最后此句。《四库全书存目丛书》据故宫博物院图书馆藏万历刻本,则无此疏。

可见，《书经》讲章的第一次付刻，最早也应该在万历二年。但疏中所提的六本编成的讲章《实录》未见记载何时刊成。照其后的记载看，似乎每年年底都有疏请进呈和刊行该年讲过讲章的事情，但实际上是两三年才刊行一次（《实录》也可能因记录不全），并且通常不会广泛流通。

《实录》第一次记载讲章刻成的时间是万历三年十二月："以刻定《大学》《中庸》《尚书》典谟、《通鉴》盘古至汉平帝，《直解》十五册，赐辅臣张居正三部，吕调阳、张四维各二部，讲官申时行等六员各一部。"[1]由此可见，所有日讲讲章都用的是"直解"形式，而此时《大学》《中庸》已经讲完，《尚书》也讲了头四篇——《尧典》《舜典》《大禹谟》《皋陶谟》。据此反推，元年十二月编成的《书经》讲章只有"《虞书》一本"，最多只包括《尧典》和《舜典》，但没有刊刻。这样看，连同以后两年讲的《夏书》一起刊刻的《书经》讲章，应该便是《书经直解》的初刻本；上文所见刻本上的张居正题衔，也正是他当时所应有的。张居正这套官衔，从隆庆六年八月到万历四年十月晋升特进左柱国太傅时有效，[2]而《书经》全书要到万历九年秋冬才讲完，[3]可见《书经直解》所示是万历三年十二月（或二年）初刻此书时的题衔。因为此书是递刻的，所以题衔以后没再更改。（当然也可以是刻成之后，仍署旧衔以志事始。）

---

[1]《明神宗实录》卷四五，万历三年十二月乙丑朔，页1。
[2]《明神宗实录》卷四，隆庆六年八月丁巳，页2。《实录》载："加恩内阁，首辅张居正加左柱国，进中极殿大学士。"晋升太傅等衔，见《明神宗实录》卷五五，万历四年十月丙子，页3—4。
[3]《明神宗实录》卷一二〇，万历十年正月丁亥，页8。《实录》载，张居正等奏："其《书经》去年讲完，今岁应讲《诗经》"，云云。

申时行的经筵讲章 | 387

第二次下令刊刻讲章的记载在万历六年十二月。这次张居正等题请依照从前批准了的"每年终，将讲过经书、《通鉴》讲章，类写进呈，以备皇上温习览观，仍发司礼监接续刊板"的题奏，"将本年所讲经书、《通鉴》共五本，谨类写装潢进呈，仍乞发下该监接续刊行"。[1]是年进讲过的经书，《实录》没有记载。但和上次赐书时所刻的册数一起看，似乎每年汇编五本，装潢成册，成了标准做法。

万历九年十二月，张居正等又奏请："以年终，将讲过经书、《通鉴》讲章缮本进呈，仍乞发下司礼监接续刊行。"[2]是年《论语》讲完，[3]所以应在刊行之列。《书经》也在是年全部讲完，这从次年正月张居正的奏疏可知："二月十二日经筵开讲，除《孟子》照常进讲外，其《书经》去年讲完，今岁应讲《诗经》。……上允之。"[4]由此可以推测，《书经直解》全书的刊印，最早也应该在万历十年。

张居正卒后，刊印讲章的事情，《实录》所载只见一次。万历十年十二月，大学士张四维等题："进万历十年讲过经书及《贞观政要》一本，万几之暇，时加观览，以求温故知新之益。仍乞发下司礼监接续刊行。上从之。"[5]类似的奏疏《实录》以后未再见。此后请求将一年讲过的讲章"类写装潢进呈"之事见于《万历起居注》者甚多，虽然见于《实录》的只有万历十一年十二月一次。此次申时行等"将讲过讲章《梁惠王章句》一本，

---

[1]《明神宗实录》卷八二，万历六年十二月庚子，页4—5。
[2]《明神宗实录》卷一一九，万历九年十二月甲寅，页5。
[3]《明神宗实录》卷一一九，万历九年十二月庚戌，页4。
[4]《明神宗实录》卷一二〇，万历十年正月丁亥，页8。
[5]《明神宗实录》卷一三一，万历十年十二月戊申，页9。

《贞观政要·任贤》一本，类写装潢进呈"。[1]但没有同时要求予以刊刻。

按：《书经直解》的《四库全书提要》说："是书为万历初进讲所作，时神宗幼冲，故译以常言，取其易解。吴澄《草庐集》中所载经筵讲义，体亦如是也。"[2]《提要》作者大概只注意到此书所载张居正万历元年的《进讲章疏》以及卷端的张居正题衔，故此误认书中的讲章是"神宗幼冲"时进讲的。对于张居正之外如申时行等讲官，也没有给予注意。

《书经讲义会编》

《书经讲义会编》十二卷，万历二十五年（1597）徐铨初刻，书前有同年申时行作的《刻书经讲义会编引》，引言后题申时行之子申用懋、申用嘉二人为"编辑"，其孙申绍芳等十一人为"较刊"。[3]是年申时行六十三岁，致仕已经六年。《四库全书提要》说："是编乃时行官翰林、直日讲时所进，其说皆恪守蔡传，务取浅近易明。考徐允锡（隆庆二年）作郑晓《禹贡说》跋云：（郑）尝属徐瑶泉（按：申时行中进士前冒徐姓）作《虞商周书说》，以补所未备……据其所言，时行盖深于《尚书》者。"[4]《书

---

[1]《明神宗实录》卷一四四，万历十一年十二月癸酉，页7。
[2]《钦定四库全书总目》（北京：中华书局，1965）卷十三，页110。
[3]《书经讲义会编》现存有中国社科院、吉林省社会科学院、无锡市、苏州市文化管理局藏万历二十五年徐铨刻本；上海、浙江、重庆图书馆藏"新锲"明刻本；台南"国家图书馆"藏万历刻本、崇祯刻本、明刻本；台湾大学藏日本延宝二年刊本。又，哈佛燕京图书馆藏明书林杨春荣刻本《镌汇附百名公帷中荣论书经讲义会编》，见沈津，《美国哈佛大学哈佛燕京图书馆中文善本书志》（上海：上海辞书出版社，1999），页20。诸刻都作十二卷。又，《四库全书存目丛书》，此书申时行《引》文末署申氏孙十一人为"较刊"。按：既用"较"字代"校"字，律以避讳之例，此文当为天启或崇祯时所写，故此本即属原刻，亦当为启祯时代之印本。
[4]《钦定四库全书总目》卷十三，页110。

经》其实正是申氏的专门之学。

申时行在引言中说明了此书的来源和特色。据说，苏州地区的科举之士，甚少以《书经》名家，申时行的《书经》学是自学得来的。他在准备应举的过程中，从书肆遍求名家"疏解训义及帖括制举之文，可以印证发明者，皆手自采录，积数年，至若干卷。既卒业，遂获隽以去"。这份让他科考成功的资料，看来曾经编成册子，在他成为进士之后，被"好事者谬有称述，颇流传四方"。申时行当上神宗的讲官后，日讲时曾与其他讲官分日撰进《尚书直解》，因为《尚书》是他的专经，所以对于其他讲官所进的讲章，也得以"删订为多"。这些他自己作的以及经他删订后进呈的讲章，后来以书籍形式出现，即"今内府所刊《书经直解》是已"。但此书板藏禁中，印本只有阁臣和讲官才获赐给，外间甚少见到。后来申时行女婿李鸿（渐卿）在他家中获读，"因与懋、嘉两儿共加裒辑，合余前所采录共为一编。于是《尚书》大义论说衍绎，粲然备矣"，而"家世受《书》"的"徐文学衡卿氏（徐铨）"付诸刊行。

《书经讲义会编》每题之下都有文字两篇。前一篇是见于《书经直解》的讲章（但文字时有差异），后一篇是申时行习举时所作的讲义。这样，此书便将《书经直解》用另一形式刊印出来，既显示了申时行进讲的贡献，也增加了此书的市场价值。此书的意义，则是将普遍的举业之学和独特的劝讲之学，加以区分又结合起来，深化了申时行阐释的《书经》政治思想，也缩短了帝王与经生在经典知识和政治思想上的距离。

三

在朝堂上举行的经筵和单独面对皇帝的日讲，其内容有篇幅和结构上的差异。经筵讲章和日讲讲章都受进讲时间的限制而各自有其一般长度。经筵讲章较长，以申时行所讲为例，字数在六百字至七百四十字之间；[1]《书经》各篇所见的，平均每篇约七百字。[2] 日讲讲章较短，以《书经直解》所载为例，与申时行七篇经筵讲章同题的日讲讲章，最少的是171字，最多的是426字，[3] 平均约三百字，不及经筵讲章的一半。

结构上，经筵讲章较日讲讲章复杂一些。《赐闲堂集》所载十三篇经筵讲章显示出以下结构：

1. 讲题（经文某一节。如第2篇的《论语集注·为政第二》："子曰：为政以德，譬如北辰，居其所而众星共之。"）

2. 解题（指出该节经文的作者以及内容大旨。如第2篇："这是《论语》第二篇，孔子论治道的说话。"）

3. 释文（注释经文文字及词语。如第2篇："政是法制禁令所以正人之不正者，德是行道而有得于心，北辰是天上的北极，共是向。"）

4. 阐析（替经文作者逐句阐说、推衍、充实经文的意思。如第2篇：以"孔子说"开始讲。在讲说有历史背景的《书经》时，

---

[1] 申氏十三篇经筵讲义中，《中庸》篇604字，《论语》四篇的字数依次是746、699、706、719字，《孟子》篇是734字，《书经》七篇分别是685、689、677、736、718、658、725字。

[2] 《词林典故》说："凡经筵讲章有字者计六叶。在御前者，尽展开，用尺两旁直压。在讲官者，先开三叶，讲至半，再揭开后三叶。两尺俱八字斜压。收讲章俱入原书内。"（页2下）六叶的经筵讲章大约每页由至少101字到最多的123字，平均每页约117字。这种讲章的纸张尺幅应该很大，形状似折帖，因为要"尽展开"，自然不能像卷轴的长。这又可见，除时间限制之外，御案的距离和皇帝的视野、视力，也限制了讲章的字数。内府本的书籍一般都是大尺幅的，《永乐大典》和《孝顺事实》等书都是大册，讲章尺幅或许和这些书大致相同。

[3] 《书经直解》同样次序各篇是426、327、239、389、279、132（以上两条在经筵合为一章，共736字）、171、384字。如果以一页117字算，日讲讲章长度是两页到四页，一般是三页。

有时之前还有反映语境的话。如第7篇:"仲虺因成汤伐桀而有天下,其心不安,乃作诰以解释之。"其他8、10、11、12四篇也有这样的话。因为是解释句意,所以常有"所以说"的结句语。)

5. 中结(讲官总结上文阐析的旨意,作为推论的引言。通常以"夫"字领句。这个部分有些讲章没有。)

6. 推论(讲官自己对阐析部分的推衍,通常以"臣尝论之""臣尝因是论之"起段。偶然也用"夫"字直接开始。一般会引经考史,包括引述本朝祖宗的事迹,以说明道理和引申经文经阐释后的意义。)

7. 联系(将推论直接联系到听讲者即皇帝身上,通常以"仰惟皇上"或"伏望皇上"起段,有时中间会用"臣愚尤愿""臣愚更望"之类词句,加强呼吁语气。)

8. 结句(表达讲官的心愿和期望,如"臣等无任惓惓""宗社生民幸甚臣等幸甚""伏惟圣明留意"之类句子。)

这个篇章结构中以"阐析"和"联系"两处最重要。"阐析"的解说主要以说理取胜,是阐发圣人的微言大义而不是"代圣立言",故没有制义所见的"口气"。"联系"是对皇帝发出呼吁,包括提醒皇帝的职责或应做之事,肯定皇帝务学行政的潜能,赞美皇帝已有的表现,提示皇帝达致目标的原则性方法,预期若干良好的结果,等等。

日讲讲章见于《书经直解》的,呈现了与经筵讲章结构上的异同。我们从申时行以《书经》为题的经筵讲章(前文所列的第7篇至第13篇)中,[1]选取文本见于本文"附录"的第7、第9、

---

[1] 其中第11篇的题目,包括了《书经直解》中相连的两条。此篇题目文字是《商书·说命上》的"若金,用汝作砺;若济巨川,用汝作舟楫;若岁大旱,用汝作霖雨。启乃心,沃朕心。"经文中最后六字,在《书经直解》《书经讲义会编》为独立一篇的讲题。

第13篇,与《书经直解》同题的三篇日讲讲章比较,便可见到差异所在。

在篇幅上,日讲讲章也有经筵讲章的"讲题""解题""释文",但没有经筵讲章中的"推论""联系""结句",因而篇幅短了很多。其主要部分——见于"释文"之后的讲说,亦即大体上如同经筵讲章的"阐析"部分——字数和经筵讲章的"阐析"部分也相差一些,但不至于过度悬殊。[1]

在文义方面,第7篇经筵讲章和日讲讲章很接近,有相似的文句;第13篇两者也很接近,有相似的文句,但经筵讲章更加简洁。这反映了日讲在先,经筵在后,经筵据日讲做过修饰。第9篇则两者意思距离较大,文句更不相似,日讲讲章不及经筵讲章整洁、流畅。这显示,第7题和第13题两篇的作者应该是同一人,第9题的作者是另一人。从文章上说,第7题的日讲讲章讲得浅白,第13题也是日讲更浅白、更详尽,文字也多出近百字。第9题的日讲则内容贫乏,未见发明,文句也不顺畅。这同样反映了第9题的作者是另一人。这个同一人的作者,第7题和第13题的作者便是申时行本人。

整体上看,日讲主要是解说经文,阐析经意,发明圣人意思,但不做过度的说者推衍,也不多联系时事。大致上便如申时行在《刻书经讲义会编引》中所说的:"直以阐发大旨,剖析微言,要在启沃圣聪,敷陈理道,不为笺疏制义所束缚,其简切明畅,有不待深思强索而昭然如发矇者。"经筵则在此之外,联系时事及皇帝本人的品行、政事,有目标明确的呼吁、鼓励等。

---

[1] 这三篇的经筵讲章与日讲讲章的字数比较是:第7篇310比306字,第9篇239比294字,第13篇420比326字。

明朝经筵讲官的措辞，自有传统。这是因为讲章需要在进讲之前送交内阁审阅，而内阁可对之进行修改。据申时行的讲筵同事张位和于慎行等在万历十四年编刊的《词林典故》说，经筵"讲官撰完讲章，先送中堂看定。（进讲）三日前进呈（宫内），临讲先一日，须要演习精熟"。[1] 日讲"讲章撰完，先送中堂看定，（进讲）先一日进呈"。[2] 阁臣的修订，既是对讲官的指导，也反映了他们的谨慎自保。《词林典故》说："凡讲章内字音，须与前辈同事者讲求校勘，务要字字明白，时常念熟，最忌误读及杂乡音。"[3] 此外，阁臣能在修辞方面给予讲官帮助，他们都想让讲章行文流畅、书写无误，内容能够引起皇帝注意，让他有所进益。

　　阁臣对讲章的修订程度则视情况而定。作为主持经筵的官员，阁臣更关心的是保证讲章内容与他（或他们）的立场和主张保持一致，不能让讲章令其难堪，更不能让它对自己的政事不利。因此，阁臣的"看定"有时便会超出修辞范围而涉及实质的内容。这时牵涉的问题殊不简单，甚至足以令阁臣和讲官发生冲突，嘉靖时讲官陆深和大学士桂萼的冲突，便是先例。[4] 但阁臣审阅和修订讲章的做法并没有因此停止。神宗御经筵、日讲的时期，内阁大臣需要"凡年终，将讲过讲章类抄，送阁装潢进呈"，[5] 讲章也便成了以后可以稽考的档案，所以写定进呈的讲章，其文字也需要特别谨慎处理。张居正要求年终进呈的讲章，

---

[1] 《词林典故》，页1上。
[2] 同上书，页3上。
[3] 《词林典故》，页6上。
[4] Chu, Hung-lam, "The Jiajing Emperor's Interaction with His Lecturers," in David Robinson, ed., *Culture, Courtiers, and Competition: The Ming Court (1368–1644)* (Cambridge, Mass.: Harvard University Asia Center, 2008), pp. 186-230.
[5] 《词林典故》，页3下。

可予酌量增删，便是职是之故。

以下再将本文"附录"所载见于《书经直解》和《书经讲义会编》同样三题的文本加以比较，便可见阁臣（包括申时行本人在内）对日讲讲章的"删订"详情。

《书经直解》和《书经讲义会编》的同题文本结构相同，只是《书经直解》每篇必有文字、词句注释（"释文"），《书经讲义会编》则直接进入"阐析"。照申时行《刻书经讲义会编引》所说，应该是《书经讲义会编》每题的第一篇是据《书经直解》所辑的。那么，当两书出现文本差异时，《书经讲义会编》所见的是申时行（或其二子及女婿）对《书经直解》做出的修订。但是，从文句的优劣以及讲章的气势看来，《会编》更像是《直解》的原稿。参照《赐闲堂集》所载的同题经筵讲章，看起来就更加明显。

首先，《书经直解》有一些文句为《书经讲义会编》所未见，如第7篇的结尾十一句，第13篇结尾句前一句（还有第12篇结尾之前的一句）。保留这些文句，对于讲章的说理力量有所增强，这可以反映出《书经直解》的文本晚于《书经讲义会编》，前者对后者做了增订。其次，两书的异文比较起来，《书经直解》的文句显得更像日讲的口语，文句较为平直顺畅，意思也较为清楚紧凑，并且更长于说理。如第7篇比《会编》多出两个"那"字；第13篇多处用"所以说"代替"这是"（还有第8篇多出"每"字），都可为证。第9篇较《会编》多出的句子以及其他异文（还有第10篇的六处字句删订），明显更胜一筹。《书经直解》异于《会编》的字句，其措辞和经筵讲章所见的基本一样，可见《书经直解》这几篇出于申时行手笔。[1] 由此可以推测，《书经

---

[1] 也可能是申时行在《书经直解》"删订"之后又反映在经筵讲章上。

讲义会编》所载各篇讲章，是原来进讲时，未经申时行或张居正"删订"的原稿，其作者包括申时行本人；"删订"过后，便是见于《书经直解》所录。换言之，凡是这两书文本只有少许差异的，见于《书经讲义会编》的是申时行撰写的原文；凡是差异甚多的，便是其他讲官撰写的，但"删订"者或是申时行，或是其他人。

我们再将《书经讲义会编》中同一讲题下的两篇文字加以比较，又可看到日讲经说和科举经说的不同之处。

《书经直解》的日讲讲章和《书经讲义会编》中给经生说的讲义，由于读者和讲说目的不同，内容差异太大。"附录"文本具在，足以征信，我们只需举第7篇作说明即可。《书经讲义会编》中此篇的"讲义"的结构如下：首先是提出一篇的内容——"此言汤德足人听闻之实"。然后分析以后文句的意旨所在和义理重点，如"首二句就心说"。由此延伸，引"沈注（蔡沈的《书经集传》）中'然后''是以'字可见"。然后分析经文的特殊用字，如"四懋字俱是繁多之意"。然后说个别用字的意旨、含义，如"德就人之所蕴言……功就人之所立言……用人就取善说……改过就迁善说……宽以存心言，仁以行政言，俱就临民上说"。又说"克宽""克仁""彰信兆民"在节文中的应有含义。之后再说经文此句彼句所以这样说的道理。

整体上看，"讲义"全篇着重的是文辞分析，从整节经文的"文章"角度看，说用字、说句意、解释何以有如此之言，再阐释此言应有的含义，然后说经文整节的联系呼应。整体上仍是"说经"之作，不是模拟的时文制义，没有"代圣立言"的"口气"，但反映了申时行《刻书经讲义会编引》中所说的"多寻摘章句，拘牵艺文，未能超然于章缝铅椠、羔雉筌蹄之习"。这和经筵讲章及《书经直解》的日讲讲章都不相同，既没有经筵讲章所见的阐释、推衍、启发的连贯性，也没有日讲讲章所见的文句解说、义理阐析的整体性。

四

向皇帝讲书说史和向皇帝进谏一样，从来不是易事。申时行则是绝对成功的讲官，他因为在讲筵上给神宗"启沃功多"，终被点为黄扉阁老。申时行成功的原因，不只是他进讲时"进止都雅"，能令神宗"每目属之"，更重要的是他的讲说言之有物、言之成理。像他这样兼经筵和日讲于一身的讲官，职事的难度比起只供一职者更高。因为经筵和日讲的题目往往相同，同样的题目，不管他先在经筵讲或先在日讲讲，皇帝总是听过的，对于经文的意旨和教训多少已有所知，怎样在不同的场合保持一贯的见解，而又能避免重复，正是他的功夫所在。他做到了焦竑所说的"指物譬事，析毫解缕，闻者朗然"的境界。

申时行的经筵讲章和日讲讲章都文字通顺，文义流畅，讲说自然。经筵进讲以绎说经义、推衍教训、启发思维为要。经筵因为有文武大臣及科道词林近臣侍班听讲，讲说内容便刻意与皇帝本人的公私行事关联起来，不能不触及皇帝本人或朝廷时政，但又不能过于直率，主张也不能过于激进，需要婉转成文，一切以理取胜，并且动之以情，使皇帝有所醒悟，从善如流。日讲是基础性的讲说，讲章都以"直解"形式出现，不能像制义经说一样斤斤计较，"寻摘章句，拘牵艺文"，为文字所束缚，而应"直以阐发大旨，剖析微言，要在启沃圣聪，敷陈理道"为主，做到"简切明畅，有不待深思强索而昭然如发矇者"方可。

一言以蔽之,讲章需要言温而理畅,文驯而意古,能够深入浅出,才可成功进讲。从《书经直解》和《书经讲义会编》所见的《书经》日讲讲章看,阁臣在"看定"或"删订"进呈的讲章时,也是以此作为标准的。申时行的讲章正是这一标准的高度体现。申时行在后张居正时代当政,面对困难的"国本之争",能在文官团结一致和言官意气高涨的政治环境中,和神宗还有一定的沟通,其谦虚温和的风度与练达稳健的行事主张,[1]与他呈现于讲章中的态度及思想是可以互相说明的。文如其人,对申时行来说,可于其经筵日讲讲章中求之。

附录:讲章文本

(讲题编次据《赐闲堂集》卷三十九各篇原来次序)

7·讲题:《书经·仲虺之诰》篇"惟王不迩声色,不殖货利,德懋懋官,功懋懋赏,用人惟己,改过不吝,克宽克仁,彰信兆民"。

7·1《赐闲堂集》卷三十九(页16上—18上)经筵讲章

这是《商书·仲虺之诰》仲虺称美成汤的说话。王指成汤,迩是近,殖是聚,懋字解作多字,克是能。

仲虺因成汤伐桀而有天下,其心不安,乃作诰以解释之。说道:得天下在于得民,得民心在于有德。夏桀昏德,民心去

---

[1] 关于此点,可参看黄仁宇,《万历十五年》(北京:中华书局,1982),页50、116—117等处。

之，王以盛德为民所归，何惭之有？臣请言王之德。如淫声美色，众人所易溺的，王独能远之，未尝少接于耳目；货贿财利，众人所同好的，王独能散之，未尝少有所积聚。盖其心纯乎天理，而无一毫私欲之间杂如此。故以之用人，则爵赏必公。有德行多的人，便多与它官爵以尊显之，务使位称其德；有功劳多的人，便多与它赏赐以优厚之，务使赏当其功。是用人无不当矣。以之处己，则物我无间。人有善，便乐取诸己，如自己有的一般；己有过，便即时改了，绝无一些系吝，是处己无不善矣。至于临民之际，又见其宽大之中，自有节制，而不至于纵弛；仁厚之中，自有刚决，而不至于优柔。王有这等盛德，是以令闻显著，自然孚信于天下之民，无不心悦而诚服也。夫民心既得，则天位自不容辞者，然则王之伐桀而有天下，何惭之有哉？

臣尝论之，兆民之信成汤，固由于用人处己之善，而其原则又以不迩声色，不殖货利为之本也。盖人君一心，乃万化之原，未有心不正而事得其理者。况尊居九重，声色之奉，何所不有，而阿谀取容之人，常以是诱之。富有四海，货利之求，何所不得，而掊克聚敛之臣，常以是导之。是以耳目易移，心志易惑，其弊至于骄奢淫逸，而不顾小民之怨咨；流连荒亡，而不恤国家之政事。祸乱之原，实由于此。其后太甲以欲败度，以纵败礼，则几覆成汤之典刑；纣聚鹿台之财，积钜桥之粟，遂殄商家之宗祀。然则不迩不殖之一言，岂非万世人主之师法哉？

仰惟皇上英资天纵，俭德夙成，正志气清明之时，理欲消长之会，尤愿辨之于早，防之于微。虽耳目之欲未接，而兢惕之念不以顷刻而或忘；虽玩好之私未萌，而操存之功不以幽独而少懈，则推之用人行政，自无所处而不当矣。宋儒有言："人君莫要于穷理,莫先于寡欲。"伏惟圣明留意。

7·2《书经直解》卷四(页8下—10上)日讲讲章(双线标注文字为《书经直解》所独有)

<u>王指成汤,迩是近,声是音乐,色是女色,殖是聚敛,德是有德的人,懋是繁多的意思,功是有功之人。</u>

仲虺称述成汤之德,以解释其惭说道:声色货利,人所易溺,鲜有不为其所累者。惟吾王之于声色,常恐蛊惑了心志,绝不去近之以自娱乐。于货利,常恐剥削了民财,绝不去聚之以为己有。其本原之地澄彻如此,则固已端出治之本矣。由是推此心以用人,则用舍无不当。人之德行多的,便多与他官职;功劳多的,便多与他赏赐;而无德无功者,不得以滥及焉。推此心以处己,则举动无不宜。人有善,若己有之,而从之不待勉强。己有过,便速改之,初无一毫系吝,盖不知善之在人与过之在己矣。至于临民之际,不只是一味从宽,却能于那宽大中有个节制,未尝失之纵弛。不止是一味仁慈,却能于那慈爱中不废威严,未尝流于姑息。王有这等大德,昭著而不可掩,故虽始于亳都,而实光被于天下。天下之人,皆信其宽能得众,仁足长人,而可以为天下君矣。民心归向,则天位有不可得而辞者,何惭之有哉?<u>大抵人主一心,致治之原。汤之受天明命,表正万邦,虽有勇智天锡,实由于不迩不殖者以为之本也。否则本原一污,凡事皆谬,其何能得天得民如此哉?后之欲致成汤之治者,当先求其制心之功。</u>

7·3《书经讲义会编》卷四(页8下—9上)日讲讲章

仲虺称述成汤之德,以解释其惭说道:声色货利,人所易溺,鲜有不为其所累者。惟吾王之于声色,常恐蛊惑了心志,绝不去近之以自娱乐。于货利，常恐剥削了民财，绝不去聚之以为己有。其本原之地澄彻如此，则固已端出治之本矣。由是推此心以用人，则用舍无不当。人之德行多的，便多与他官职，功劳多的，便多与他赏赐，而无德无功者，不得以滥及焉。推此心以处己，则举动无不宜。人有善，若己有之，而从之不待勉强。己有过，便速改之，初无一毫系吝，盖不知善之在人与过之在己矣。至于临民之际，不只是一味从宽，却能于宽大中有个节制，未尝失之纵弛。不只是一味仁慈，却能于慈爱中不废威严，未尝流于姑息。王有这等大德，昭著而不可掩，故虽始于亳都，而实光被于天下。天下之人，皆信其宽能得众，仁足长人，而可以为天下君矣。民心归向，则天位有不可得而辞者，何惭之有哉？

7·4《书经讲义会编》卷四（页9上—10上）科举讲义

此言汤德足人听闻之实。首二句就心说，不迩不殖，正是其本原澄澈处。用人处己之当，由于本原澄澈，而克宽克仁，又本于用人处己之当，观注中"然后、是以"字可见。四懋字俱是繁多意，而下懋字是我以彼为懋而懋之，字样较活。德就人之所蕴言，德懋者悉有众善，非一善之可名也。崇之以品秩，又兼之以众职，则懋其官矣。功就人之所立言，功懋者累著勋烈，非一绩之可称也。锡之以土田，又旌之以章服，则懋其赏矣。崇德报功，汤之用人得其当者如此。用人就取善说，惟己者，人之有善若己有之也。改过就迁善说，不吝者，己有不善，心速去之也。汤之处己得其当者如此。宽以存心言，仁以行政言，俱就临民上说。曰克宽者，含弘广大中有节制，不以优游纵弛为宽也。曰克仁者，慈爱恻怛中有严厉，不以柔懦姑息为仁也。宽仁者，君人之大德，行之不得其道，反为宽仁之累，故以克为难。彰信兆民,只是昭著之意,言其彰信,正见其足人听闻,未便就归戴上说。

9·讲题:《书经·太甲下》篇"奉先思孝,接下思恭,视远惟明,听德为聪。朕承王之休无斁"。

9·1《赐闲堂集》卷三十九(页20下—23上)经筵讲章

这是《商书·太甲》篇伊尹劝勉太甲的说话。惟字解做思字,古人上下通称为朕,斁是厌斁。

伊尹说:吾王懋昭大德,固当取法成汤,而懋德之所当从事者,大要有四件。其奉事祖先,不徒曰修其祖庙,陈其宗器而已,必思致孝以奉之,继其志,述其事,率由旧章,不敢有一毫违越,这才是事先之道。其接待臣下,不徒曰宠以爵位,縻以俸禄而已,必思致恭以接之,用其言,行其志,优崇体貌,不肯有一毫轻忽,这才是待臣之礼。视之不远,当必有蔽之者,必思明以烛之。凡人情物理,件件都要洞察,使所见者远,而不蔽于浅近,则明无不照,而可以作哲矣。听之不德,当必有惑之者,王必思聪而纳之。凡嘉谋善言,件件都要通达,使所听者德,而不惑于憸邪,则聪无不闻,而可以作睿矣。这四件,都是人君的美德,王能深思而力行之,庶几克绍我先王丕显懋昭之德,而无愧于明明之君矣。我尹躬方且承顺王之休美,共保太平之业于无疆,岂敢有厌斁之心乎?

当太甲克终允德之初,正纳约自牖之日,故伊尹惓惓劝勉之如此。臣观自古纳诲辅德之臣,其言不一而足,然未有如此章之深切著明者,而思惟二字,尤为紧要。盖人君嗣有天位,祖宗创造于前,而贻之以逸;臣工奔走于下,而分任其劳。四方之利病,九重无由而遍观,群言之是非,一时又难以识别,使非反复思惟,常常在念,则逸豫之情起,而惕励之心微,鲜有不至于败德荒政者。若能处安乐而思艰难,则必不敢忘其祖;居崇高而思谦抑,则必不肯忽其臣。思闾阎困穷之可悲,则视何所不见?思忠言正论之有益,则听何所不聪?故作圣本之能思,作狂由于罔念,是在君心一转移耳。

伏望皇上绎伊尹之格言,法商王之懋德。尊养两宫,孝固隆矣,必推之以承列圣,而益弘继述之图。优礼大臣,恭固至矣,必推之以体群臣,而益笃交孚之义。召见有司,省览章奏,聪明固无壅蔽矣,必推之以周恤民隐,容受直言,而益务明目达聪之实。则圣德有日新之美,而至治保无疆之休,宗社臣民不胜大幸。

9·2《书经直解》卷四(页47下—48下)日讲讲章(双线标注文字为《书经直解》所独有)

两个"惟"字都解作"思"字,敉是厌。

伊尹又说,懋德法祖,而无时豫怠,固吾王之当自勉者。然懋德之事何如?以奉事祖先,则思尽其孝,而旧章成宪,务遵守而不忘。以接见臣下,则思其恭,而动容周旋,皆庄敬而有礼。欲明见万里之外,而不蔽于浅近,当思所以审乎人情察乎物理而明焉,则视何患不远乎?欲听纳道义之言,而不惑于憸邪,当思所以闻言即悟声入心通而聪焉,则听又何患不德乎?吾王果能于是深思力行之,则懋德法祖真可无愧于明后,而无疆之休,我且奉承将顺之不违矣,岂敢有所厌敉乎?伊尹于太甲改过迁善之后,既庆喜之,而又孜孜劝勉之如此,盖惟恐王之不终也。其忠爱恳切为何如哉?

9·3《书经讲义会编》卷四（页51下—52上）日讲讲章（双线标注文字为《书经讲义会编》所独有）

伊尹又说，懋德法祖，而无时豫怠，固吾王之当自勉者。然懋德之事何如？以奉祀祖先，则思尽其孝，而旧章成宪，务遵守而不忘。以接见臣下，则思致其恭，而动容周旋，皆庄敬而有礼。欲明见万里之外，而不蔽于浅近，当思明如审乎人情，察于物理，而明无所蔽，则视何患不远乎？欲听纳道义之言，而不惑于憸邪，当思聪如闻言即悟，声入心通，而聪无所壅，则听又何患不德乎？吾王果能于是四者深思力行之，则懋德法祖，直欲远追乎明君，朕且承王图终之美意，知无不言，言无不尽矣，岂敢有所厌教哉？伊尹于太甲改过迁善之后，既庆喜之，而又孜孜劝勉之如此，盖惟恐王之不终也。其忠爱恳切为何如？

9·4《书经讲义会编》卷四（页52上—53上）科举讲义

此示以懋德之所从事而期望之也。孝、恭、明、聪，是德。思孝、思恭、惟明、惟聪，所以懋德也。每句上下字俱重。奉先非奉祀之谓，是不违其祖也。然奉先有道，当思善继善述，以致光前之孝。接下非但礼貌之谓，是信顺其臣也。然接下有道，当思听言纳谏，以笃礼下之恭。视是视九州之休戚利害。视欲其远，则当思夫明，明者旁烛于无疆也。听是听百官之谟谋献纳。听欲其德，则当思夫聪，聪者声入而心通也。视听以耳目之用言，明聪以耳目之德言。夫思孝思恭，则立爱立敬之体具。惟明惟聪，则作哲作谋之用行。王之懋德如是，则身修而德允，足以协下感人，继美先王之盛德，而明君之事业在是，王之休何如也？朕将竭左右之初心，以承顺王之休德，所谓惟朕以怿者在是，何有于厌教乎？太甲资伊尹以图终之益，而曰匡救。伊尹告太甲以图终之道，而曰承休。一是谦退之辞，一是期望之辞也。此节四事，皆太甲前日所犯之失。颠覆典刑，非孝也；背弃师保，非恭也；昵于群小，非聪明也，故乘其图终而以此告之。

13·讲题：《书经·洪范》篇"五皇极，皇建其有极，敛时五福，用敷锡厥庶民。惟时厥庶民于汝极，锡汝保极"。

13·1《赐闲堂集》卷三十九（页30下—33上）经筵讲章

这是《周书·洪范》篇箕子敷衍九畴以告武王的说话。皇是君，极是至极的道理，可以为法则的意思，建是立，敛是聚，五福是寿、富、康宁、好德、考终这五样福，敷是布，锡是与，保字解作守字。

箕子说，《洛书》次五中数，叫做"建用皇极"，其义何如？盖人君居上临下，要使四方百姓每有所取则，必须反身修德，先立个标准在上。如大而纲常伦理，务要至精至当，使人人望之以为趋；小而视听言动，务要尽善尽美，使人人奉之以为法，这才是"建其有极"。作善降祥，有德获福，此天道必然之应也。人君既尽道以为民极，则天心佑助，百顺来臻，五福自然毕集，就似自家敛聚来的一般，所以说"敛时五福"。然这皇极乃天下人所同有的道理，人君作民君师，岂徒自厚其身而已哉？又必以此道理化导那百姓，使都效法君上，修德以获福，亦与天下共享之，就似我布散与他的一般，所以说"用敷锡厥庶民"。夫人君既尽道以为民表，又推福以与民同，则所以纳天下于皇极者至矣。惟此庶民莫不感慕兴起，把君上教它至极的道理，相与恭敬奉持，而不敢失坠，却似替君上保守一般，所以说"锡汝保极"。

人君治天下之大法，莫要于此。此箕子所以反复推明，为武王告也。臣尝因是论之，自昔人君抚世，孰不欲其身受福；人臣爱君，亦孰不欲其君享福。然而敛福之道，惟在建极锡民者，何哉？盖天之立君，既与之以崇高富贵之位，则必寄之以治教君师之责。若君德有一毫亏欠，则不能倡率鼓舞以化导斯民。四方有一民未化，则不能周遍融洽以感召和气。虽日祷祝以求福，岂能使上帝鉴歆，鬼神孚祐，以衍无疆之福哉？故召公言祈天永命，必曰"王敬作所"；周公论享国历年，必曰"皇自敬德"。自古以来，未有不能修德于上，而能侥幸以获福者。然则"建用皇极"之一言，固万世君天下者之明训也。

我太祖高皇帝亲注《洪范》，而皇极之旨明。世宗肃皇帝揭示殿门，而皇极之义备。盖欲圣子神孙诵其言而穷其理，顾其名而思其义，以承帝王治世之统，以固国家万年之基，其意至为深切。惟皇上绎思祖训，省察箕畴，以建用皇极为敛福之原，以敬用五事为建极之本，则宗社生民幸甚，臣等幸甚。

13·2《书经直解》卷六（页50下—52下）日讲讲章（双线标注文字为《书经直解》所独有）

<u>皇是君，极是至极可以为法的道理，建是立，敛是聚，五福是寿、富、康宁、好德、考终，敷是布，锡是与，保是保守。</u>

箕子衍皇极之畴说道，《洛书》次五中数，如何叫做建用皇极？盖人君一身，乃天下臣民的表率，凡纲常伦理，言动事为之间，必须都大中至正，尽善尽美，立个标准在上，然后天下之人，皆仰之为法则，<u>所以说是</u>"建其有极"。夫作善降祥，有德获福，此天道之不爽者。人君既尽道以为民极，则天心佑助，百顺咸聚，而五福之集于其身者，就似自己敛聚来

的一般，所以说"敛时五福"。然这皇极之理，乃天下人同有的，人君为亿兆君师，岂徒自善其身而已哉？又必将这人人本具至极的道理去化导天下，使天下百姓每都效法君上，修德行善，也都个个获福，则我这五福，亦与天下共享之，就似我布散与他的一般，所以说"敷锡厥庶民"，是君之与民同福者如此。由是天下之民，见修德行善的，都得了为善之利，莫不观感劝慕，把君上教他这至极的道理，亦相与保守不敢失坠。民安于下，则君身益安于上，顺气流通，海内清和咸理矣，所以说"锡汝保极"，是民之与君同福如此。夫人君通天下为一身，必与天下同归于德，而后其德为全，亦必与天下同受其福，而后其福为备。若君德有一毫亏欠，则无以安享全福，而化成天下。若万方有一民未化，亦是福泽未遍，而分量为有歉矣。君天下者，其尚加意建极之义乎！此九畴以皇极为主，而居于中五之数也。

13·3《书经讲义会编》卷六（页59上—60上）日讲讲章（双线标注文字为《书经讲义会编》所独有）

箕子衍皇极之畴说道，《洛书》次五中数，如何叫做"建用皇极"？盖人君一身，乃天下臣民的表率，凡纲常伦理，言动事为之间，必须大中至正，尽善尽美，立标准在上，然后天下之人，皆仰之为法则矣，这谓之"建其有极"。夫作善降祥，有德获福，此天道之不爽者。人君既尽道以为民极，则天心佑助，百顺咸聚，而五福之集于其身者，就似自己敛聚来的一般，这是"敛时五福"。然这皇极之理，乃天下人同有，人君为亿兆君师，岂徒自善其身而已哉？又必以人人本具至极的道理化导天下，使天下百姓皆效法君上，修德行善，也都个个获福，则我之获福，亦与天下共享之，就似我布散与他的一般。

这是"敷锡厥庶民",君之与民同福者如此。由是天下之民,见修德行善的,都得了为善之利,莫不观感劝慕,把君上教他这至极的道理,亦相与保守不敢失坠。民安于下,则君身益安于上,顺气流通,海内清和咸理矣。这是"锡汝保极",民之与君同福如此。夫人君通天下为一身,必与天同归于德,而后其德为全,亦必与天下同受其福,而后其福为备。若君德有一毫亏欠,则无以安享全福,而化成天下。若万方有一民未化,亦是福泽未遍,而分量为有欠矣。此九畴以皇极为主,而居于中五之数也。

13·4《书经讲义会编》卷六(页60上—61上)科举讲义

此下演皇极之畴,此与下节皆建极化民之事。凡厥庶民以下六节,则造就敷言以辅翼皇极之意也。此节首言君民相与之盛,以见君当建极。皇建有极是一篇纲领。两锡字对看,一是君之所以与乎民,一是民之所以与乎君也。极字兼至极、标准之义,即所谓人极也。建极包纲常伦理、言动事物言。曰有极者,以其为固有之理也。曰敛福、曰敷锡者,极建于此而福集于此,若或有以敛之;极从于彼而福随于彼,若或有以与之也。用字重看,含得造就敷言意。盖言人君以一人为天下主,则当以一人为天下法。故敦五典以树表仪,统万善以彰物轨,而建极于上也。极建则惠迪而应之以吉,作善而降之以祥,百顺聚而五福集矣。然皇极之理,天下为公,而皇极之君,尤当造福生民者也。则随材而造就,敷言以诱掖,以一己之极与天下共由之,以一己之福与天下共受之,所谓用敷锡庶民也。庶民实兼臣在内,敷锡只是君使之如此,未可言民归极。至保极处,则是既归于极而守之不失也。锡汝保极者,言庶民观感既深,仪刑既熟,始焉则君以自治,终焉与君而共保也。在君曰有极,在民曰汝极,正见得君民一理之意。所建之极，即民同有之极。所保之极，则君所与之极也。君因极以锡福，民因福而保极，可见相与之盛处，而实归重君一边。皇极即思作圣之人居位以正者也。是故有身教，有政教，有言教，均之敛福锡民也。凡厥庶民至惟皇作极，化于身教者也。凡厥庶民至邦其昌，成于政教者也。无偏无陂至为天下王，则得于言教者也。三者备则极道全矣。建极本"敬用五事"来，当以此意结。

文章出处

本书文章曾发表于以下书刊或学术会议，但已做不同程度的修改订正，文中不再一一注明：

《明太祖的经史讲论情形》，初稿曾在南京举行"第十届明史国际学术讨论会"（2004年8月21—26日）上宣读；原载《中国文化研究所学报》第45期，2005年，页141—172。

《明太祖对〈书经〉的征引及其政治理想和治国理念》，香港特别行政区研究资助局 CUHK4681/05H 项研究计划之部分成果，原载朱鸿林编：《明太祖的治国理念及其实践》，香港：香港中文大学出版社，2010年，页19—61。

《明太祖的孔子崇拜》，原载《"中研院"历史语言研究所集刊》第70本第2分，1999年6月，页483—530。

《洪武朝的东宫官制与教育》，原载王成勉编：《中华文化的传承与创新：纪念牟复礼教授论文集》，香港：香港中文大学出版社，2009年，页95—142。

《明太祖的教化性敕撰书》，初稿曾在北京清华大学召开"多元视野中的中国历史国际会议"（2004年8月21—25日）上宣读；原载《徐苹芳先生纪念文集》编辑委员会编：《徐苹芳先生纪念文集》，上海：上海古籍出版社，2012年，页577—600。

《〈明太祖的治国理念及其实践〉导言》，原载朱鸿林编：《明太祖的治国理念及其实践》，香港：香港中文大学出版社，2010年，页 v—xxi。

《嘉靖皇帝与其讲官之间的互动》，原题为 "The Jiajing Emperor's Interaction with His Lecturers," 原载 Chapter in David Robinson, ed., *Culture, Courtiers, and Competition: The Ming Court (1368-1644)*, Cambridge, Mass: Harvard University Asia Center, 2008，页 186—230. 马增荣译，朱鸿林审定。

《高拱与明穆宗的经筵讲读初探》，香港特别行政区研究资助局 CUHK4681/05H 项研究计划之部分成果，原载《中国史研究》2009年第1期，页 131—147。

《高拱经筵内外的经说异同》，香港特别行政区研究资助局 CUHK4681/05H 项研究计划之部分成果，原载曾一民编：《林天蔚教授纪念文集》，台北：文史哲出版社，2010年，页 127—138。

《明神宗经筵进讲书考》，香港特别行政区研究资助局 CUHK4681/05H 项研究计划之部分成果，原载《华学》第九、十辑，上海：上海古籍出版社，2008年8月，页 1367—1378。

《申时行的经筵讲章》，香港特别行政区研究资助局 CUHK4681/05H 项研究计划之部分成果，原载台湾"国家图书馆"、"中研院"历史语言研究所、台湾大学中国文学系编，《屈万里先生百岁诞辰国际学术研讨会论文集》，台北："国家图书馆"，2006年，页 509—533。

【朱鸿林明史研究系列】

◎ 明太祖与经筵
◎ 孔庙从祀与乡约
◎ 儒者思想与出处
◎ 文献与书刻
◎ 《明儒学案》研究及论学杂著

朱鸿林 毕业于香港珠海书院中国文史学系及中国文学研究所，1984年获得美国普林斯顿大学东亚学博士学位。历任普林斯顿大学东亚系研究员、美国威尔逊国际学者中心研究员、台湾"中研院"历史语言研究所研究员、香港中文大学历史系教授、香港理工大学中国文化学系创系主任，现为香港理工大学人文学院院长暨讲座教授、香港孔子学院院长，教育部长江学者讲座教授，香港人文学院创院院士。专攻中国近世历史与文化，包括中国近世尤其明代的思想、社会及政治历史、宋明理学经典、明人文集等。

"朱鸿林明史研究系列"为他此前专题研究的系统结集，完整地呈现了其在明史领域深造多年所取得的杰出成就。